イチバン親切な

ラッピングの教科書

新装版

宮田真由美

豊富な手順写真で
基本から
アレンジテクニックまで
わかりやすく解説！

新星出版社

はじめに　～新装版によせて～

本書は『一番親切なラッピングの教科書』を一部改訂した新装版です。
ラッピングに関する技術やアレンジ方法、さらには贈答のマナーまで、
私が伝えたいことをすべてつめこんだ１冊が装いも新たに
新しくラッピングされ、新しい命が吹き込まれたことを嬉しく思います。
私がラッピングに出会ったのは、嫁ぎ先の商家でした。
もともと商売が苦手だった私に、
お客さまとの心の絆を教えてくれたのが、ラッピング。
そして次第に、その奥深さを知るようになりました。
日本における“包む”という行為は、
神さまへのお供えから始まったとされています。
つまり本来は、品物を守り、引き立てるもの。それが次第に進化・発展して、
場面によって包み方を変えるしきたりを生んだり、
素材の色や風合いで季節感やセンスを表現したりするようになりました。
しかしすべての根底にあるのは、贈る相手を大切に想う気持ちです。
包んでいるのは、品物であり、自分自身の心なのです。
仕上がりが少しくらい曲がっていたって大丈夫。
包みに込められた真心は、必ず相手に伝わります。
心を伝えるラッピングの魅力が、みなさまに届くことを願って。

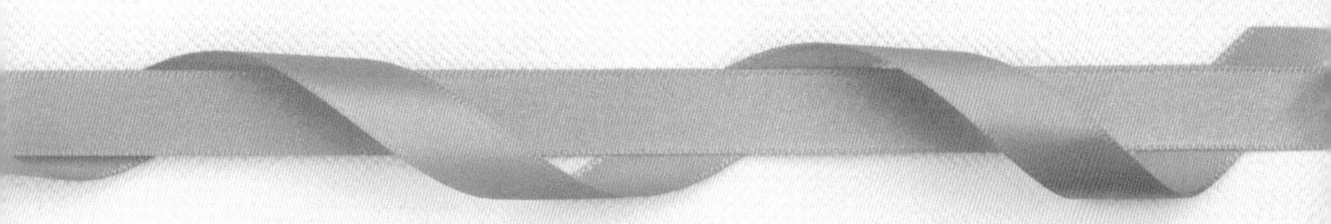

宮田真由美

もくじ INDEX

Part 01 知っておきたい基礎知識

Part 02 ラッピングの基本とアレンジ

Part 03 ふろしき包みの基本とアレンジ

Part 04 リボン結びの基本とアレンジ

Part 05 いろいろな形を包む

Part 06 ラッピングを楽しむアイデア

Part 07 贈答のマナー

撮影／小泉賢一郎
スタイリング／鈴木亜希子
イラスト／福々ちえ　説明イラスト／釘宮有貴子
表紙デザイン／中村たまを
本文デザイン／GRiD CO.,LTD.　DTP／米沢敦
企画・編集／山口彩、鈴木久子（ケイ・ライターズクラブ）

目的別ビジュアルインデックス

四角いものの包み方 »»

合わせ包み » p.38

合わせ包み応用
【キューブ形の箱】
» p.47

合わせ包み応用
【薄い箱】» p.47

合わせ包みアレンジ
【縦のタック】» p.43

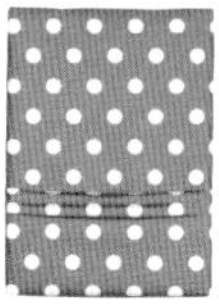
合わせ包みアレンジ
【横のタック】» p.44

合わせ包みアレンジ
【紙をはさむ】» p.45

合わせ包みアレンジ
【ピーコック包み】
» p.46

ななめ包み » p.48

ななめ包み応用
【半回転包み】
» p.53

ななめ包みアレンジ
【帯を貼る】
» p.55

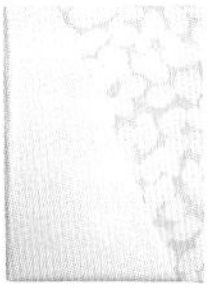
ななめ包みアレンジ
【2枚合わせ】
» p.55

スクエア包み » p.56

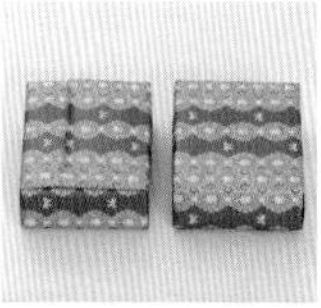
たとう包み » p.60

たけのこ包み » p.64

しぼり包み » p.68

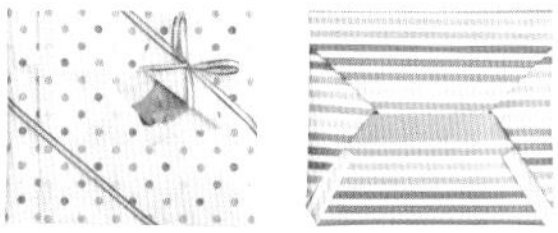
CD・DVD » p.118

パウンドケーキ
» p.124

タオル » p.134

ふろしき：平包み
» p.90

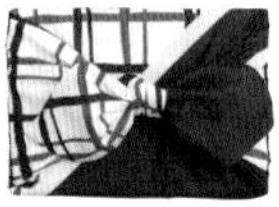
ふろしき：
おつかい包み
» p.90

ふろしき：
ふたつ結び包み
» p.91

ふろしき：花結び包み
» p.93

手ぬぐいで包む
» p.94

円柱・角柱・ボトルの包み方 »»

しぼり包み応用
【円柱】» p.71

シリンダー包み
» p.72

シリンダー包み応用
【ひだを出す】» p.76

シリンダー包み応用
【8つ折りしてひだを出す】
» p.76

シリンダー包み応用
【六角柱】» p.77

ジャム » p.116

おりたたみ傘
» p.122

シェル包み » p.78

シェル包みアレンジ
【じゃばらで飾り折り】
» p.81

ハンカチで包む
» p.95

ふろしき１本包み » p.97

手ぬぐい１本包み » p.98

ふろしき２本包み » p.99

ピローボックスの包み方 »»

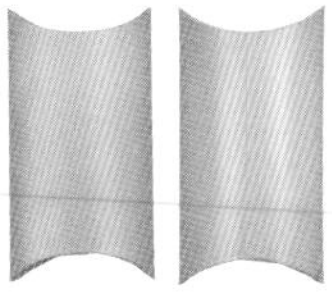
ピローボックス：合わせ包み » p.83

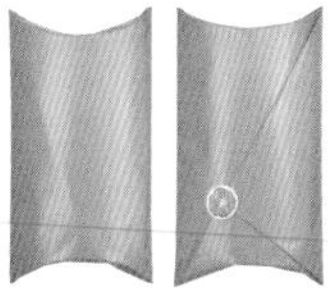
ピローボックス：ななめ包み » p.85

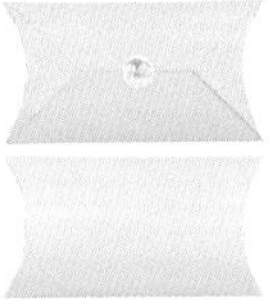
ピローボックス：スクエア包み » p.86

ものの形を生かした包み方：丸いもの »»

ジャム » p.116

ホールケーキ » p.126

食器 » p.130

両手鍋 » p.132

サッカーボール » p.138

ものの形を生かした包み方：長いもの »»

おりたたみ傘 » p.122

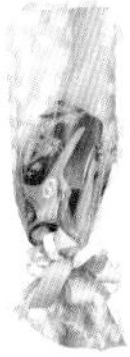
バット＆グローブ » p.136

誕生日 » p.156

ふろしき１本包み » p97

手ぬぐい１本包み » p.98

ふろしき２本包み » p.99

ものの形を生かした包み方：細かいもの »»

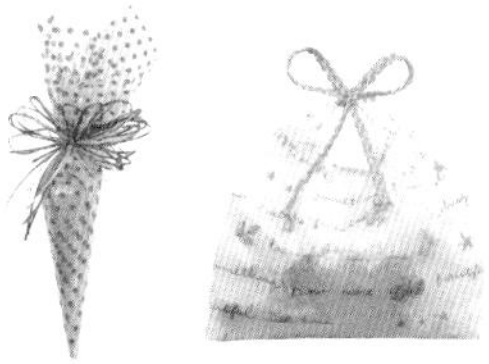
小さなお菓子 » p.114

バッグ形 » p.159

シャツ形 » p.160

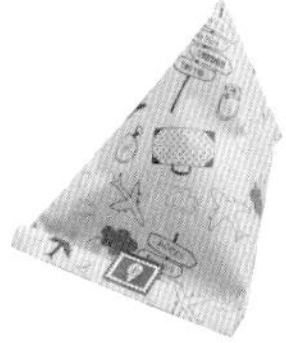
テトラ形 » p.160

小箱形❶ » p.161

小箱形❷ » p.162

マチなし袋 » p.163

マチあり袋 » p.163

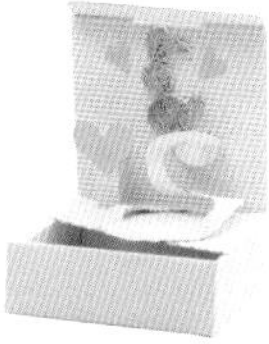
サプライズボックス » p.148

リップルボードの箱 » p.149

誕生日 » p.156

バレンタイン » p.156

ハロウィン » p.164

お弁当のエコラッピング » p.142

目的別ビジュアルインデックス

ものの形を生かした包み方：特殊なもの

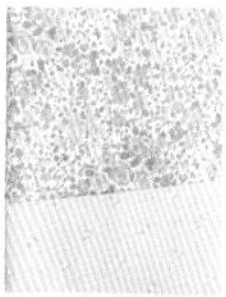
本 » p.120

花束 » p.128

保冷バッグ » p.140

ものの形を生かした包み方：中身を見せる

ホールケーキ » p.126

バット＆グローブ » p.136

テトラ形 » p.160

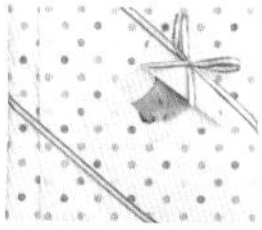
CD・DVD » p.118

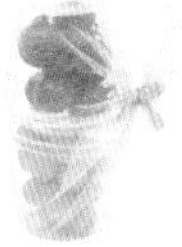
お弁当の
エコラッピングb
» p.142

イベントラッピング

誕生日 » p.156

スタンプで
タグ作り » 145

バレンタイン » p.156

ペーパークイリング：
ハート » p.153

ハロウィン » p.164

クリスマス » p.164

スターボウ » p.147

慶事と弔事の包み方

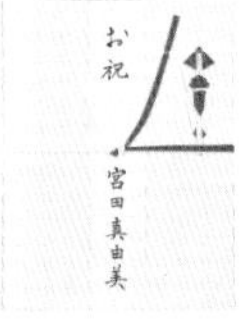

のし（本式） » p.169

のし（略式） » p.169

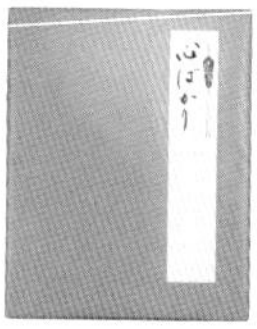
短冊のし » p.171

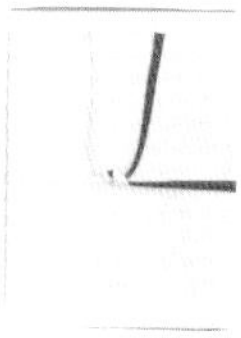
水引：結びきり
» p.174

水引：蝶結び
» p.175

水引：あわじ結び
» p.176

水引：梅結び
» p.177

慶事の中包み
» p.179

弔事の中包み
» p.179

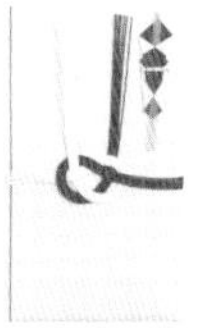
慶事の外包み
» p.180

弔事の外包み
» p.180

慶事のふくさ包み
» p.181

弔事のふくさ包み
» p.181

手作りの簡単ポチ袋 » p.184

手作りのご祝儀袋
» p.185

のし風飾り
» p.67

アイデアラッピング

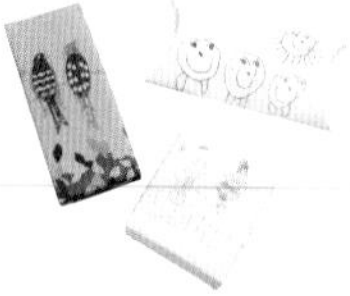
オリジナル包装紙 » p.145

スタンプでタグ作り » p.145

マスキングテープ part1 » p.145

マスキングテープ part2 » p.145

手作りコサージュ » p.146

スターボウ » p.147

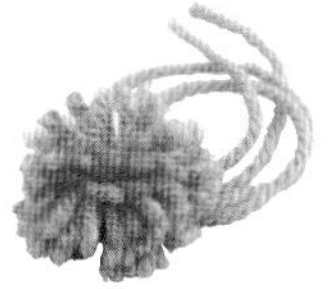
ポンポン » p.147

サプライズボックス » p.148

リップルボードの箱 » p.149

ペーパークイリングで手作りカード » p.154

ペーパークイリングでコラージュボックス » p.152

エコラッピング

お弁当のエコラッピングa » p.142

お弁当のエコラッピングb » p.142

お弁当のエコラッピングc » p.142

ふろしきでバッグを作る » p.100

ふろしき包み » p.88

ふろしき包みアレンジ » p.92

ふろしきでビン包み » p.96

リボンの結び方

横一文字で蝶結び » p.103

縦一文字で蝶結び » p.104

ななめがけで蝶結び » p.105

十字がけで蝶結び » p.106

V字がけで蝶結び » p.107

リバーシブルリボンで蝶結び » p.108

ダブル蝶結び » p.109

トリプル蝶結び » p.110

ポンポンボウ結び » p.111

手作りの飾り：ペーパークイリング

ペーパークイリング：花 » p.154

ペーパークイリング：花 » p.152

ペーパークイリング：蝶 » p.153

ペーパークイリング：ハート » p.153

ペーパークイリング：クローバー » p.153

目的別ビジュアルインデックス

手作りの飾り：余り素材で ›››

ラベル・シール ›› p.31

飾りリボン ›› p.31

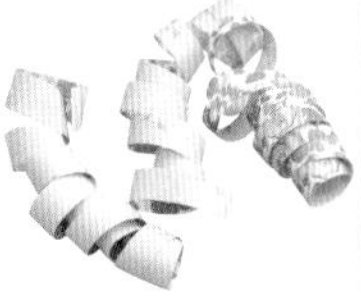
紙ロール ›› p.31

スタンプでタグ作り ›› p.145

マスキングテープ part2 ›› p.145

手作りコサージュ ›› p.146

スターボウ ›› p.147

ポンポン ›› p.147

のし風飾り ›› p.67

リップルボードのうさぎ ›› p.148

リップルボードの花 ›› p.149

飾り方のアレンジ ›››

シール ›› p.59

リボン&シール ›› p.75

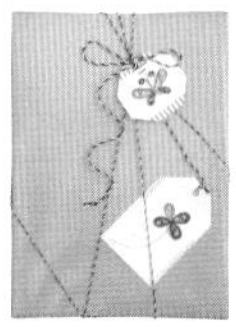
オーナメント ›› p.41

オーナメント&４重蝶結び ›› p.71

ポケットにカード&クリップ ›› p.52

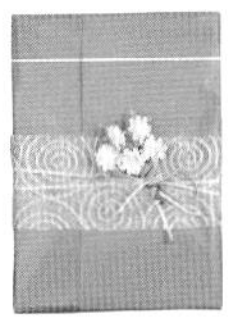
帯&飾り花 ›› p.63

花形の飾りをつける ›› p.134

毛糸&コサージュ ›› p.86

ペーパークイリング ›› p.59

包み紙でリボンをプラス ›› p.130

カールリボン ›› p.29,p.140

複数のリボンで蝶結び ›› p.138

２重蝶結び ›› p.139

蝶結びの片脚を長くとる ›› p.46

梅結びで着物風に ›› p.67

横一文字でＶ字がけ ›› p.63

横一文字でダブル蝶結び ›› p.52

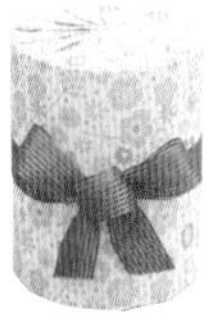
横一文字でトリプル蝶結び ›› p.75

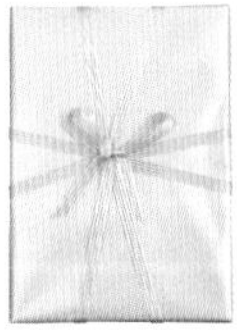
四方からＶ字がけ ›› p.52

複数リボンでポンポンボウ ›› p.41

縦タック&カード ›› p.63

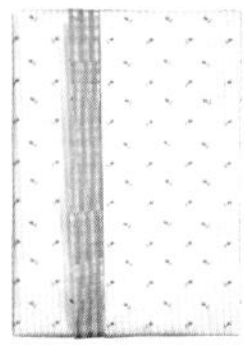
ギャザーをよせた不織布をはさむ ›› p.45

リボンをはさむ ›› p.45

Part

01

知っておきたい基礎知識

ラッピングの心得やマナー、必要な道具、素材の種類など基本的な知識を紹介しています。キレイに仕上げるための道具の使い方、センスよく仕上げるコツ、豊富な色合わせ例もぜひ参考にしてください。

Wrapping

ラッピングの心得

贈る相手とシーンを大切に

プレゼントは相手を想い、喜んでもらうために贈るもの。
「いつ、どこで、何を、誰に、何のために、いくらかけて贈るのか」の5W2H をよく考えて包みましょう。ラッピングは自分の好みを押しつけず、プレゼントに服を着せてあげる感覚でシーンを意識するとよいでしょう。

□ When?

いつ？

ラッピングは洋服選びと同じで、季節感がとても大切です。素材の手ざわりや厚み、色合いに配慮し、もらった相手が心地よく感じるようにしましょう。

□ Where?

どこで？

相手の自宅に訪問する場合はさほど問題ありませんが、渡す場所によっては注意が必要です。配送するなら壊れないようにしっかりと包む、出先で渡す場合は、重いものや大きいものは避けた方が無難です。持ち帰り用の袋も用意して。

□ What?

何を？

重いもの、大きいもの、生ものは相手の迷惑にならないかどうか、もう一度よく考えましょう。配送の場合、物だけをいきなり送りつけるのはマナー違反です。一筆箋をそえるか、事前に電話で都合のよい配達日の確認を。ちなみに、届いたかどうかの確認をするのは NG。ネットの追跡サービスを利用するなどしましょう。贈りものをもらった側は、届いてから２～３日の間にお礼の連絡をするのが礼儀です。

□ Who?

誰に？

相手の好みはもちろん、自分との関係性も意識するようにします。初めて会う人にはお酒やスイーツなど、飲食品を。口にするものを贈り、受け入れてもらうことでお互いの信頼関係を築くという意味と、一度きりで会わなくなった場合に、物が残って相手の負担にならないようにするため、という意味があります。

□ Why?

何のために？

お祝い、記念日、慶弔など、贈る目的に合わせたマナーを守りましょう。のしの有無もそれに習いますが、形式的なことを相手が負担に思う場合やカジュアルなプレゼントが好まれるときは、臨機応変に対応を。一番重要なのは、相手を大切に想う気持ちです。

● 行事別贈答早見表→ p.186
● 慶事と弔事について→ p.166

どんなふうに?

□ How?

1. 箱に入れるかどうか

フォーマルな贈りものや、壊れやすいものは箱に入れる方がよいでしょう。箱は品物に合った大きさや形を選び、品物が動かないよう必要に応じてクッション材を利用します。

2. 包む素材と包み方

包む素材と包み方、どちらを先に選んでもかまいませんが、素材と包み方には相性があります。各包み方ページのDataを参考に、素材の質感や柄、必要な紙のサイズに注意してプランを練りましょう。品物の形別の包み方は、下記のビジュアルインデックスを参考にしてください。

● ビジュアルインデックス→ p.6

3. リボンや飾りについて

リボンは“端と端がつながっていて結ばれる”という贈る側と贈られる側の人間関係を結ぶ意味があり、プレゼントにふさわしいあしらいです。包装紙との相性を考え、色や質感、太さ、結び方を選びましょう。箱に直接かけるのは間違いではありませんが、カジュアルなシーンに限定されます。また、のしとリボンを両方用いるのはマナー違反です。

● リボンの結び方→ p.102
● センスよく仕上げるコツ→ p.32
● ラッピング色合わせ一覧→ p.34

いくらで?

□ How much?

ラッピング材を選ぶ前に、およその予算を決めておけば、迷ったときによい指標になります。また、包むものとのバランスも大事。いただきもののおすそわけを、豪華なラッピング材で包む、というのはアンバランスです。

Q

病院へお見舞いに行く場合、どんなものを贈るのがよいでしょうか?

A

切り花は花びんや水替えが不要のアレンジメントがよいでしょう。鉢植えは「病が根付く」などの意味がありNGです。食事制限がなければ果物やスイーツも定番。本や図書券、テレビカード、タオルなども喜ばれます。

Q

ネットで注文した場合、一筆箋がつけられません。贈答連絡をメールでしてもよいでしょうか?

A

メールでもよいですが、電話の方が気持ちが伝わります。また、ネット注文の際、備考欄を利用してメッセージをそえてもらうようお願いしてみるのもひとつの方法です。

Wrapping

基本の道具と便利グッズ

基本の道具は 4 つで OK

専門的な道具なしで始められるのが、ラッピングの魅力のひとつです。
基本の道具は 4 つで、簡単に手に入るものばかり。
便利グッズは作業の効率を高めたり、見栄えをよくしたり、
ラッピングの幅を広げてくれます。

基本の道具

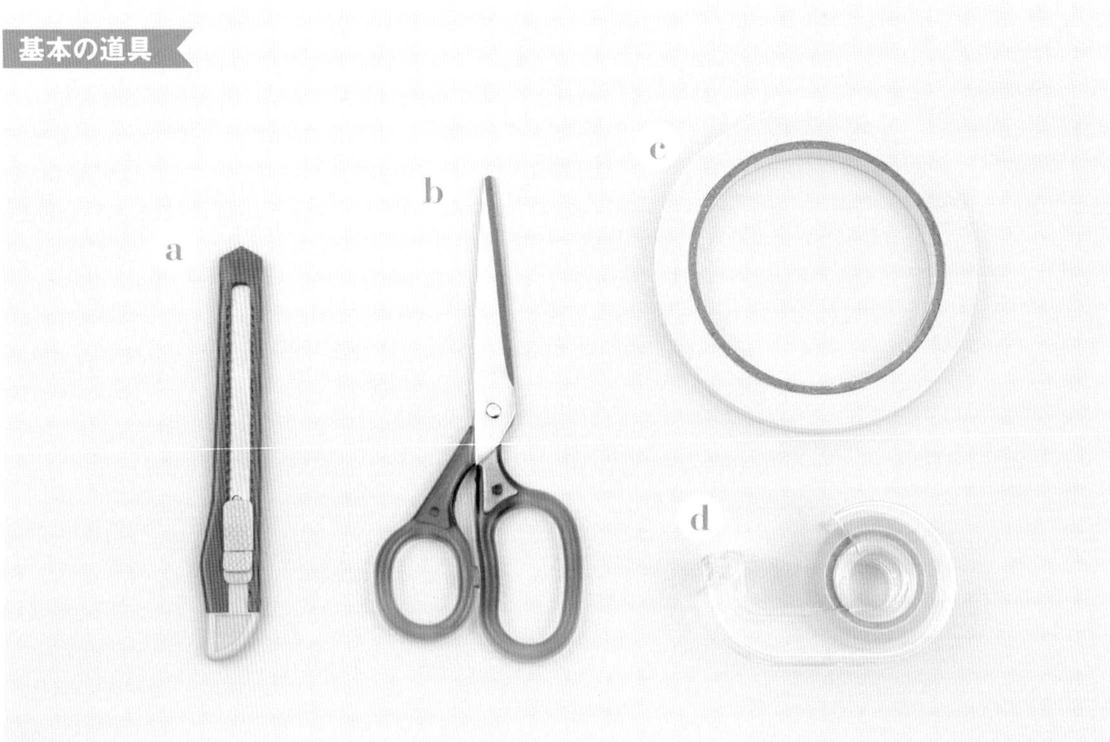

ⓐ カッター

包装紙を切るときに使います。切り口を美しくするため、刃がやわらかくしなる文具用のものを使いましょう。切れ味が悪くなったら、新しい刃に取り替えましょう。

ⓑ はさみ

リボンを切ったり飾りを作ったりするときに使います。切れ味が悪くなるので両面テープやセロハンテープを切るのはやめましょう。

ⓒ 両面テープ

包装紙を貼り合わせるときなどに使います。5～ 10mm 幅のものが適当。本書では7mm 幅を使用しています。

ⓓ セロハンテープ

箱の底に貼って補強するなど、見えない部分で必要に応じて使います。仕上がりが美しくないので、見える部分に使うのはやめましょう。

Q 道具はどこで購入できますか？

A 文具店、手芸用品店、ラッピング専門店などで購入できます。はさみ以外は100 円ショップのものでも十分です。

便利グッズ

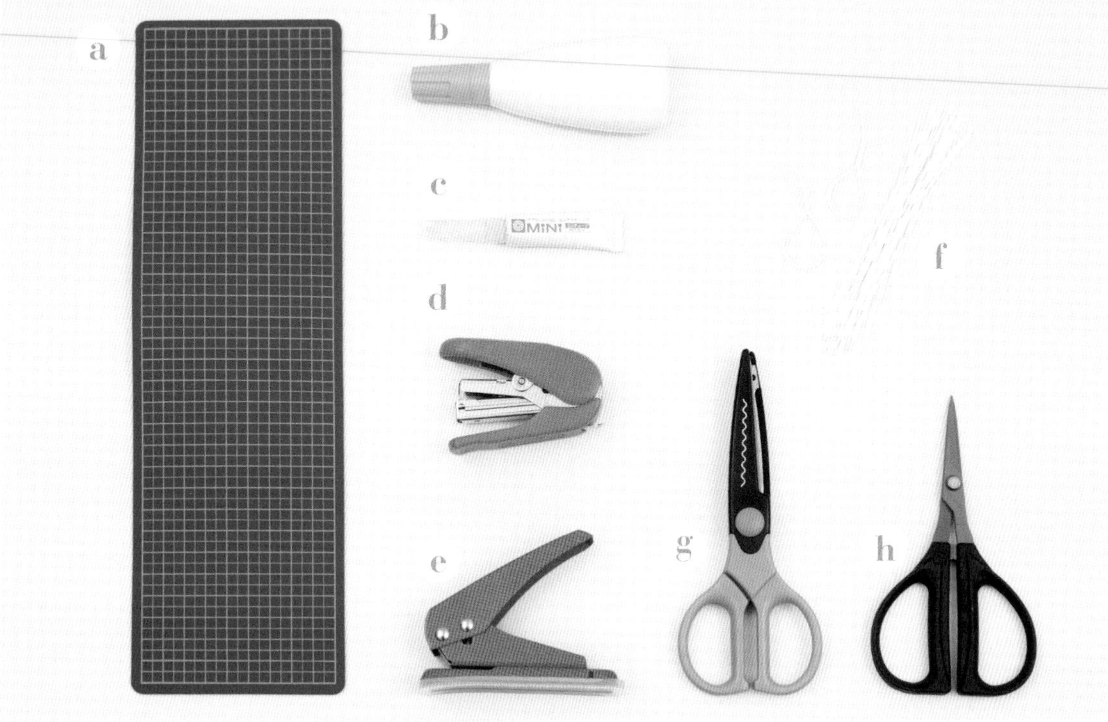

ⓐ カッターマット

飾りを作るときなどに使います。雑誌や新聞紙の束でも代用できますが、ひとつあると繰り返し使えて便利です。

ⓑ ボンド

飾りを作ったり貼ったりするときに使います。のりでもかまいませんが、小さい場所にもつけやすく、乾くと透明になってベタベタしないためボンドがおすすめ。木工用の普通のものでよいですが、つけ口が細くなっているものが使いやすいでしょう。

ⓒ 生け花用接着剤

飾りを作ったり貼ったりするときに使います。ボンドよりも接着力が強力で、早く乾きます。

ⓓ ステープラー

カジュアルなラッピングのときに袋をとめたり、飾りを作る際に使います。

ⓔ 穴あけパンチ

タグ作りやリボンを通す穴をあけるときに使います。ひとつ穴のものが使いやすく、底のふたをはずすと、裏から穴の位置を確認できて便利です。

ⓕ ワイヤー

リボンにオーナメントを巻きつけるときや、飾りを作る際の仮どめに使います。

ⓖ ピンキングばさみ

包装材の飾り切りに使います。切り口がギザギザになるので、ラッピングのアクセントやほつれ防止に。

ⓗ 手芸ばさみ

刃が細いので、ペーパークイリング(→p.150)など細かい飾りを作るときに便利です。

Q 定規を使ってはいけないのでしょうか？

A あまりおすすめできません。正確に計ることばかりに気をとられると、全体のバランスを見たり、自由な発想でラッピングすることが難しくなるからです。多少寸法が違っても、包めないことはほとんどないので安心して。

包む素材

ラッピングペーパーは色や柄に目がいきがちですが、
あつかいやすさや機能性も大事な要素。
オープンシートなど身近な素材を利用すると、また違った印象になり、新鮮です。

無地紙

どんなシーンや包み方、飾り方にも合います。タックや柄のリボンが映え、落ち着いた感じに仕上がります。

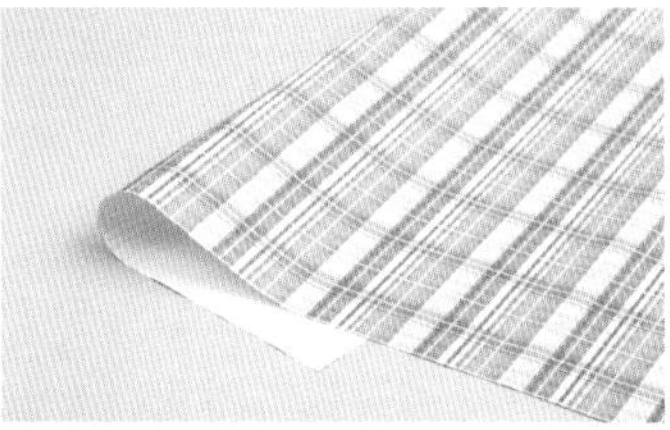

柄紙

華やかな雰囲気に。包むものや包み方によって、柄の大きさや向きに注意(→ p.18「柄紙をあつかうコツ」)。

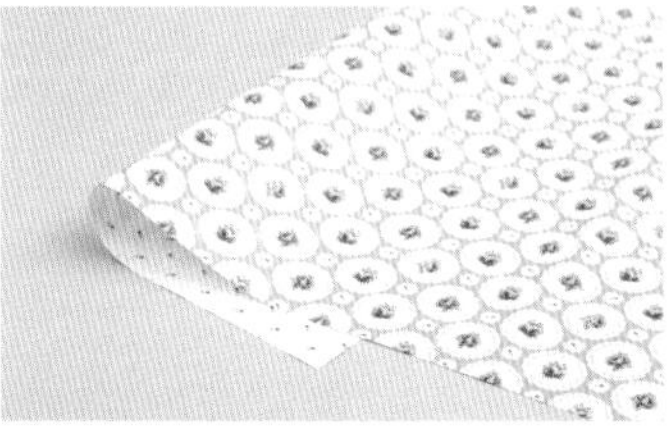

リバーシブル紙

折り返して中面を見せるラッピングにぴったり。普通に包んでも、開いたときにおしゃれな印象になります。

クラフト紙

気どらないシーンで、シンプルに包みたいときに。丈夫な紙なので、強度が必要なときにも適しています。

和紙

独特の色味と風合いで、格のあるラッピングに。破れにくく、アレンジ次第でモダンな雰囲気にも。

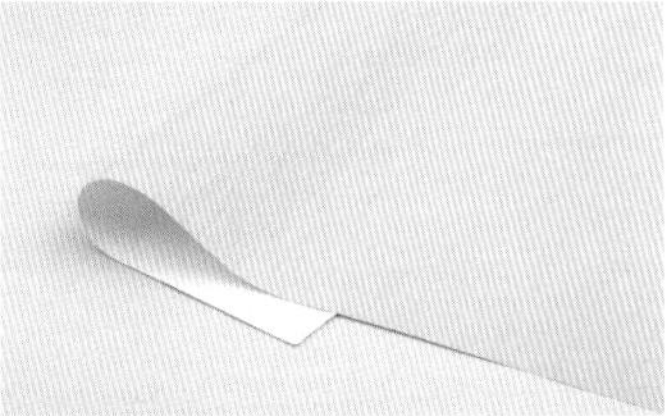

クレープ紙

しわ加工された紙。包み直してもしわが目立ちません。薄いものでフリルのようなアレンジもOK(→p.122)。

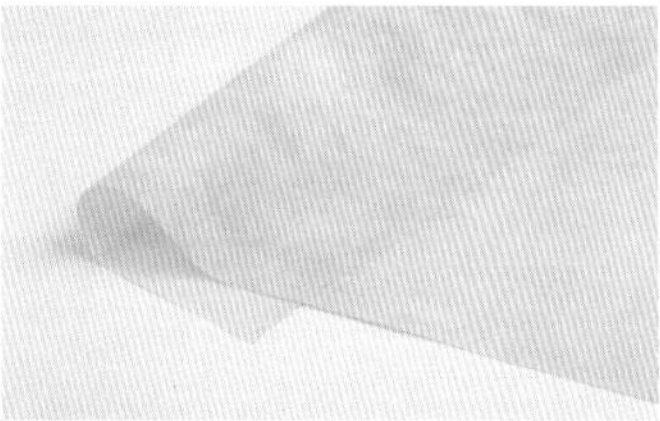

不織布

やわらかくふわっとした印象に。どんな形も自在に包めますが、折り目をはっきり見せたいときは不向きです。

ワックスペーパー

ロウが塗られた紙。上品でカジュアルなイメージに仕上がります。耐水性があり、食べものや花束を包むときにも。

グラシン紙

薄くて透けるので、中をちらりと見せたいラッピングに向いています。包みを開けるときの独特の音も可愛い。

薄紙(薄葉紙《うすようし》)

品物の内包みとして使われることが多い薄い紙です。破れやすいのでラッピングの際は何枚か重ねて使います。

セロハン

中身を見せたいときや、耐水性が必要なときに。無色透明なものと柄つきのものがあります。

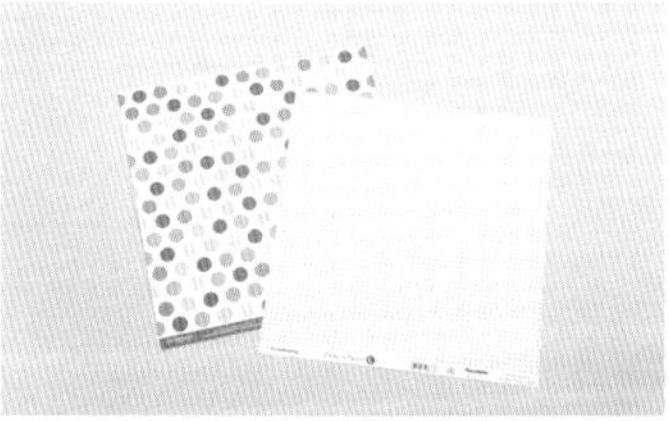

スクラップブッキング用紙

両面デザインのものが一般的。厚手なので手作りの箱やカードを作るときに重宝します。

ペーパーナプキン

おしゃれな柄やデザインが豊富。食べものを包めば、食後にナプキンとして使えて一石二鳥です。

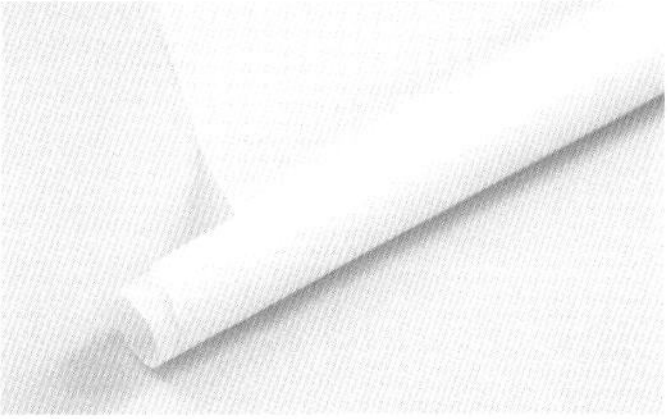

オーブンシート

白いオーブンシートは素朴でナチュラルな印象。水玉など柄付きもあり、耐熱・耐水機能も期待できます。

新聞紙

外国語の新聞紙は、さりげなくセンスのよさを演出できます。海外の方へ贈るならあえて日本の新聞紙でも。

折り紙

豊富なカラーバリエーションで、飾りを作るときなどに便利です。柄付きの可愛いものも増えています。

レースペーパー

食べものの敷紙として使うものですが、ラッピングのあしらいにするとクラシックで華やかな仕上がりに。

封筒

そのまま袋として使用したり、テトラ型やシャツ型にしたり(→p.160)。自由な発想で使い道を広げてみて。

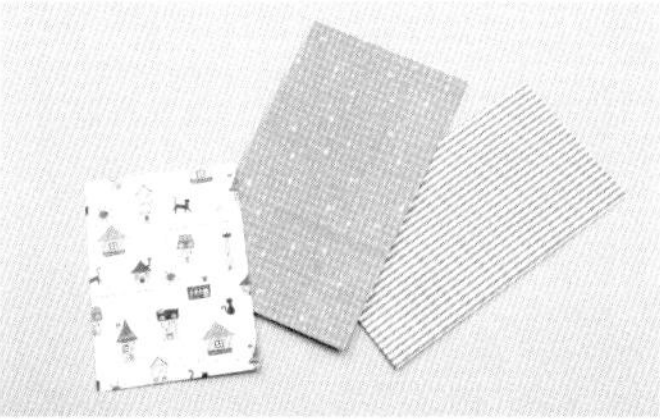

袋

さまざまな大きさ、デザインがあり手軽に使えて便利。閉じ方やあしらいを工夫すると、印象がぐっと変わります。

リップルボード

片面が波状の薄い段ボール。梱包材のひとつですが、オリジナルの箱や飾りを作るときなどに最適です。

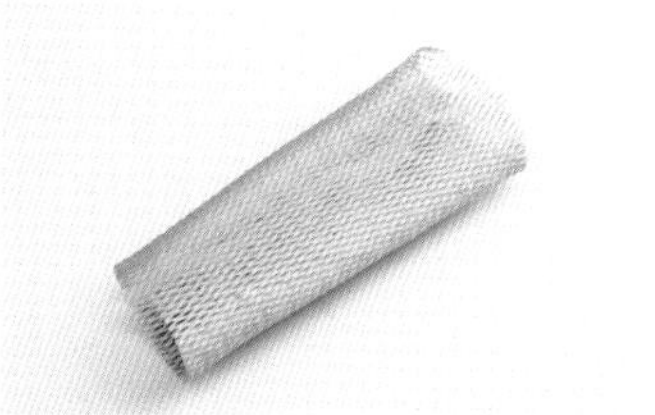

ペーパークッション

ネット状の梱包材。包みとして使えば、ラフで飾らないラッピングに。薄いので数枚重ねてもよいでしょう。

ハンカチ

最近は大判で可愛い柄のものが豊富。ふろしきの要領で包んで、そのままプレゼントすると喜ばれそう。

ふろしき

どんな形でも包めて何度も繰り返し使える点が魅力。紙とはひと味違う改まった雰囲気を演出できます。

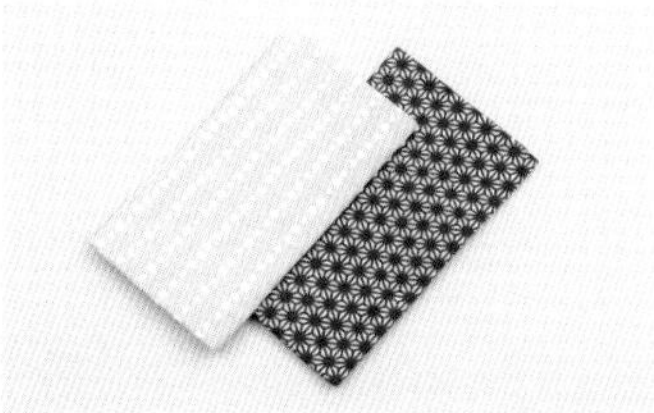

手ぬぐい

ふろしきよりもくだけた印象ですが、柄選びによって今風のおしゃれな感じにも包めます。

Wrapping

柄紙をあつかうコツ

天地のある・なしを必ず確認する

柄紙はラッピングのメインともなる素材。
しかし天地のあるものは仕上がりに大きく影響しますし、
合わせ目のズレが目立つ要注意の柄もあります。
柄紙をあつかうコツを、ひとつひとつ確認していきましょう。

柄の天地を確認する

天地が決まっているものと、決まっていないものがあります。天地を逆に包むことはマナー違反。品物が破損することにもつながるので絶対に避けましょう。また、天地のある紙の場合、包み方によって柄の出方が異なるので事前にチェックしてください。

●天地あり

文字や絵柄の方向が一定。

●天地なし

柄に一定の向きがない。

要注意の柄を知る

●大柄

大きな柄の紙を使うときは、柄全体が見えるように包む方が映えます。写真のように小さいものを包んでしまうとアンバランス。また、ひだやタックをつくる包み方のときも、柄が途切れてしまい、不向きです。

柄が途切れてしまうタックアレンジや、柄がきちんと見えないくらい小さな箱を包むと、大柄の紙を生かせない。

●ストライプ・ボーダー

●チェック

包んだときの合わせ目がズレていると目立つ柄です。特にシリンダー包みのときは、中央に寄せたひだの部分がズレていると、せっかくの柄も台無しに。ぴったりと合っていれば美しさが際立ちますが、初心者には難易度が高いかもしれません。また、ななめ包みでは縦横のラインがななめに出てしまうので、イメージが変わってしまいます。

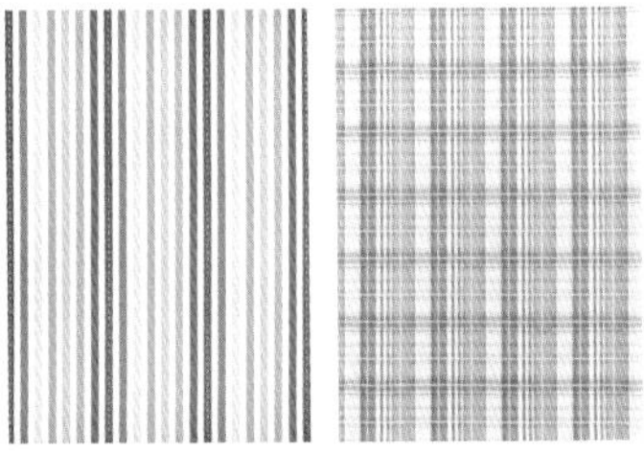

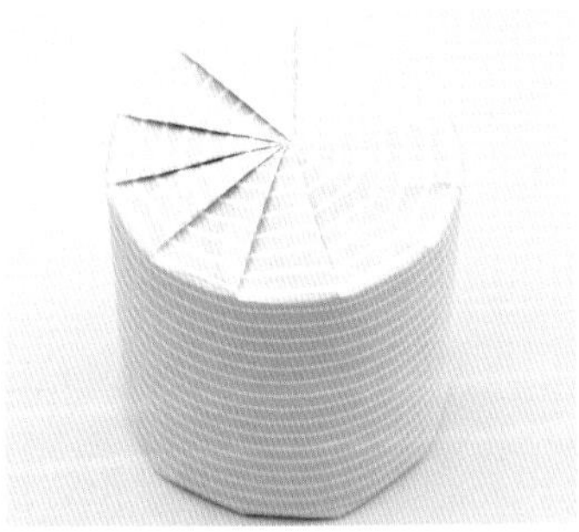

ボーダー柄でシリンダー包みをするのは、ひだの合わせ目が目立つため上級者向け。

柄の出方を知る

注意が必要なのは、ななめ包みとスクエア包み。天地のある柄紙で包むと、柄の向きがななめになったり、多方向を向いたりします。イラストを参考に仕上がりをイメージして素材を選びましょう。

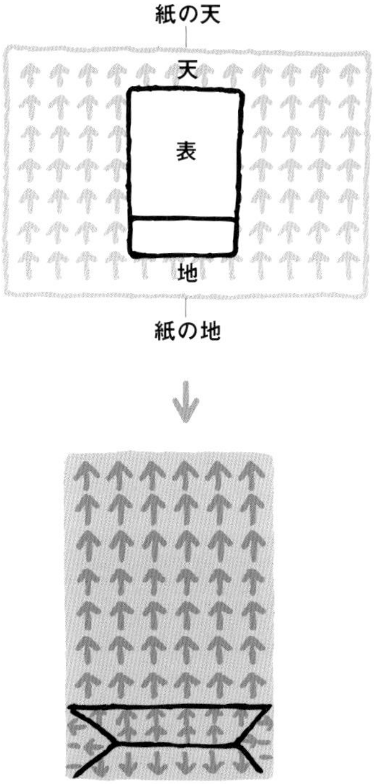

●合わせ包み

箱を置いたときに紙と重なる部分がそのまま包みの表となります。紙をまっすぐに置いて包むため、柄もまっすぐに出ます。

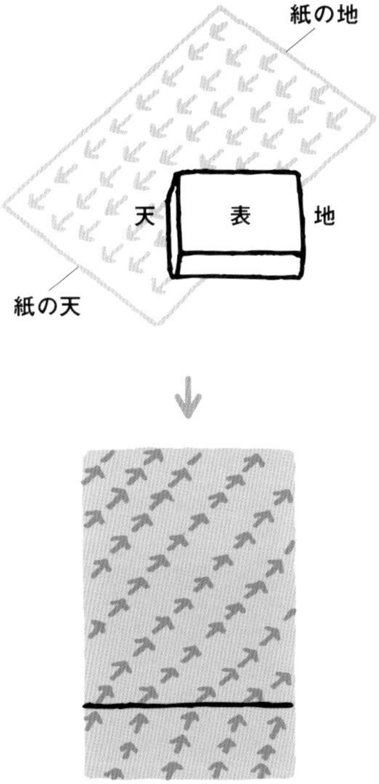

●ななめ包み

箱を置いたときに紙と重なる部分は包みの中側にかくれてしまいます。紙をななめに置いて包み始めるため、柄もななめに出ます。

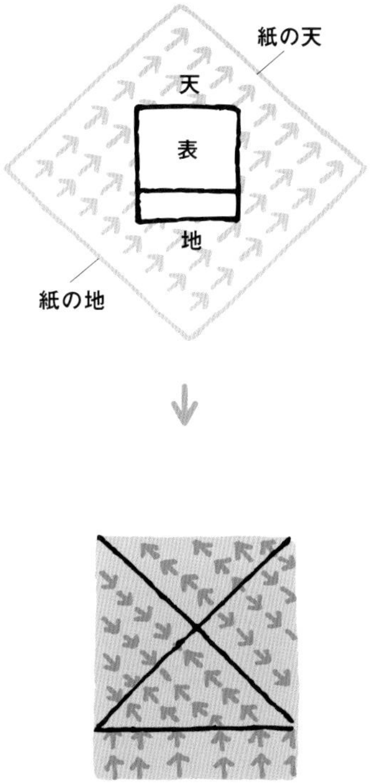

●スクエア包み

箱を置いたときに紙と重なる部分は包みの裏面になります。紙をななめに置き、四方を中央に折り込むため、柄は多方向を向きます。

Q 初心者でも失敗の少ない柄紙は？

A 天地なしの小さい柄のもの。小花柄や水玉模様などが無難でしょう。もちろん無地は一番失敗の少ない紙です。

Q 柄紙の一部に、気に入らないモチーフが入っているときは？

A 好きな柄の部分が表になるように紙取りをして包むのがおすすめです。合わせ包みなら簡単に表の位置を決められます。

Q 気に入った柄だけど、箱全体を包むとちょっと派手かも……。

A 2種類の紙を貼り合わせてはどうでしょう。（→ p.45・p.54）無地紙と組み合わせれば派手になりすぎず、バランスのよい仕上がりになるでしょう。

飾る素材

リボンは、極端に太いものや細いものは初心者にはあつかいづらいかも。また、カジュアルなシーンでは、綿や麻など天然素材のリボンやひも、タグやシールも選択肢に入れて、贈りものがもっとも引き立つ組み合わせを考えましょう。

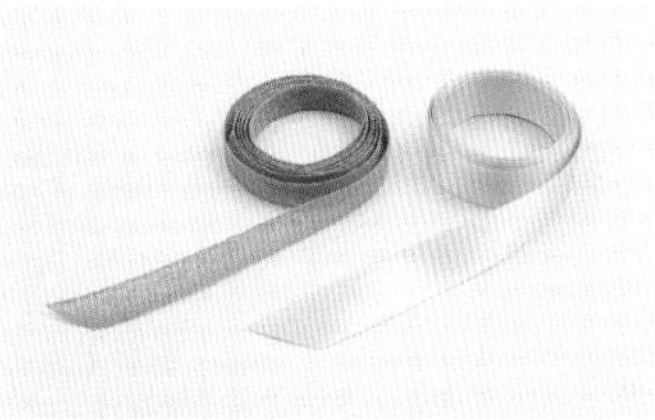

無地リボン
包みが無地でも柄付きでもなじみ、無難です。フォーマルな贈りものではコットン素材のものは避けて。

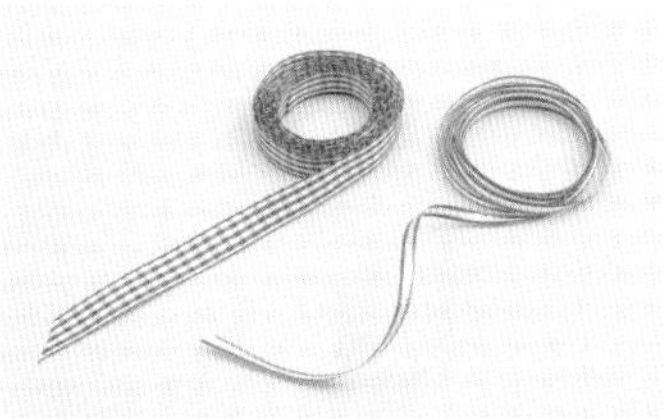

柄リボン
視線をぐっと引き寄せる、ラッピングの主役ともなるアイテムです。柄紙とセンスよく合わせるのは上級テク。

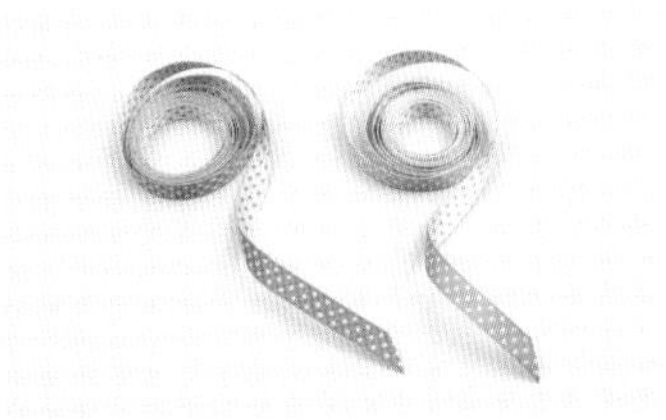

リバーシブルリボン
裏表2色が見えるので無地でもインパクトがあります。ふつうのリボンとは結び方が異なるので要注意(→p.108)。

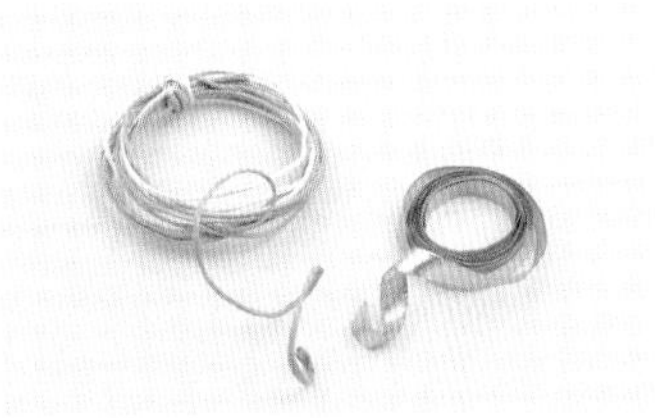

ワイヤー入りリボン
ワイヤーを生かしてリボンの羽を大きくふくらませたり、先端をらせん状に巻いたり。動きのある演出ができます。

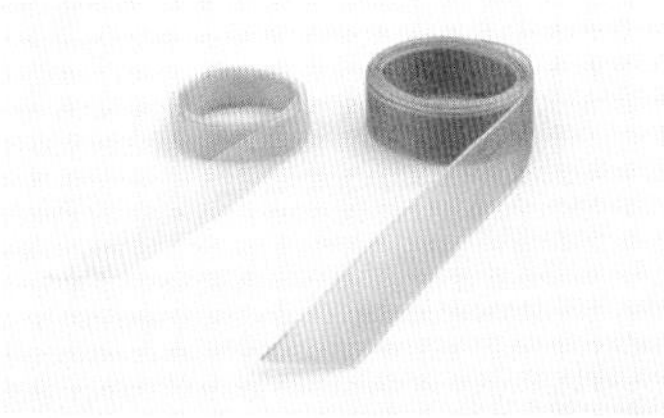

オーガンジーリボン
やわらかく透ける素材で、華やかな印象に仕上がります。クセがつきにくいのであつかいはやや難しい。

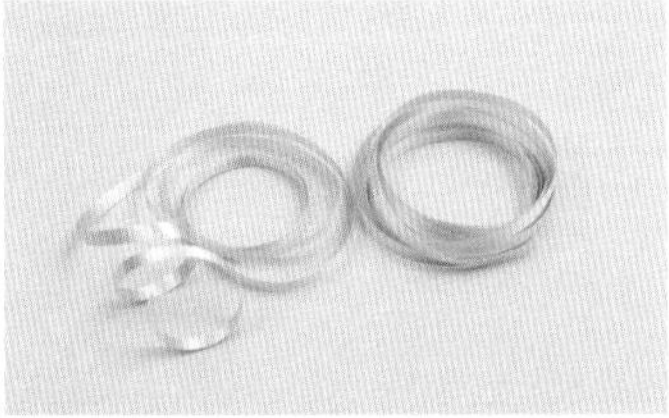

カールリボン
くるくるしたカールでポップで可愛らしい雰囲気に。リボンをしごく強さでカールの強弱をつけられます(→p.29)。

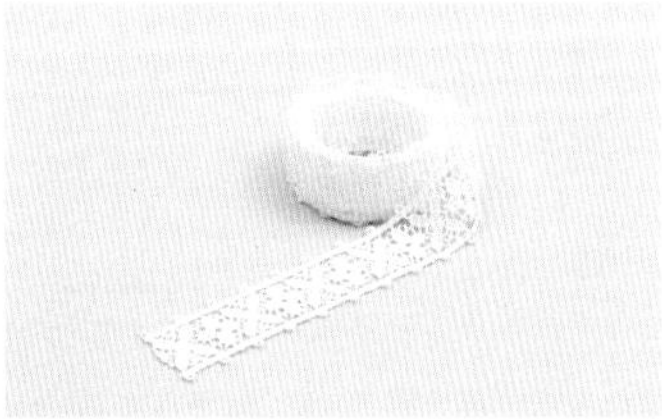

レースリボン
リボンとして使うほか、短く切ってタグやオーナメントのあしらいに。ロマンティックなニュアンスをプラス。

ペーパーロープ
独特のざっくりとした風合いが魅力。ロープをほぐして包みに使用しても素敵です(→p.116)。

ラフィアロープ
ラフィア椰子という植物から作られたひも。天然のものと、紙をラフィア風に加工したものがあります。

ひも
麻ひもは荷造りなどにも利用される、丈夫なひも。綿でできたものはデザインもいろいろあります。

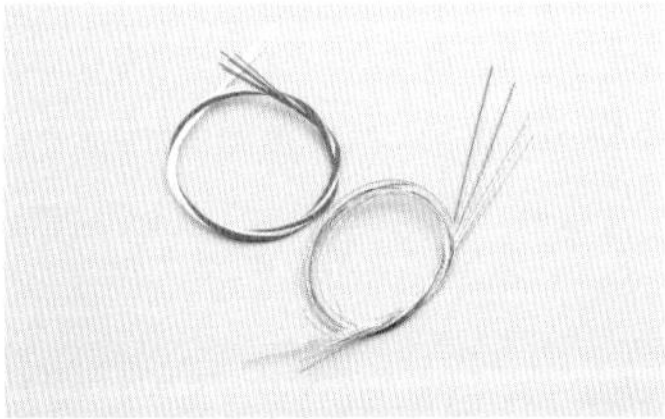

水引
慶弔事に使用する紅白・黒白などのほか、カラー水引は通常のラッピングに和風のアクセントとして使えます。

毛糸
リボン代わりに使うと、温かく可愛らしい印象に。洋服同様、暑い季節にはさけた方がよいでしょう。

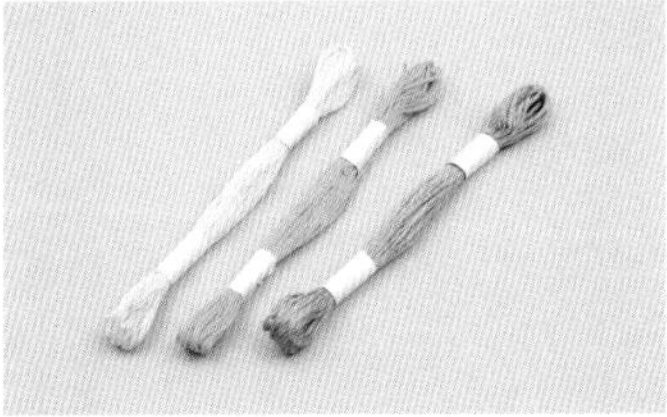

刺しゅう糸

タグやオーナメントをとめるひもなどに使います。色が豊富なので、鮮やかな色を選んでアクセントにしても。

シール・ラベル

カジュアルなシーンでリボンの代わりに使います。包装紙の切れ端などでオリジナルのラベルを作ってもGOOD。

タグ

タグをつけるだけで、お店風に仕上がります。紙や布に穴をあけて、簡単に手作りもできます(→p.145)。

マスキングテープ

簡単にはがせるのであつかいやすく、おしゃれな雰囲気に。袋を閉じたり飾ったり、幅広く使えます(→p.145)。

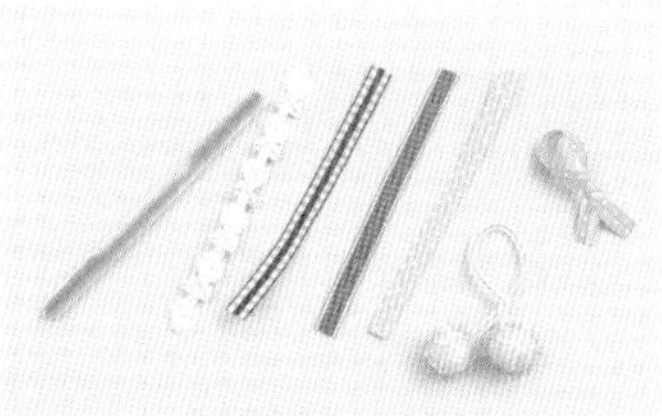

タイ・モール

光沢のあるものからモコモコしたものまでいろいろな素材があります。袋を閉じるだけでなく、飾り作りにも。

クリップ

袋を閉じたり、飾りやカードをとめたりするときにも使えます。繰り返し使える点もエコです。

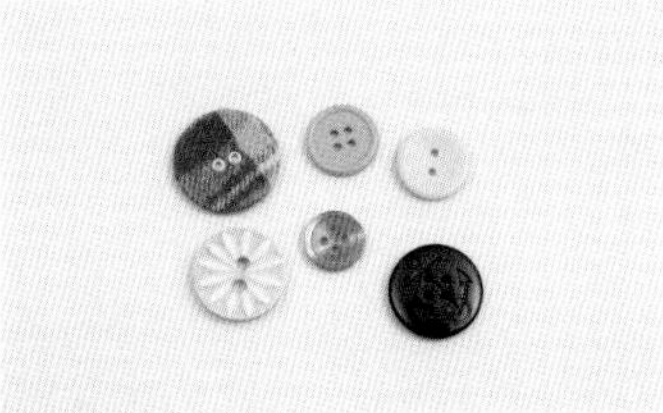

ボタン

デザインの可愛いものや、くるみボタンをラッピングのあしらいに使うと新鮮。包みに直接貼ってもよいでしょう。

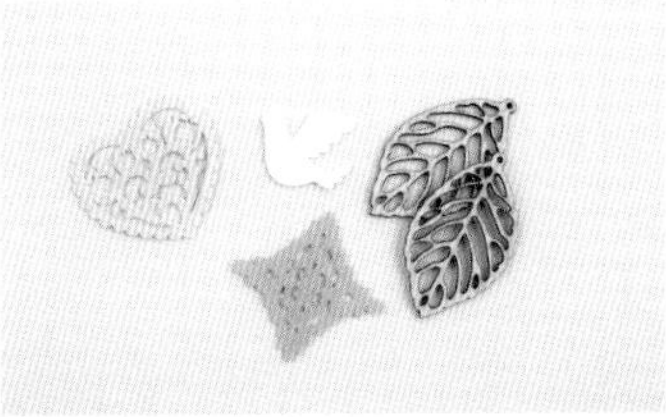

オーナメント

ひもを通して包みにシールで貼り付けたり、リボンに巻き付けたり。物足りないな、と思うときにプラスすると◎。

スターボウ

昔ながらの飾りですが、使う素材次第でまた趣きが変わります。いろいろ試してみては？(→p.147)

ポンポン

そのまま包みに貼り付けたり、リボンにくくりつけてチャーム風にしたり。手作り感が演出できます(→p.147)。

コサージュ・飾り花

ラッピングのアクセントに。コサージュは簡単に手作りでき、素材や切り方でニュアンスも変わります。(→p.146)。

ペーパークイリング

細長い紙をクルクル巻いて作る飾りです。包みに貼り付けたり、カードや箱にあしらっても(→p.150)。

箱とクッション材

やわらかいもの、細かいものも箱に入れればすっきりまとまります。親しい相手なら、空き瓶や缶など、おしゃれなパッケージのリユース品を使っても素敵です。すき間がある場合は、クッション材をつめて中身が動かないようにしましょう。

四角い箱

包みやすく種類が豊富。1.5cm以下の薄い箱は包み方に注意が必要です(→p.47)。

キューブ型の箱

立方体など厚みのある箱は、見た目は可愛い印象ですが、側面や天地の処理が難しくなります(→p.47)。

ピローボックス

ハンカチや衣類などを包むことが多い左右に凹みのある箱。柄付きのものならそのままリボンをかけてもOK 。

円柱の箱

角がない分、品物に優しく衝撃に強いため、型くずれしやすい帽子やコサージュ、壊れやすいガラス製品などに。

ハート型の箱

カジュアルなシーンで、特別な想いのある贈り物にぴったり。そのままリボンや飾りをあしらうのがよいでしょう。

ビン

空きビンのリユースは、手作りのジャムなど食品はもちろん、クッション材をつめて小物をまとめてもキュートです。

缶

可愛いデザインのものは、その後、小物入れとしても使えて喜ばれます。お菓子やお茶などに向いています。

かご

中身を見せるラッピングや、複数の贈りものをまとめたいときに。全体をセロハンで包めば、インテリアとして飾れます。

エアパッキン

クッション材として使うときは、プチプチ部分を内側にして包みます。ハート型なら可愛らしさも演出。

紙パッキン

不織布のものもあり、量や形を自在に調節できます。全体が1本でつながった、散らばらないタイプもあり。

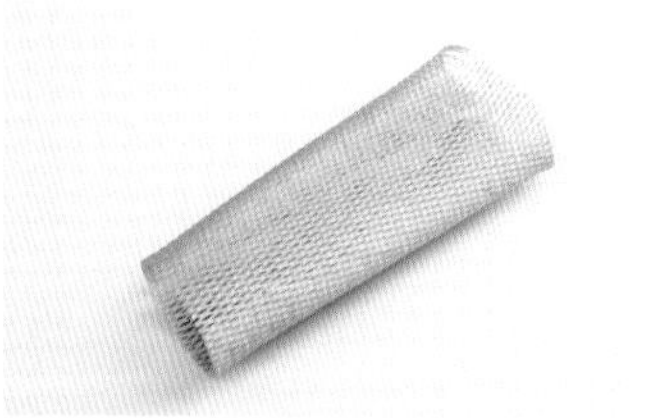

ペーパークッション

伸ばすと網状になる、軽くてかさばらない緩衝材。固いもの、重いものなどは、数枚重ねて包むと安心です。

フルーツキャップ

りんごや桃など、果物を痛めないためによく使われるクッション材。箱のすき間に詰めてもよいでしょう。

Wrapping

箱の基礎知識

箱選びのポイントと箱のつくりを知る

箱選びでは、品物を守り、引き立てることを意識します。
箱には、天地が決まっているものと、自分で決めるものがありますが、
せっかくの贈りものも、開けたときに品物が天地逆になっていては台無しです。
箱に品物を入れるとき、箱を包むときには、箱の天地を必ず確かめましょう。

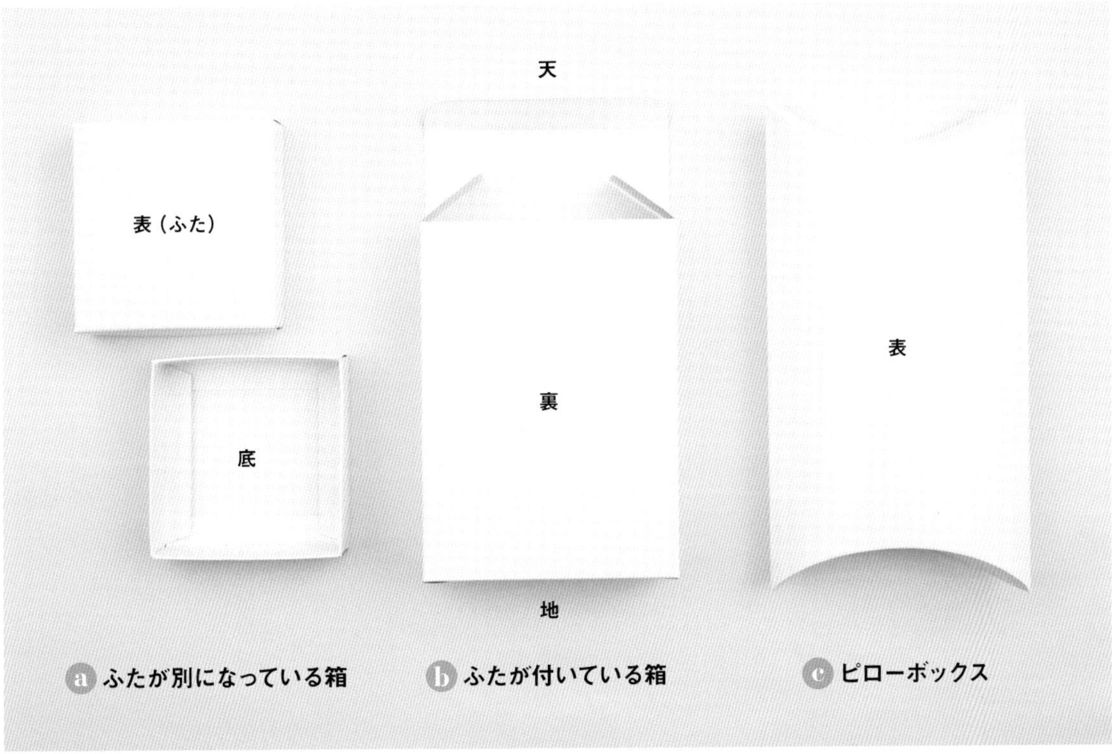

a ふたが別になっている箱　b ふたが付いている箱　c ピローボックス

箱選び

フォーマルなシーンでは箱に入れて贈ることが必須。「お悔やみ」のときは柄や色の付いたものではなく、白い箱を選びましょう。箱の大きさや形は品物に合ったものを。ふたが浮いてしまうほど詰めるのは見た目も悪く、品物を傷つける恐れがあります。

箱のつくり

a ふたが別になっている箱

箱の天地は自分で決めます。ふたと底のつくりは同じです。

b ふたが付いている箱

箱の天地が決まっています。底から品物が抜け落ちないよう、内側をセロハンテープで補強します。

c ピローボックス

箱の天地は自分で決めます。側面は箱が開けやすいよう、半円の穴がある方を先にかぶせます。

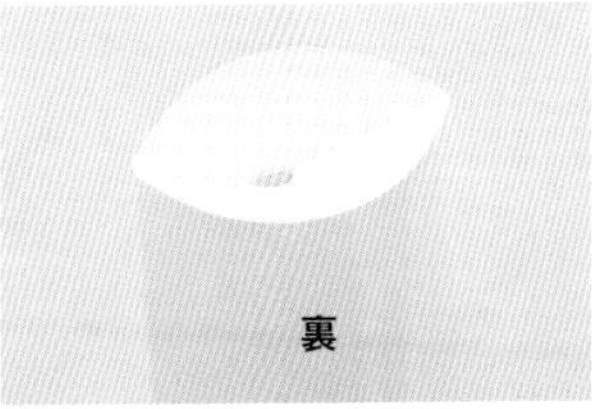

Wrapping

箱の詰め方

箱詰めにも贈り手の気持ちが表れます

品物を薄紙で包むか、上下に薄紙を入れて箱に詰めます。
クッション材を使う場合は、品物をそのまま入れてもよいでしょう。
品物を傷つけないように、汚さないように、そう大切に想う気持ちが、
箱詰めに表れます。外側のラッピングだけに気をとられず、心をこめて。

薄紙

品物の上にかける紙は、薄紙などやわらかいものを。品物全体を薄紙で包む場合は、なくてもかまいません。

箱

品物に合ったサイズのものを選びましょう。クッション材を詰める場合でも、あまり箱が大きすぎるのはNG。アンバランスな印象になってしまいます。

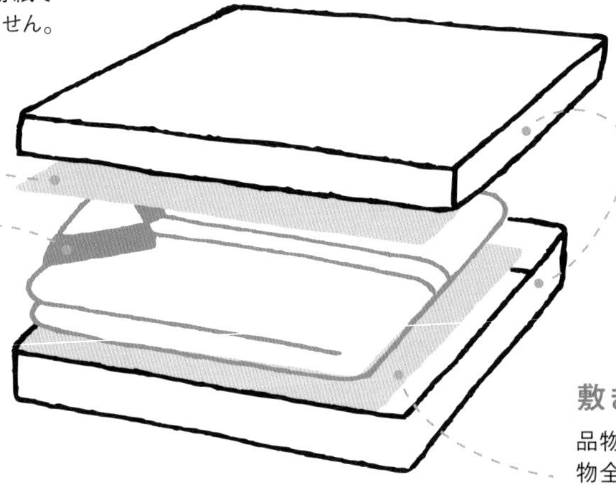

品物

衣類やタオルなど大きいものは、箱の大きさに合わせてたたみます。箱を開けたときに品物の正面が見えるように詰めましょう。

敷き紙

品物の下には必ず紙を敷きます。品物全体を薄紙で包んだり、クッション材を敷きつめたりする場合は、なくてもかまいません。

品物の上下に薄紙を

品物をキレイに保つために、箱の底に敷き紙を入れます。やわらかい薄紙が品物を傷つけず適当ですが、余った包装紙を利用してもOK。ラッピングと同じ柄のものは失礼になるので避けましょう。サイズは箱の底よりひとまわり小さめにカットします。品物の上には薄紙をかけます。ふたを開けた瞬間に中を見せたい場合は、セロハンで代用してもよいでしょう。

クッション材を詰める

品物が箱の中で動いてしまうなら、クッション材を詰めます。紙パッキンは開けたときに散らばることがあるので、パッキンの上にセロハンやラップをかけてもよいでしょう。

薄紙で包む

品物を薄紙で包むときは、たとう包み（→p.60）に。テープでとめる必要がないので、開封が便利です。エアパッキンやペーパークッションなどで包むと、クッション材もかねられます。

箱の組み立て方

ふたが別になっている箱

1

組み立てるときは折り目がふくらんでいる方を内側に折る。ふたと底はサイズが異なるだけで折り方は同じ。

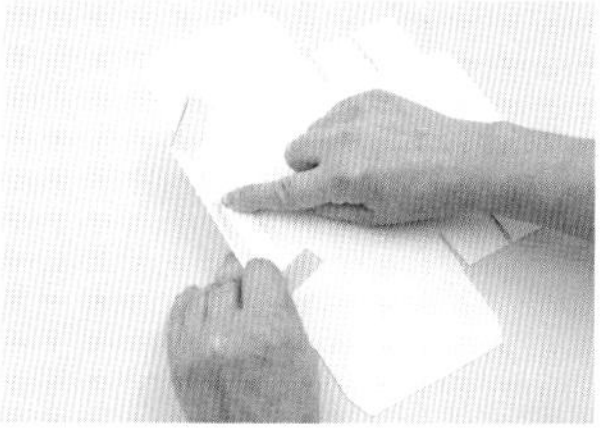

2

底の左右側面を折る。箱のふちに沿うよう、しっかり折り目をつける。

3

側面をいったん広げ、手前と奥を折る。

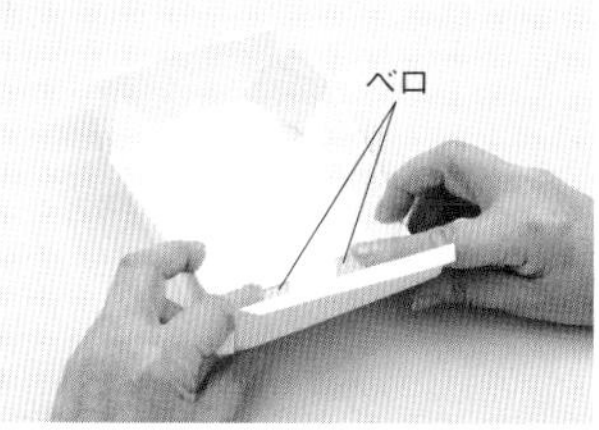

4

側面のベロを2枚とも巻き込むように、手前をかぶせる。

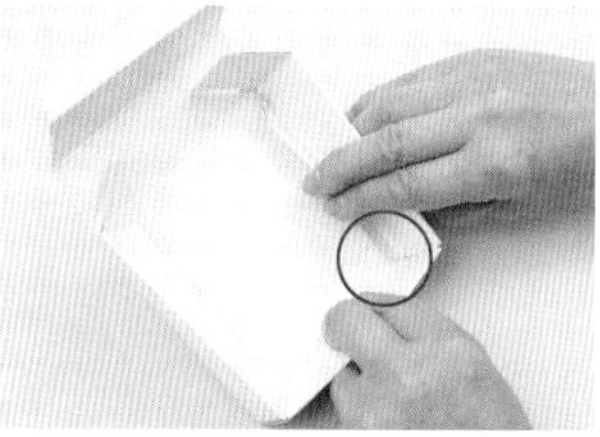

5

側面のおさえ部分を、手前のおさえ部分の上にかぶせる。これで折り込みが固定された。

6

奥も同じように折る。ふたも同じように折り、完成。

ふたが付いている箱

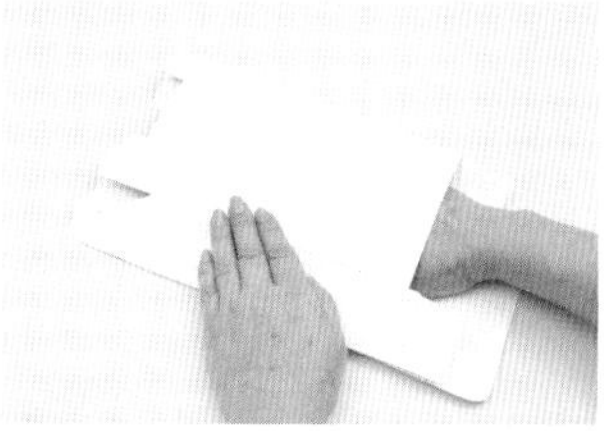

1

箱の中に手を入れて立体的にする。

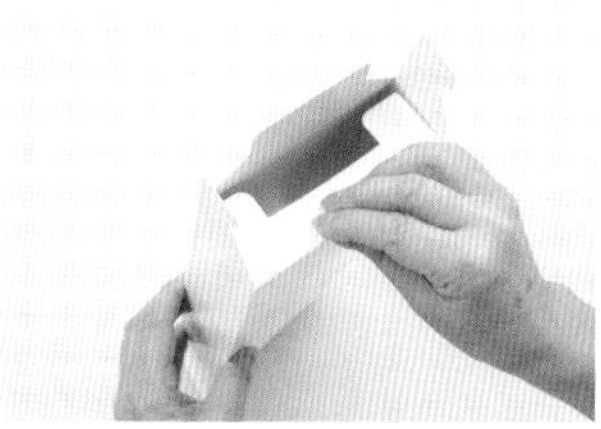

2

地の手前、凸凹の凹の方を折る。

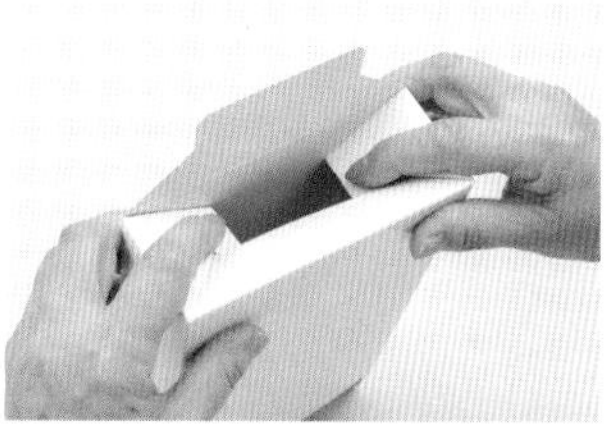

3

左右の側面を折り、ベロを手前の凹の部分に差し込む。

4

地を閉じる。指の第二関節を箱の角にあて、勢いをつけて押し込む。元に戻すときは、引っ張らず押し込むとよい。

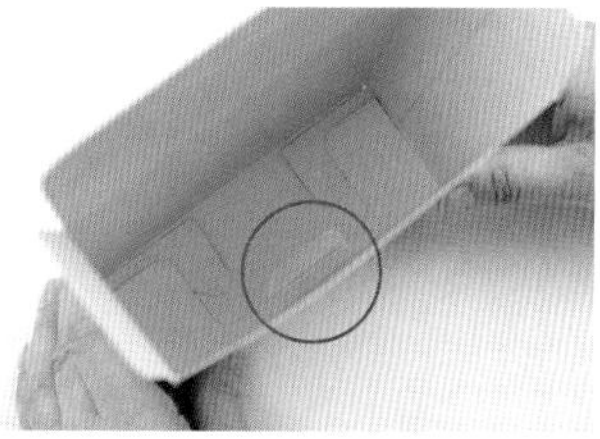

5

箱の内側から底にセロハンテープを貼る。こうして補強しておくと、品物が抜け落ちない。

6

天の左右側面を折り、ふたをかぶせて天を閉じる。

Wrapping

キレイに仕上げるコツ

素材のあつかいの基本を知る

美しいラッピングとは、しわやたるみなくぴったりと包まれ、
ピンと張ったリボンで、バランスよく結ばれた状態。
それは素材をあつかう基本をきちんとおさえることで実現できます。
ラッピングに夢中になるとつい忘れがちな基本を、しっかりと学びましょう。

正しく紙取りをする

紙取りとは、包装紙が包み方に合ったサイズか確認し、必要であればカットする作業です。

紙は表を外側にして折る

紙を切る印は、折り目をつけるまで右手でつまんで離さないこと。紙は表面を傷つけないよう、必ず表面を外側にして折ります。

必ず再確認を！

紙取りができたら、必ずもう一度箱にあてて、サイズが合っているかどうかを確認します。不要な紙と紙取りした紙を取り違えないように。

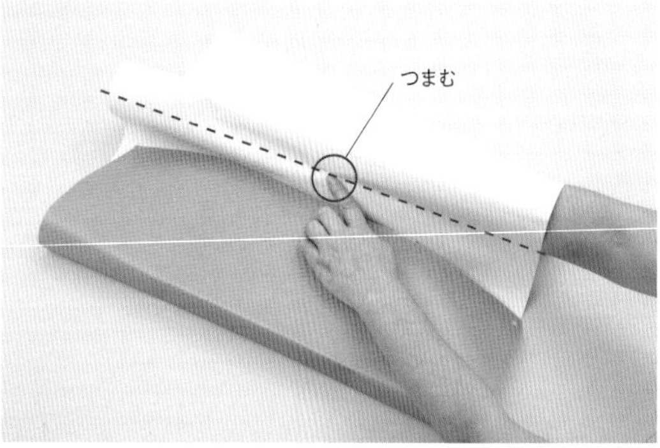

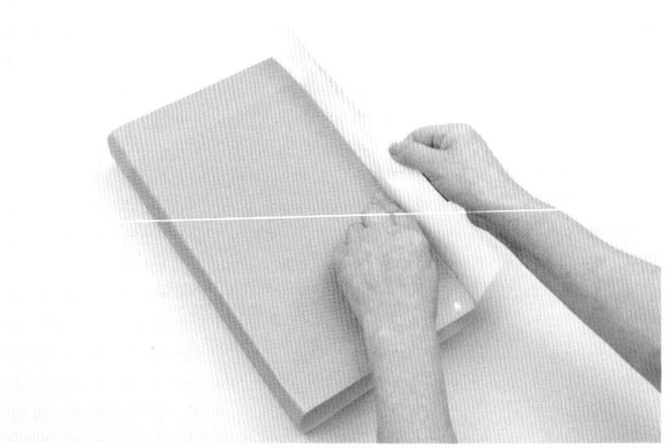

カッターで切る

紙取りで包装紙を切る場合は、必ずカッターを使います。

刃は5cm以上出す

刃を5cm以上出してしならせ、刃先2/3を机にぴったりとつけることで、まっすぐに切ることができます。

刃先1/3の部分を45度で！

切るときは、紙と刃の角度を45度に保ち、刃先1/3の部分で切ります。角度が違うと紙の抵抗が強く、うまく切れません。

力を入れすぎずに切る

親指と人差し指で紙をおさえ、その間を切ります。尺取り虫のように親指と人差し指を移動させ、刃を進めていきます。力を入れすぎないことがコツ。

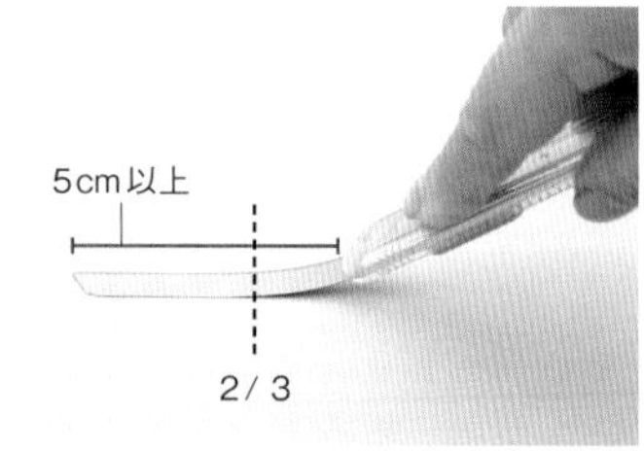

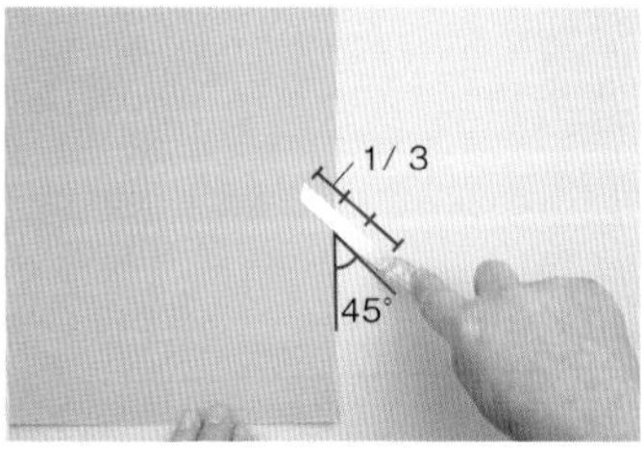

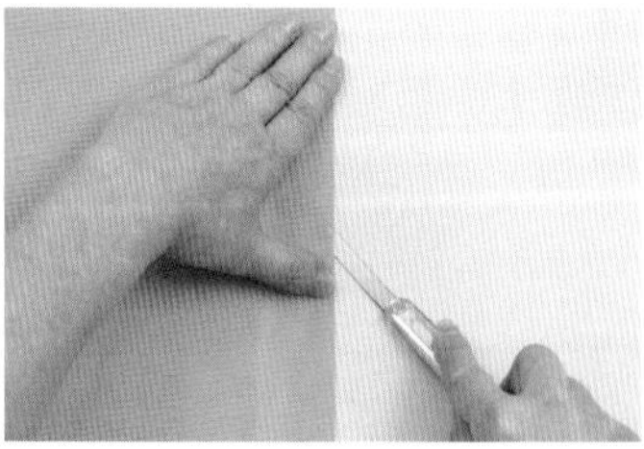

丁寧に包む

紙の端を折ったり、箱をなるべく動かさずに包んだり、
見えない工程も丁寧に進めることが大切です。

化粧折りをする

化粧折りとは、包装紙の端を少し折ること。切りっぱなしの紙では仕上がりが美しくない上、開封する人が手を切る恐れもあります。両面テープの幅より少し太くなるよう、1～2cm折るのが基本です。

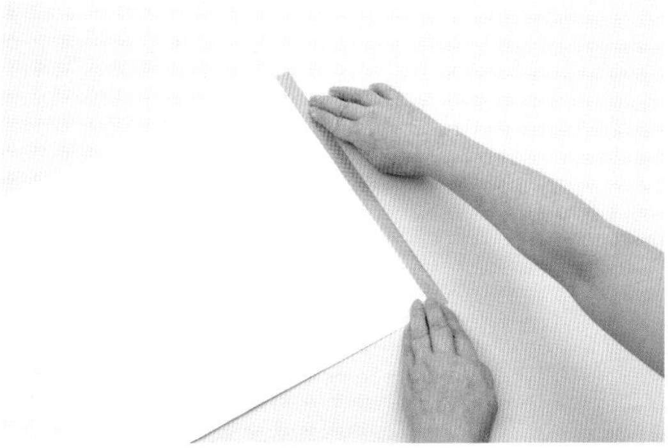

箱を浮かせない

箱をなるべく動かさず包むのは、品物に対する心づかい。天地がわからなくならないようにする意味もあります。箱を持ち上げたり、くるくると向きを変えたりして包むのは避けましょう。

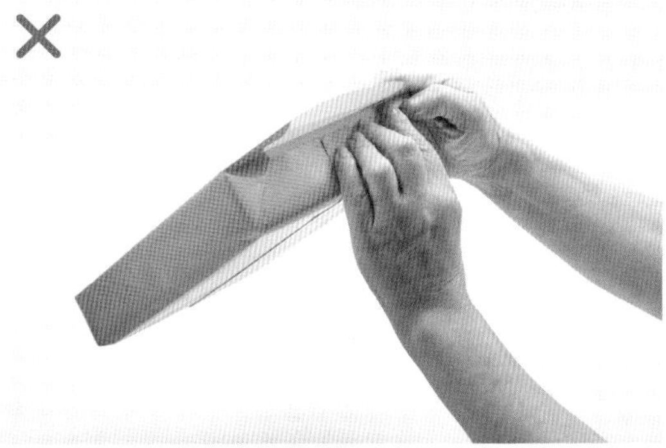

両面テープで貼る

包装紙を貼り合わせるときは両面テープで。
セロハンテープは見た目が美しくないので使いません。

爪を立ててちぎる

体と平行になるように両面テープを持ちます。切るときは右手で持ったテープをひねって90度にし、左手の親指の爪を立ててちぎります。指で持ってちぎると指にくっつき作業が滞るのでNG。はさみも切れ味が悪くなるので使わないようにしましょう。

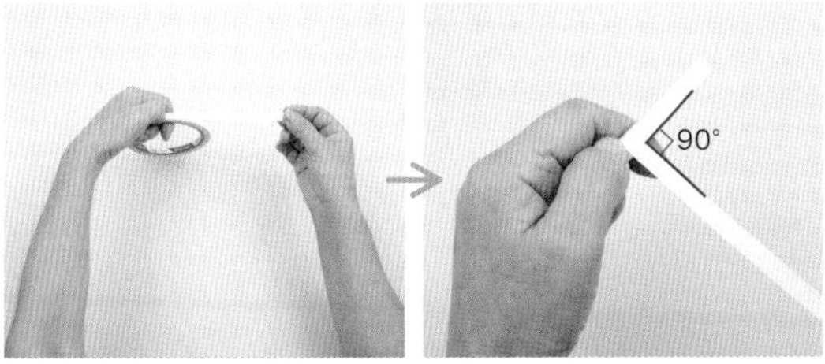

たるみを寄せながら貼る

化粧折りに両面テープを貼るときは、折り目側の端に。長さは必要最小限にとどめ、端を少しだけはく離しておきます。貼り合わせるときは、一気にはく離紙をはがさず、紙のたるみを寄せて調整しながら少しずつ進めていきます。

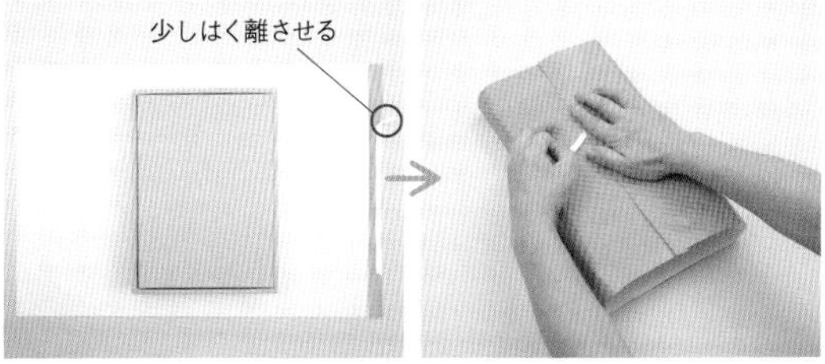

Wrapping

リボン結びのコツ

手順を覚えて引きしめをしっかりと

リボン結びの正しい手順は、意外と知らない人が多いもの。
一度覚えてしまえば、ラッピングだけでなく、衣類のリボンにも役立ちます。
また、リボンのあつかいは優しすぎては×。しっかりと引きしめるのがコツです。
手順とコツをおさえて、美しいリボン結びをマスターしましょう。

蝶結びの基本手順とコツ

1. 箱の角を使って結ぶ

箱の角を使うと、結び目がほどけずしっかりと引きしめができます。

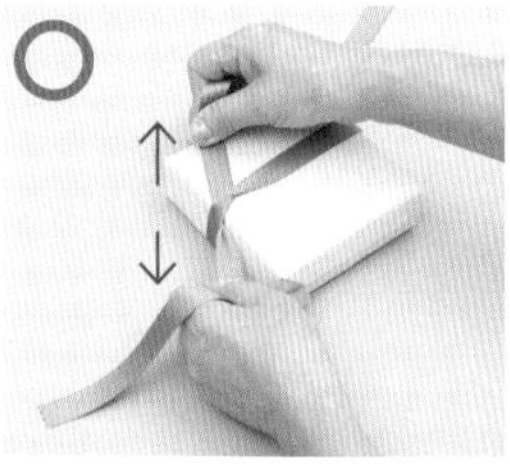

2. 下にあるリボンで1つ目の羽を作る

上にあるリボンで先に羽を作ると、縦結びの原因になります。

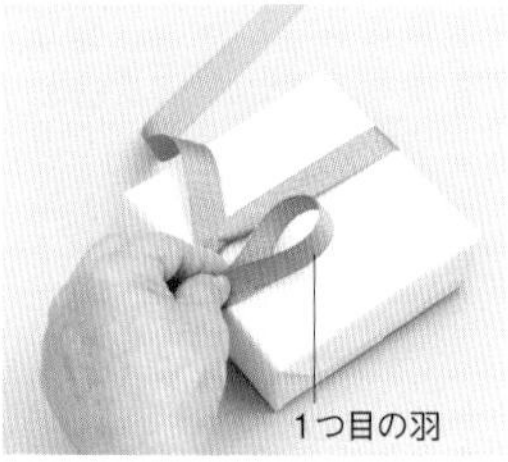

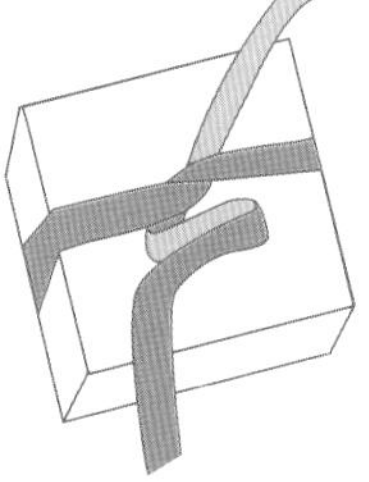

3. もう一方のリボンを上からかける

下からもう一方のリボンをかけるのも、蝶結びが曲がってしまう原因に。

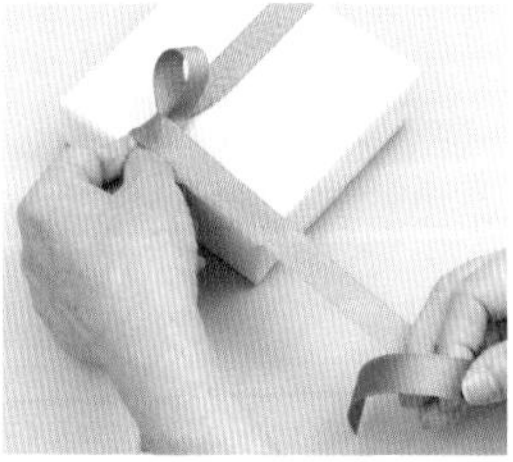

4. 輪をくぐらせながら2つ目の羽をつくる

人差し指と中指を使って引き出すとやりやすいでしょう。

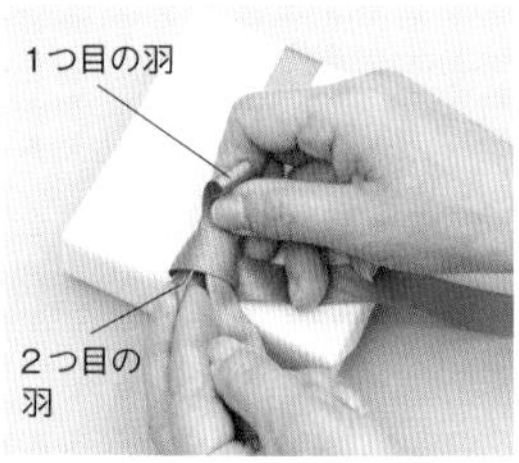

5. 脚をおさえて根元を引きしめる

両手の親指と人差し指でリボンの根元をつまみ、卵を割るときのように、両手を内側へひねりながら引きしめます。

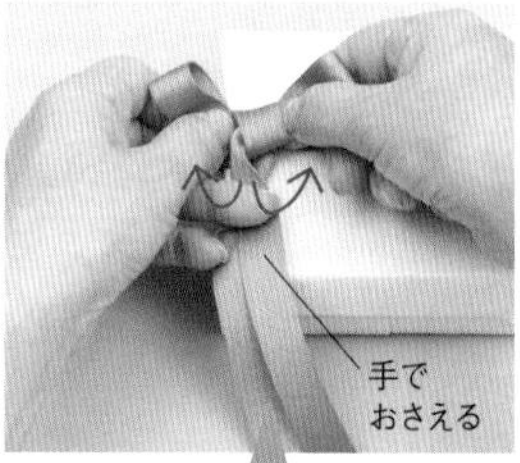

Point

リボンの脚を小指などでおさえ、一気に引っぱらず小刻みに引きしめると、仕上がりがキレイです。

※リバーシブルリボン(→p.108)、ダブル蝶結び(→p.109)は引きしめるときにつまむ位置が異なるので注意。

バランスを整える

美しい蝶結び

羽と脚の長さをそろえると、バランスよく仕上がります。脚を長く調整したいときは、蝶結びの結び目を手でおさえるとリボンが曲がりません。結んだリボンの位置を箱の角からずらしたいときも、結び目をつまんで移動させましょう。

羽が大きい
羽が大きすぎると頭でっかちな印象になります。

脚が長い
脚が長すぎるとだらしなくバランスが崩れてしまいます。

脚が乱れている
脚をおさえず引きしめると仕上がりが美しく決まりません。

片方の脚を長くとるアレンジ
応用として、片方の脚を長くとってカールさせたり、巻き付けたり、シールでとめたりするアレンジも素敵です。

リボンの先端を処理する

リボンの先端を処理するのは、ほつれ防止のためだけではありません。「リボンの端まで気を配って結びました」という印のためにも必要なものです。

V字カット
リボンを2つ折りにして一度に切るのは跡が残ることがあるのでNG。面倒でも両端から中央へ2回はさみを入れましょう。

ななめカット
外側が長くなるよう、斜めにカットすることで縁起のよい末広がりの印象に。角度をつけすぎたり、内側が長くなるとバランスがくずれます。

ピンキングカット
ピンキングばさみをリボンに直角に入れて切ります。

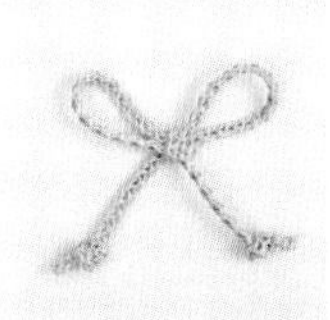

ひとつ結び
先端をカットで処理できない細いひもは、ひとつ結びにします。

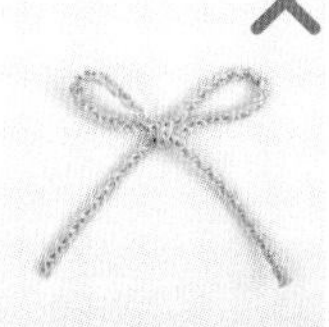

処理をしない
切りっぱなしはNG。リボンの先まで気を配っていないと失礼にあたります。

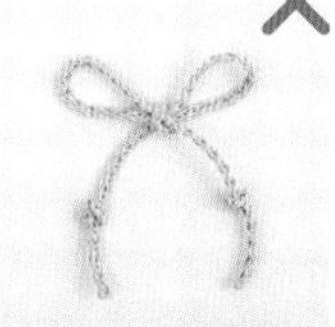

結ぶ位置が上
結ぶ位置は端から1cm以内に。結んだ後のカットを忘れたと思われます。

カールリボンのあつかい方

はさみの背と指の間にリボンをはさみこんでしごくとカール状になります。カールさせるのは、必ず箱や品物に結んでから。

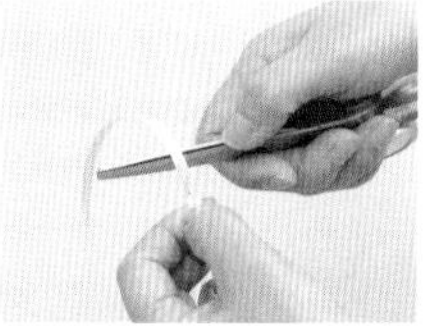

1 自然にカールしている内側にはさみをあてます。

強くしごくとくるくるとしたカールに、ゆるくしごくとふんわりしたカールになります。

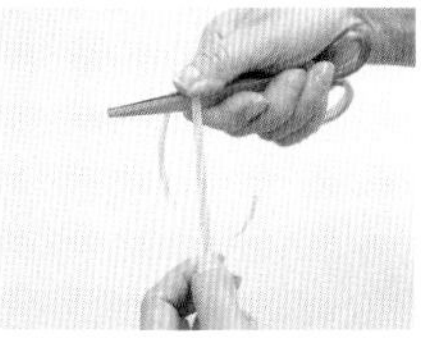

2 しごくときはなるべく1回で。3回以上しごくとカールが汚くなってしまいます。

Q リボンを買うときの長さの目安は？

A 箱の大きさやどの結び方をするかによりますが、V字がけや十字がけはリボンが長く必要です。右の例を参考にして。

W13cm × D18cm × H5cmの長方形で十字がけ蝶結びの場合、約130cm

Wrapping

包装材の保管方法

保管と再利用のコツをチェック！

包装材の保管で気をつけたいのは、光、ほこり、湿気です。
紙は色あせたりクセがついたりしないよう、日陰に平らに置くのがベスト。
スペースがない場合は、筒に巻いて箱に立て、上から布をかけてもよいでしょう。
余ってしまった包装材の再利用方法も参考にしてください。

束の包装紙

筒を２本、三つ折りにした包装紙の束の折り目部分にはさみます。住宅広告など固めの広告紙を巻いて筒状にしてもよいでしょう。

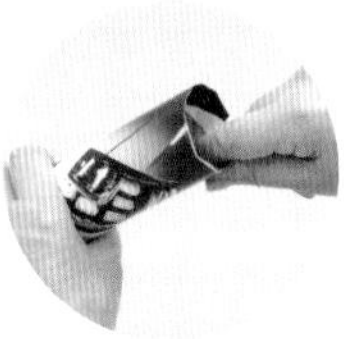

筒の代わりに広告紙などを巻いて使うときは、先端を内側に折り込むと見た目もスマートです。

リボン

お菓子など、しきりのある空き箱にゆるく丸めて保管すると便利です。ジッパー袋に入れる場合は、リボンがつぶれてしまわないように、空気を入れて封をしましょう。

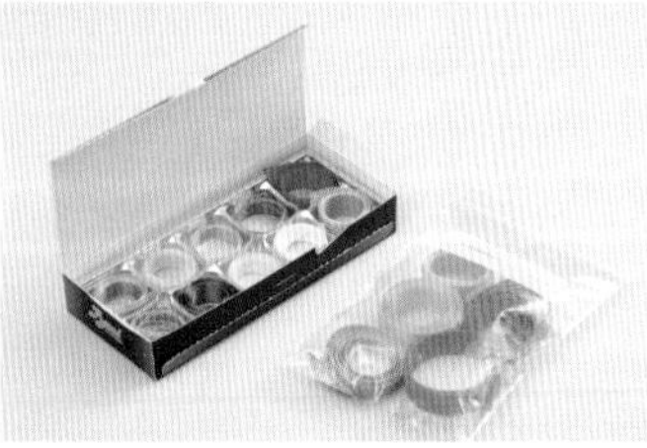

少ない包装紙

筒に巻く
筒に巻くときは、力を入れずに手のひらで軽くおさえて押し転がします。

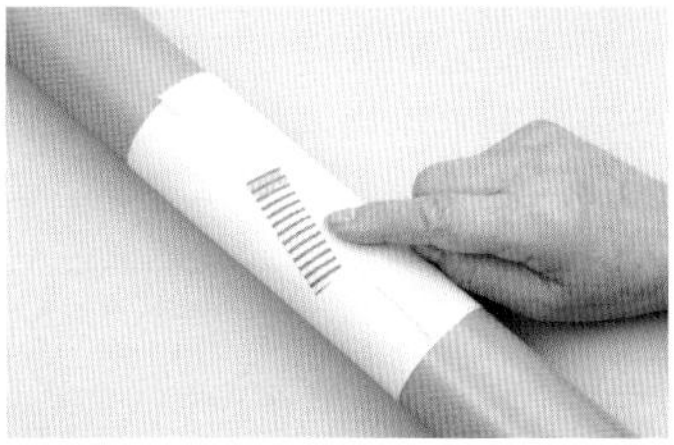

不要な紙で巻きとめる
包装紙を輪ゴムでとめたり、直接セロハンテープでとめたりすると跡がついてしまいます。不要な紙で巻き、その上からテープなどでとめましょう。

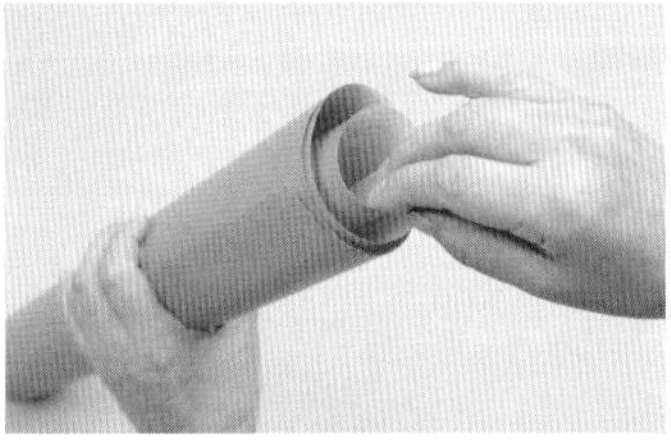

手でふわっと巻く
手で巻くときは、包装紙の端を持って、ふわっとまとめます。

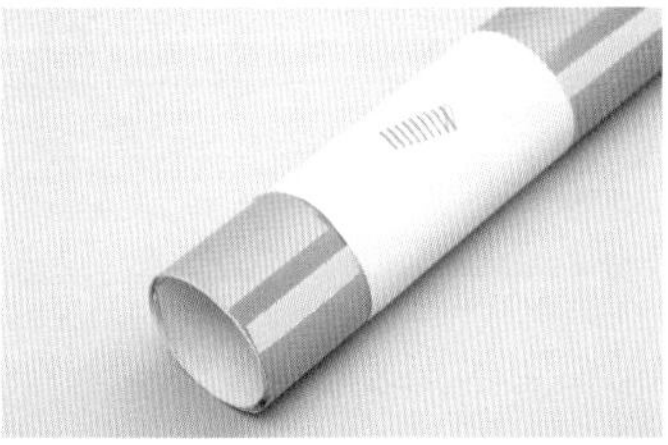

数種類巻くときは端をずらす
違う種類の紙を何枚も筒に巻くときは、巻く位置を少しずらすと一目で種類が確認できます。

手できつく巻く

×

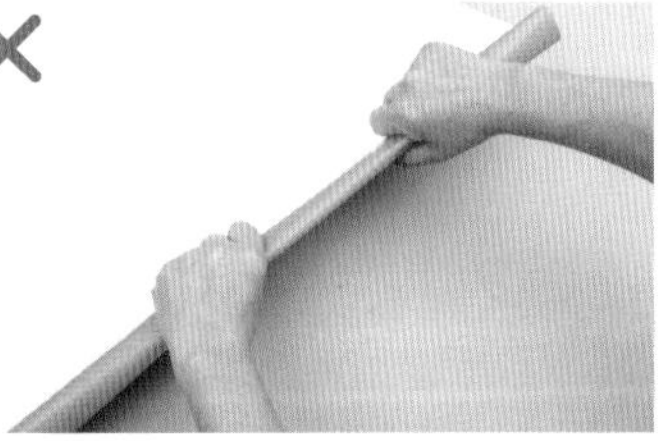

筒に入れる

×

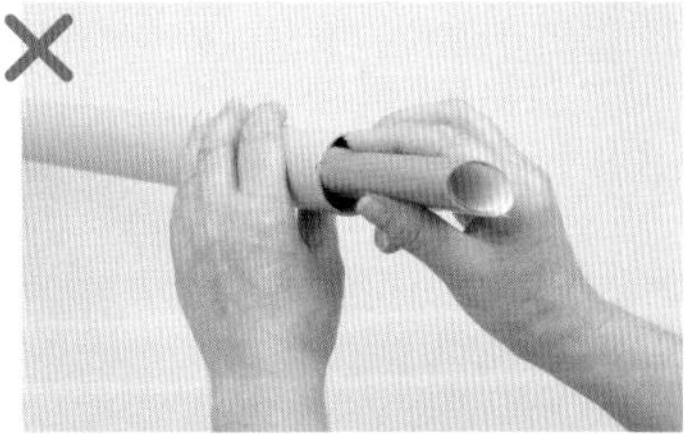

手できつく巻きつけると、紙に強い巻きグセがついてしまいます。同様に筒の中に包装紙を巻き入れるのもNG。見た目はすっきりしますが、再利用しにくくなるのでやめましょう。

紙の巻きグセをとる

巻きグセをとるときは、紙取りをする前に、包装紙が大きい状態で行います。ついたクセと反対側に、ななめに巻くと再利用しやすくなります。

リボンにはアイロンを

リボンを再利用するときは、低温アイロンをかけます。面倒かもしれませんが、ぴんと張った美しいリボン結びをするためには必要なこと。デリケートな素材のときは当て布をします。

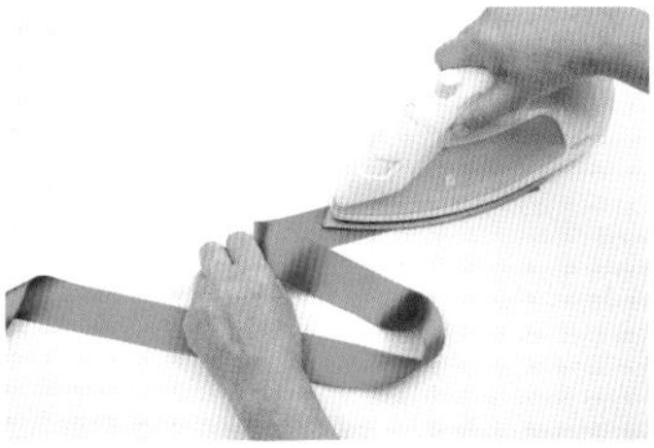

Q 紙にアイロンをかけてはいけませんか?

A あまりおすすめできません。そのときはまっすぐになりますが、熱が冷めたときにへんなヨレが出てしまったり、変色してしまったりするからです。

余った素材の再利用

小さい紙や短いリボンも捨てずに再利用。
アイデア次第で残り素材が生まれ変わります。

●ラベルやシールに

絵柄に合わせて切ったり、丸や星など好きな形にカットして裏に両面テープを貼れば、シールやラベルに。

●敷き紙に

箱の底に合わせてカットし、敷き紙として利用するのもひとつの方法。紙が固いときは、くしゃくしゃにしてクッション材とかねてもよいでしょう。失礼になるので、外包みと同じ紙は使わないようにします。

●コサージュやスターボウに

残り紙の再利用は、やわらかい紙なら手作りのコサージュに(→p.146)、固い紙はスターボウに(→p.147)。

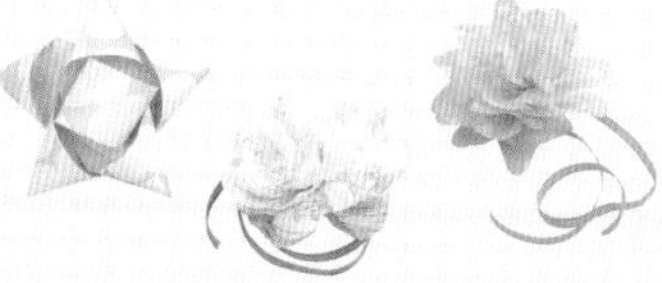

●ラッピングアレンジに

ほんの数cmの帯しか残っていない素材でも、メインの紙と合わせてアレンジに使えます(→p.45・p.55)。

●手作りの袋に

気に入っていた包装紙なら、素材の大きさに合わせて袋を手作り。作り置きしておくと便利です(→p.163)。

●タグやオーナメントに

残り紙を切って貼り合わせたり、マスキングテープで飾ったり。スタンプでメッセージを添えてもGOOD。

●飾りリボンに

自由な発想で何種類も組み合わせて。結べない小さい素材はステープラーでとめてもよいでしょう。

●ポチ袋やのし風飾りに

和紙はもちろん、和紙以外の素材で作ってもモダンで可愛い印象になります(→p.67・p.184)。

●紙ロールに

紙を細長く切り、カールリボンのようにはさみでしごいてカールさせます(→p.29)。飾りとして使うほか、たくさん作ってクッション材にも。

Wrapping

センスよく仕上げるコツ

ポイントは紙とリボンの色合わせ

センスのよいラッピングは、包み全体がしっくりとなじみ、一体感があります。
ポイントとなるのはやはり紙とリボンの色合わせですが、
素材の質感も合わせてチェックしましょう。
ファッションからイメージすると、季節感も取り入れやすいでしょう。

色合わせのコツ

紙とリボンの色合わせは、プレゼントの第一印象を決めます。ひとつの手がかりとなるのが、色相環。同系色なら無難にまとまり、反対色ならインパクトが生まれます。

反対色（補色） ー反対側の色
この配色にすると、お互いの色を目立たせる効果があります。インパクトがありますが、目がチカチカするほどでは贈られた側も迷惑です。色味や濃淡を変更しましょう。

同系色ー隣の色
同系色で合わせると失敗が少なく、無難にまとまります。ただ、紙もリボンも淡い色だと印象が薄すぎるかも。どちらかを少し濃い色にするとメリハリがつきます。

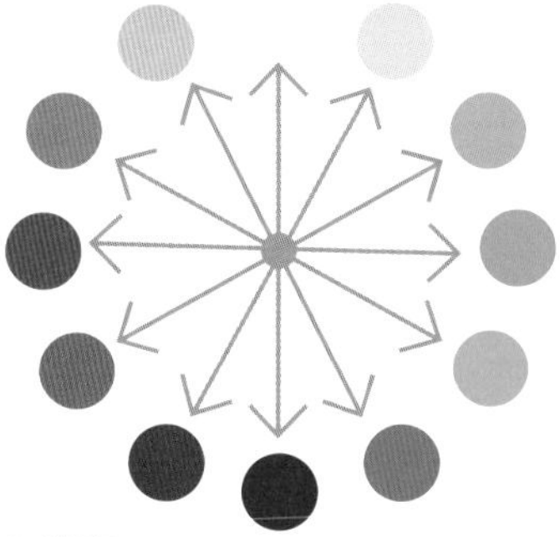

色相環
配色などの参考に使われる色の配列表。代表的な色をリング状にならべたものです。

イベントカラーを使う

イベントならではの配色を選ぶと、簡単に目的や雰囲気を演出できます。逆に、イベントとは関係のない贈りものにイベントならではの配色を使うときは要注意。使う面積を小さくしたり、色味を変えたりなどの工夫を。

金・銀・無彩色は万能カラー

どんな色にも合うのが、金。しっくりとなじむ上、華やかさをプラスしてくれます。次に銀、そして白・黒・グレーなど無彩色です。黒は弔事のイメージがありますが、光沢のあるものやラメの入ったものなど、おめでたいシーンで使える黒い素材をそろえておくと、重宝します。

同じ色でも、色味や質感によって印象はさまざまに変化します。

包装紙の色を使う

包装紙の配色の一部をリボンの色に。淡い色だと包装紙に溶けこんでしまうときは、鮮やかな色や、濃い色をチョイス。紙とリボンの境目がはっきりしてバランスがよくなります。

全体のバランスを見る

紙とリボンのバランスを見るには、一度素材を並べてあててみましょう。頭の中のイメージと、実際の印象とは違うことも多いはず。色だけでなく、質感の相性もチェック。

柄×柄は上級者向け

合わせやすい組み合わせは、無地×無地、または柄×無地。柄同士の組み合わせは好みやセンスが強く影響します。贈る相手の好みがわからないときはひかえましょう。

ファッションからイメージする

ファッションから発想すると、季節感を自然に取り入れることができます。贈る相手の普段のファッションを参考にしてもよいでしょう。

水玉の春コート
メインの水玉柄を包装紙に、袖の折り返しから見える裏地の白をリボンに、洋梨柄をオーナメントにあしらいました。

マリンルック
生地のボーダー柄を包装紙に、ポケットをラベルに、赤いバンダナをリボンに見立てました。

フォーマルワンピース
ワンピースのふわふわ感を不織布で再現。身ごろと同じサテン生地のリボンを２重に結んでボリュームを出し、コサージュをつけました。

Q 紙とリボンの質感はそろえた方がよいのでしょうか？

A 必ずそろえる必要はありませんが、質感をそろえれば失敗は少なくなります。素材の厚みや固さ、風合いなどはプレゼントの印象を左右する大事な要素。いまいち全体がまとまらない、というときは質感が統一されているかをチェック、と覚えておきましょう。

質感のいろいろ
同じ色のリボンでも、つるつる、ふわふわ、しわしわ、カサカサなど質感はいろいろ。

あえて質感を合わせない
ふわふわの不織布に、かさかさのラフィアを蝶結び。質感の統一はされていないけれど、面白みが出ます。

色合わせ一覧

【 ベーシックカラー 】

ベージュやアイボリーなどの定番色はどんなリボンとも合います。
リボンの色により印象は変化しますが、どれも上品な仕上がりです。

ベージュ紙 × 金リボン

ベージュ紙 × 銀リボン

ベージュ紙 × 白リボン

ベージュ紙 × 赤リボン

ベージュ紙 × 青リボン

ベージュ紙 × 黄リボン

ベージュ紙 × 緑リボン

ベージュ紙 × オレンジリボン

ベージュ紙 × ピンクリボン

ベージュ紙 × 紫リボン

ベージュ紙 × 黄緑リボン

ベージュ紙 × 水色リボン

【 無地紙 】

同じ無地の紙でも、リボンの色により、雰囲気は一変。
同系色と反対色なら、その差もまた大きくなります。

赤紙 × 緑リボン

緑紙 × 赤リボン

ピンク紙 × 赤リボン

赤紙 × ピンクリボン

緑紙 × 黄緑リボン

ピンク紙 × ベージュリボン

水色紙 × うす黄リボン

黄紙 × うす紫リボン

うす紫紙 × 黄リボン

水色紙 × 青リボン

黄紙 × オレンジリボン

うす紫紙 × 青リボン

【 柄紙 】

柄紙に合わせやすいのは、無地のリボン。柄×柄の組み合わせは、
好みによって受ける印象が異なるので素材選びには注意が必要です。

バラ柄（白・ピンク）
× **ストライプ柄**（ピンク）

水玉柄（白・水色）
× **水色**

文字柄（白・黒・えんじ）
× **えんじ**

チェック柄（青・水色・黄）
× **うす茶**

いちご柄（白・赤・緑）
× **ストライプ柄**（金・ピンク）

ハイビスカス柄（ピンク・ベージュ・茶）
× **ピンク**

水玉柄（白・青・黄・黄緑・紺）× **黄**

動物柄（白・オレンジ）
× **チェック柄**（白・黒）

チェック柄（白・オレンジ）× **黄緑**

パーティー柄（ピンク・ベージュ）× **青**

フルーツ柄（白・赤・緑・黄）× **紫**

ドリンク柄（白・緑）
× **チェック柄**（白・黄）

Part 02

ラッピングの基本とアレンジ

基本の包み方を、特徴や失敗しないコツ、必要な紙の大きさ、紙取りの方法、包み方までわかりやすく丁寧に説明していきます。四角い箱だけでなく、円柱、六角柱、ピローボックスなど、形の変わった箱を包む方法もフォロー。アレンジや応用、おすすめの飾り方も参考に、ラッピングの世界を楽しんでみてください。

Lesson 1

合わせ包み

初心者でもほとんど失敗なく、きちんとした印象に
仕上がります。少ない紙で包め、アレンジもしやすく、
ラッピングの楽しみを知るのにピッタリです。

表　　裏

Data

LEVEL ★☆☆☆☆

包むもの	どんなものでも包めますが、箱を裏返すので天地無用のものは NG。
用紙	少なくて OK。
紙の柄	チェックやボーダー、ストライプはズレが合わせ目で目立つのでやや難しい。初心者は無地や総柄がおすすめです。
紙の質感	何でも OK。

♥ 失敗しないコツ

紙取りをしっかりとすること。また、紙を箱の裏で貼り合わせるとき、両サイドから紙を寄せながら少しずつ進めると、たるまずにぴったりと包めます。後は手順通りに丁寧に進めれば、自然と決まります。

必要な紙の大きさ

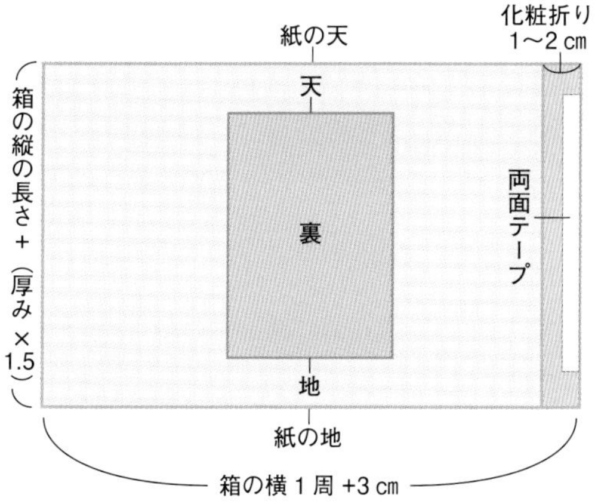

注意！

弔事の際に、合わせ包みを使う場合は、
紙の合わせが逆になります。
詳しくは、p.166 をご覧ください。

合わせ包みの紙取り

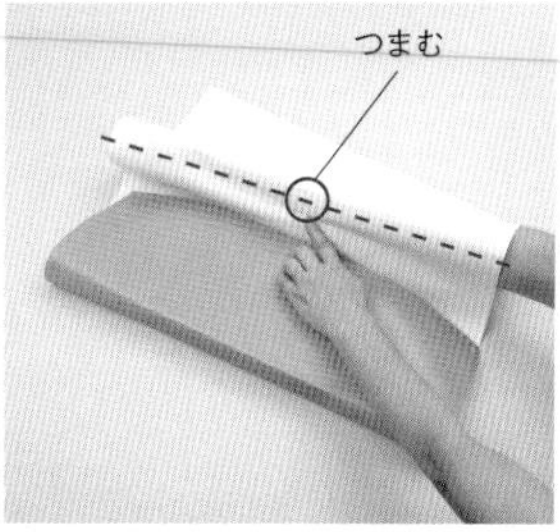

1

横の長さをとる

紙の中央に箱を置き、紙の左側をかぶせ、箱の右端にぴったりと合わせる。箱 1 周分 + 3cm のところを右手でつまむ。

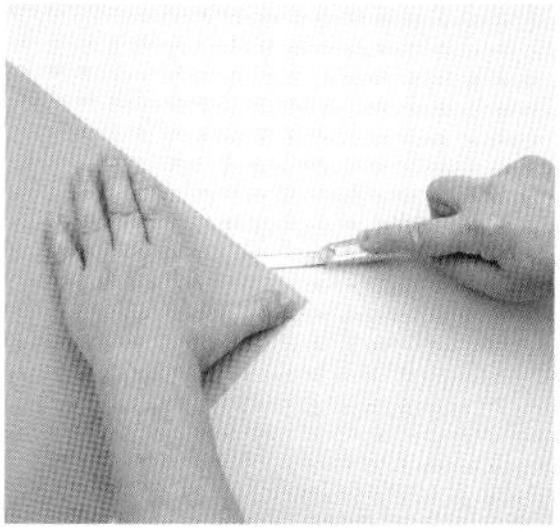

2

右手でつまんだまま箱を引き抜く。つまんだところで紙を折り、紙の上下を合わせてまっすぐ折り目をつけ、カッターで切る。

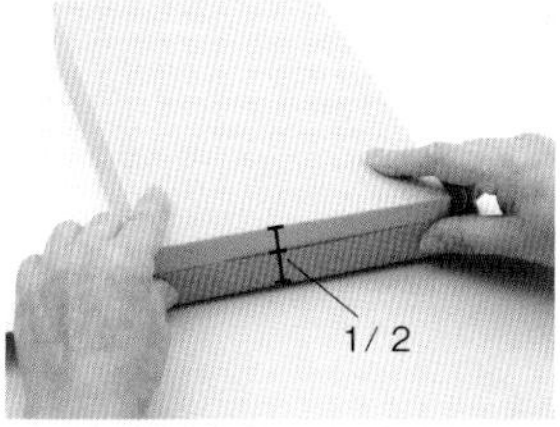

3

縦の長さをとる

地側の紙を箱の厚みの 1/2 に合わせる。

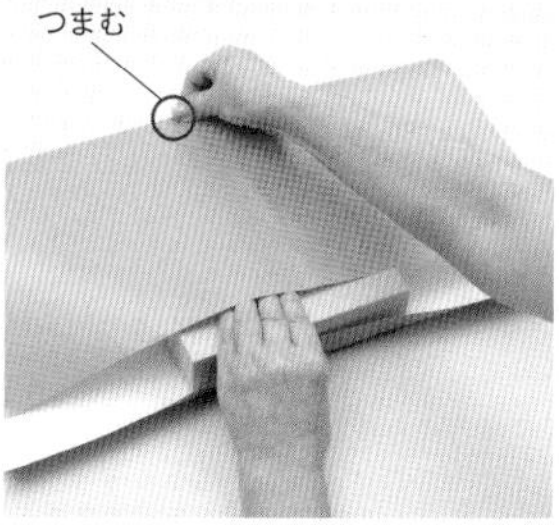

4

天側の紙を箱にかぶせ、箱の厚みの角を右手でつまむ。つまんだところにまっすぐ折り目をつけカッターで切る。

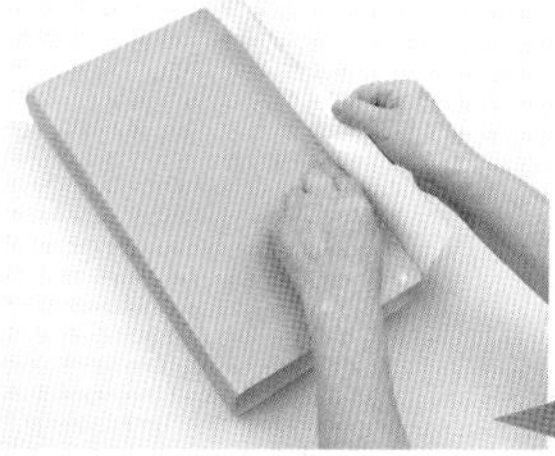

5

サイズの再確認

紙を再度箱にあて、正しいサイズかどうか確認する。

Point
紙取りした紙と、不要な紙を間違えないように！

合わせ包みの

包み方

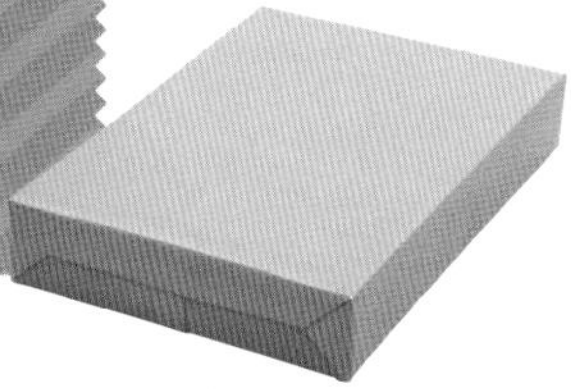

1

化粧折りをする

紙の右端を 1cm ～ 2cm 内側に化粧折りする。

Point

化粧折りは両面テープの幅より大きく。

2

箱の縦の長さに合わせて両面テープを切り、化粧折りの右端、天地中央に貼る。

Point

両面テープのはく離紙を上から 2cm くらいはがして右側へ折っておく。

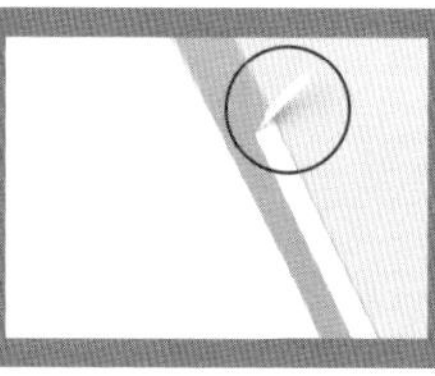

3

箱の位置を決める

裏面を上にした箱を紙の中央に置く。

4

右側の紙をかぶせて紙の端が箱の中央にくるようにする。

Point

両面テープが箱につかないように、紙は地の部分をおさえるようにする。

5

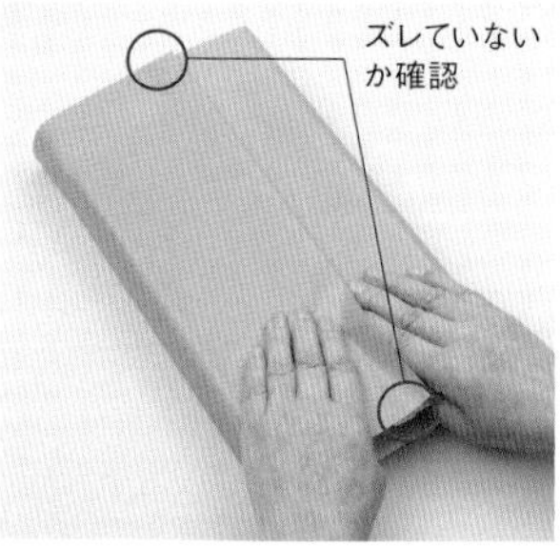

左側の紙をかぶせ、天地とも紙がズレていないかどうか確認する。

6

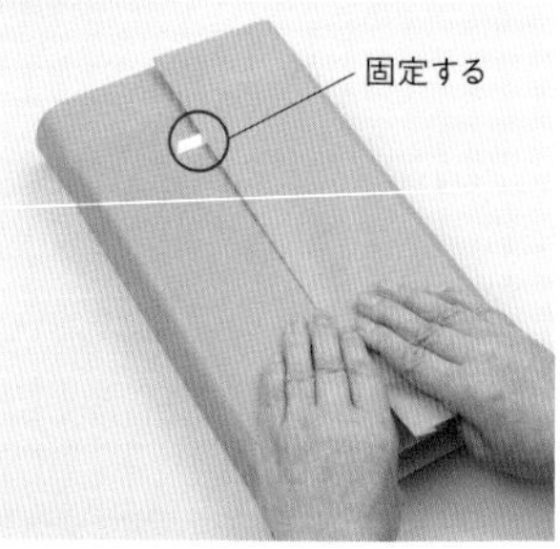

紙を貼り合わせる

右側の紙を引き抜いて上にかぶせなおし、2cm はく離しておいた両面テープで固定する。

7

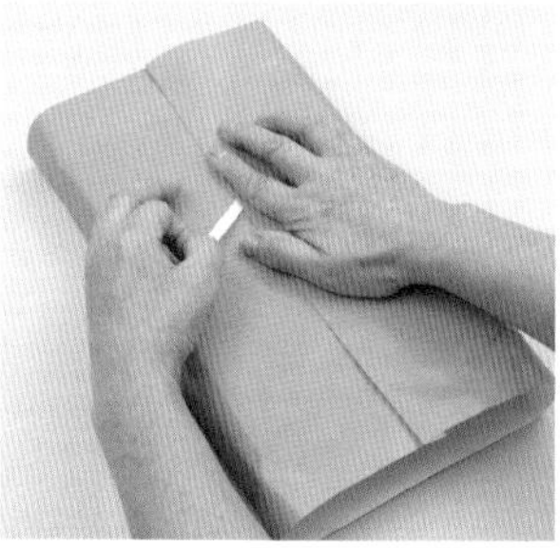

紙を中央に寄せてたるみをとり、はく離紙をまた少しはがし、右手でしっかりとおさえて貼り合わせる。

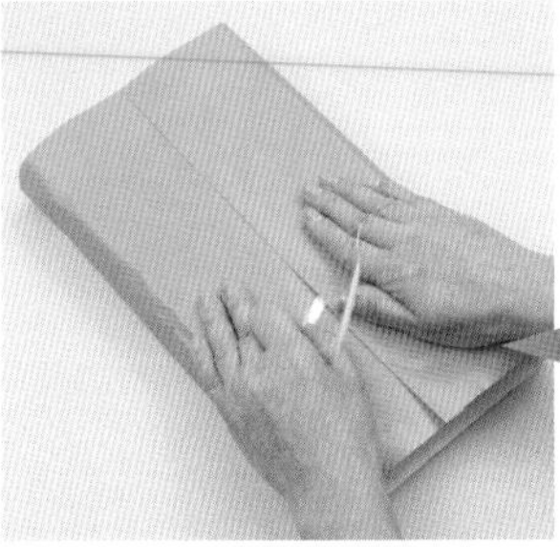

8

7を繰り返して全体を貼る。

Point
少しずつ貼ることでズレを防止できる。

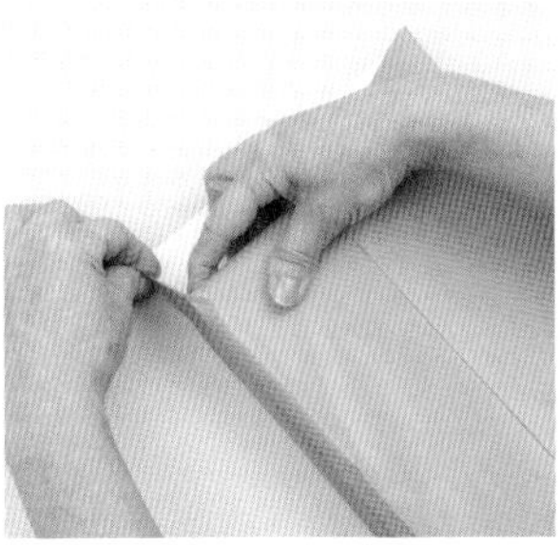

9

天地をとじる
箱が天地中央にくるよう調整し、天の上側を折る。地も同様に折る。先に天地を固定させることでズレ防止になる。

10

地の側面を、左側から折る。箱の辺にぴったりと合わせてキレイな三角形になるようにする。右側も同様に折る。

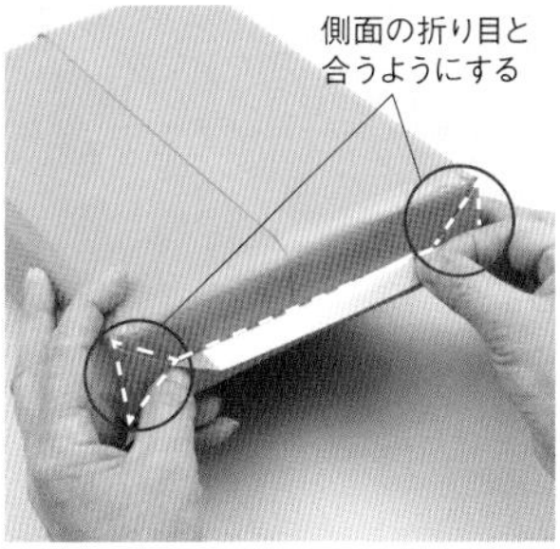

11

地の下側を折り上げ、箱の厚み1/2に合わせて一度外側に折り目をつける。

12

11でつけた折り目を内側に化粧折りし、両面テープを貼る。長さは左右はみ出すくらいでよい。

13

はく離紙をはがして地をとじる。天側も同様にして完成。写真のように合わせ目の頂点がぴったり合っているのが美しい仕上がり。

Point
両面テープのはみ出た部分は内側に折り込めばOK。

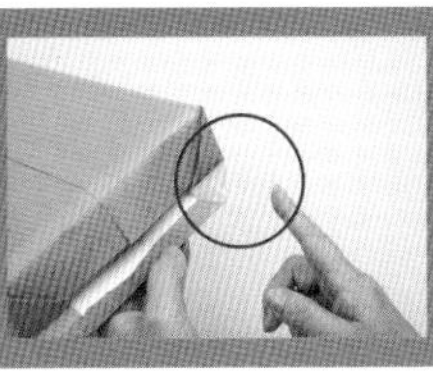

おすすめの飾り方

十字がけ蝶結び

正統派な印象にしたいなら、王道の十字がけで。太めのサテンのリボンを結んで、安定感と安心感を演出。

結び方・作り方 » p.106

ポンポンボウ結び

同系色のピンクを数種類組み合わせたポンポンボウで華やかに。シンプルな合わせ包みによく映えます。

結び方・作り方 » p.111

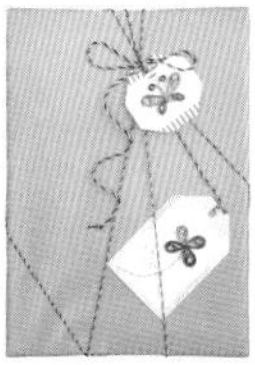

オーナメント

ひもをななめがけ&V字がけ。片方の脚をひもにくるくると巻きつけ、オーナメントをくくりつけます。

結び方・作り方 » p.105,107

Lesson 2

合わせ包みアレンジ

タックを入れたり、紙をはさんだり、
縦の長さを大きくとってじゃばらの飾りを折ったり。
基本が簡単な分、少しの手間でアレンジできるのが
合わせ包みのよいところ。キューブ形の箱や薄い箱も、
ほんの少しの応用で美しく決まります。

縦のタック

LEVEL ★★☆☆☆

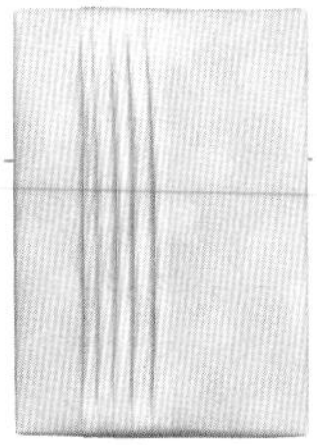

タックの位置は左よりに。右によせて下の紙が側面にまたがってしまうと、「人の上をまたいでいく」意味となりマナー違反になります。タックは 3･5･7 をお好みで。

必要な紙の大きさ

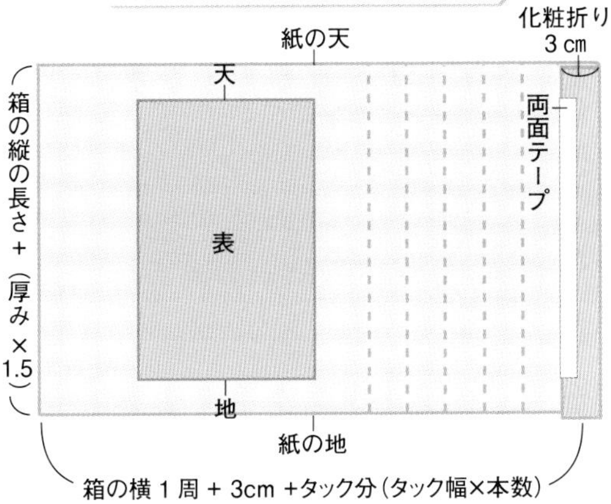

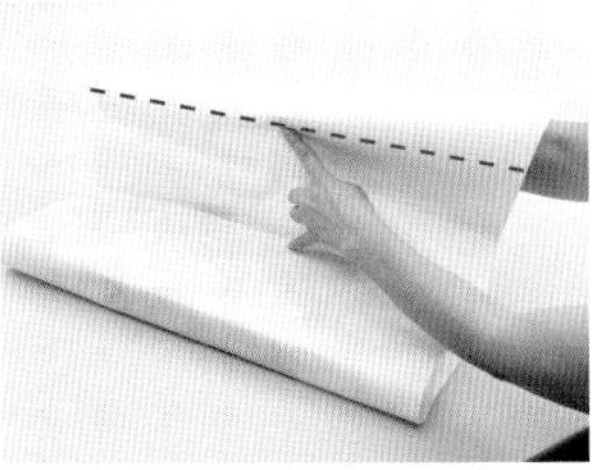

1

紙取りをする。横は箱1周＋3cm＋タック分（ここでは3cm×5本）、縦は基本と同じ。タックの幅はお好みで。

2

紙の右端を3cm化粧折りし、箱の縦の長さ分の両面テープを左端に貼っておく。これがタック1本分となる。

3

タック分5回、右端から1本ずつ山折りにしていく。

Point
巻いて折ると幅がズレてしまうので NG。

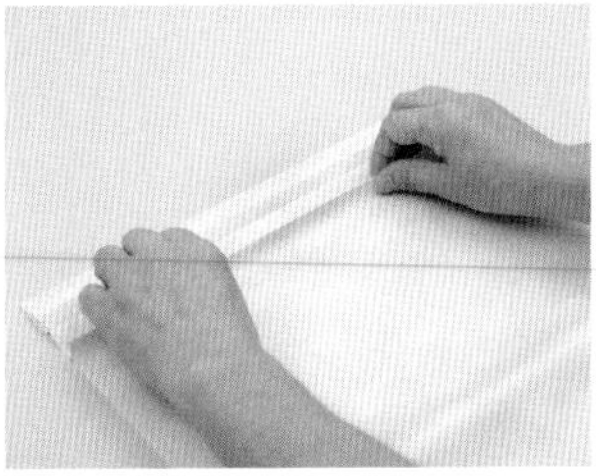

4

紙の表を上に置き、両面テープを貼った部分からタックを折る。*3* でつけた折り目の端から1cmくらいの位置まで、1本ずつ折っていく。

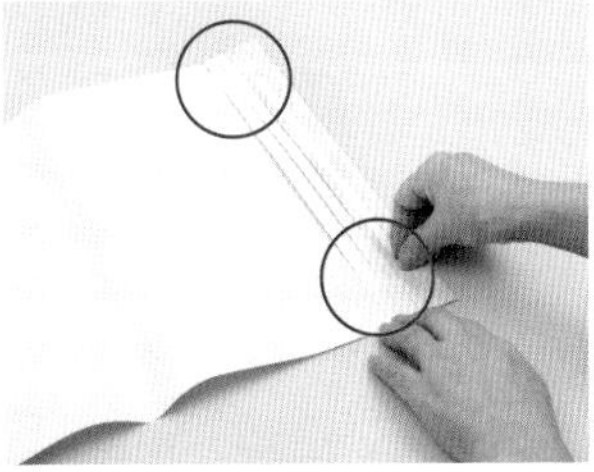

5

紙を裏に返し、タックが広がらないように天と地をセロハンテープでとめておく。

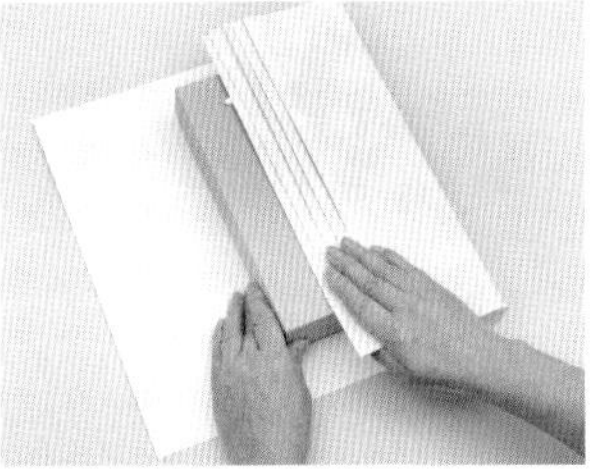

6

表を上にして箱を包む。タック側を左よりにかぶせる。

7

左側をかぶせ、タック側が右上になるよう、かぶせなおして貼り合わせる。

8

箱を裏返し、天と地を基本と同じように閉じ、完成。

横のタック

LEVEL ★★★☆☆

横のタックは、縦のタックよりも少し難しくなります。ここではタックを３本とポケット（深さ 5cm）をとる方法を紹介しています。ポケットにはカードやメッセージをはさんでもよいでしょう。

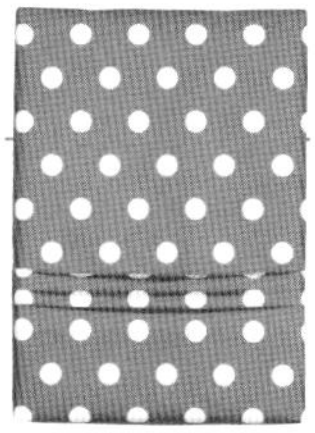

必要な紙の大きさ

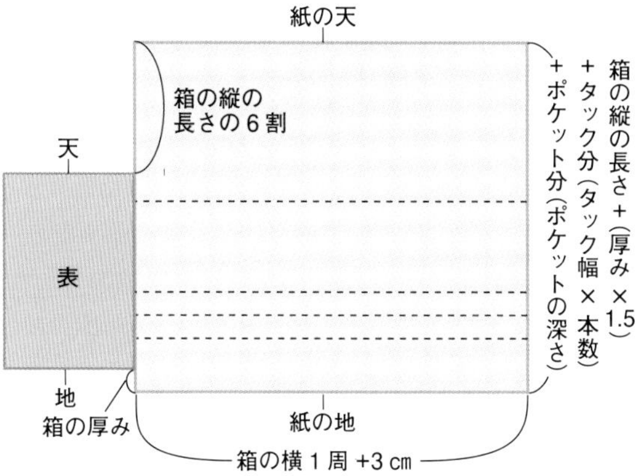

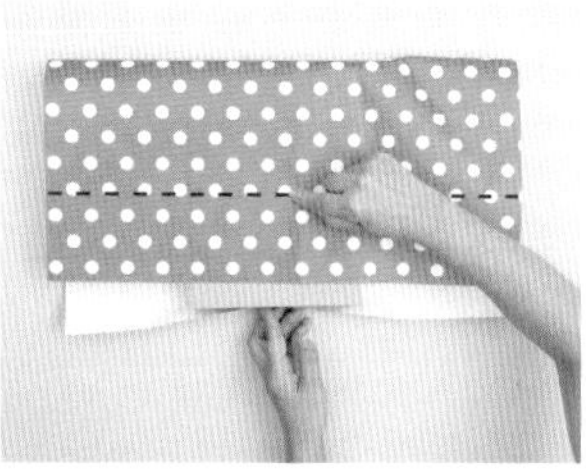

1

紙取りする。縦は箱の縦の長さ＋(厚み× 1.5)＋タック分（3cm × 3本）＋ポケット分(5cm)。横は基本同様。

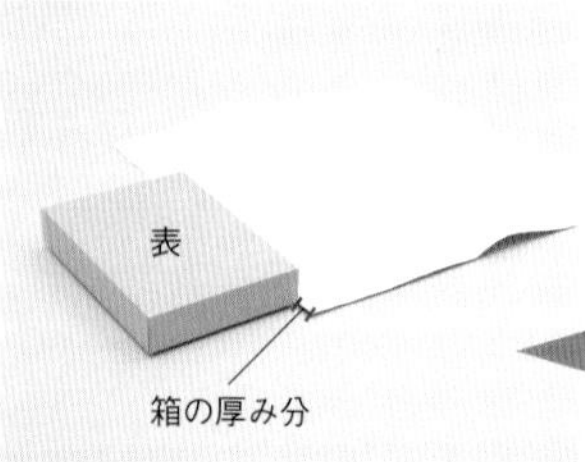

2

紙を裏返し、箱の厚み分あけて箱を横に置く。

Point
箱の厚み以上にならないように注意する。

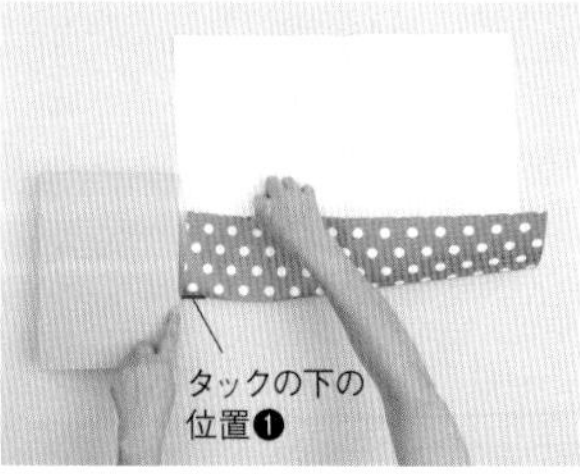

3

タックの下の位置を決める（❶）。下よりの方が安定感が出る。決めた位置で紙を折り返す。

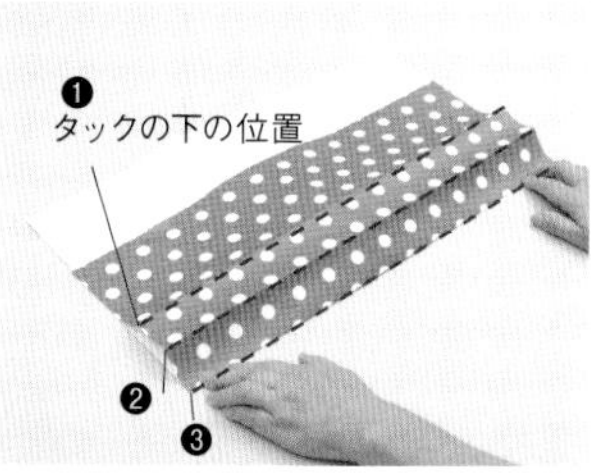

4

3で決めた位置から上へタックの本数分、１本ずつ山折りする。ここでは 3cm 幅で３回折った状態。

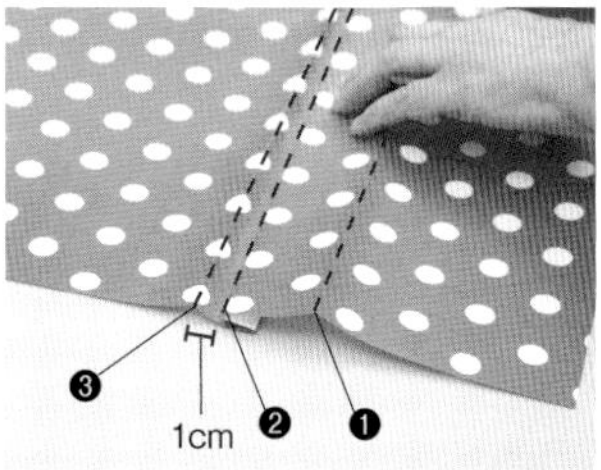

5

4でつけた折り目の端から1cmくらいのところまで１本ずつタックを折っていく。

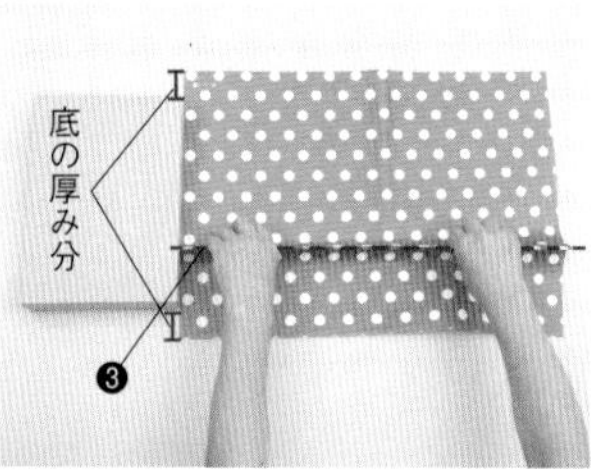

6

❸のタックに 5cm のポケットを作る。箱を横に置き、天地とも箱の厚み分は残すよう注意。

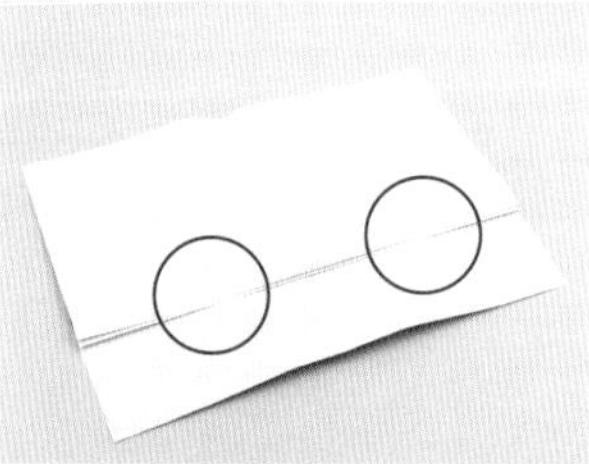

7

紙を裏返し、タックが広がらないよう左右２か所セロハンテープでとめる。

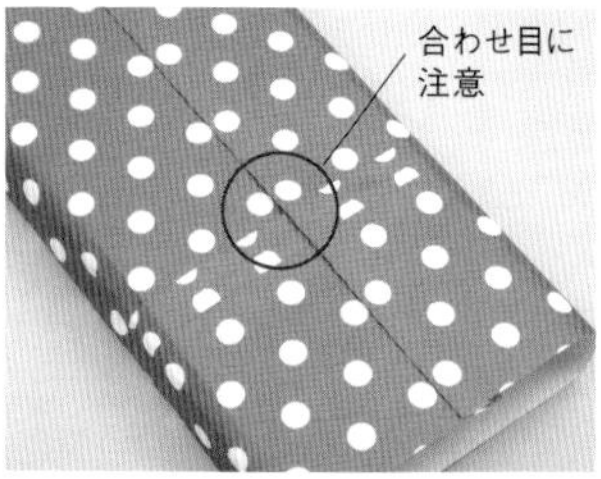

8

右端を化粧折りし、基本通りに包む。裏側で左右を合わせるとき、タックがキレイにそろうように注意する。

9

タックは寝かせたままでもよいが、端を少し上に立ち上げると映える。３本立ち上げて、完成。

紙をはさむ

LEVEL ★☆☆☆☆

メインの紙に別の紙を１枚はさむアレンジです。合わせ包みなら簡単で仕上がりもキレイ。お気に入りの紙を組み合わせて、オリジナルの包みに挑戦してみて。

必要な紙の大きさ

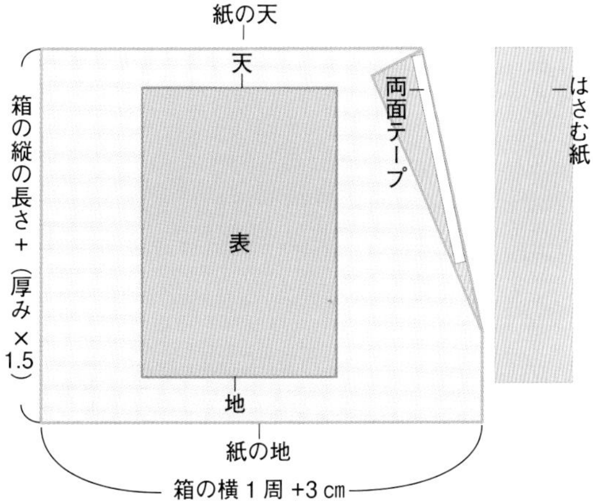

1

紙取りは基本と同じ。箱に左右をかぶせ、紙をはさむ部分をななめに外側に折る。

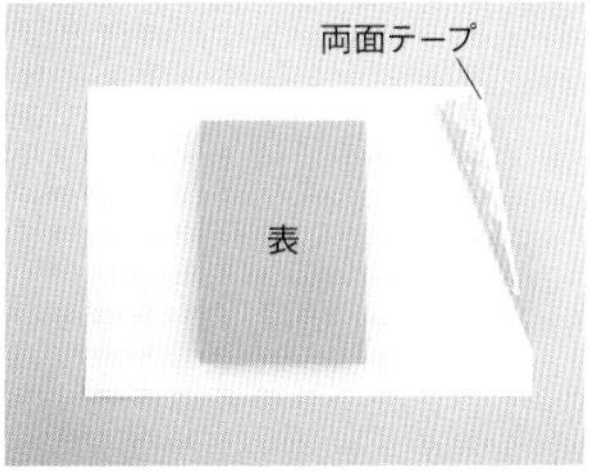

2

ななめの線を内側に折り返し、右端に両面テープを貼り、表を上にして箱を置く。

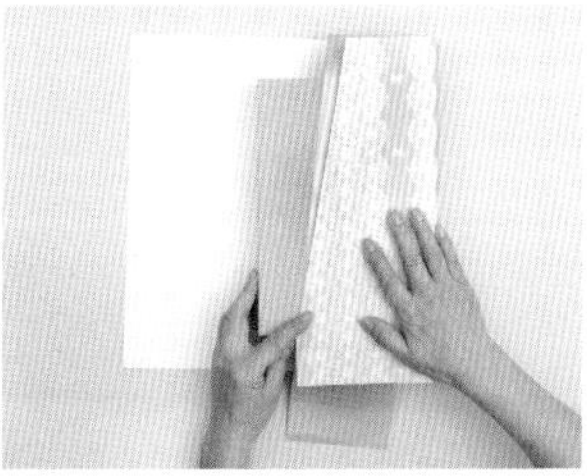

3

箱に右側をかぶせ、はさみたい紙をあてる。下からはみ出した部分は切る。

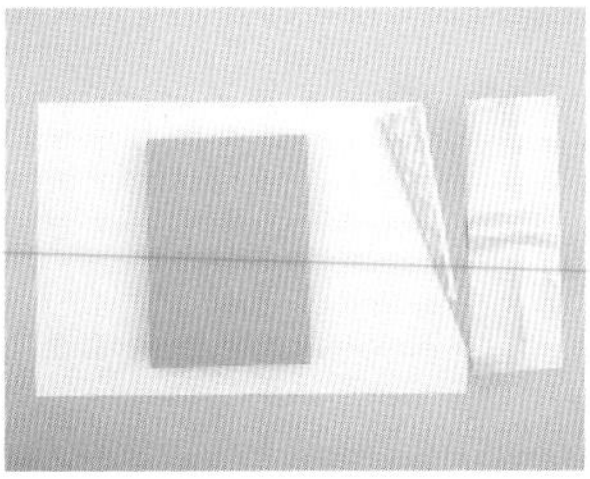

4

はさむ紙の化粧折りは、してもしなくてもよい。お好みで。

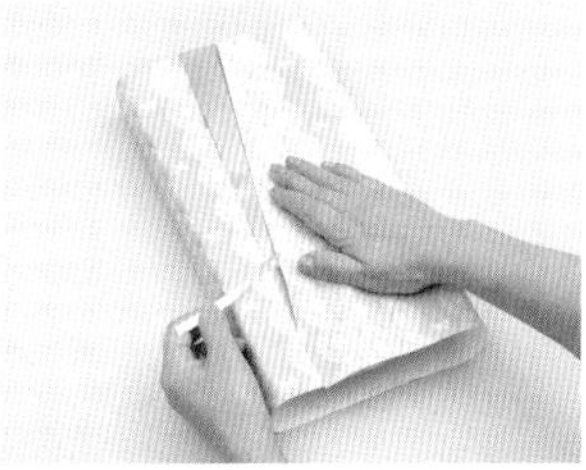

5

改めて箱に左右をかぶせて位置を決め、両面テープをはく離してはさむ紙を貼り合わせる。

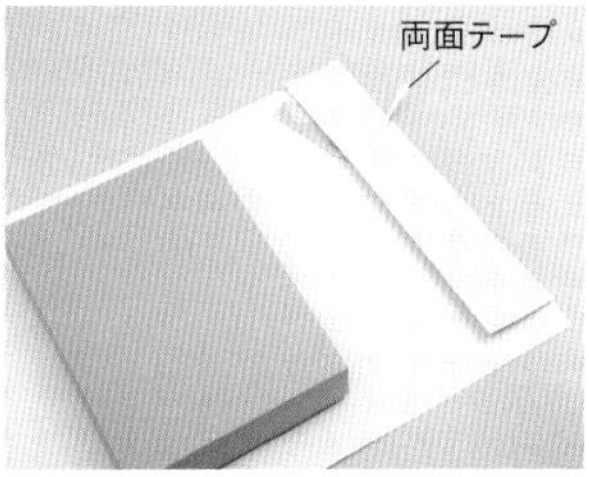

6

はさむ紙が固定された。さらにはさむ紙の右端に、箱の長さ分両面テープを貼る。

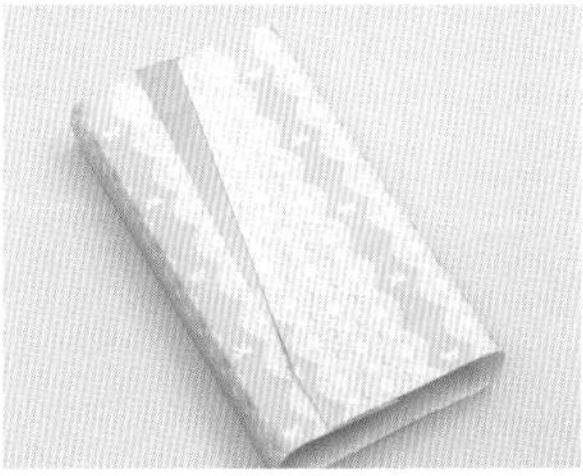

7

箱に左右をかぶせ、貼り合わせる。基本と同じように包み、完成。

Q 紙をはさむアレンジは、ほかにもありますか？

A ラインをななめでなく、直線にしても。ピンキング処理した不織布をひだをよせて貼り合わせたり、リボンを何本か組み合わせてもGOOD。自由な発想で工夫してみましょう。

リボンをはさむ

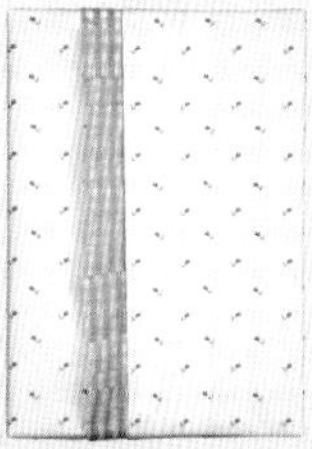

ギャザーをよせた不織布をはさむ

ピーコック包み

LEVEL ★★★☆☆

じゃばらを中央で合わせて、クジャクに見立てることから「ピーコック包み」と呼ばれます。じゃばらの本数はあまり少ないとキレイに広がらないので注意して。

必要な紙の大きさ

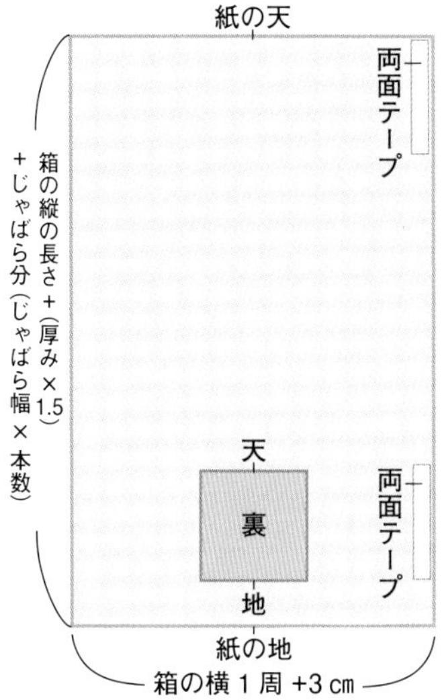

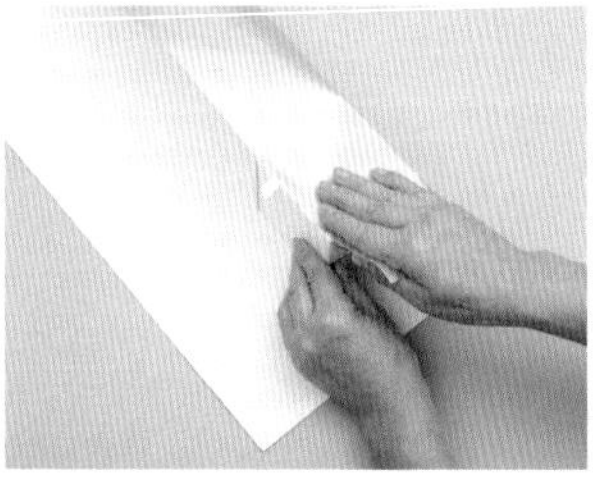

1

紙取りをする。横は基本と同じ、箱１周＋3cm。縦は基本＋じゃばら分（ここでは3cm×５本）とる。

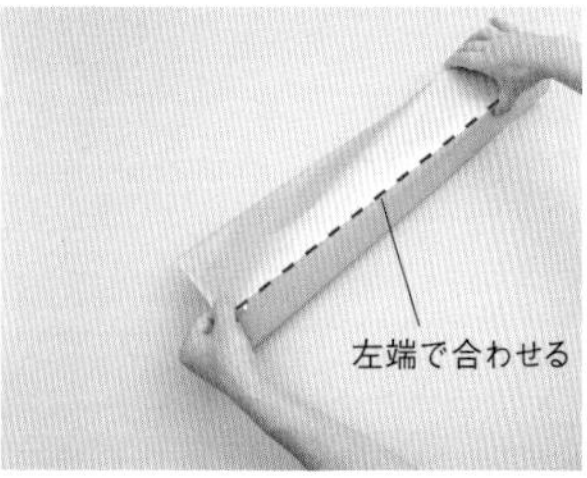

2

両面テープは紙の天地２か所に箱の長さ分貼る。合わせ目が箱の左端にくるように貼り合わせる。

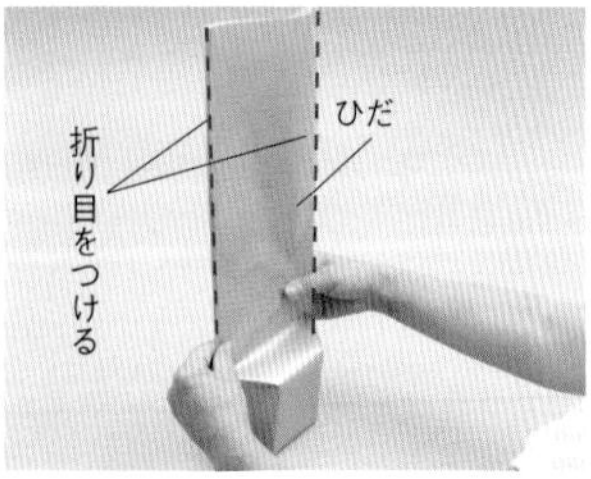

3

基本通り地を閉じ、箱を立たせ、ひだの左右に折り目をつけて平らに伸ばす。

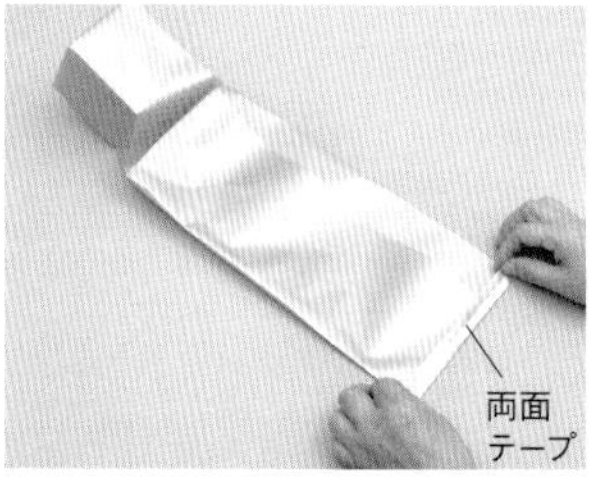

4

箱の裏を上にして寝かせ、ひだの端を1cm折り、両面テープを貼る。

5

もう一度折って両面テープでとめる。

6

箱を立たせ、じゃばらを折る。

Point
折るたび箱をひっくり返すのはNG。

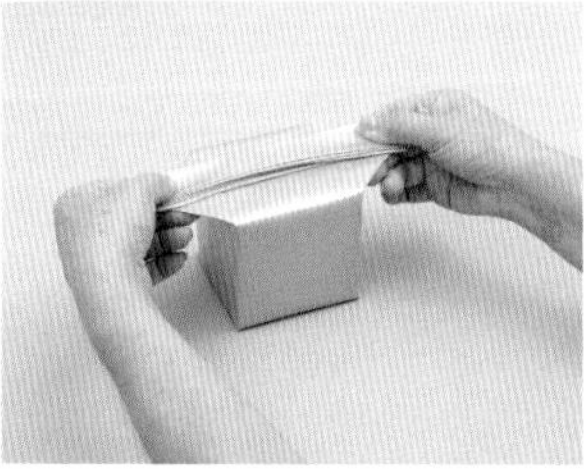

7

じゃばらを折り終えた状態。最後に多少幅が足りなくなっても、目立たないのでOK。

8

箱の中央にリボンを２本まとめて蝶結びし、V字に開く。リボンの先端を処理し、左右のじゃばらを両面テープで貼り合わせ、完成。

Memo

リボンが細い場合は先をひとつ結びして処理しますが、写真のように片方の脚を長くとって、リボンにからませてもよいでしょう。

応用

キューブ形の箱の 包み方

LEVEL ★★★☆☆

キューブ型の箱の場合は、地の化粧折は不要。箱の中央で頂点をぴったり合わせましょう。

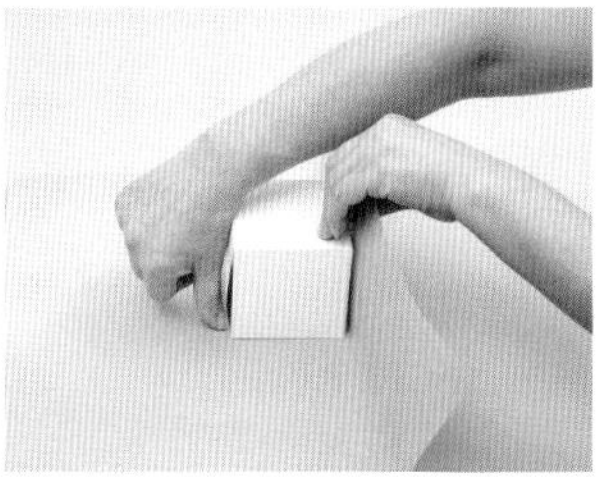

1

基本と同じように紙取りをする。縦は箱の縦の長さ＋厚み＋2～3cm、横は箱の1周＋3cm。

2

紙取りした紙に裏が上になるよう箱を置き、基本と同じように左右を合わせる。

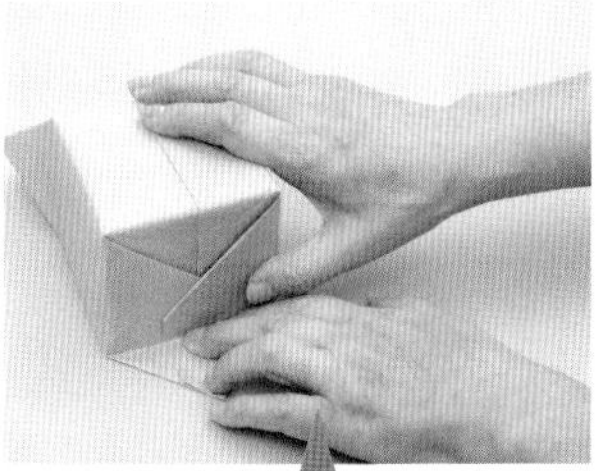

3

紙の合わせ目、左右、地の頂点が合うようにする。天を閉じ、完成。

Point

箱の中央で、全ての頂点がぴったりと合うと仕上がりが美しい。

応用

薄い箱の 包み方

LEVEL ★★★☆☆

厚みが1.5cm以下の箱は、天地の処理で左右を先にかぶせます。化粧折りはしなくてもOK。

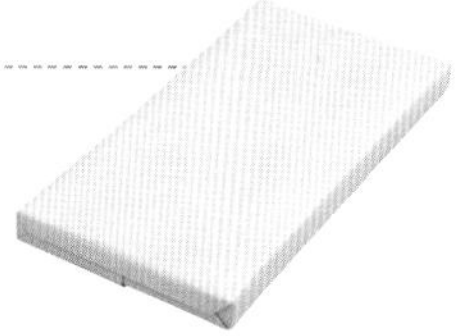

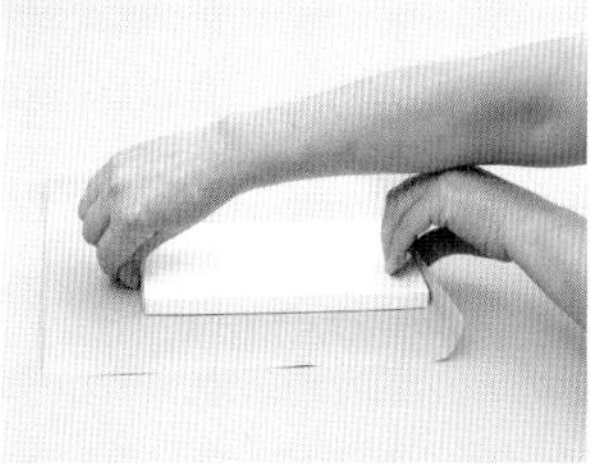

1

紙取りをする。横は箱の1周＋3cm（基本と同じ）、縦は箱の縦の長さ＋厚み＋1cm。

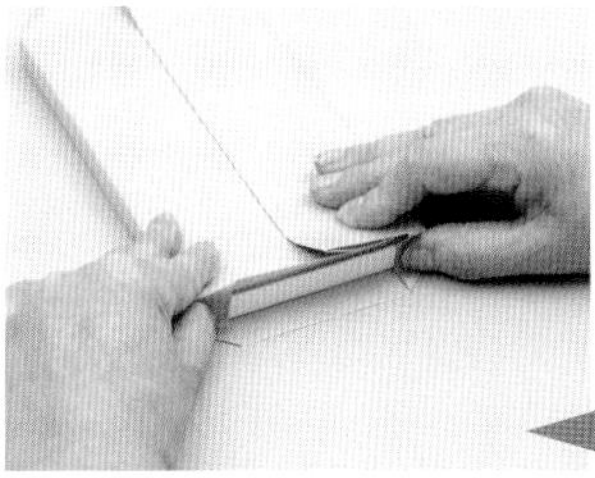

2

基本と同様に左右を合わせる。地の処理は左右を先に折る。

Point

上ではなく左右を先に折って固定する。

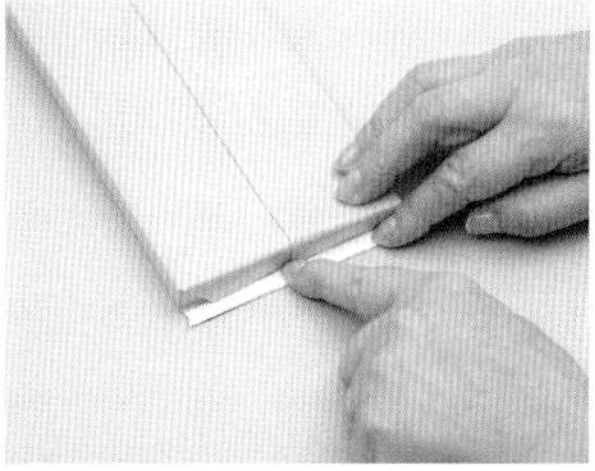

3

地の下側に両面テープを貼る。はみ出し部分は中に折り込めばOK。

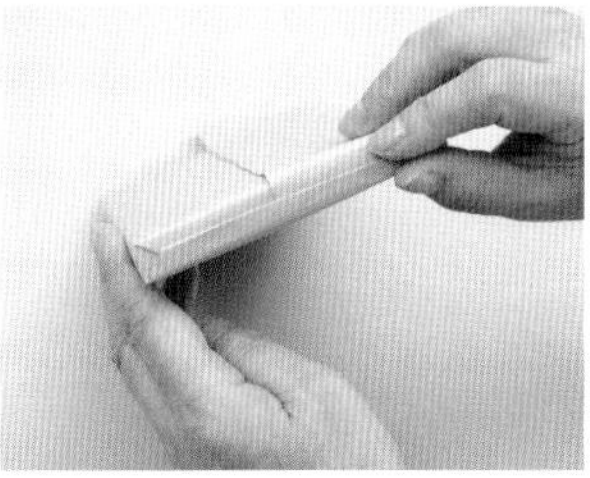

4

地を閉じる。天も同じように閉じて、完成。

Lesson 3

ななめ包み

基本の中では最も難しいのが「ななめ包み」。
包む紙は多く必要ですが、素早く包め、
開けやすく、見栄えがよいので、
百貨店などでよく用いられる包み方です。
海外ではあまり見られない、日本ならではのテクニックです。

表　　　　　　裏

Data

LEVEL ★★★★☆

包むもの	どんなものでも包めますが、箱を２回倒すため、重いものや大きいものは少し大変です。
用紙	多く必要。
紙の柄	柄紙は、柄がななめに出ます。ストライプやボーダー、チェックは要注意です。天地のある紙は、包み始めの置き方も確認しましょう。
紙の質感	テクニックが必要な包み方なので、固すぎる紙、やわらかすぎる紙は避けた方が無難。

♡失敗しないコツ

包み始めの箱の位置が大切。包むときは箱と紙がズレないようしっかりとおさえます。外からは見えない包みの内側で、紙を箱のふちに沿わせるようにすると、ズレやたるみを防ぐことができます。

必要な紙の大きさ

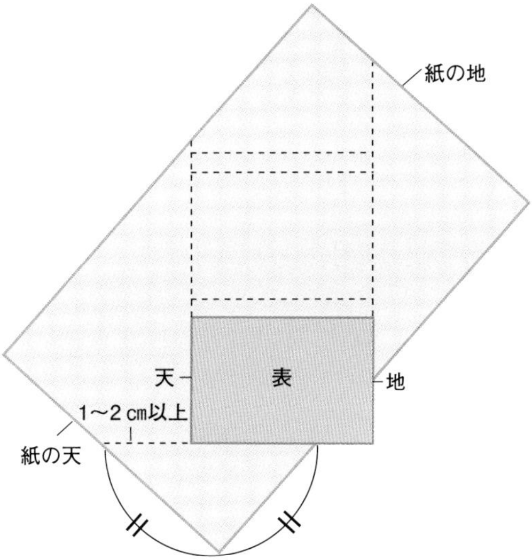

注意！ 弔事の際に、ななめ包みを使う場合は、箱の置き方が天地逆になります。
詳しくは、p.167 をご覧ください。

ななめ包みの紙取り

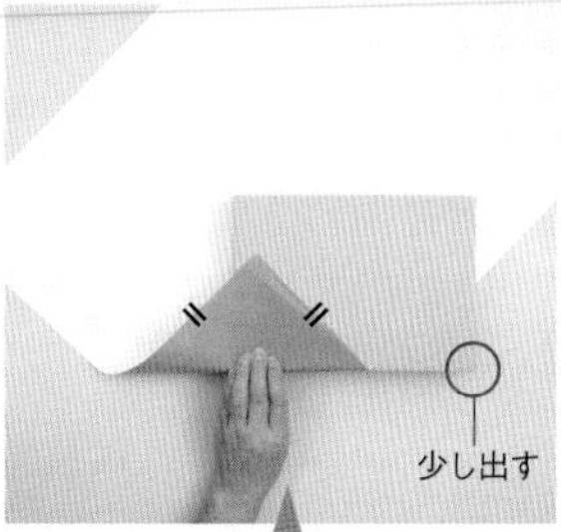

1 紙のサイズを確認

紙をななめに置き、箱の右角を紙から少し出す。手前の紙をかぶせて、二等辺三角形にする。

Point

重ねた手前の三角が大きいほど、最後に処理する紙の量が少なくてすむので、キレイに決まりやすい。

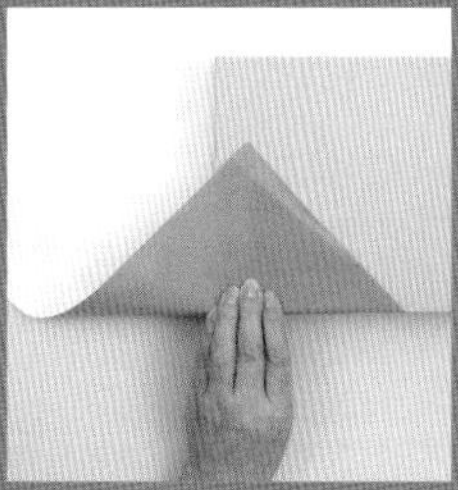

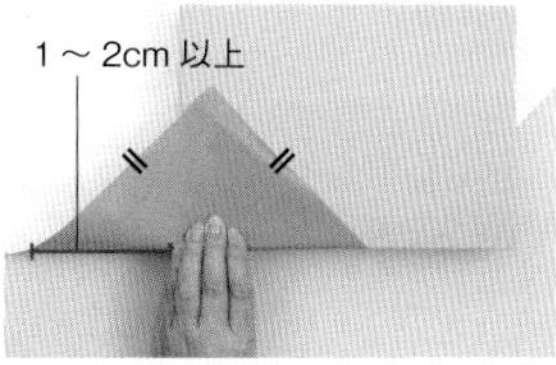

2

箱からはみ出た二等辺三角形の長さは１〜2cm 以上必要。足りない場合は箱の位置を調整する。

3

奥の紙をかぶせ、箱の左端がおおわれるようにする。

Point

紙が大きすぎる場合は１の二等辺三角形を大きくとるか、紙を切る。小さい場合は紙を変更するか、半回転包み（→ p.53）へ。

ななめ包みの 包み方

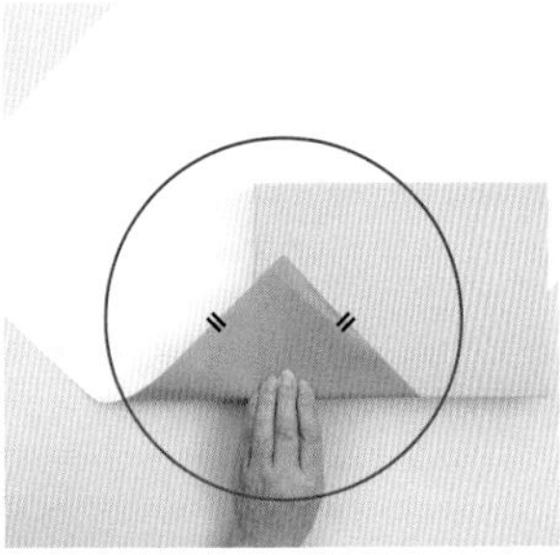

1

手前、左をかぶせる

手前の紙をかぶせ、二等辺三角形を作る。

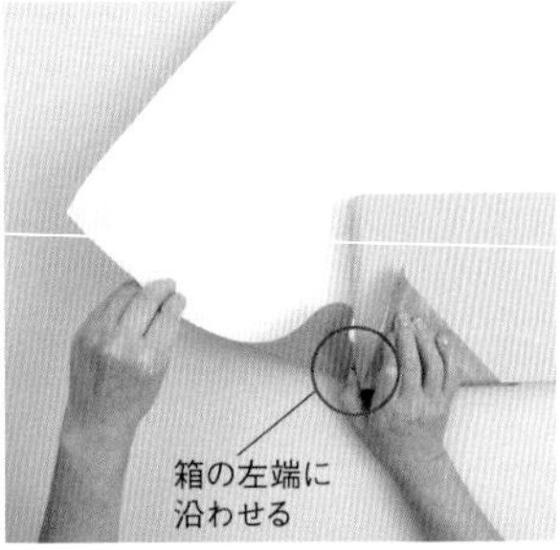

2

右手の親指で紙を左端にしっかりと沿わせる。

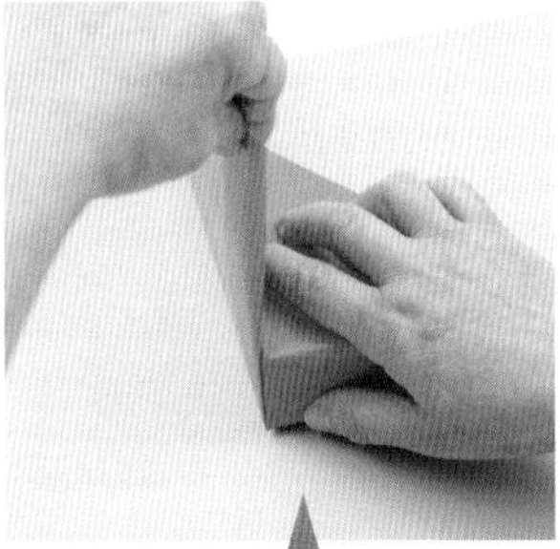

3

左側を持ち上げ、箱の端にぴったりと合わせる。

Point

箱の端より内側に持ち上げてから少しずつ端にずらしていくと、キレイにそろいやすい。

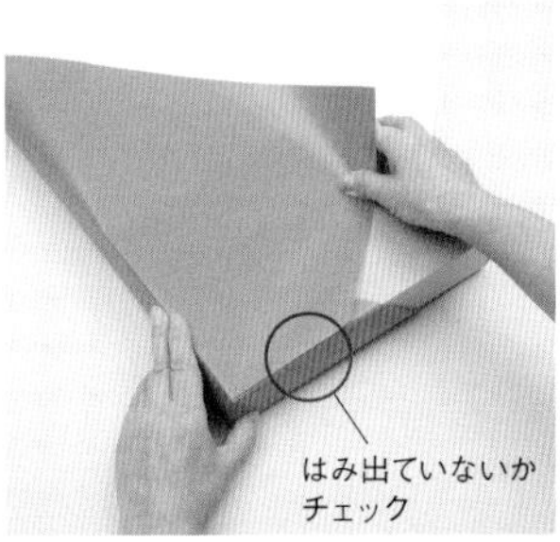

4

左側をかぶせる。箱の手前から紙がはみ出ていないかもチェック。

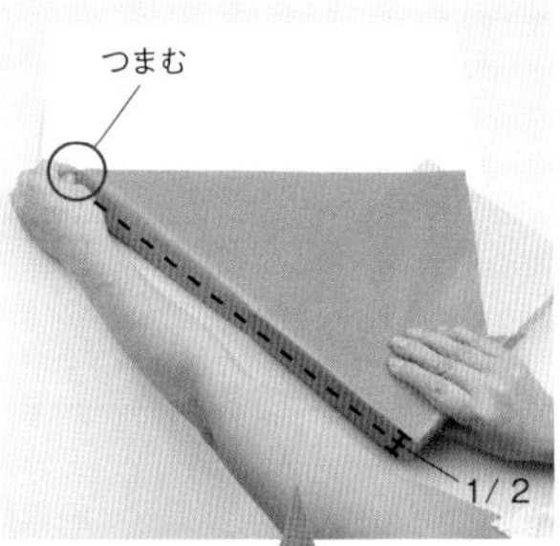

5

箱を倒す

箱を右手に持ち、箱の厚みの1/2の延長線上を左手でつまむ。

Point

右手は箱をしっかりとつかんで紙がズレないようにする。

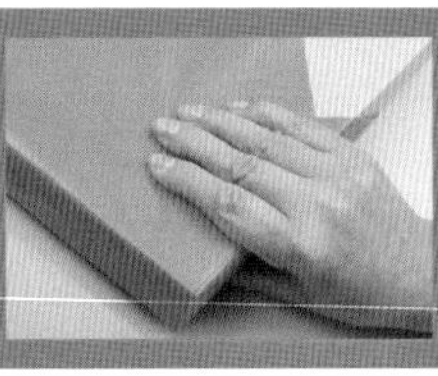

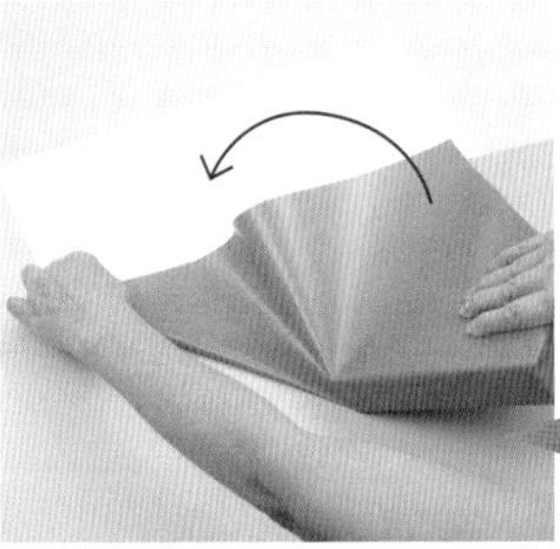

6

左手で紙を少し右にずらしてひだを作りながら、箱を立ち上げる。

Point

箱を先に立ち上げるのはNG。

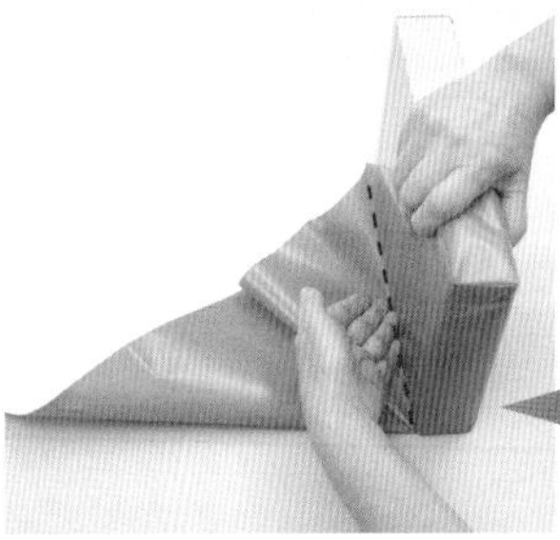

7

立ち上げたら、箱のふちを手の側面でおさえて紙を沿わせる。

Point

ひだが乱れているときは整えてから沿わせる。

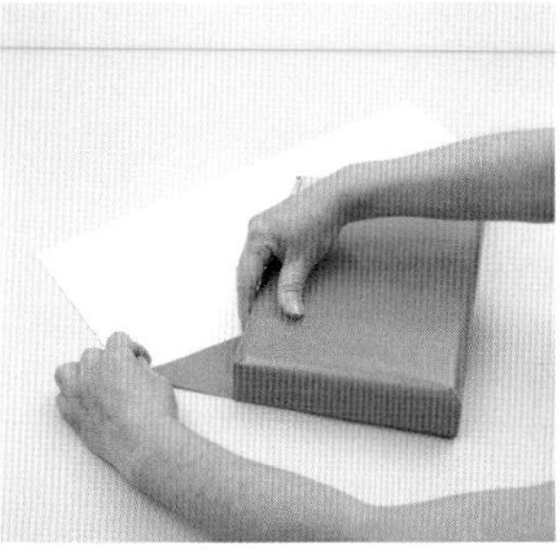

8

紙と箱が左端でそろうように、箱を奥へ倒す。

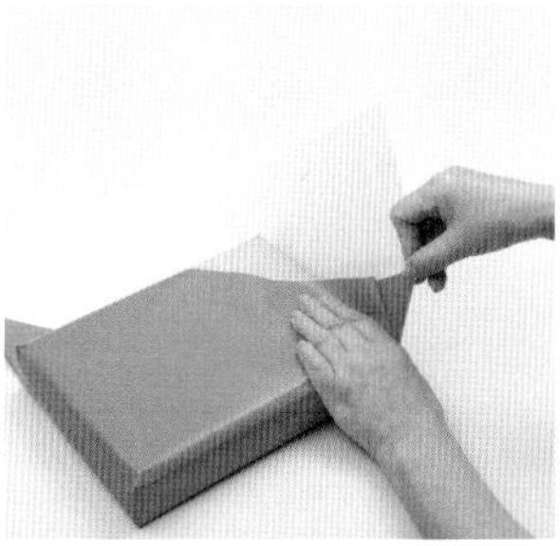

9

右をかぶせる

右側も同じようにかぶせる。

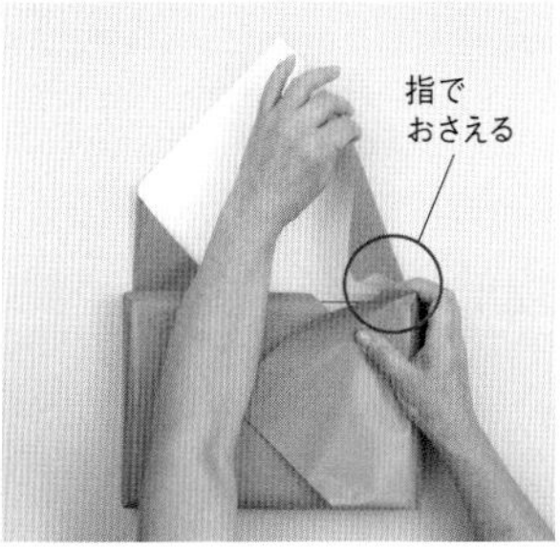

10

奥をかぶせる

天の右端を指でおさえ、紙を箱に沿わせる。

11

奥をかぶせる。

Point

奥をかぶせるときも、右側の紙が箱のふちに沿うように指でおさえるとよい。

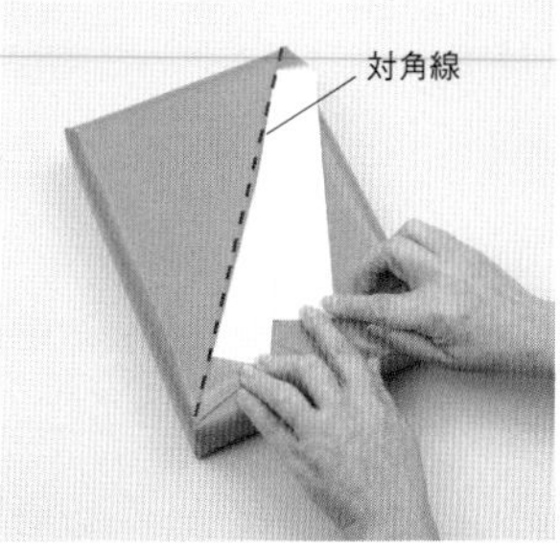

12

化粧折りをする

時計まわりに回し、箱を縦向きにする。左下と右上の対角線で外側に紙を折る。

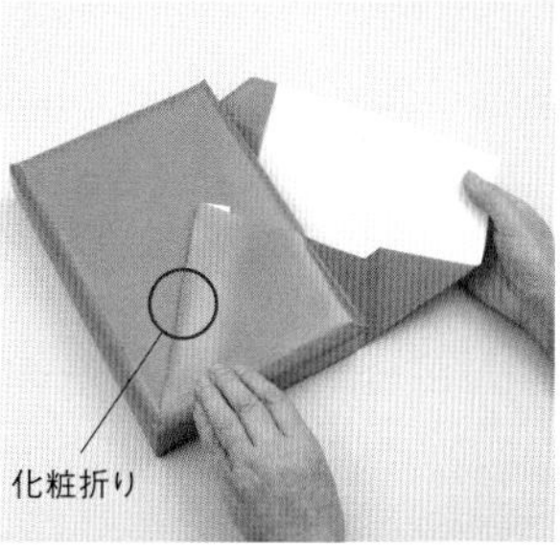

13

一度開き、手前の紙を対角線に沿って内側に化粧折りする。

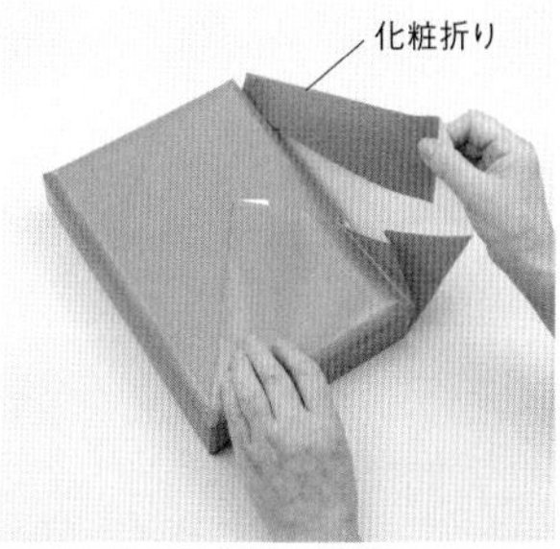

14

右側も12でつけた折り目を内側に折り返し、もう一度箱にかぶせる。

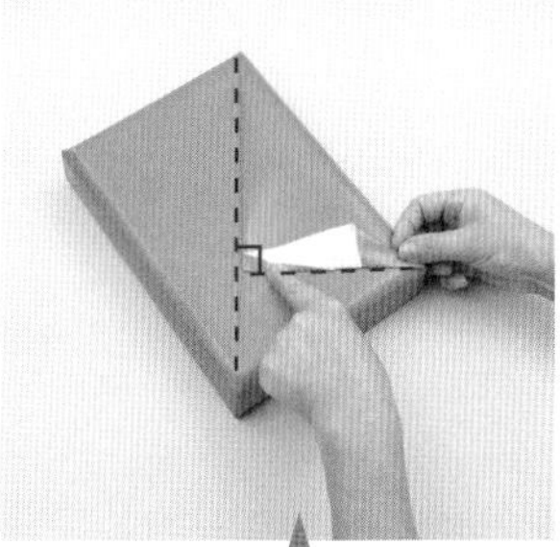

15

右下の角から対角線に直角になるように折り返す。

Point

このとき、対角線がぴったりつながっているかも確認。ズレているときは、折り直す。

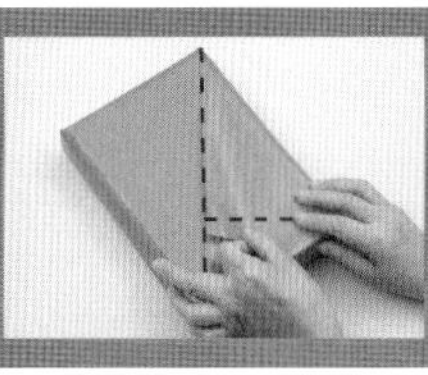

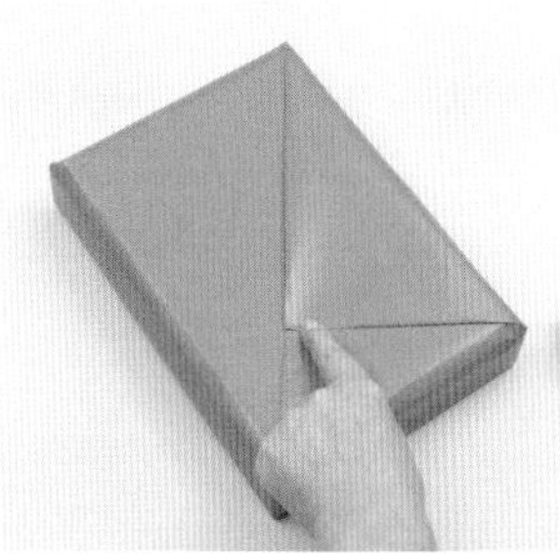

16

内側に折り返し、かぶせなおす。

17

紙の合わせ目をシールでとめるか、両面テープでとめ、完成。

おすすめの飾り方

横一文字でダブル蝶結び

横一文字で結ぶときは、ダブル蝶結びにすると適度にボリュームが出てグッドバランスです。

結び方・作り方 » p.103, p109

V 字がけで蝶結び

シンプルな包みなので、上下左右V 字がけしたリボンがよく映えます。包みがかくれないよう、細いリボンで結ぶとよいでしょう。

結び方 » p.107

Q どうしてもたるみやズレが出てしまいます。何が原因でしょうか?

A ななめ包みのコツは、紙と箱がズレないように手でしっかりとおさえること、包みの内側の紙を箱のふちに沿わせること。紙をかぶせるときは必ず、写真のように手でおさえて箱と紙の間のたるみをとりましょう。

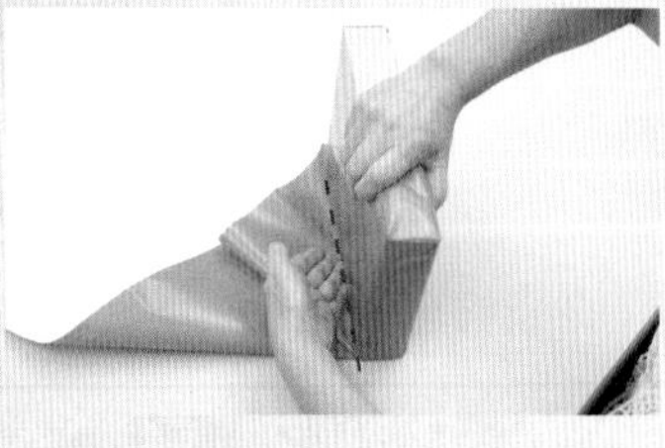

Memo

ななめ包みの合わせ目をポケットにして、表面とするアレンジもあります。表面にポケットをつくり、メッセージカードをはさんだり、クリップで飾りつけをすると素敵です。パッチワークした包み紙が引き立つアレンジ方法です。その場合は、箱の置き方がポイント。基本とは異なり、裏を上にして包みましょう。ポケットを作るには、右下から対角線への化粧折りのみ、両面テープでとめます。

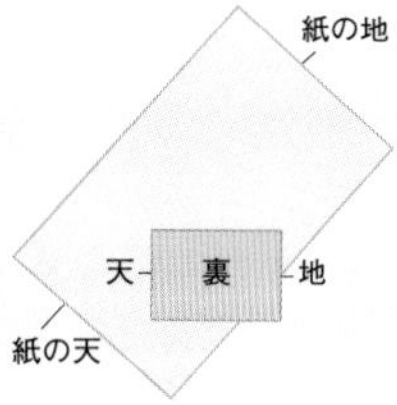

箱の裏面を上に置くのが、基本と違う点。

ポケットにクリップをとめたり、カードをはさんでも素敵です。

応用

半回転包みの包み方

LEVEL ★★★★☆

ななめ包みは箱を２回倒しますが、半回転包みはその名の通り1回だけ。その分、小さな紙でも包むことができます。箱は紙からはみ出さず包み始めるのがポイント。転がすのが大変な、重いものを包むときにも重宝します。

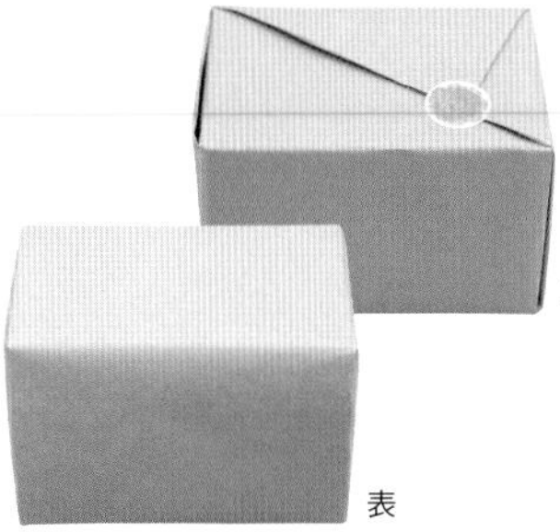

1
手前、左をかぶせる
紙をななめに置き、手前を箱にかぶせる。

Point
箱の右下角は紙の中、右上角は紙からはみ出した状態。

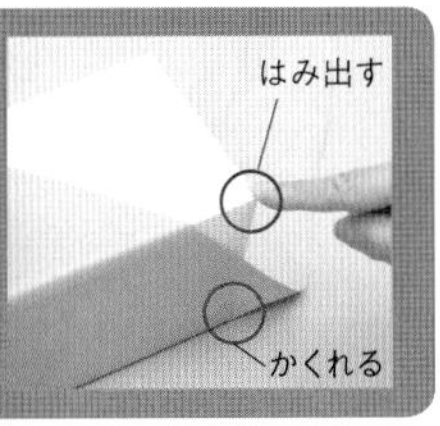

2
ななめ包みと同じように、左側をかぶせる。

3
箱を倒す
ななめ包みと同じように、箱を奥へ倒す。

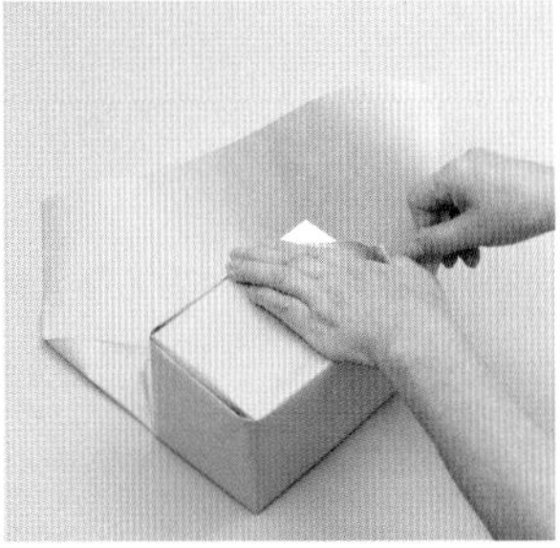

4
右をかぶせる
右側をかぶせる。

5
奥をかぶせる
ななめ包みと同じように、奥側をかぶせる。

6
ひだがもたつくときは、キレイにたたんで調整する。

7
化粧折りする
かぶせた後は、ななめ包み同様に、合わせ目をシール、または両面テープでとめて完成。

Lesson 4

ななめ包みアレンジ

ななめ包みのアレンジは、上級者向け。
ここでは紙をパッチワークして包む方法を紹介していますが、
箱や紙の大きさにより柄の出方が変わってきます。
ななめにパッチワークされた包みはおしゃれでこなれた印象。
プレゼントの価値を、ぐっと上げてくれるでしょう。

帯を貼る

LEVEL ★★★★★

メインの紙に細く切った帯を貼り、包みの表にななめのラインを出す方法です。ラインは、左下から右上へ出すと安定感が出ます。

パッチワークの配置

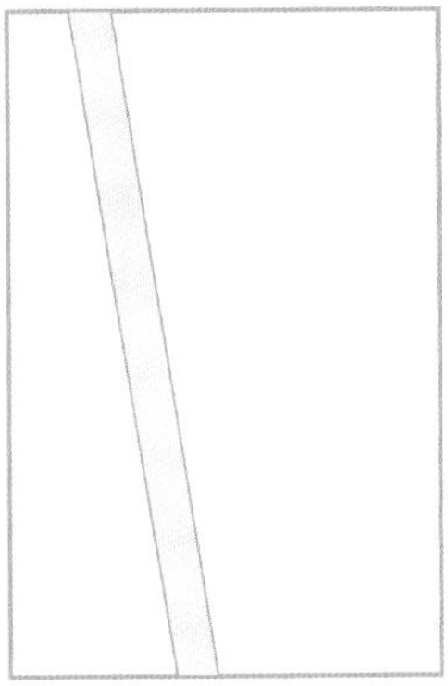

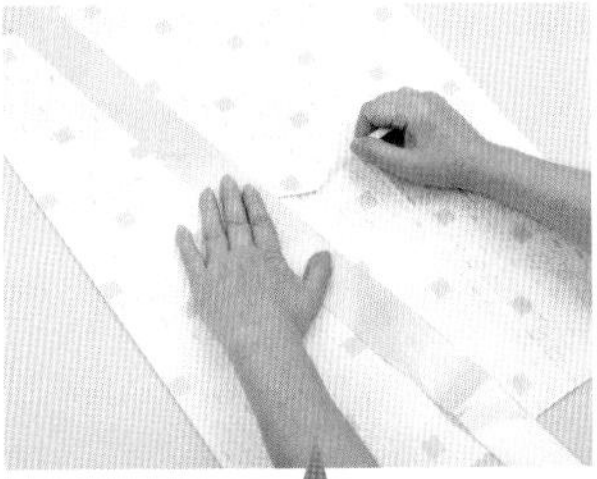

イラストのように、帯状に切った紙を貼る。両面テープは空気のぬけ道ができるよう、数か所貼ればOK。基本と同じように包んで、完成。

Point

帯を貼る位置によっては、帯が包みの表面にうまく出ないことも。包む箱と紙の大きさにもよりますが、以下の例を参考に、包み始めるときには軽くかぶせて帯の位置をチェックするようにしましょう。帯の化粧折りはお好みで。

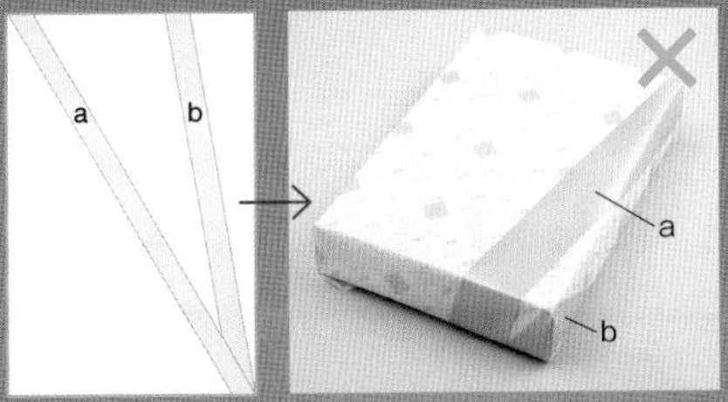

2枚合わせ

LEVEL ★★★★★

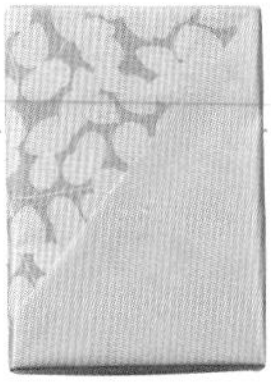

2枚の紙を貼り合わせて、包みの表でななめの切り替えを出す方法です。切り替えの位置は対角線でなくてもかまいません。

パッチワークの配置

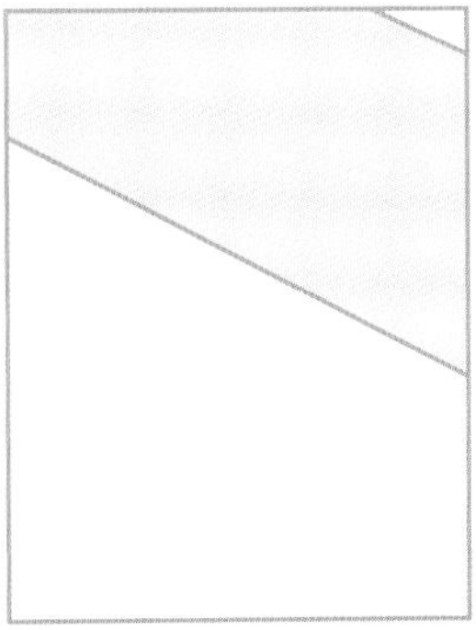

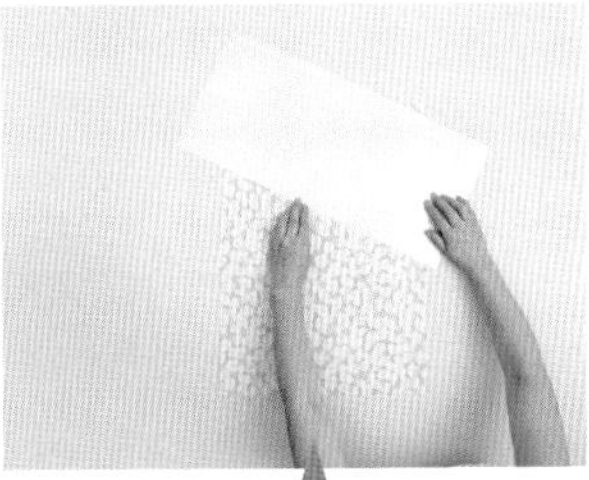

紙の配置を決め、パッチワークする。両面テープは空気のぬけ道ができるよう、数か所貼ればOK。基本と同じように包んで、完成。

Point

以下のように、パッチワークする配置が少し違うだけでも、イメージ通り仕上がらなくなってしまうのが、なめ包みのパッチワークの難しいところ。包み始める前に、紙をかぶせて確認しながら、箱の位置などを調整しましょう。

Lesson 5

スクエア包み

4つの角からのびた折り目が中央で交わる、
おしゃれな包み方。
正方形の箱だけでなく、長方形や、
ピローボックスなども包めます。品物を裏返したり、
倒したりせず包めるので、覚えておくと便利。
リボンやシールをあしらってもよいですが、
包みだけでも存在感があります。

表

裏

Data

LEVEL ★★★☆☆

包むもの	どんなものでも包めます。
用紙	少なくてOK。
紙の柄	チェック、ボーダー、ストライプは合わせ目が目立つため難しい。大柄、天地ありの紙も注意が必要です（→ p.18「柄紙をあつかうコツ」）。
紙の質感	固めの紙の方が、折り目がキレイに映える。すべりやすい紙、やわらかい紙は避ける。

♥失敗しないコツ

中央のクロスをピッタリ合わせるには、きちんと紙取りをすること、箱をしっかりとおさえること、対角線を丁寧に見極めること。化粧折りをいったん外側に折るときは、折り目をしっかりつけない方が調整ができます。

必要な紙の大きさ

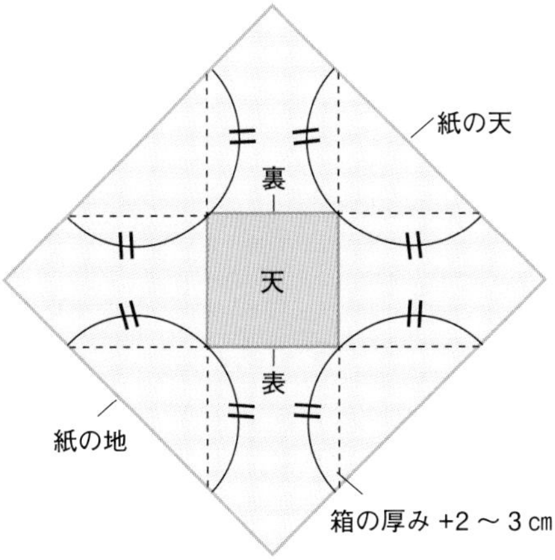

スクエア包みの紙取り

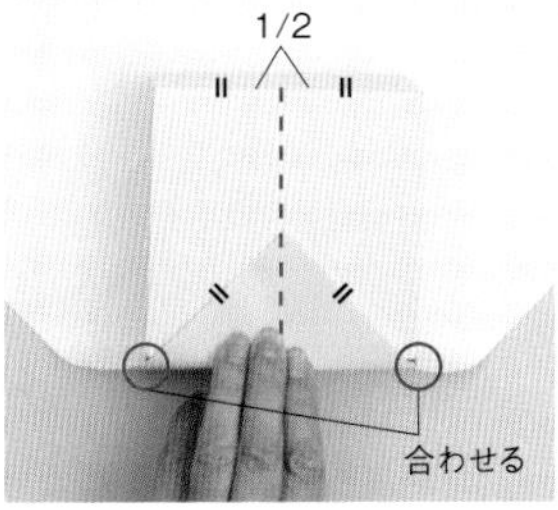

1

縦の紙取りをする

紙をななめに置き、箱に手前の紙をかぶせる。三角の頂点を左右中央に、紙と箱の左右の端が合うようにする。

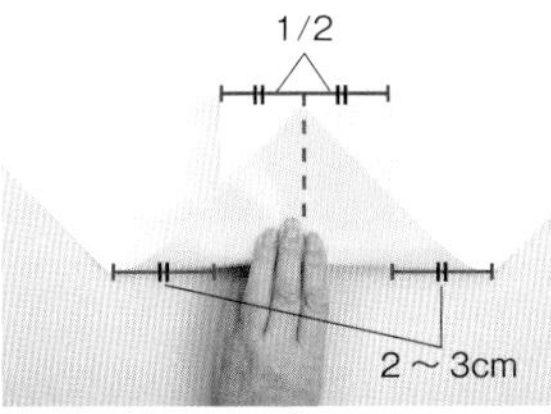

2

三角形の頂点を上にずらし、2～3cm、箱から紙がはみ出るようにする。

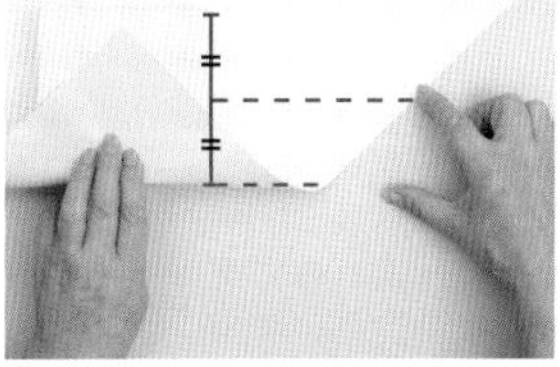

3

箱の1/2の延長線上、紙の右端と重なるところに印をつける。

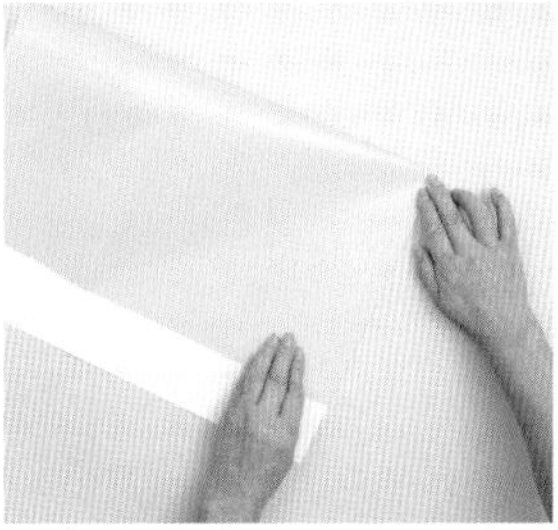

4

印に合わせて紙を折り、まっすぐに切る。

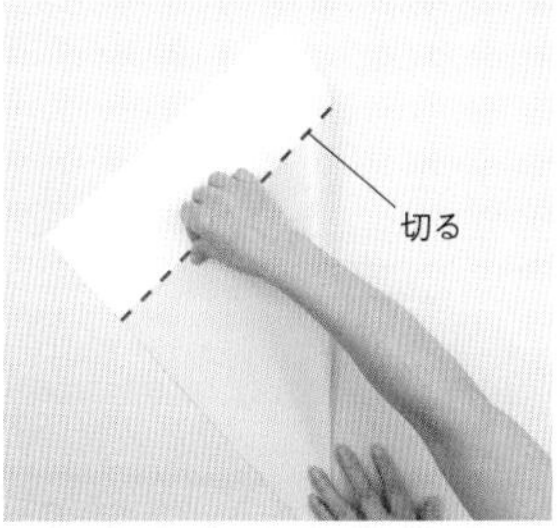

5

横の紙取りをする

その長さを1辺とした正方形に切る。

スクエア包みの 包み方

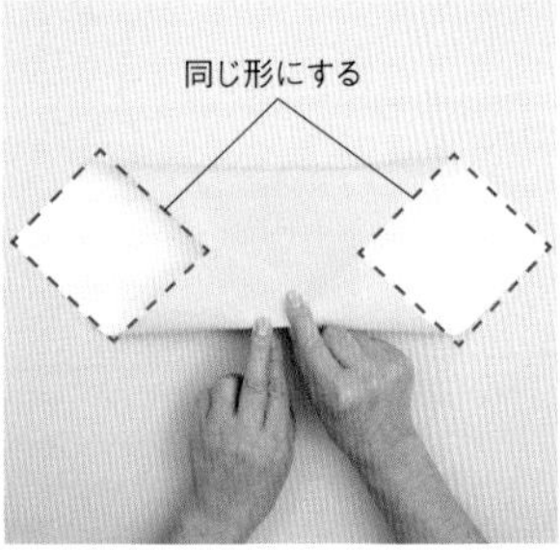

1

紙取りの確認

紙をひし形に置き、箱を中央に置く。手前と奥を箱にかぶせ、左右均等に紙取りできているかチェックする。

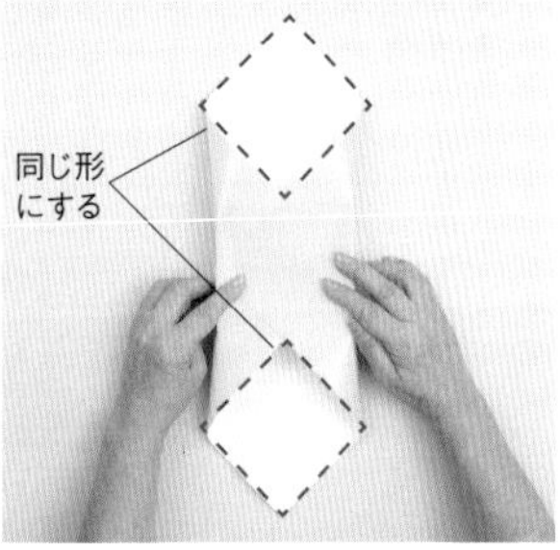

2

同じように左右もかぶせてチェックする。

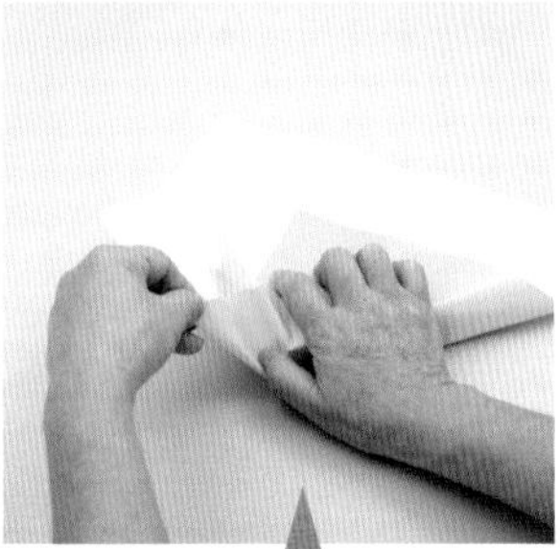

3

地と左右の処理

手前を箱にかぶせ、箱の左角を親指でおさえて紙を沿わせ、左を持ち上げる。

Point

内側に立ち上げ、少しずつ箱のふちに合うようにずらしていくとよい。

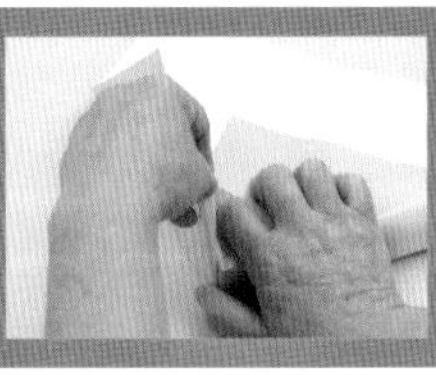

4

かぶせた状態。箱から紙がはみ出ていないかチェック。右側も同様にかぶせる。

5

天の処理

天の両角に紙を沿わせ、奥をかぶせる。

Point

人さし指を箱と紙の間にはさむとよい。

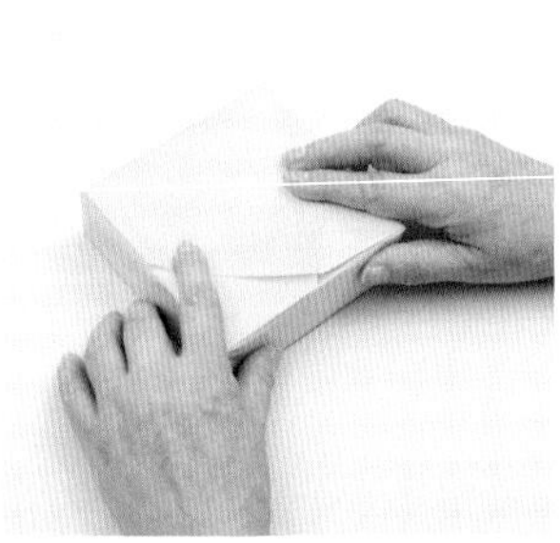

6

奥をかぶせた状態。紙をよせて、全体のたるみをとる。

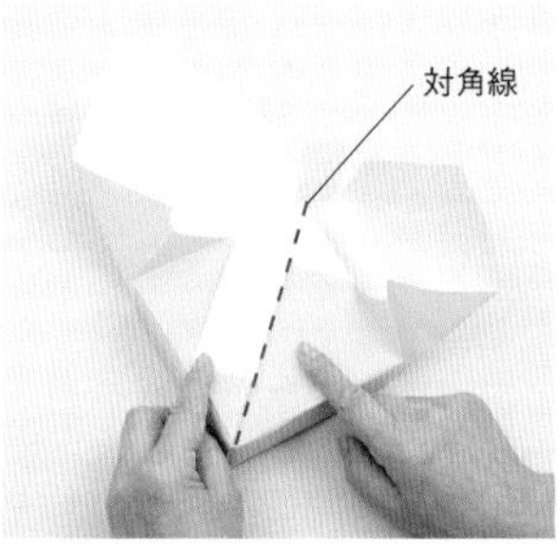

7

化粧折りをする

紙を広げ、左下を対角線に合わせて外側に軽く折る。ズレると仕上がりが美しくないので注意。

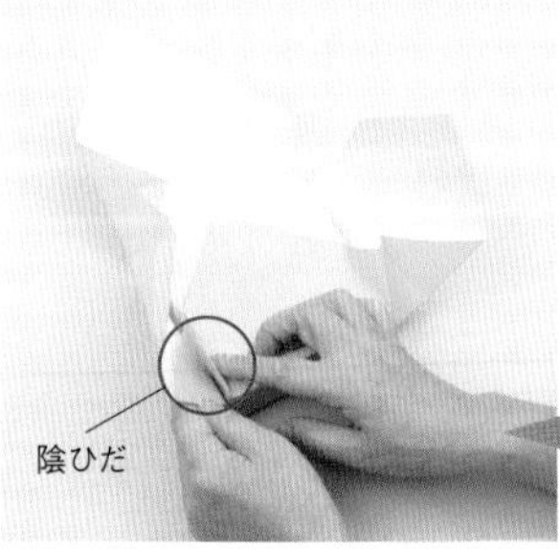

8

折り目を内側に折る。このとき、包みの陰ひだも一緒に折り込む。

Point

包みの内側にあるひだを「陰ひだ」という。

9

化粧折りができた。残りの3か所も同じように処理する。

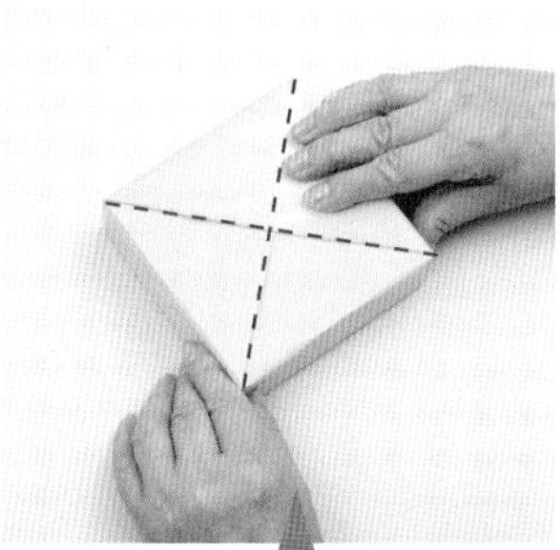

10

すべて化粧折りした状態。箱の中心で三角形の頂点がすべてそろっているのが美しい。

Point

天の三角の左側から、紙がはみ出ているのは正しい状態。この後処理していく。

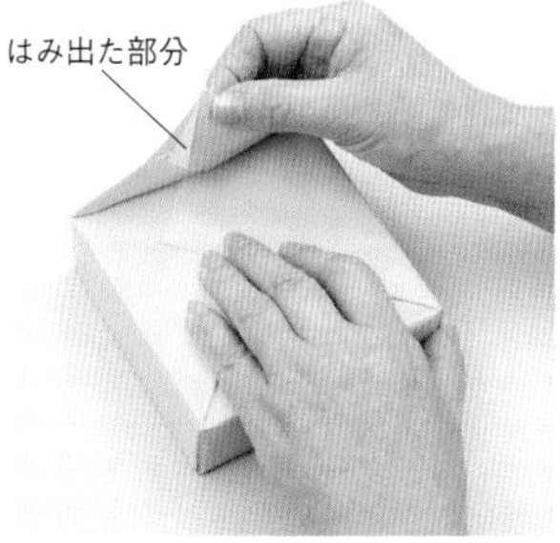

11

仕上げ

はみ出た部分を内側に折り、両面テープを貼る。

12

両面テープは2か所。左側に長めに貼り、右側は短く。はみ出た部分をとめるようにする。

13

天を閉じ、好みでシールを貼り、完成。

おすすめの飾り方

横一文字で蝶結び

スクエア包みの折り目がリボンでかくれないよう、シンプルに一文字で。リボンも太すぎないものを選ぶとよいでしょう。

結び方・作り方 » p.103

シールを貼る

三角の頂点が合っていないときや穴があいてしまったときは、シールでかくしてしまうのもひとつの方法。四角いシールを選ぶと、シックにまとまります。

ペーパークイリング

ペーパークイリングで飾りを作り、包みに直接貼り付けても、可愛いアレンジになります。

結び方・作り方 » p.150

Lesson 6

たとう包み

テープどめをしないので、素早く包め、
簡単に開けられるのが利点。
品物を箱詰めするときの内包みとしても用いられます。
合わせ目は左よりにした方が安定感が出るでしょう。

表　　裏

Data

LEVEL ★★☆☆☆

包むもの	どんなものでも包めます。
用紙	少なくて OK。
紙の柄	合わせ目で柄が途切れるので、それが生かせる柄が向いています。
紙の質感	テープどめしないので、すべりやすい紙や折り目のつきにくいやわらかい紙は NG。

♥ 失敗しないコツ

合わせ目で差し込みやすいよう、左側の紙の天地を箱より少し小さめに折るとよいでしょう。難しいテクニックは必要ありませんが、箱をしっかりおさえる、包みの内側で紙が箱のふちに沿うようにする、などの基本を守ればうまく包めます。

必要な紙の大きさ

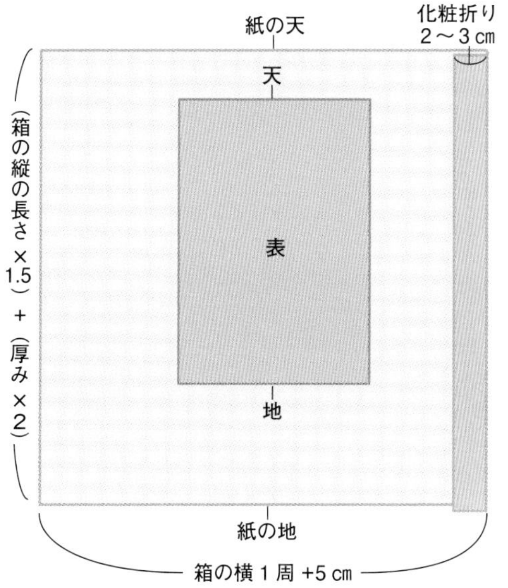

注意！ 弔事の際に、たとう包みを使う場合は、紙の合わせが逆になります。
詳しくは、p.167 をご覧ください。

たとう包みの紙取り

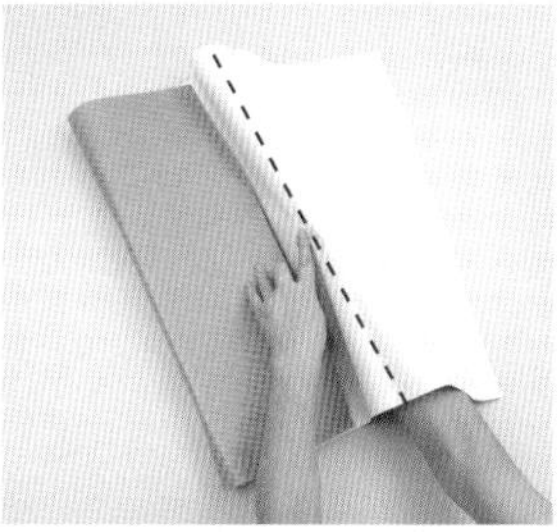

1

横の長さをとる

横は、箱1周＋5cmのところで切る。

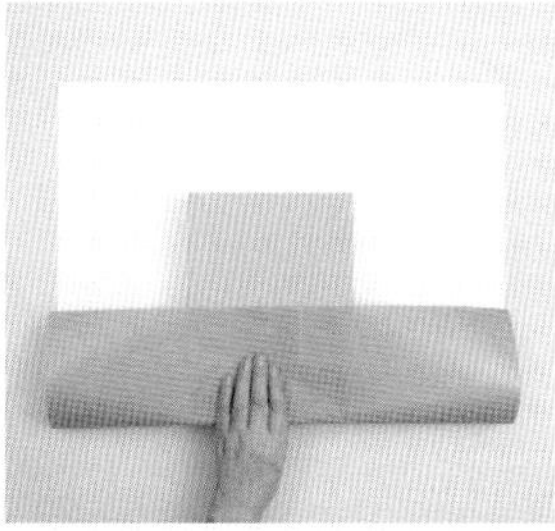

2

縦の長さをとる

手前の紙を箱中央くらいまでかぶせる。

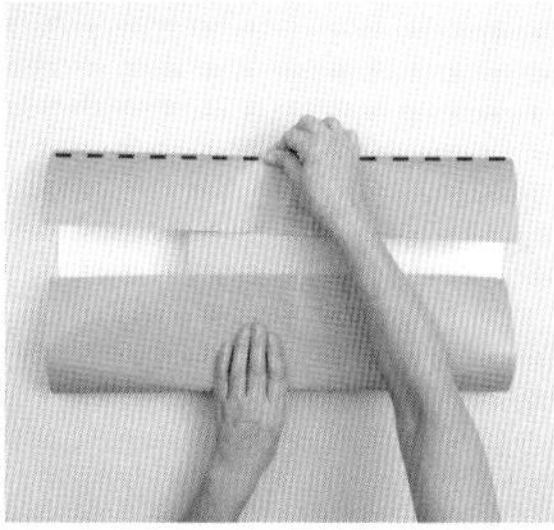

3

奥をかぶせ、箱の天の厚みのところで切る。

Q 箱を横にして包んだり、ポケットを左ではなく上に向けるのは間違いですか？

A 間違いではありませんが、アレンジになります。イラストのように包み始めの箱の置き方を変えれば大丈夫です。

箱を横にする

ポケットを上に向ける

たとう包みの包み方

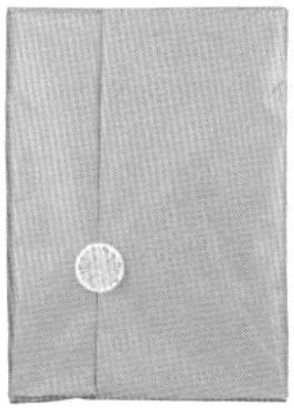

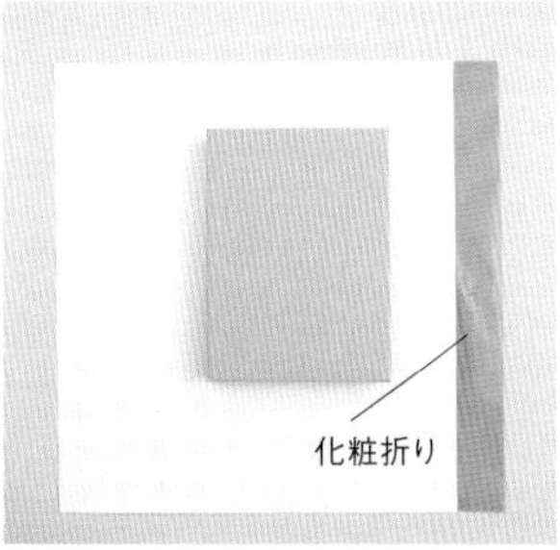

1 箱の位置を決める

紙の右端を2～3cm化粧折りする。

2

右をかぶせてポケットの位置を決める。

Point
やや左よりにすると安定感が出る。

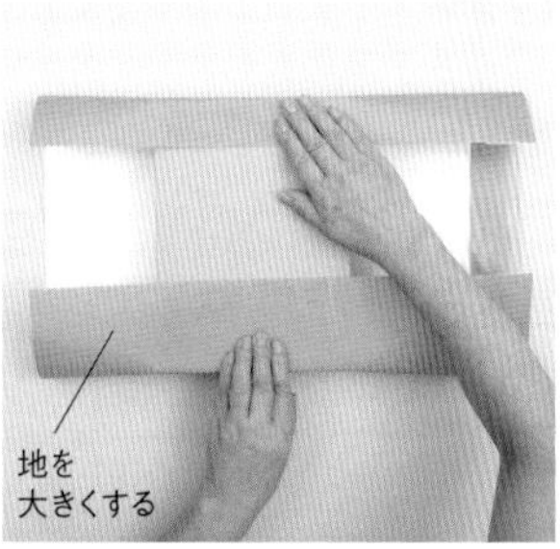

3

天地をかぶせる。天より地が大きくなるように、箱の位置を調整する。

4 地と左をかぶせる

地をかぶせ、左下の角を指でおさえ、紙を箱に沿わせる。左を立ち上げる。

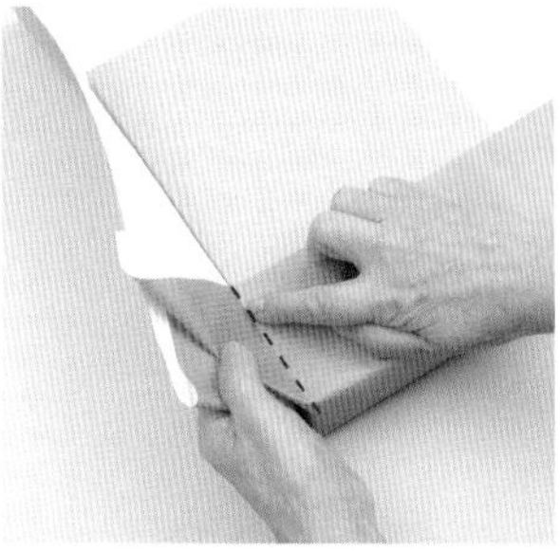

5

立ち上げた紙も箱のふちに沿うよう、折り目をつける。

6

箱の左下角にそろえて左をかぶせる。

Point
箱の手前とはぴったり合わなくてよい。少し紙が内側に入っていた方が、後で差し込みやすくなる。

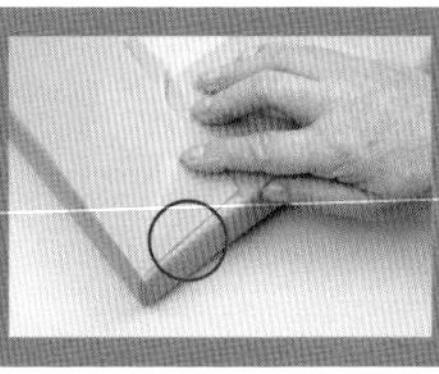

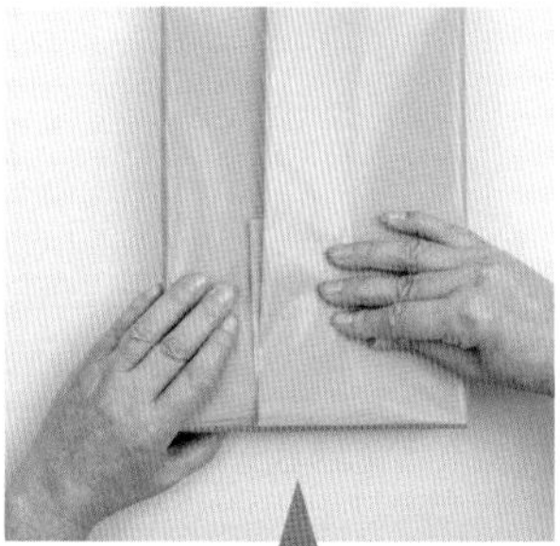

7 右をかぶせる

右も同じようにかぶせる。

Point
右は、箱の手前のふちぴったりに合わせる。中の紙がはみ出しているのは、正しい状態なのでOK。

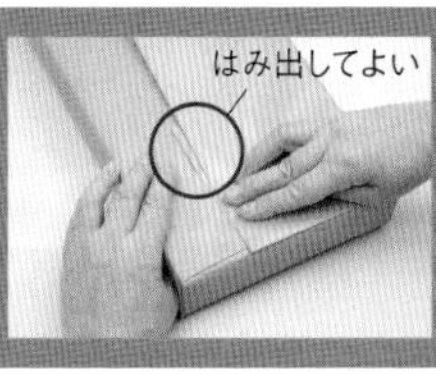

8

天をかぶせる

いったん左右を開き、天の左側を折る。体をあてるかひじで箱をおさえるとよい。

9

左をかぶせる。

Point

天地とも紙が箱のふちぴったりではなく、少し内側になっている。

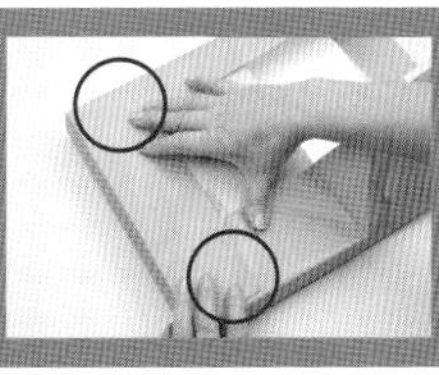

10

天の右側をたたむ。

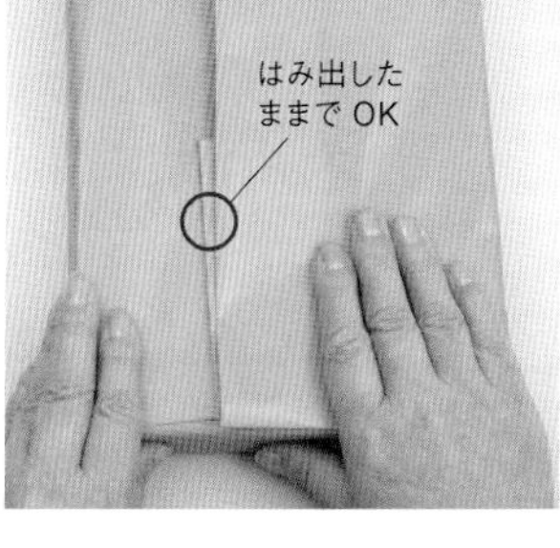

11

右をかぶせる。中の紙がはみ出ているのはそのままでかまわない。

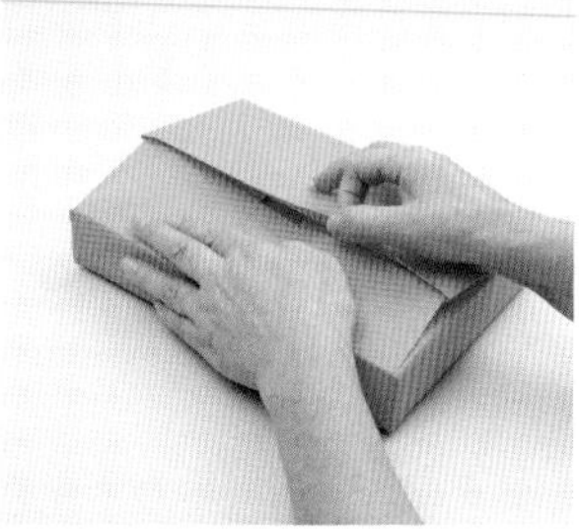

12

右側に、左の紙を差し込み、好みでシールを貼って、完成。

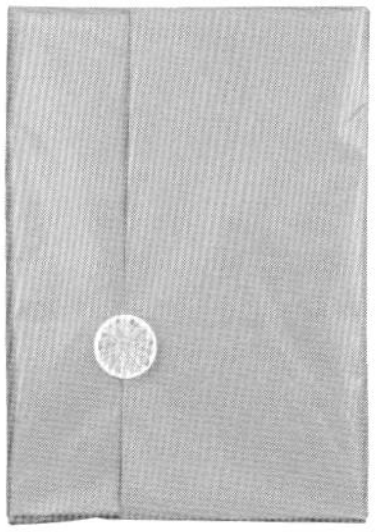

おすすめの飾り方

V 字がけで蝶結び

横一文字を V 字がけにしました。リボンの色は白を選ぶと、ぐっとフォーマルな雰囲気に。

結び方・作り方 » p.103, p107

タックをとって カードをはさむ

ポケットにタックをとり、ポストカードをはさみました。縦タックはアレンジの中でも簡単です。

結び方・作り方 » p.43

帯と飾り花を V 字がけ蝶結び

帯と花が主役。リボンは細めの同系色で。ポケットの1本線が、いいアクセントになります。

結び方・作り方 » p.103, p.107

Lesson 7

たけのこ包み

左右から重ねられた折り目が
たけのこのように見えることから、
「たけのこ包み」の名がつけられました。
手のこんだ包み方に見えますが、実は以外と簡単。
おめでたいシーンでのラッピングにぴったりです。

表　　　　裏

Data

LEVEL ★★☆☆☆

包むもの	どんなものでも包めますが、箱を裏返すので天地無用のものは NG。
用紙	多く必要です。
紙の柄	折り目で柄が途切れるので、大柄の紙は不向き。また、柄は多方向を向くので、天地のある紙はそれを生かせる柄を選びましょう。
紙の質感	どんな質感も OK ですが、やや固めの紙を選ぶと折り目がくっきりと際立ちます。

♥ 失敗しないコツ

たけのこの頂点を中心にそろえると、美しく包めます。コツは紙を箱にかぶせるときに、紙と箱が平行になるようすること。後は手順通りに包めば、難しいテクニックなしに、自然とキレイに仕上がります。

必要な紙の大きさ

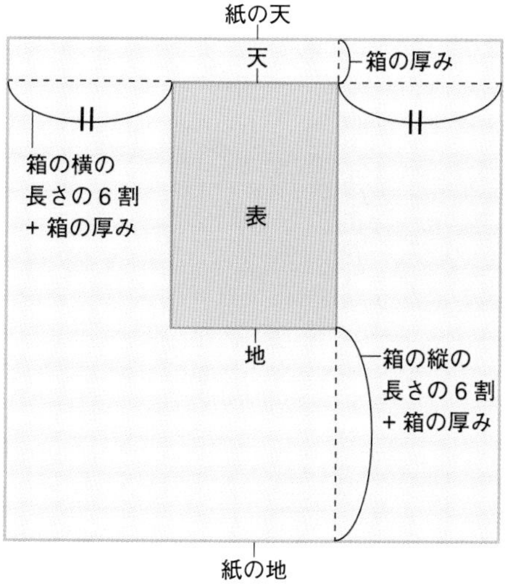

たけのこ包みの紙取り

1

横の紙取りをする

箱の幅の６割くらいまで左をかぶせる。

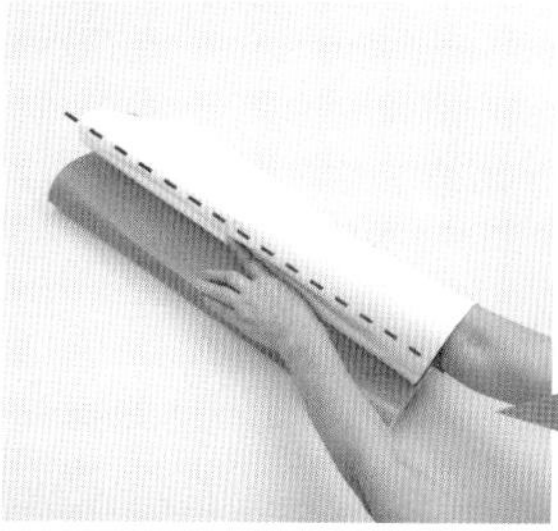

2

右も箱の６割をとり、指でつまんで切る。

Point
箱のふちではないので注意する。

3

縦の紙取りをする

手前も、箱の６割までかぶせる。

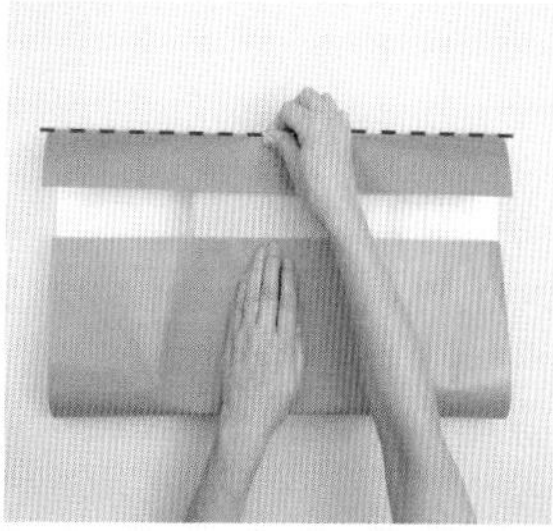

4

奥は箱の天の厚みのところで切る。

たけのこ包みの 包み方

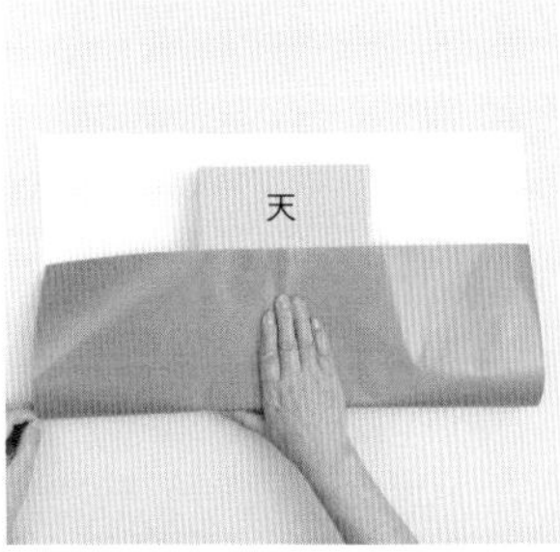

1

紙取りの確認

手前を箱6割の位置までかぶせる。

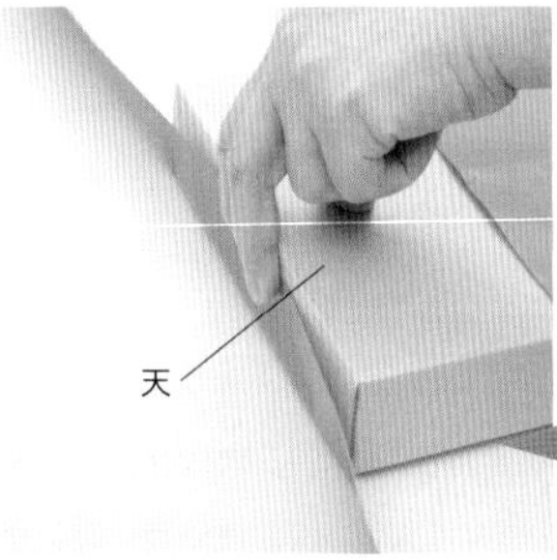

2

天は箱の厚みぴったりかどうか確認する。

Point

少し小さいのはOK。はみ出すのはNG。

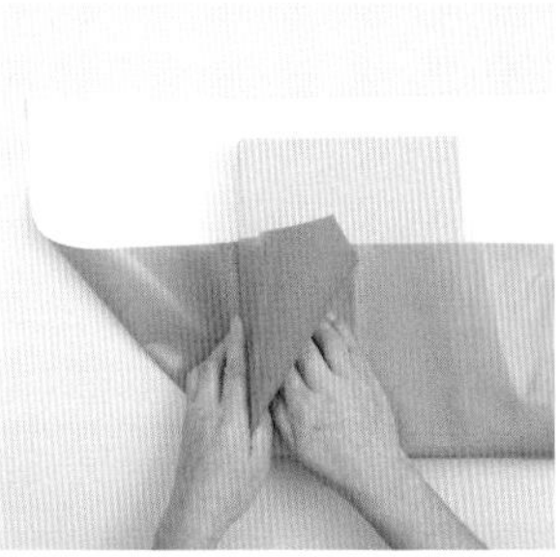

3

たけのこを折る

左下角をおさえて紙を箱に沿わせ、左側を立ち上げる。

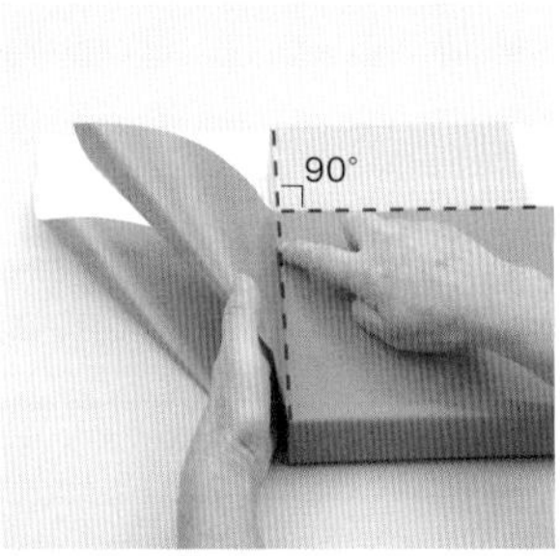

4

立ち上げた紙の内側が箱のふちにぴったり沿うよう折り目をつける。

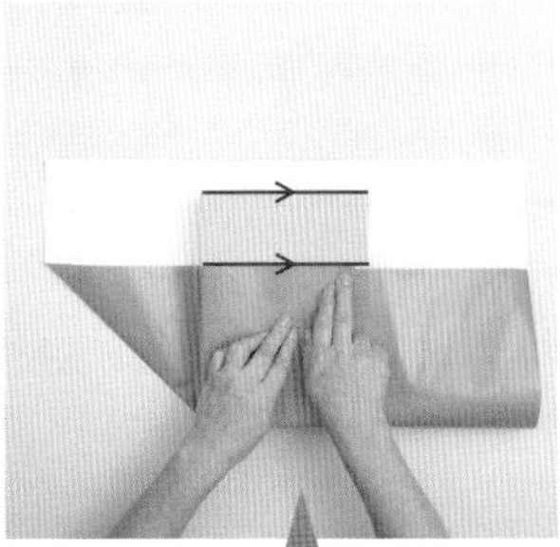

5

箱と平行になるようにかぶせて折る。

Point

手前の紙とぴったり合うのが望ましいが、写真のように少しはみ出していてもOK。箱と平行になっていれば仕上がりに影響しない。

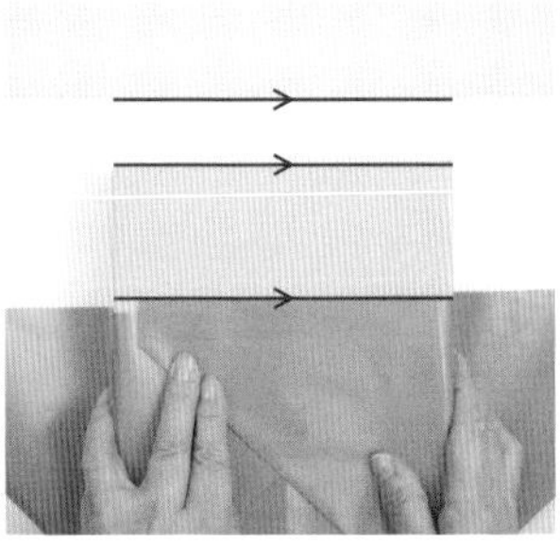

6

右側も同じようにかぶせて折る。紙と箱がすべて平行になっている。

7

左、右、と交互に折っていく。

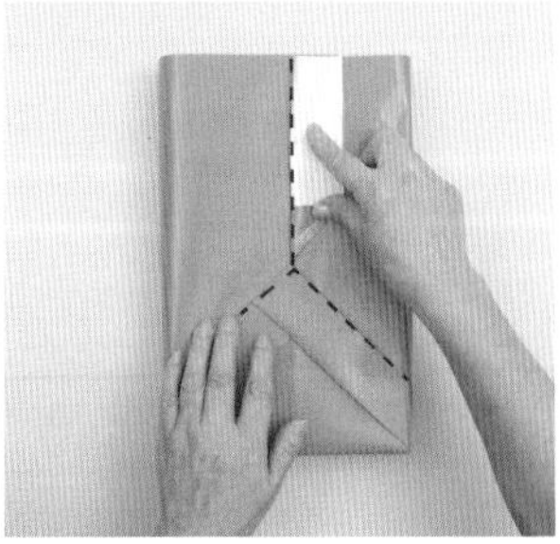

8

化粧折りする

右の一番上の1枚を、たけのこの頂点に合わせて折り返す。

9

広げて化粧折りをし、下半分くらいに両面テープを貼る。

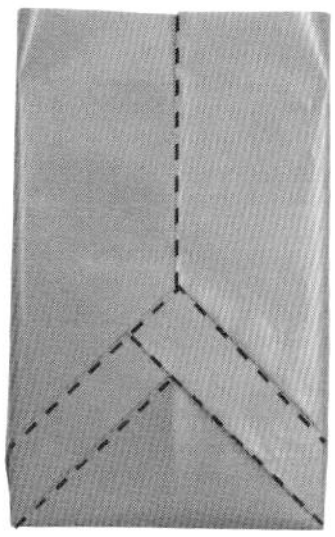

10

左右を合わせ閉じる。たけのこの頂点と合わせ目がそろっているのが美しい。

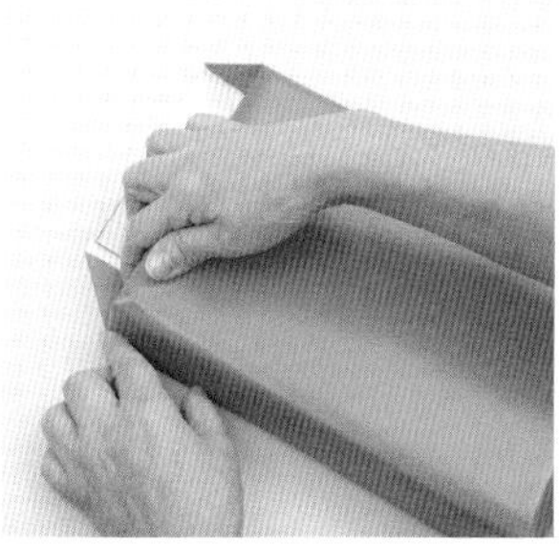

11

箱を裏返し、天の裏面、側面、表面の順に閉じて、完成。

おすすめの飾り方

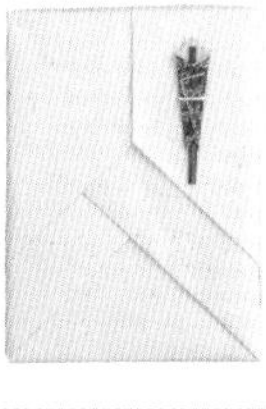

のし風飾り

千代紙で作った、のし風の飾りをつけます。和紙、のし、たけのこ包みと３つそろった和のラッピングです。

結び方・作り方 » p.67

着物に見立てて梅結び

箱を天地逆に置いて包み、着物の襟元に見立てます。帯と襟に赤い和紙をあしらい、水引を梅結びしました。

結び方・作り方 » p.177

のし風飾りの作り方

LEVEL ★☆☆☆☆

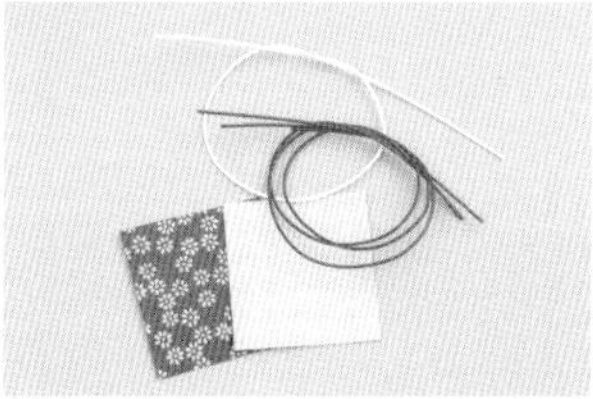

材料

- 水引　紅３本、白１本
- 千代紙　２種

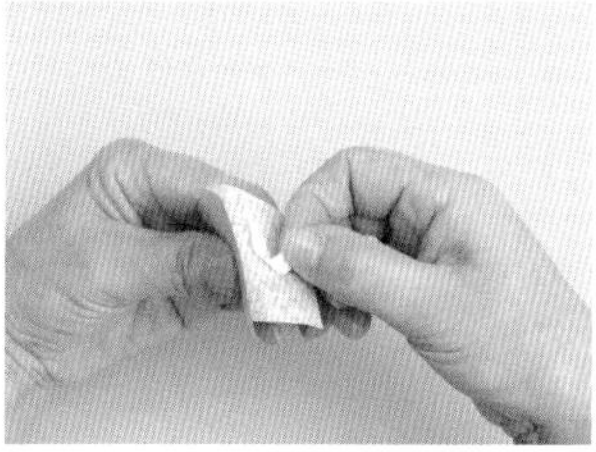

1

千代紙２枚を両面テープで貼り合わせてリバーシブルにする。

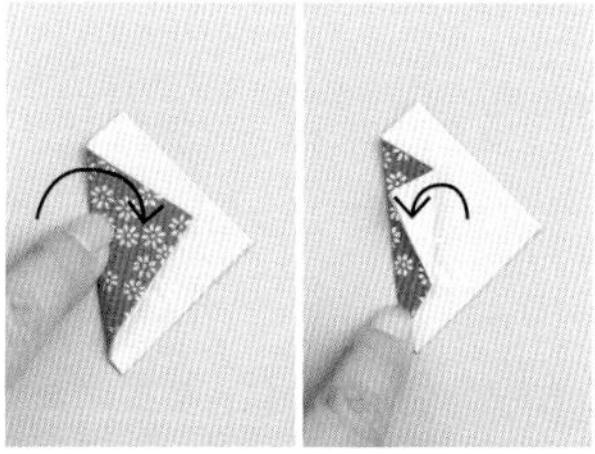

2

左側をななめに折り、もう一度折り返す。

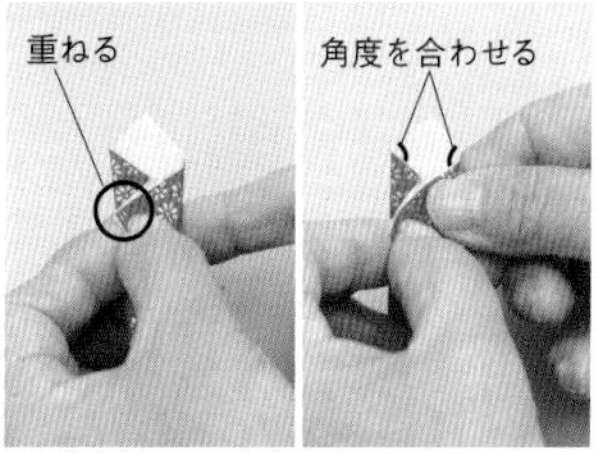

3

反対側を重ねて角度を合わせる。

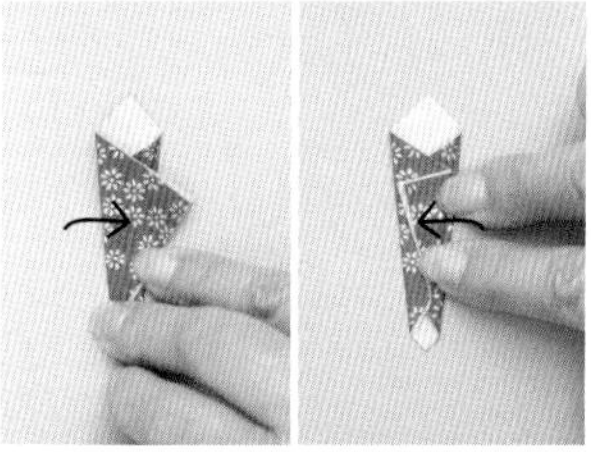

4

重ねた部分を右側に倒し、端から少しずらして左に折り返す。

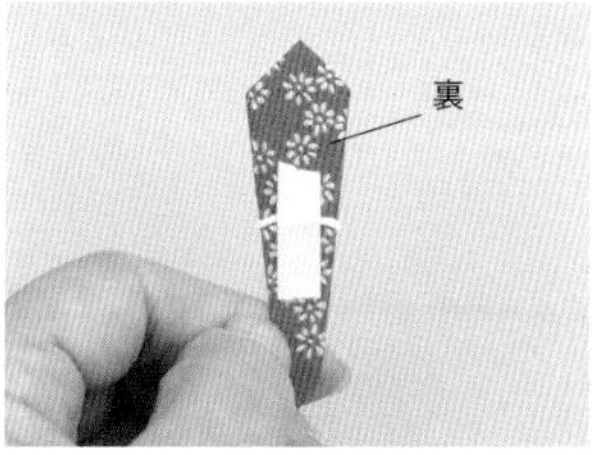

5

白水引を巻き、裏を両面テープでとめる。紅水引を３本中心に差し、完成。

Lesson 8

しぼり包み

どんな形でも自在に包めて、仕上がりはふんわりエレガント。
品物を動かさずに包めるので、大きなものや重いものにも向いています。
立ち上がりの部分はそのままでもかまいませんが、
アーチ形やギザギザにカットすると、
また違った味が出てよいでしょう。

Data

LEVEL ★☆☆☆☆

包むもの	どんなものでも包めます。
用紙	多く必要です。
紙の柄	どんな柄でもOK。
紙の質感	やわらかいものがおすすめ。不織布、クレープ紙、ワックスペーパー、セロハン、薄紙（破れやすいので数枚重ねて）など。

♥ 失敗しないコツ

側面の処理がポイント。箱の根元を大きくつかんで側面を立ち上げます。また、キューブ形など厚みのある箱は側面の処理がさらに大変になるので、避けた方がよいでしょう。

必要な紙の大きさ

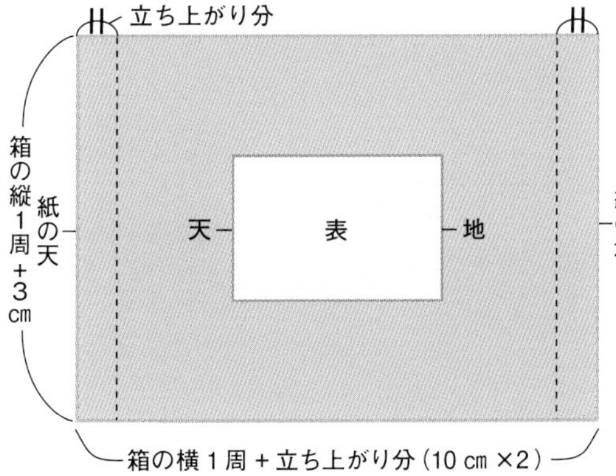

しぼり包みの紙取り

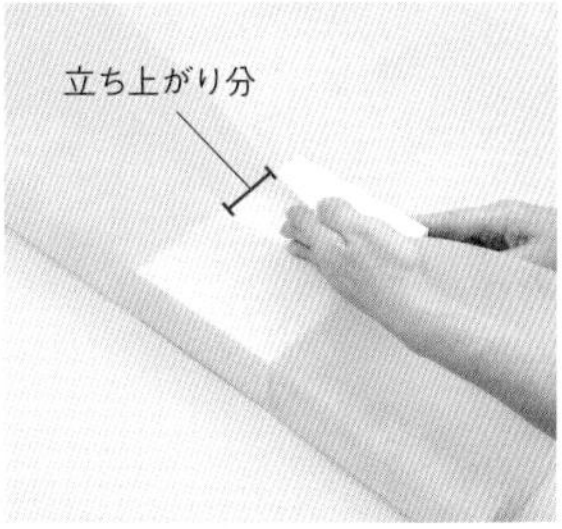

1

横の紙取りをする

箱に左側をかぶせ、箱の中央で立ちあがり分10cmをとる。

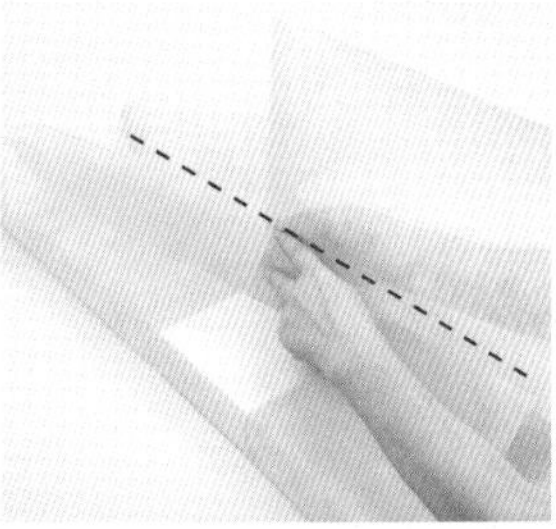

2

右も同様に立ち上がり分をとり、紙をカットする。

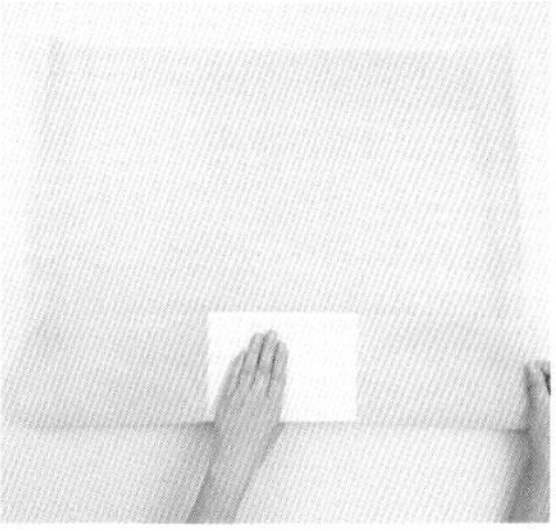

3

縦の紙取りをする

手前を箱にかぶせ、天に端を合わせる。

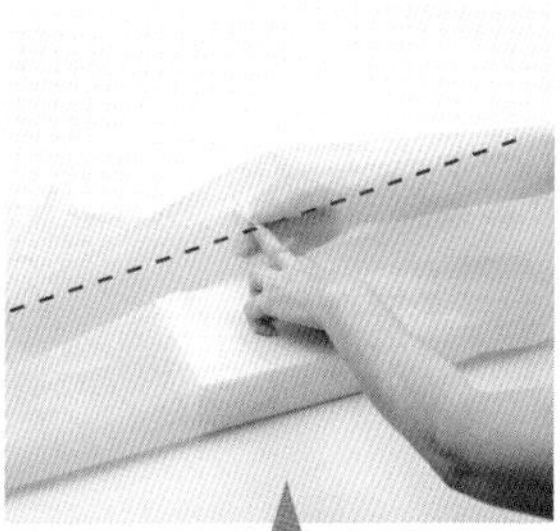

4

奥を持ち上げ、1周＋3cmのところで切る。

Point 立ち上がりの先端をアーチ状にしたいときは、紙を天地8等分に折り、左右の端をアーチ状にカットする。

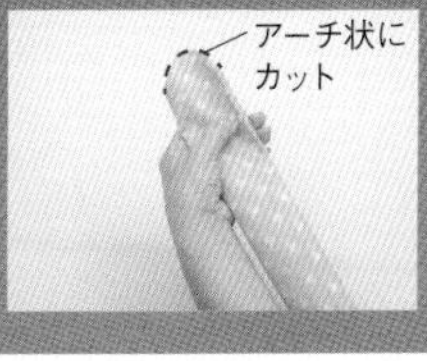

しぼり包みの包み方

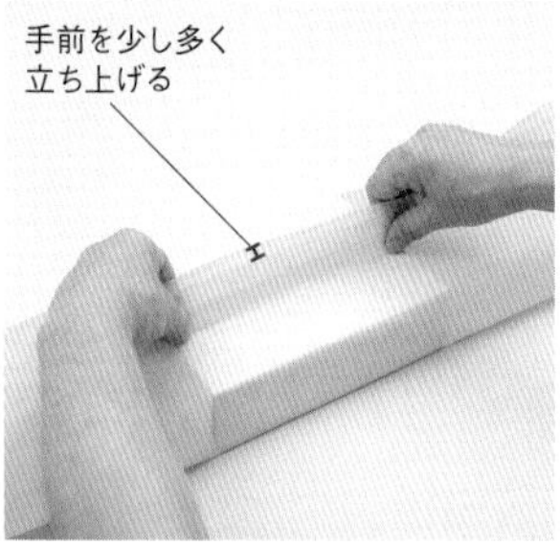

1

天地を合わせる

紙の天地を持ち上げて箱の中央で合わせる。手前を少し多く立ち上げるようずらすと仕上がりがキレイになる。

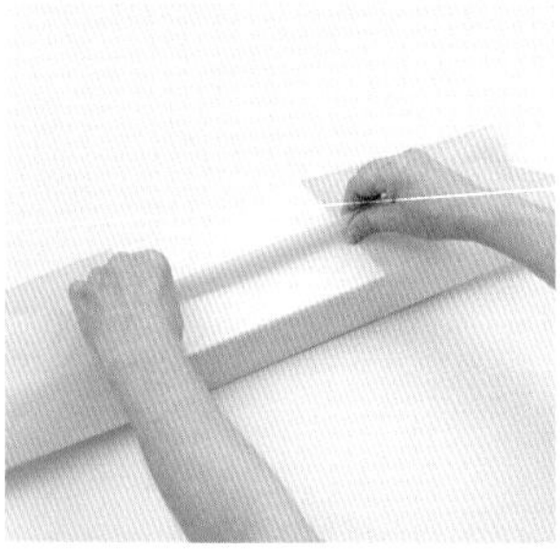

2

合わせた部分を山折りする。

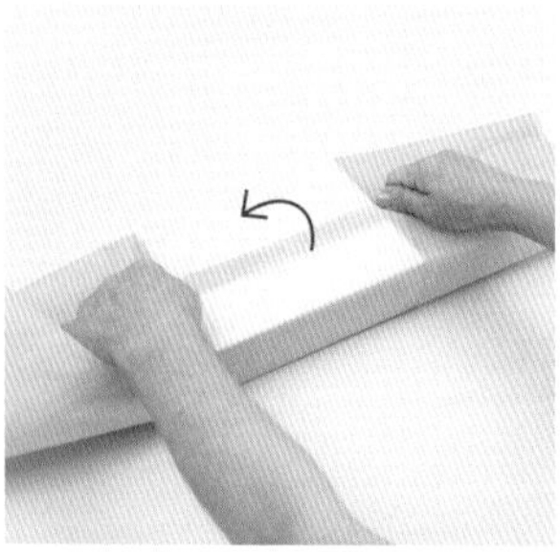

3

山折りした部分を、箱にぴったりと沿わせるように奥へ倒す。

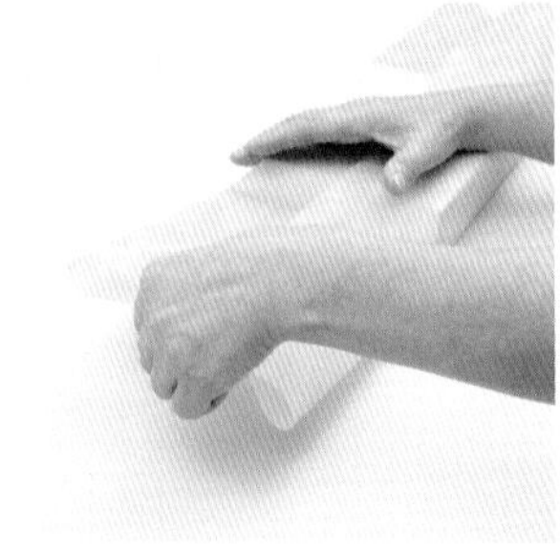

4

左右をかぶせる

箱を手でおさえ、左の合わせ目を持つ。

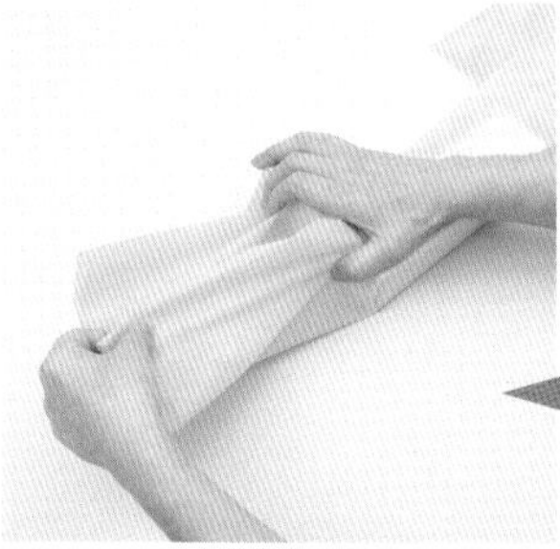

5

右手で箱の根元を大きくつかむ。

Point
深く大きくつかむ方が側面がキレイになる。

6

箱の端に紙を合わせながら、左を立ち上げる。中の紙が三角形になっているのがよい。

Point 紙が箱からはみ出していたり、箱の中で紙がくしゃくしゃになったりしているのはNG。

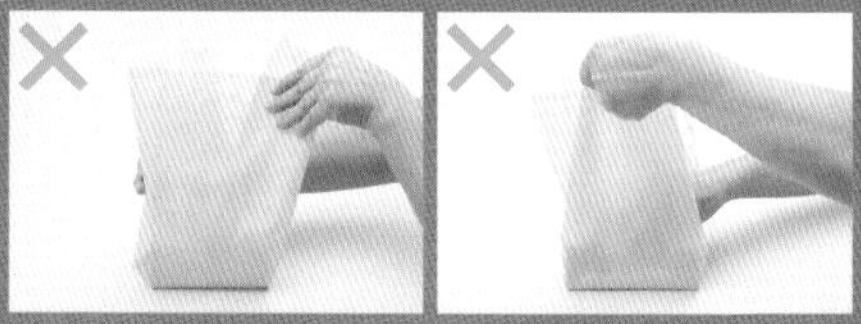

7

左をかぶせる。このとき多少紙が箱手前からはみ出ていてもOK。

8

右も同様にかぶせ、中央で立ち上がりを合わせる。

9

口を閉じる

かぶせた左の紙の端を、ななめに外側に折る。右も同じようにする。

10

口にリボンを結んでしぼり、蝶結びをする。

11

リボンの先端を処理し、ひだのバランスを整え、完成。

おすすめの飾り方

リボンで蝶結び

不織布のやわらかい雰囲気を生かし、同系色のリボンでまとめました。立ち上がりのひだが華やかに引き立ちます。

結び方・作り方 » p.103

ラフィアとオーナメント

立ち上がりの先端をアーチ状に。4重にしたラフィアで蝶結びし、オーナメントをあしらいました。あえて質感の違うものを組み合わせて楽しみます。

結び方・作り方 » p.69, p.103, p.139

応用 円柱の包み方

LEVEL ★★☆☆☆

高さのある箱は、側面をぐるりと巻くアレンジで。基本のしぼり包みよりも簡単に包めます。

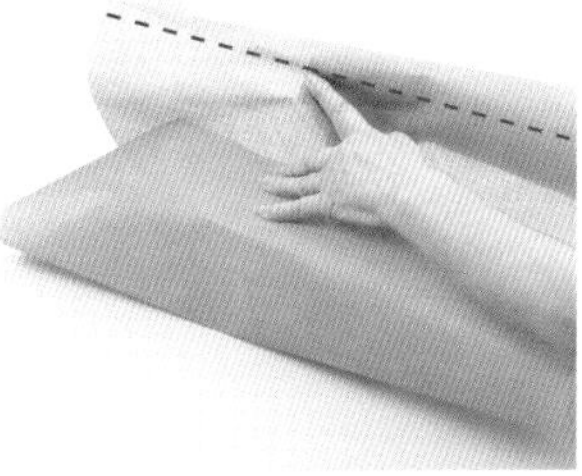

1

紙取りをする

紙の上に箱を立てる。紙を箱の端に合わせ、1周＋10cmのところで切る。その長さを1辺とする正方形を作る。

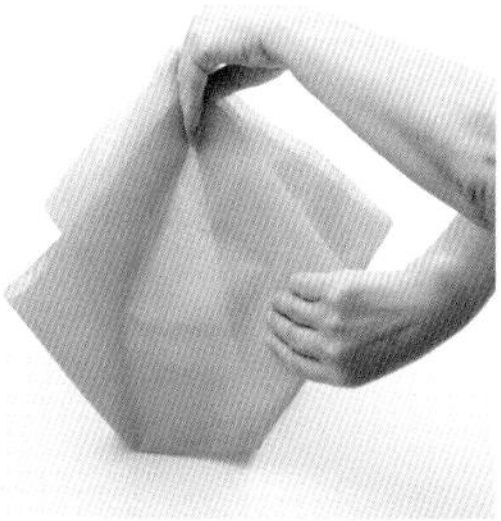

2

全体を包む

紙をひし形に置いて四角を立ち上げ、箱の上でまとめる。

3

ひだを整えて、手の平と腕でぐるりと巻き込むように、時計まわりにひだをまとめる。

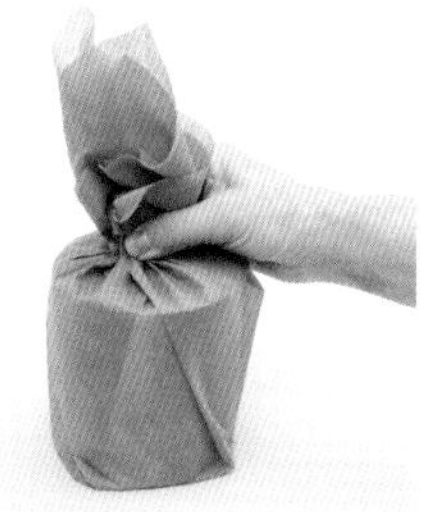

4

口をしぼる。リボンを蝶結びして先端を処理し、ひだを整えて、完成。

Lesson 9

シリンダー包み

円柱や角柱のものを包むテクニックです。
天地のひだをキレイに折るのは少し高度ですが、
うまく決まればお店のように本格的な
ラッピングに見えるのがいいところ。
お菓子やお茶など、円柱の箱はプレゼントで多く見られるので、
ぜひマスターして。

Data

LEVEL ★★★☆☆

包むもの	円柱、角柱。
用紙	少なくてOK。
紙の柄	ボーダー、チェック、ストライプは合わせ目が目立つので上級です。キレイに合っていれば格がアップ。初心者は無地や総柄を。
紙の質感	折り目のつきにくいやわらかい紙、しわ加工された紙は不向きです。

♥ 失敗しないコツ

ひだを折るプロセスが決め手です。1つ目のひだは紙の合わせ目から折り、どのひだも中心に向けること。ひだは等間隔になるよう調節しましょう。

必要な紙の大きさ

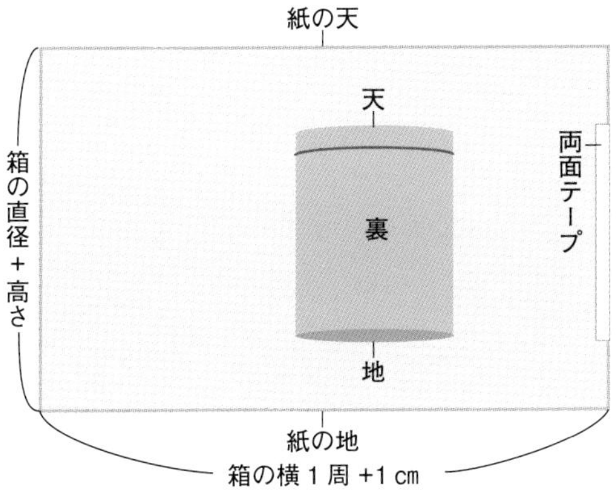

シリンダー包みの紙取り

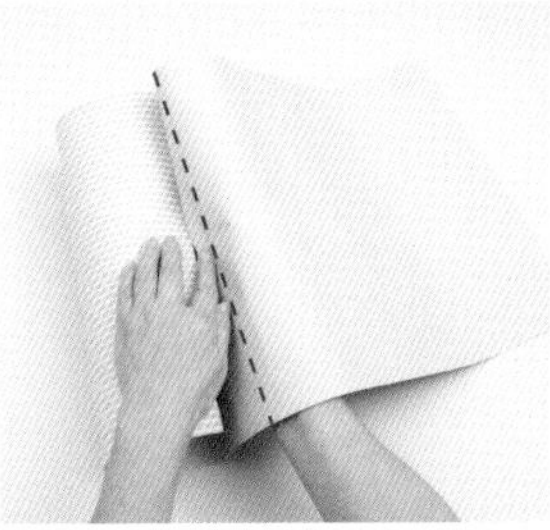

1

横の長さをとる

紙を箱にかぶせ、1周＋1cmのところで切る。

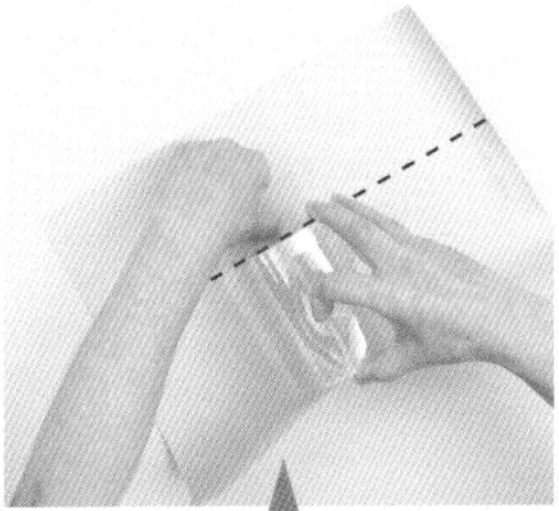

2

縦の長さをとる

箱の底に紙を合わせ、箱の高さのところで印をつける。

Point

手前の紙は、箱の底ぴったりに合わせる。

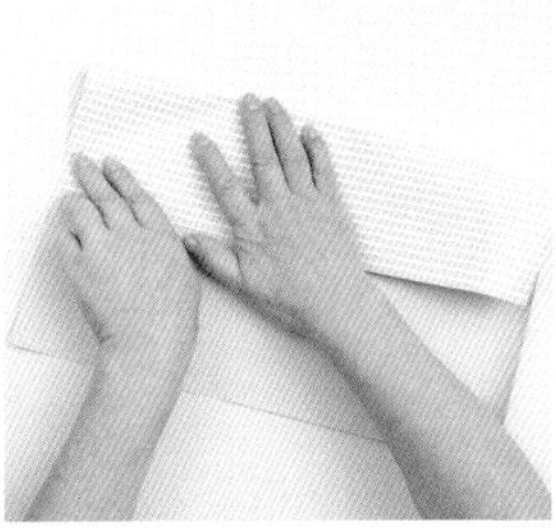

3

印に合わせて紙を折り、カッターで切る。

シリンダー包みの 包み方

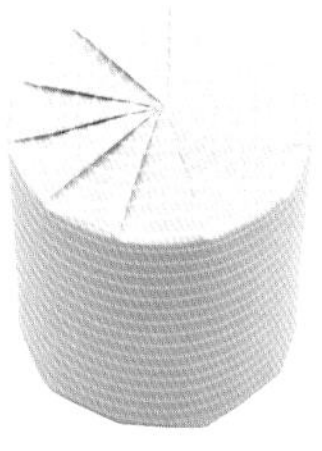

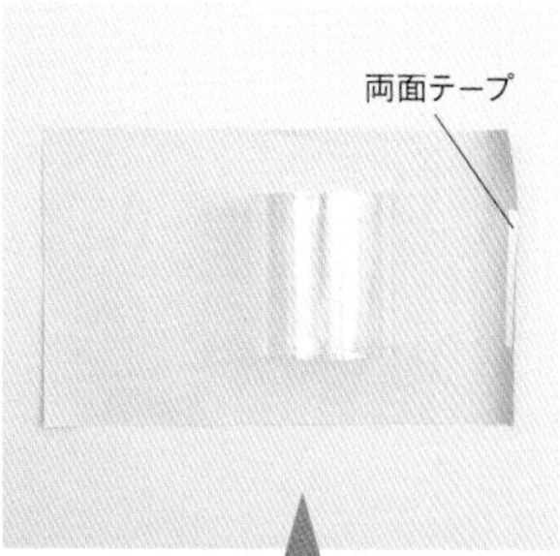

1

左右を合わせる

紙の右端中央に、箱の高さ分の両面テープを貼る。

Point

両面テープを箱にあてて長さをとるとよい。

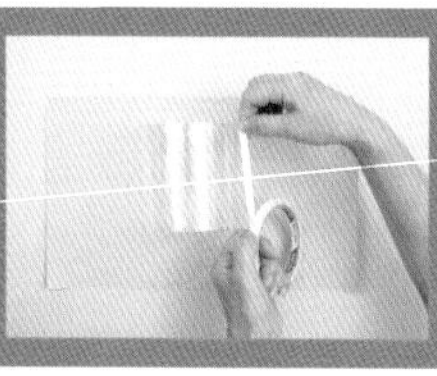

2

箱の裏中央に右側を合わせる。

Point

この場合容器のつなぎ目が裏面中央になる。

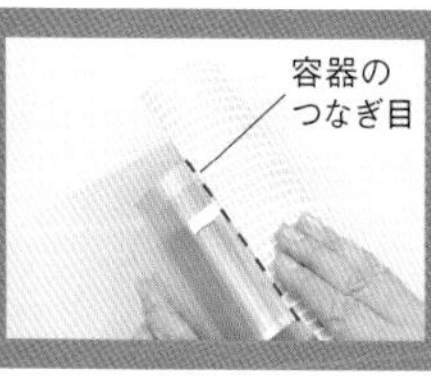

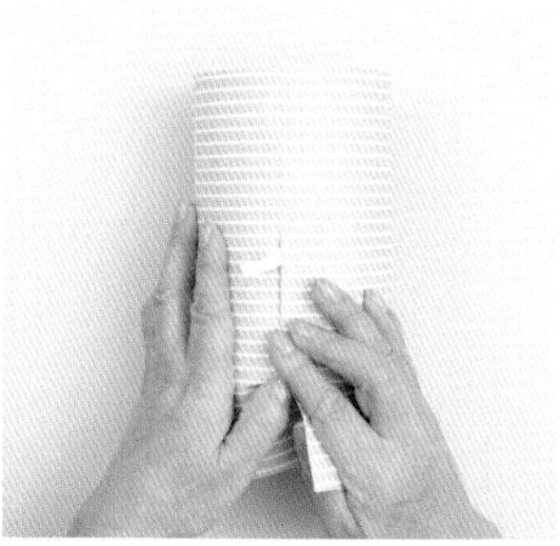

3

左をかぶせてから、右が上になるように右側をかぶせなおし、左右を貼り合わせる。

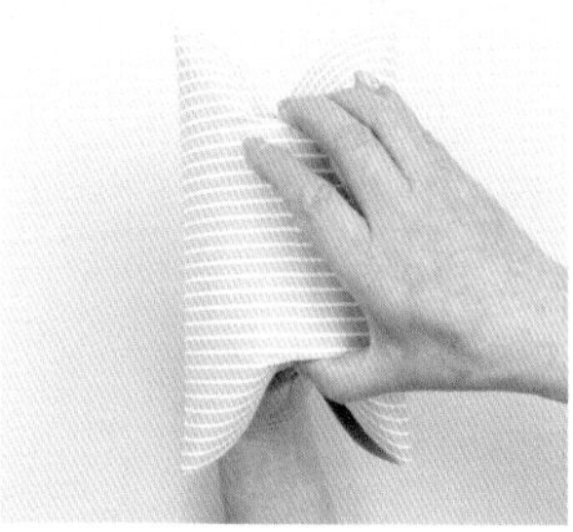

4

箱が天地中央にくるように位置を調節する。

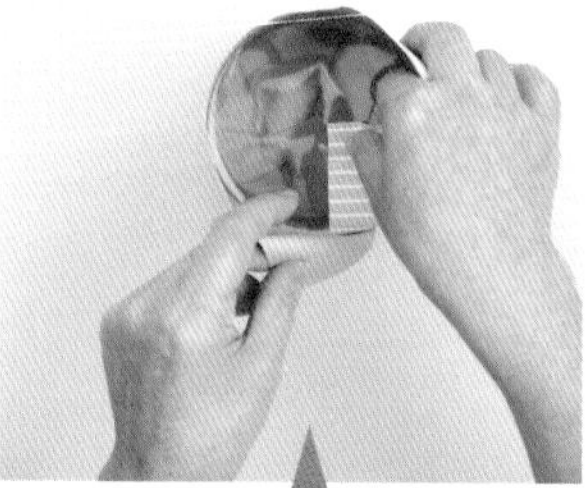

5

地を閉じる

天を軽くたたみ、地から閉じていく。右端を円の中心に向けて折る。

Point

天は写真のように、軽く無造作にたたんでよい。

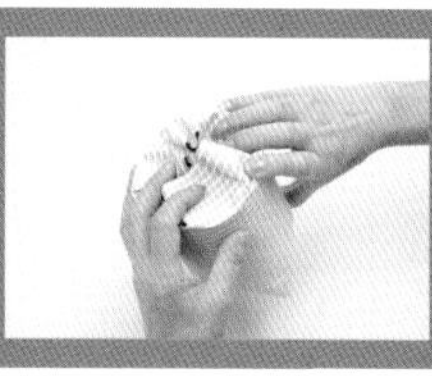

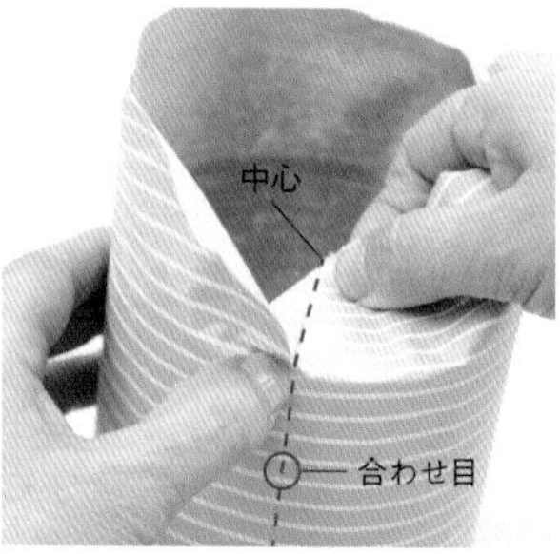

6

1つ目のひだをとる。紙の合わせ目から中心に向かって折る。ここがキレイに折れていないとズレてしまう。

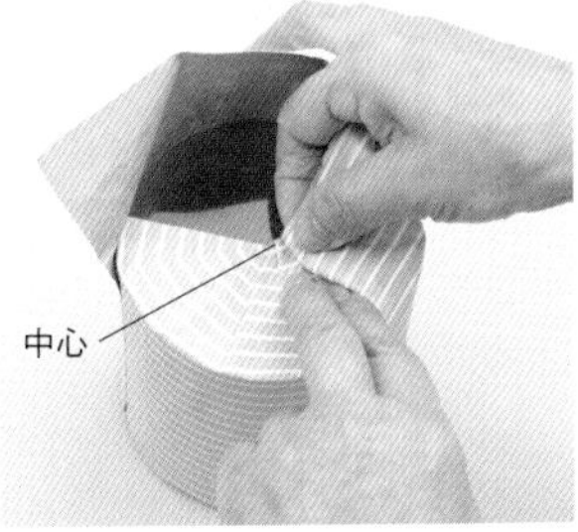

7

同じように中心に向かって反時計まわりにひだを折っていく。ひだの数は時計のように 12 個を基本に考えるとよい。

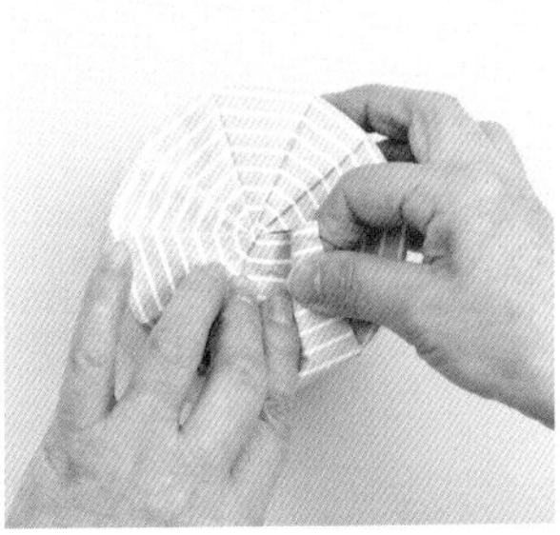

8

最後のひだは、最初のひだの中に差し込む。ひだが大きいときは、もうひとつひだを折る。

9

差し込んだ状態。ひだがすべて中心で合っているのが美しい。

Point

右手の親指で軽く１つ目のひだを持ち上げ、左手の人さし指で押し込むようにするとよい。

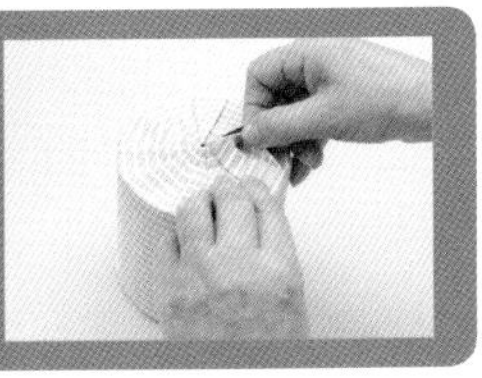

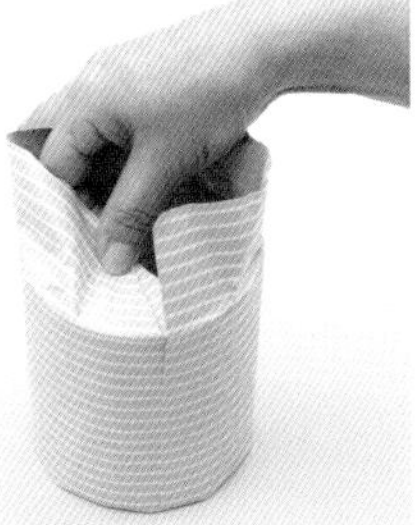

10

天を閉じる

天を閉じるときは、左側から時計まわりに折っていく。

11

地と同じようにひだを折る。最後のひだは１つ目のひだに差し込み、完成。

Q 天地がキレイに決まりません。

A ひだをキレイに決めるコツは、１つ目のひだを紙の合わせ目からとることと、ひだを中心に向けて折ること。この２つができていないと、写真のように仕上がりが乱れてしまいます。

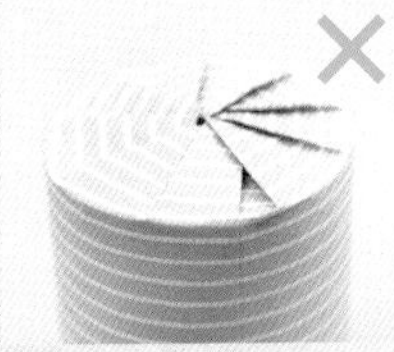

１つ目のひだが紙の合わせ目からズレていると、最後のひだもズレてしまう。

ひだを中心に向かって折っていないと、折りすすめるほどズレていってしまう。

おすすめの飾り方

横一文字でトリプル蝶結び

天の折り目をかくさないように、側面でトリプル蝶結び。太めのリボンで結ぶと、ぷっくり可愛い印象です。

結び方・作り方 » p.103, p.110

リボンの帯をシールでとめる

リボンを帯のように１周させ、天でシールどめ。リボンの脚をななめにはみ出させると、動きのあるアレンジに。

応用 ひだを出す 包み方

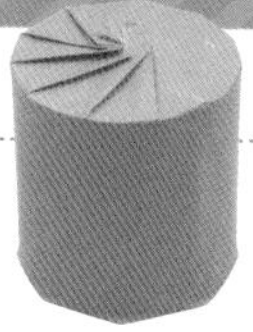

LEVEL ★★★☆☆

ひだを外側に出して包むと、動きのある仕上がりに。ひだは中心から少しずらして折っていきます。

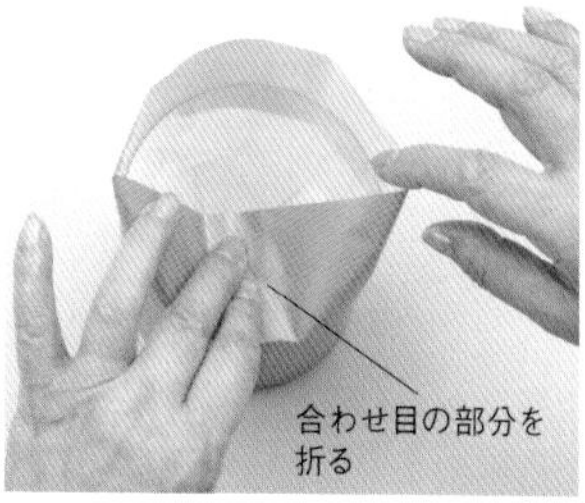

1 天地を閉じる

シリンダー包みと同様に紙取りし（→ p.73）、左右を合わせる。地を閉じるときは、合わせ目を左右両方中心に向かって折る。

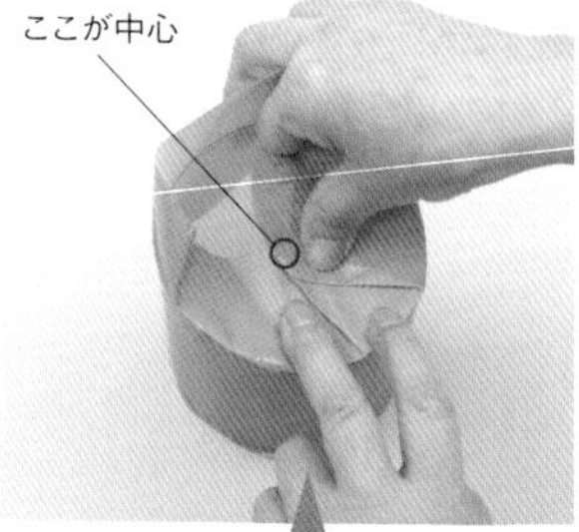

2

ひだの先端ではなく、ひだとひだの合わせ目に中心がくるように反時計まわりに折っていく。

Point

中心をはずれると、ひだも乱れてしまう。

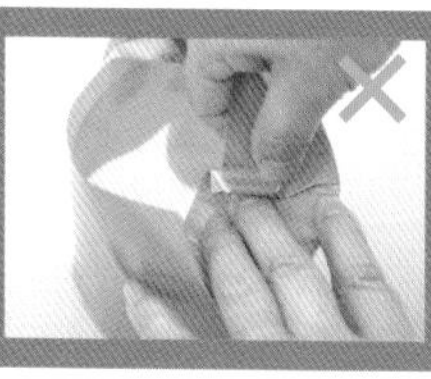

3

2つ目のひだを折ったところで左側の合わせ目を開き、続けてひだを折って閉じる。天も同様に閉じて、完成。

Point

地は基本のシリンダー包みで閉じ、天だけひだを出すアレンジにしてもよい。

応用 8つ折りしてひだを出す 包み方

LEVEL ★★☆☆☆

側面を8つ折りし、折り目通りひだをとっていけばいいので、より簡単に包めます。

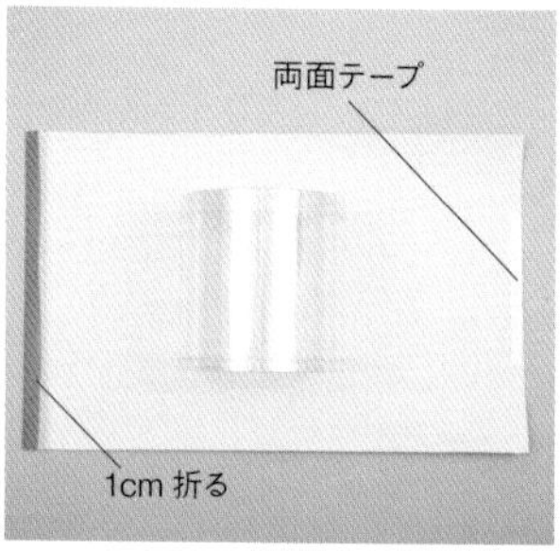

1 紙を8等分する

基本と同じように紙取りし（→ p.73）、左端をのりしろ分 1cm 折り、右端に両面テープを貼る。

2

紙を8等分に折り、広げる。

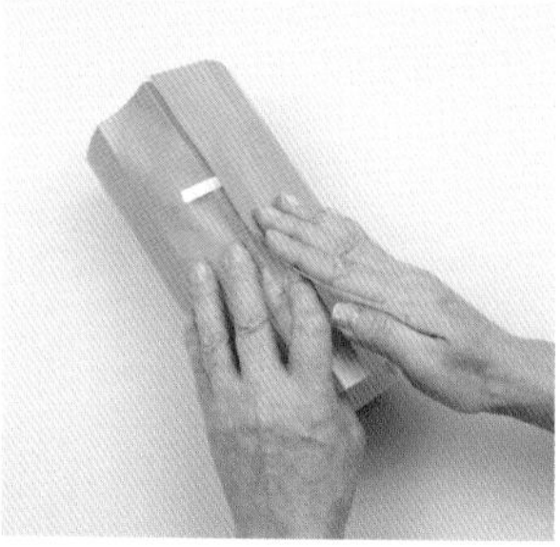

3 左右を合わせる

左端ののりしろを広げ、その折り目に右端を合わせて貼り合わせる。

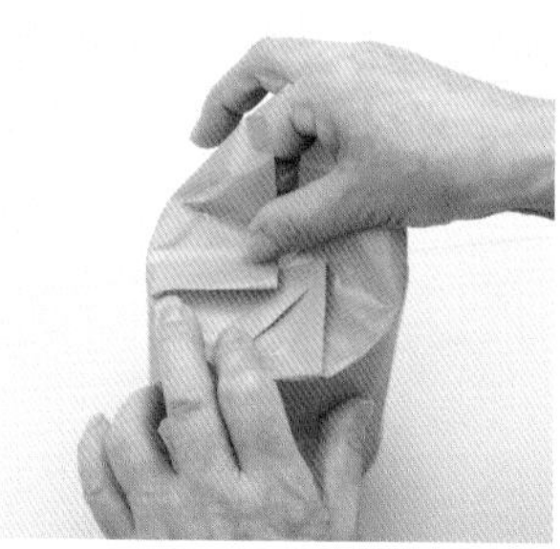

4 天地を閉じる

8等分した折り目に合わせて、「ひだを出す包み方」と同様にひだを折り、地を閉じる。天も同様に閉じて、完成。

応用

六角柱の包み方

LEVEL ★★☆☆☆

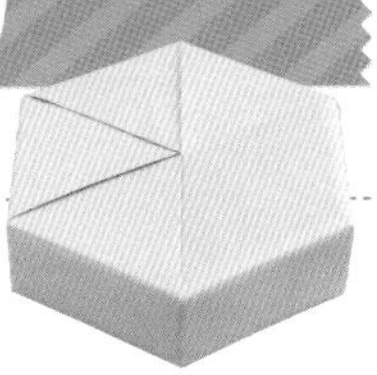

角柱の辺に合わせてひだをとっていけばいいので、シリンダー包みよりも簡単に包めます。

1

紙取りをする

シリンダー包みと同じように紙取りし(→ p.73)、箱を中央に置く。

2

左右を合わせる

箱の高さに合わせて両面テープをカットし、紙の右端中央に貼る。

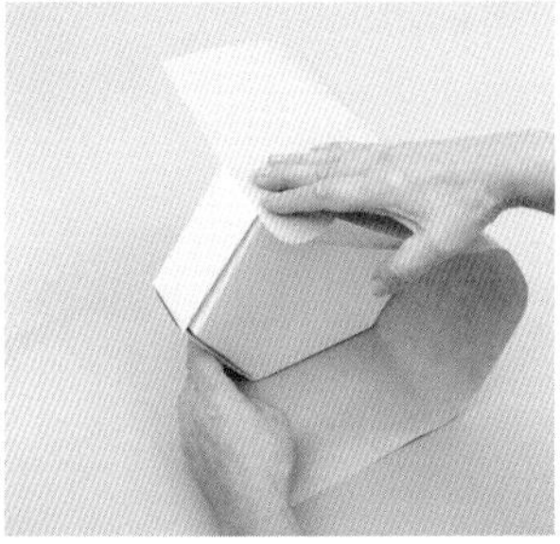

3

箱の左端に紙を合わせ、基本と同じように左右を貼り合わせる。

4

箱の位置を調整する

箱が中央にくるように手を入れて調整する。

Point
紙の合わせ目を持つとズレにくい。

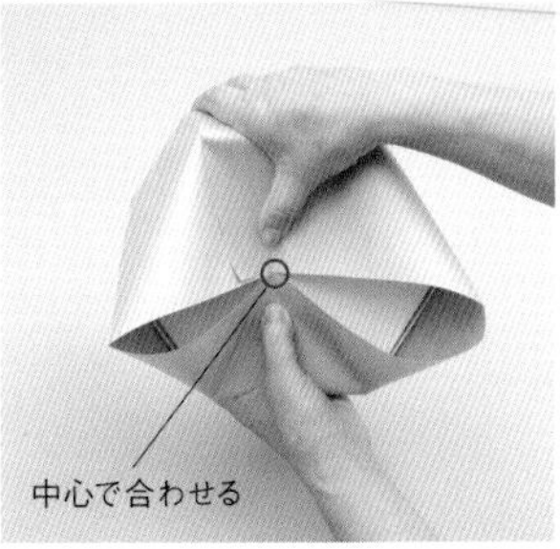

5

天地を閉じる

箱を大きくつかみ、紙の両端が箱の中心で合うようにする。

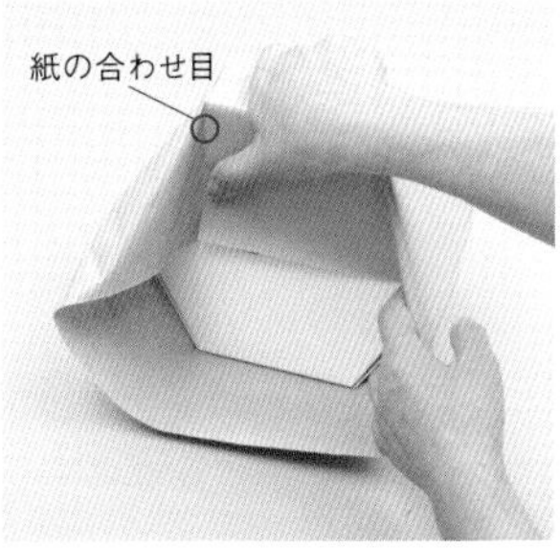

6

箱を立てたまま、地を反時計まわりに閉じていく。まず紙の合わせ目の部分を折る。

7

6で折った紙の端に合わせるように、中心に向かって1つ目のひだを折る。

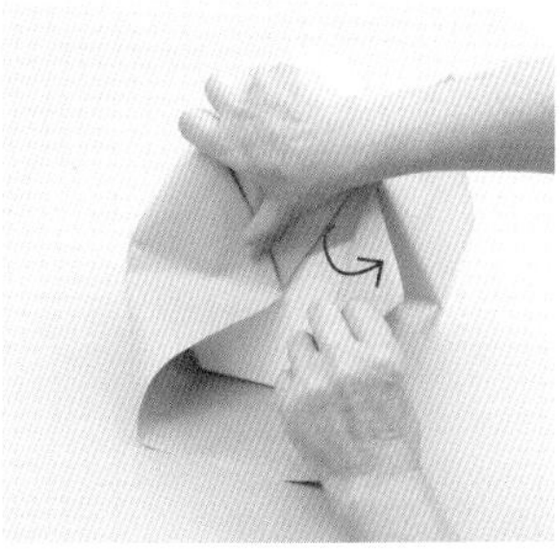

8

箱の辺に合わせて折り進める。2つ目のひだを折ったところで最初に折った紙を引き抜く。

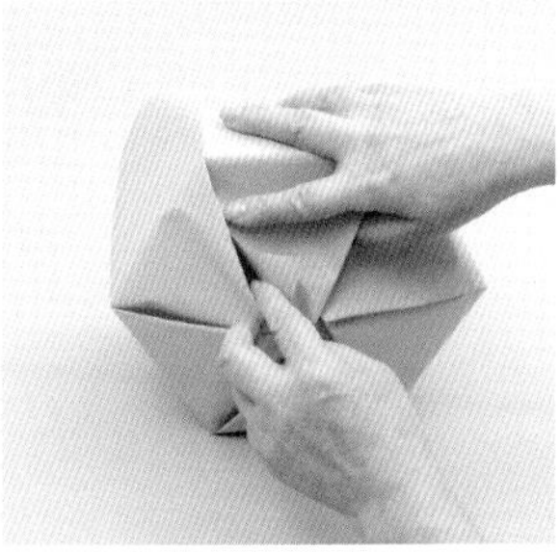

9

基本同様、最後のひだを1つ目のひだに差し込んで地を閉じ、天も同様に閉じて、完成。

Lesson 10

シェル包み

包みの底によせたひだが貝殻の
ように見えることから、
「シェル包み」と呼ばれています。
ボトルの口が包みの外に出ているので、
パーティーの手土産にして、ラッピングし
たまま注げるのも便利です。
ボトルだけでなく、円柱も包めます。

Data

LEVEL ★★☆☆☆

包むもの	ボトル、円柱など。
用紙	多く必要です。
紙の柄	どんな柄でもよいですが、天地のある柄のときは、包み始めの紙の置き方に注意。
紙の質感	やわらかめが包みやすいが、通常のラッピングペーパーでも包むことはできる。

♥失敗しないコツ

ななめ包み同様、紙取りが自由なので品物を置く位置が大事。紙の対角線と直角になるよう、品物を寝かせること。底にひだをとるのは少し難しいかもしれませんが、見えない位置なので多少ズレていてもOKです。

必要な紙の大きさ

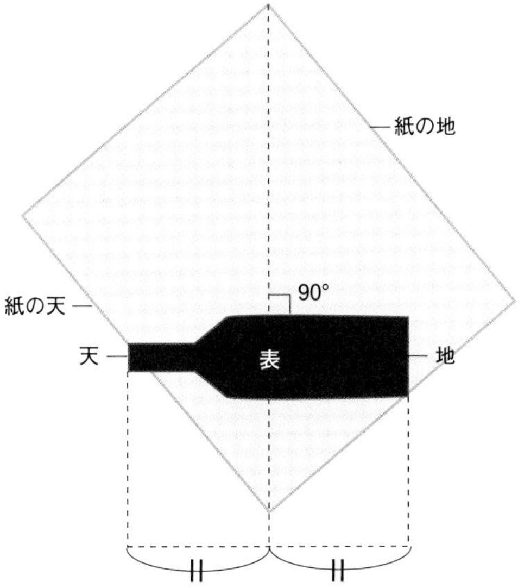

シェル包みの紙取り

1

紙のサイズを確認

紙をななめに置き、ボトルを左に口がくるようにして寝かせる。

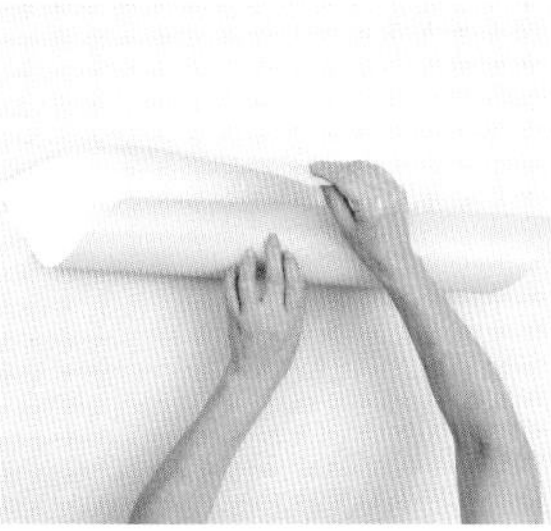

2

手前と奥をかぶせ、ボトルを包める大きさかどうかチェックする。

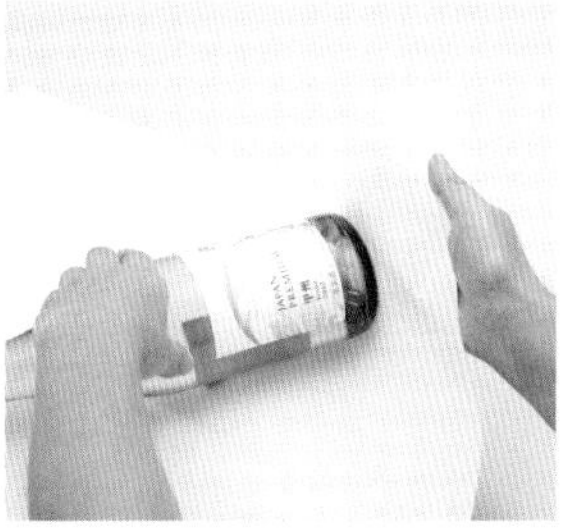

3

右を立ち上げて、底がかくれる大きさがあるかどうかチェックする。

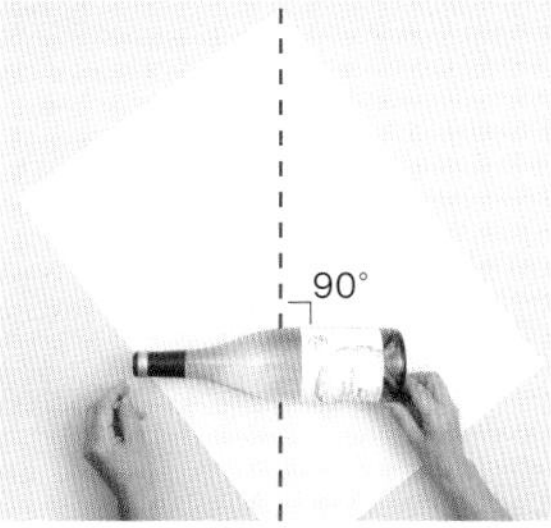

4

確認ができたら、対角線と直角になるように、ボトルの位置を決める。

シェル包みの 包み方

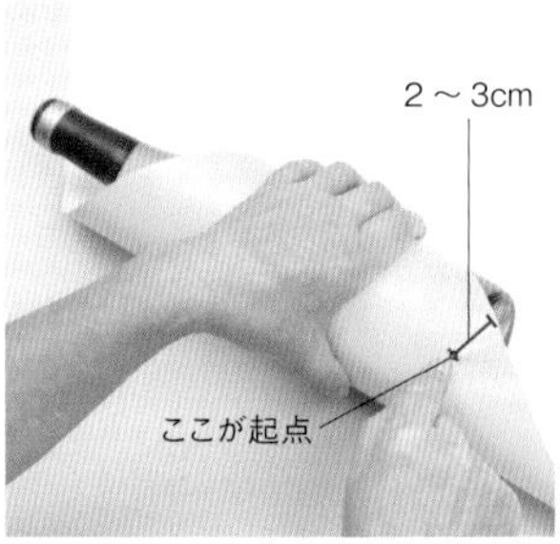

1

底にひだをとる

手前をボトルにかぶせ、底にひだをとる起点を決める。紙とビンのふちの重なりから2～3cmのところに印をつける。

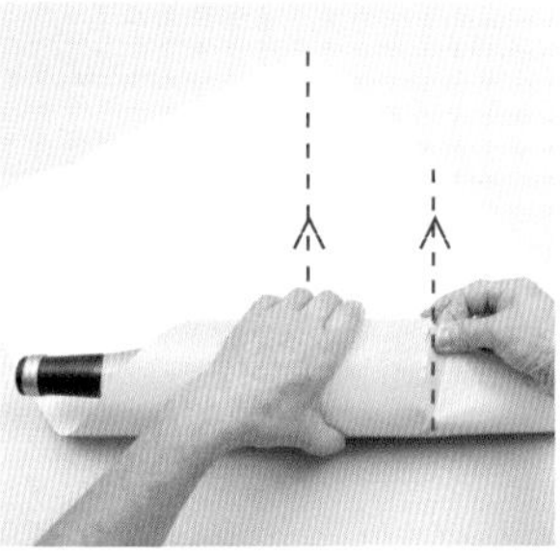

2

起点からビンと紙の重なりに向かって1つ目のひだを折る。このとき、1つ目のひだと対角線が平行になっていること。

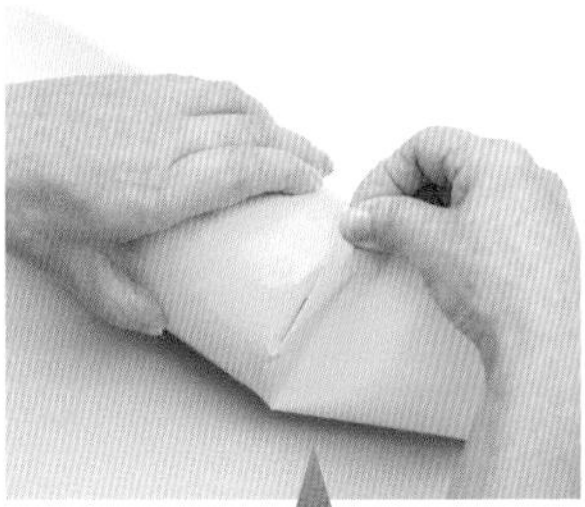

3

2つ目のひだは、1つ目のひだの1/2のところに向かって折る。

Point

1つ目のひだの長さの1/2のところに重なるように。

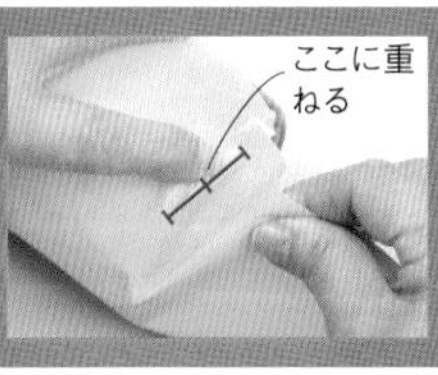

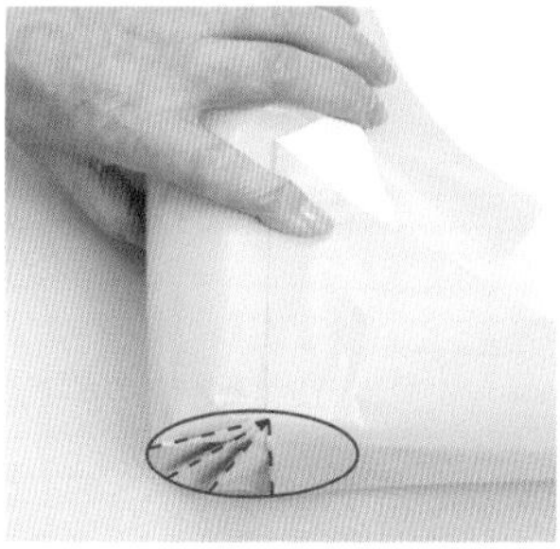

4

ボトルを巻く

同じようにひだをとっていき、半分まできたら右側をボトルにかぶせる。

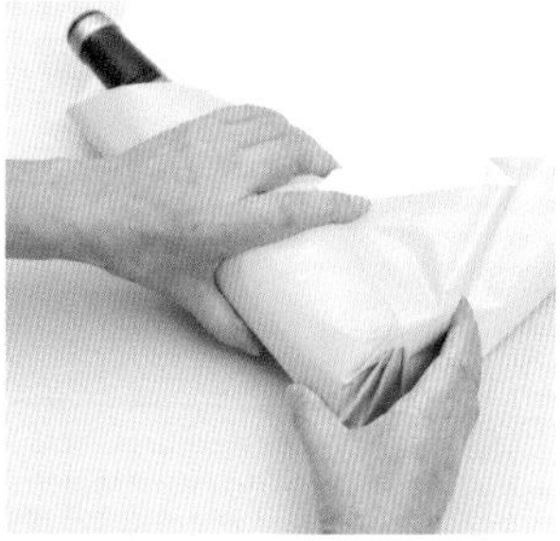

5

残りの紙を内側に折り込みながら、ボトルを巻いていく。

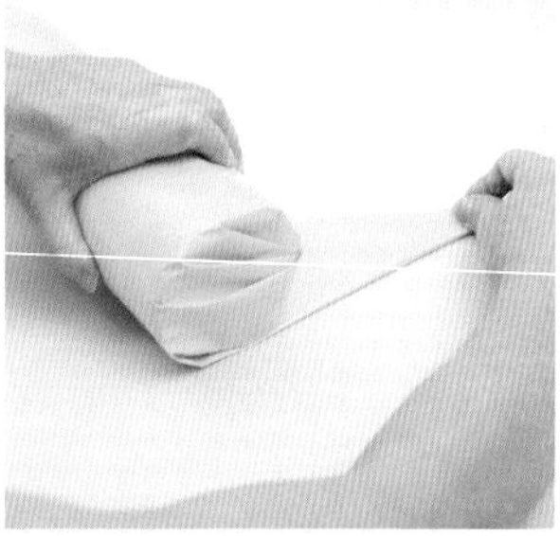

6

右手で紙をしっかり引っ張りながら、ぴっちりと巻いていく。

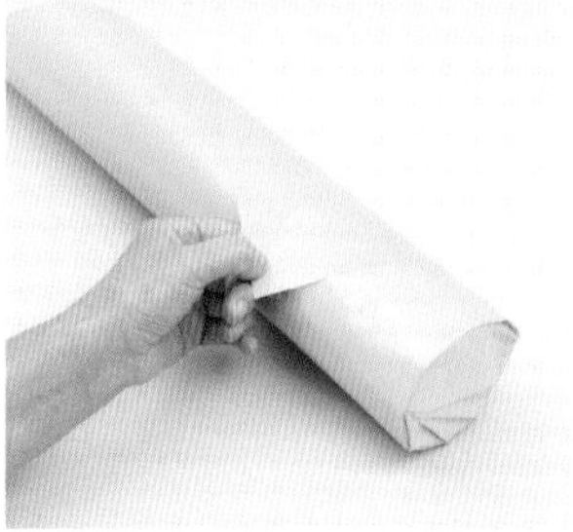

7

巻き終わりを両面テープかシールでとめる。

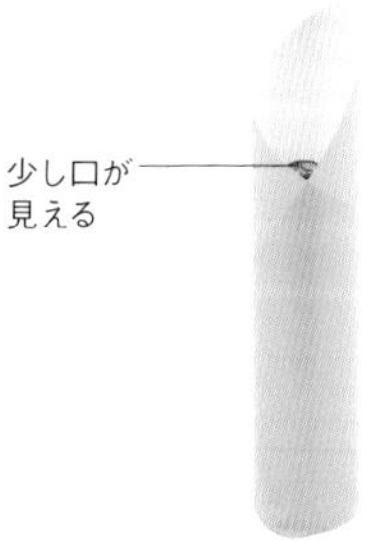

8

ビンを立たせる。正面から見て、ボトルの口が少し見えている程度が理想的なバランス。

9

口を閉じる

両サイドから口をしぼる。リボンで蝶結びをし、先端を処理して、完成。

Point

口に封をする場合は、両サイドを少し内側に折り、手前に山折りしてリボンがけをする。

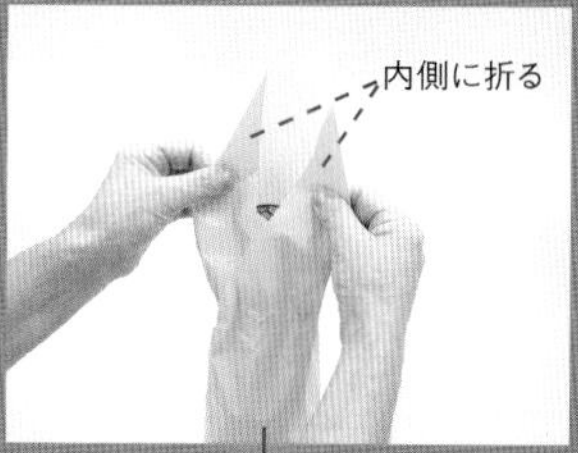

おすすめの飾り方

リボンとペーパーラフィアで蝶結び

包みと同系色のリボンに、色味と質感の違うペーパーラフィアを数種組み合わせました。

結び方・作り方 » p.103

じゃばらで飾り折り

巻き終わりをじゃばらに折ってゴージャスに。リボンは何にでも相性のよい金。パーティー向けのアレンジです。

結び方・作り方 » p.81, p.103

アレンジ

じゃばら飾り折りの包み方

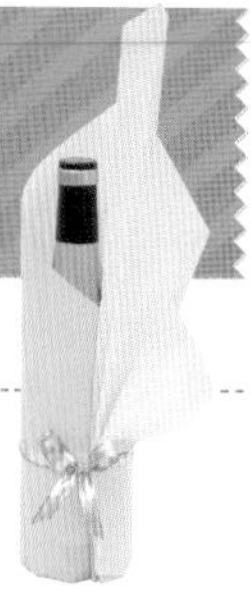

LEVEL ★★☆☆☆

シェル包みの途中で、残りの紙をじゃばらに折って飾りにします。より華やかな印象に。

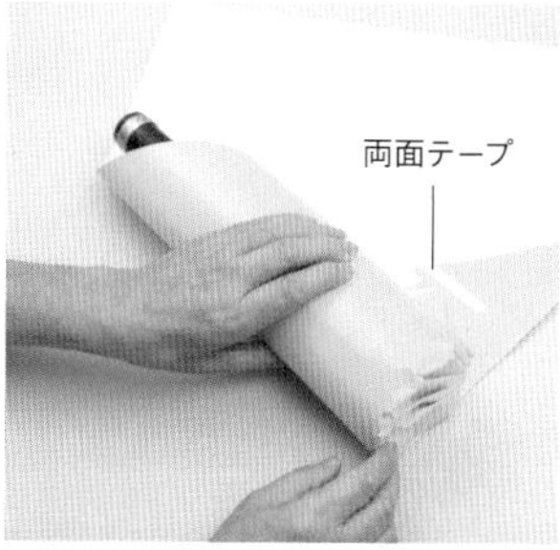

1

じゃばらを折る

シェル包みと同じ手順でボトルの底半分までひだをとる。包みの中のひだがかくれる程度のところで両面テープを貼る。

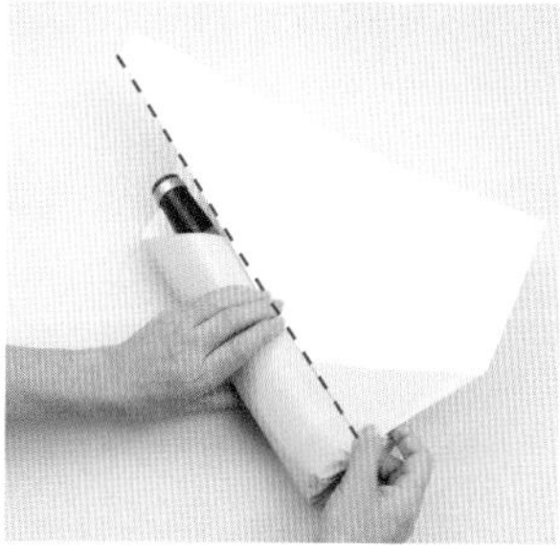

2

両面テープで貼り合わせ、まっすぐ折り目をつける。

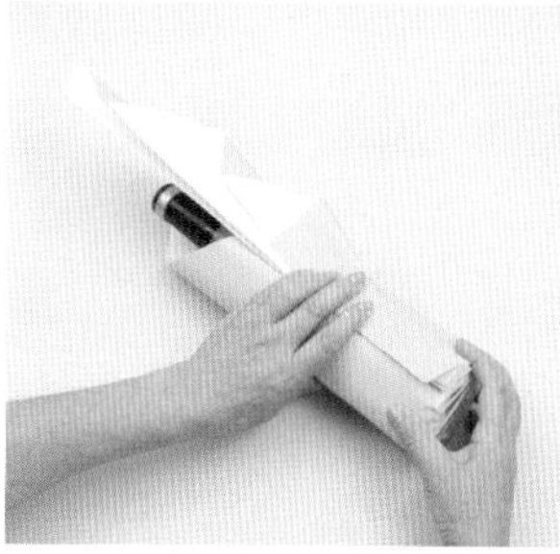

3

山折りと谷折りを繰り返して、じゃばらを折る。幅をそろえてもわざとずらしても、お好みで。じゃばらの根元をリボンで蝶結びし、完成。

Lesson 11

ピローボックス包み

形が枕のように見えることから、「ピローボックス包み」と呼ばれます。
包み方は、「合わせ包み」「ななめ包み」「スクエア包み」とほぼ同じ。
スカーフ、ネクタイ、アクセサリーなど、
やわらかいものや壊れやすいものを贈るのに向いています。

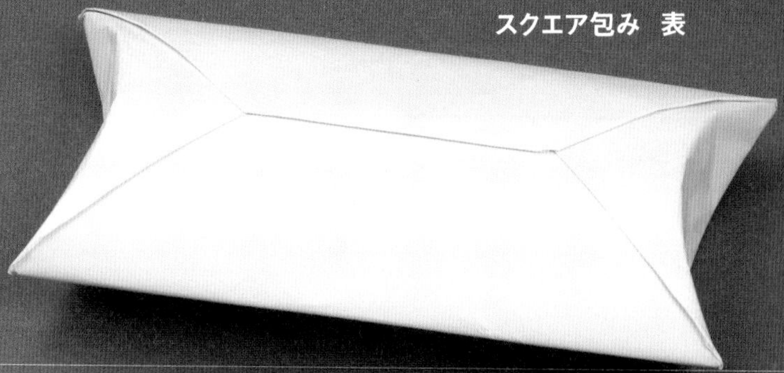

スクエア包み　表

合わせ包み　裏

ななめ包み　裏

ピローボックスの合わせ包みの
包み方

LEVEL ★★☆☆☆

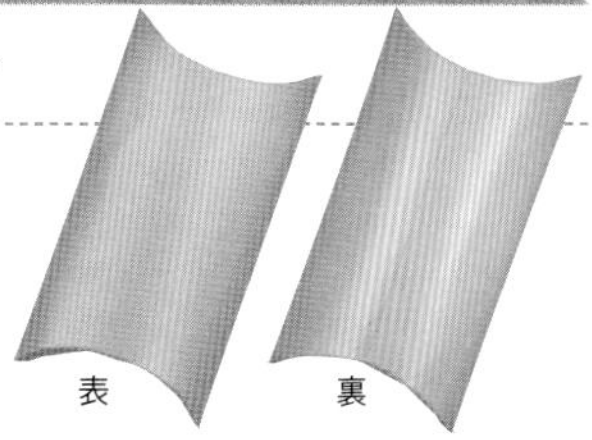

Data

包むもの	どんなものでも包めますが、合わせ包みとななめ包みは箱を動かすので注意。
用紙	基本と同じ。
紙の柄	基本と同じ。
紙の質感	紙の箱のカーブに沿わせるので、すべりやすい紙、しわのある紙、折り目のつきにくいやわらかい紙は不向きです。

♥失敗しないコツ

基本的に「合わせ包み」「ななめ包み」「スクエア包み」と同じ。ピローボックスだけのコツとしては、紙をカーブに沿わせるときに、カーブに合わせてゆりかごのように箱を転がすこと。

必要な紙の大きさ

ピローボックス
合わせ包み

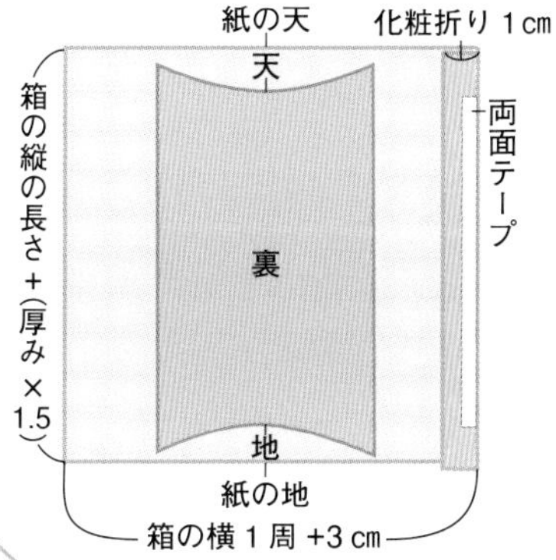

ピローボックス
ななめ包み

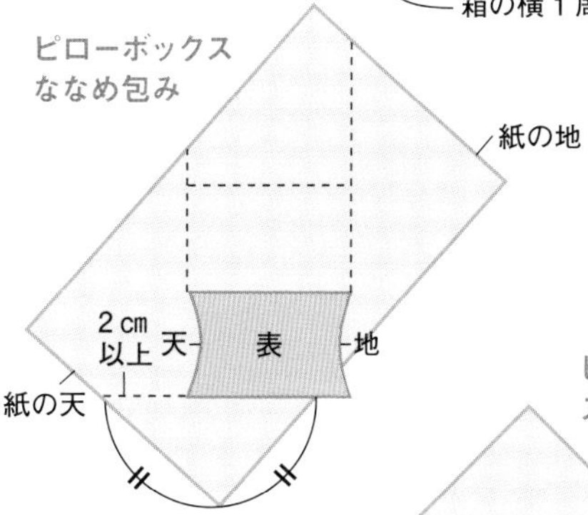

ピローボックス
スクエア包み

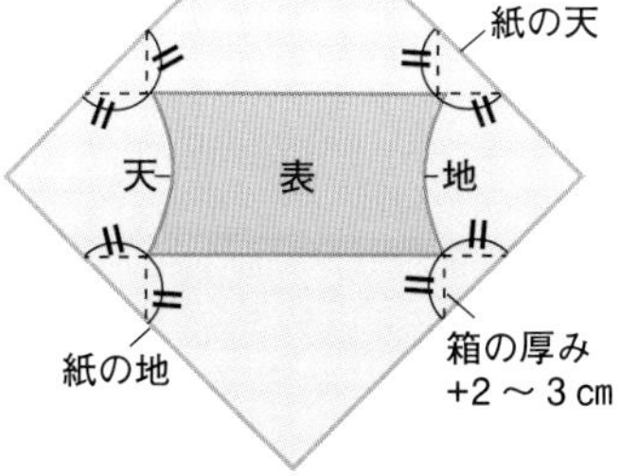

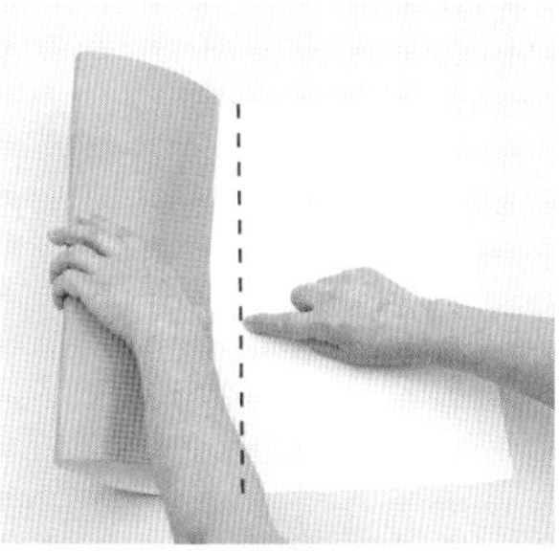

1 紙取りをする

カーブに沿って箱を少し浮かせると正しく紙取りできる。長さは、合わせ包みと同じ(→ p.39)。

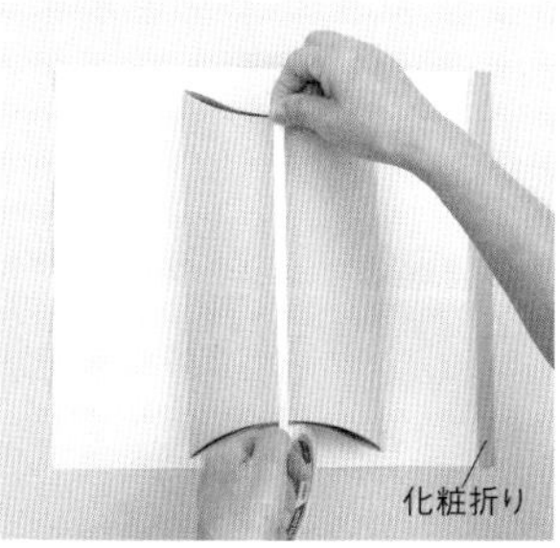

2 化粧折りをする

右端を1cm化粧折りし、箱の短い部分で両面テープの長さを合わせ、化粧折りに貼る。

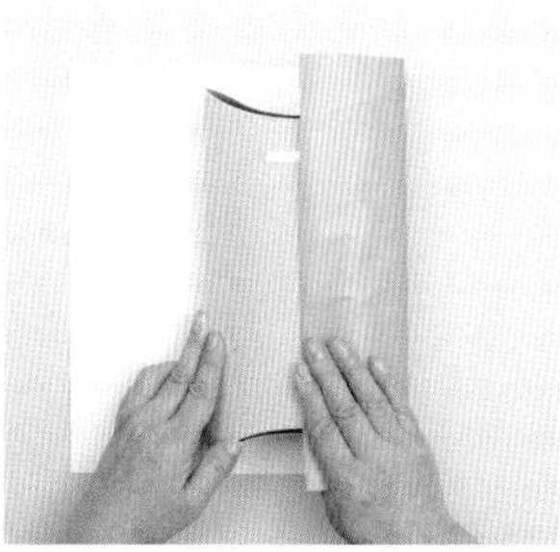

3 左右を合わせる

基本同様、右を箱中央に合わせ、左右を貼り合わせる。

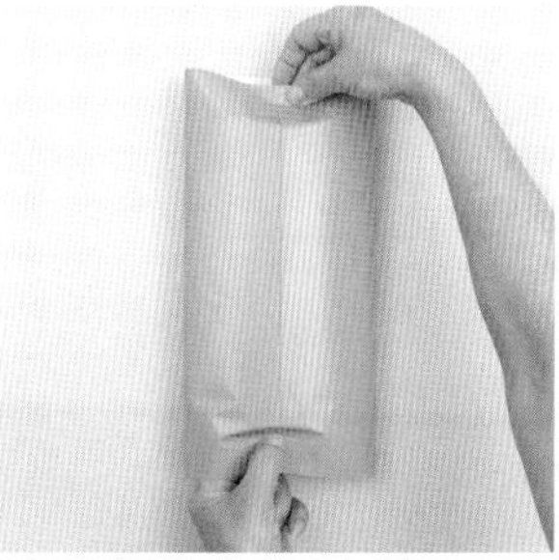

4 天地を閉じる

天地をおさえて固定し、地から閉じていく。

5

箱をゆりかごのように転がしながら、中央から左右へ折り目をつける。

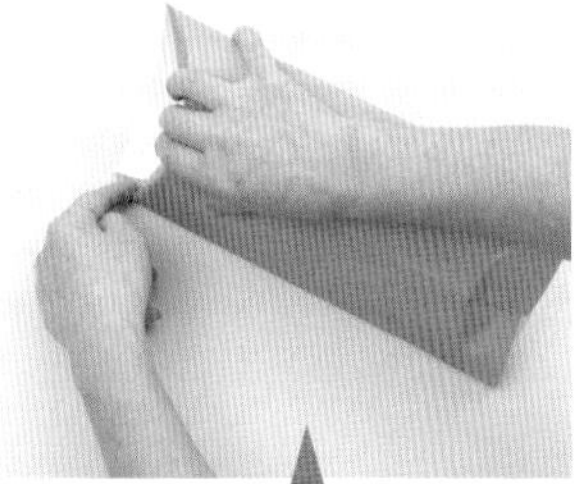

Point

写真のように端に三角ができるように折るとキレイに仕上がる。

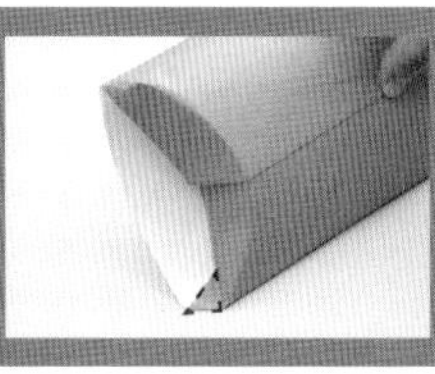

6

表面の紙を折り上げるときも、中央に先に折り目をつけ、左右に少しずつ折り進めていく。

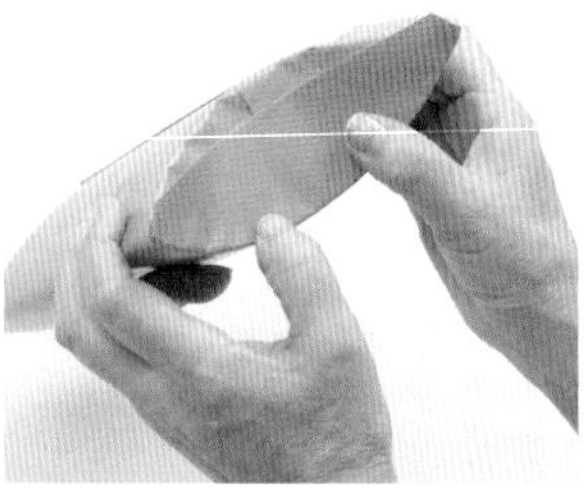

7

表面から折り上げた紙がはみ出している部分を内側に折り込む。

Point

一度箱のカーブに沿わせて折ってから、折り目に沿って内側に倒すとよい。

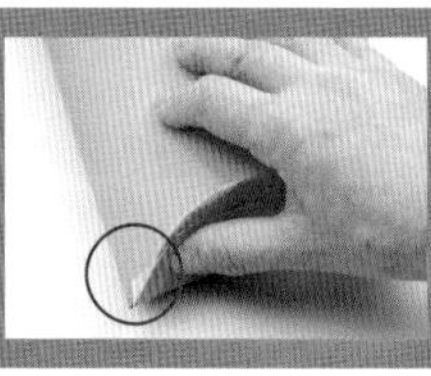

8

箱の厚み1/2で折り目をつける。

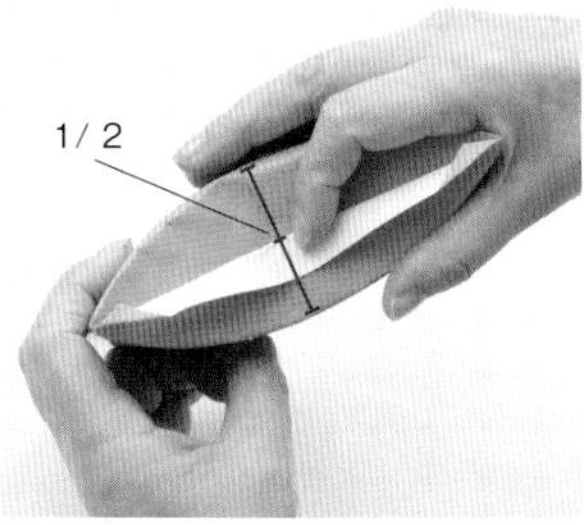

9

折り目を内側に倒し、左右のひだもくるんで化粧折りする。このときも、中央から左右へ。

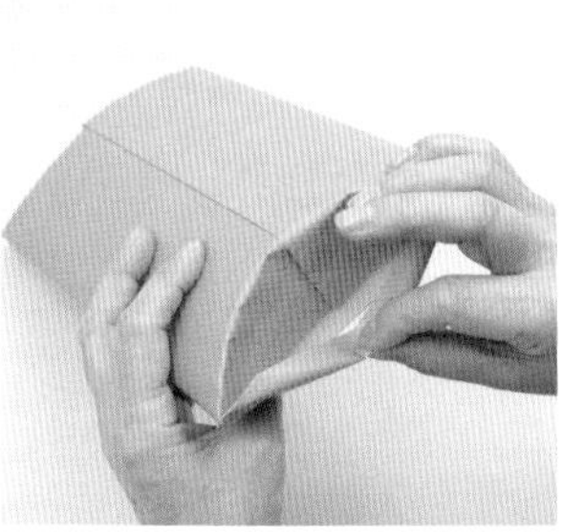

10

両面テープは、U字形にして中央に先に貼るとよい。

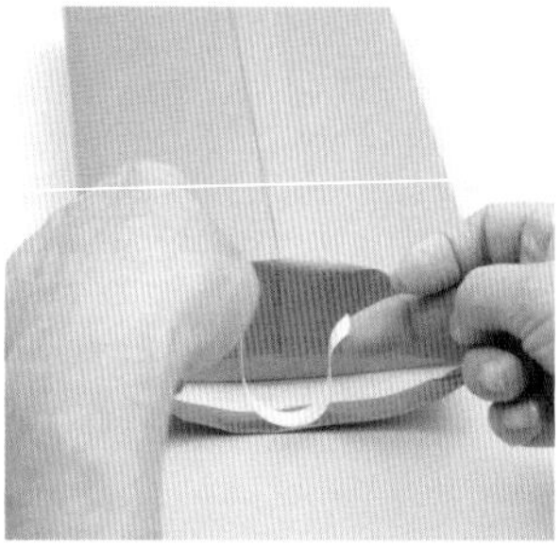

11

地を閉じる。天も同様に*5*〜*11*のように閉じ、完成。

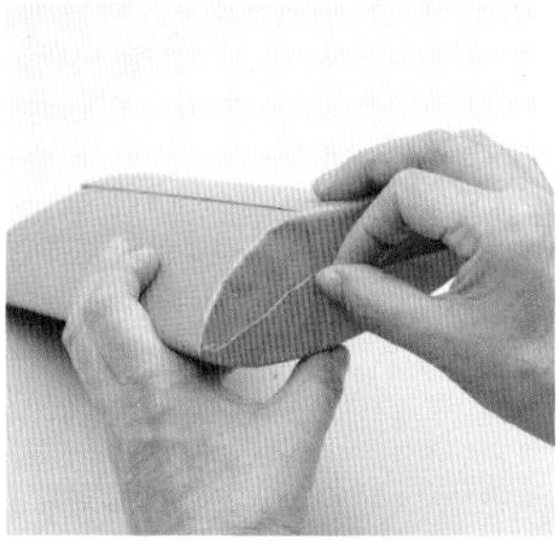

ピローボックスのななめ包みの 包み方

LEVEL ★★★★★

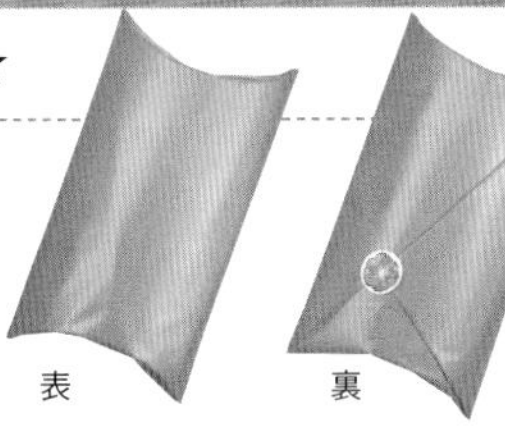

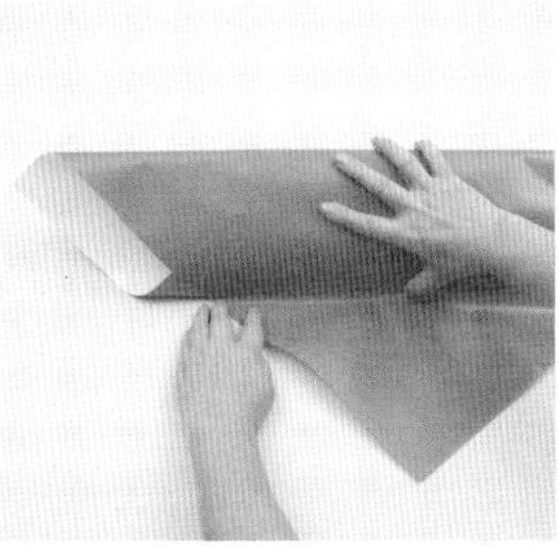

1

紙取りをする

ななめ包みと同じように紙取りをする(→ p.49)。箱のカーブに沿わせて、少し箱を浮かせると正しく紙取りができる。

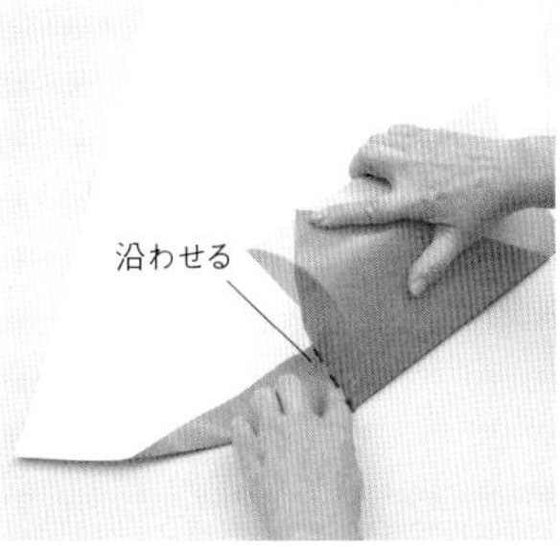

2

手前、左をかぶせる

基本と同じように手前をかぶせる。箱を浮かせ、紙が左下の角に沿うようにおさえ、左をかぶせる。

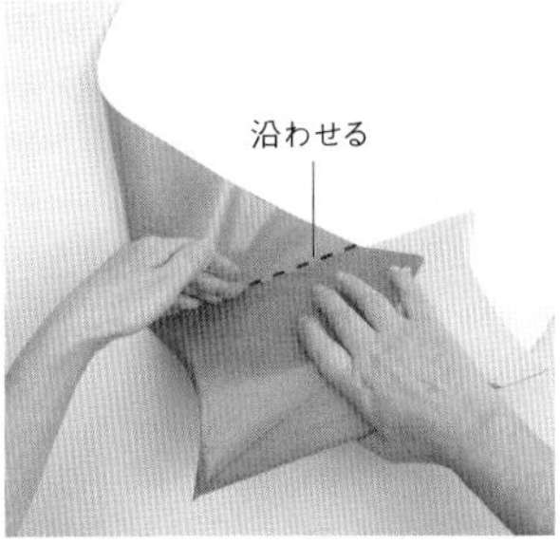

3

箱を倒す

箱のふちに紙を沿わせる。箱を立てるときも、右手でしっかりつかんで、ゆりかごのようにカーブに合わせる。

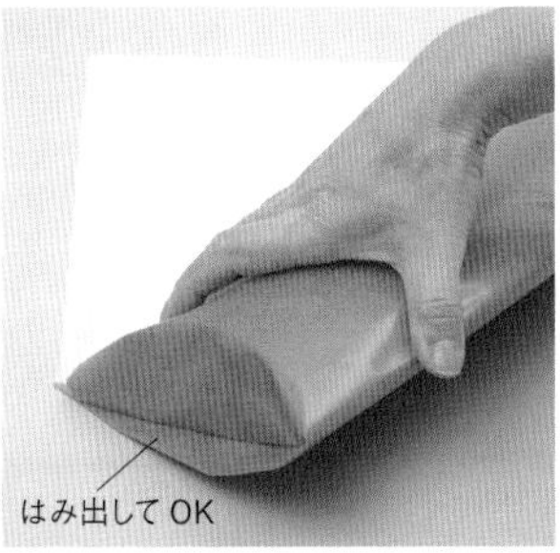

4

箱を倒したところ。下の紙が箱の端からはみ出るのは正しい包み方。後で処理をする。

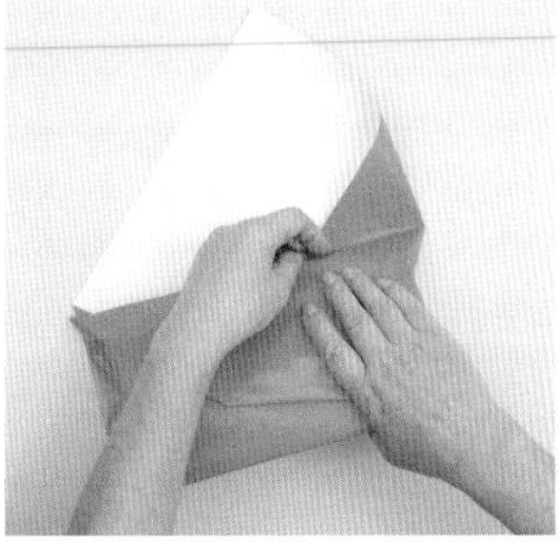

5

右、奥をかぶせる

右も同じようにかぶせる。

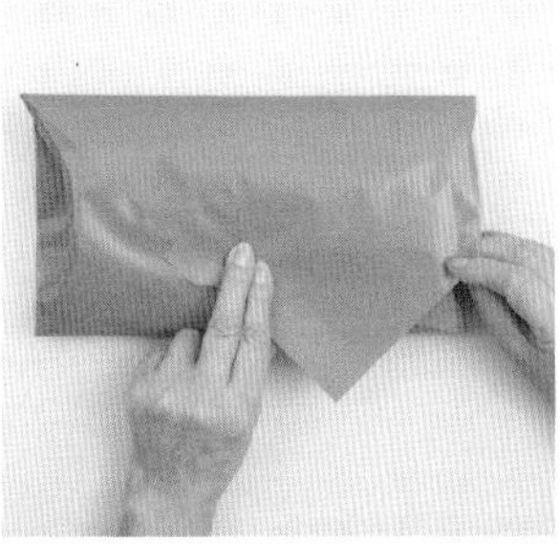

6

奥も同じように紙を箱に沿わせながら、かぶせる。

7

化粧折りをする

ななめ包みと同じように化粧折りをする。

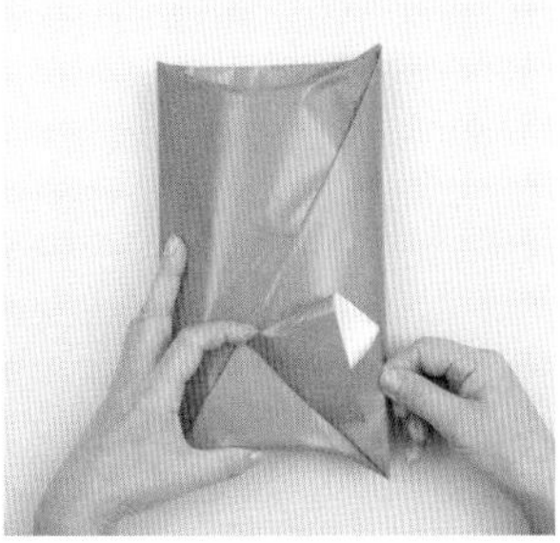

8

右下角から対角線への化粧折りも同様。

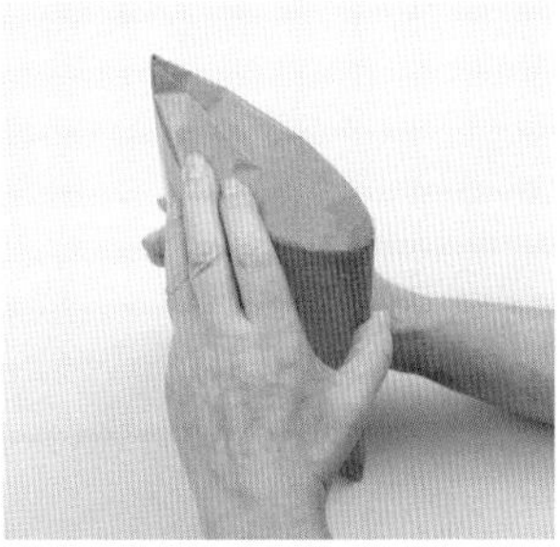

9

仕上げ

わきのはみ出た部分は、カーブに沿わせて折る。テープどめは不要。お好みで化粧折り部分にシールを貼り、完成。

ピローボックスのスクエア包みの
包み方

LEVEL ★★★★☆

表
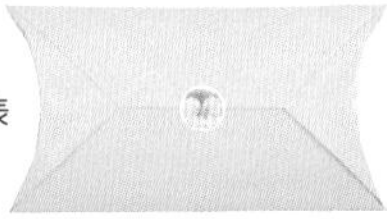
裏

1

紙取りをする

スクエア包みと同じように紙取りをする(→p.57)。箱をカーブに合わせて少し浮かせるとよい。

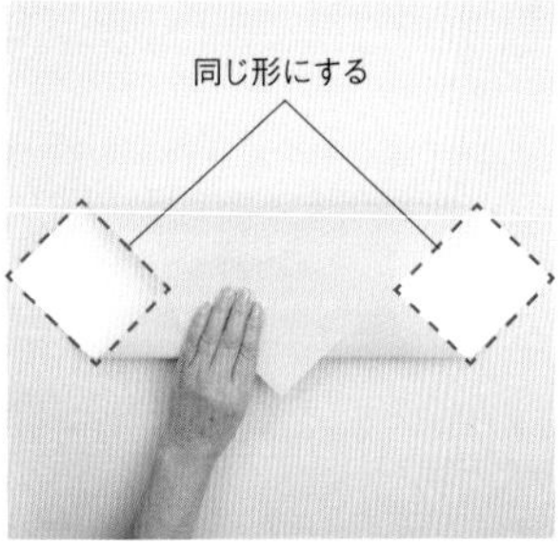

2

紙取りの確認

箱がぐらつかないよう手でつかんで紙取りの確認をする。

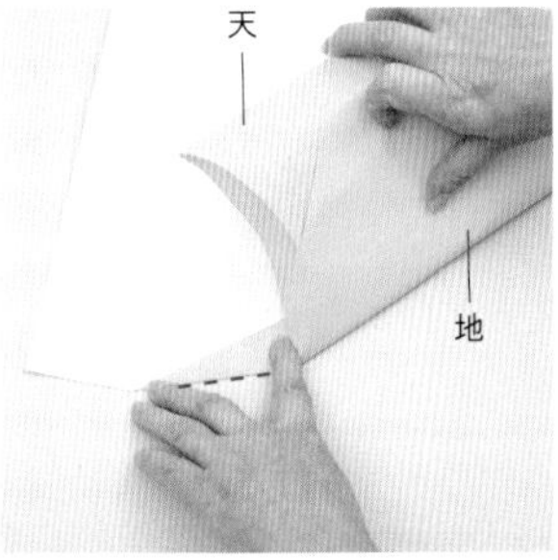

3

天地、左右の処理

地をかぶせ、箱を浮かせて左下角をおさえ、紙を沿わせて折り目をつける。

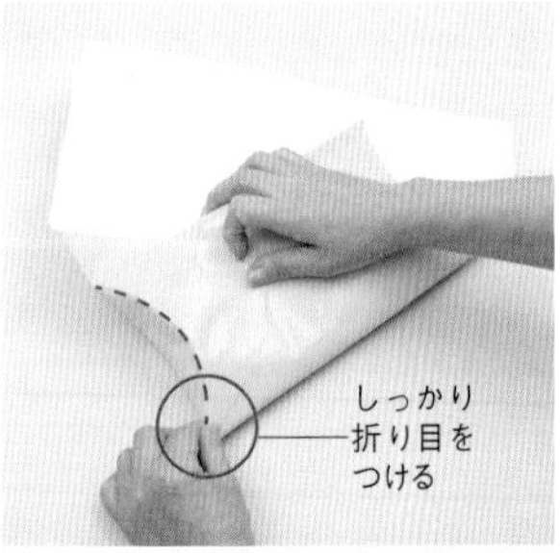

4

左をかぶせ、左下角にしっかりと指で折り目をつける。

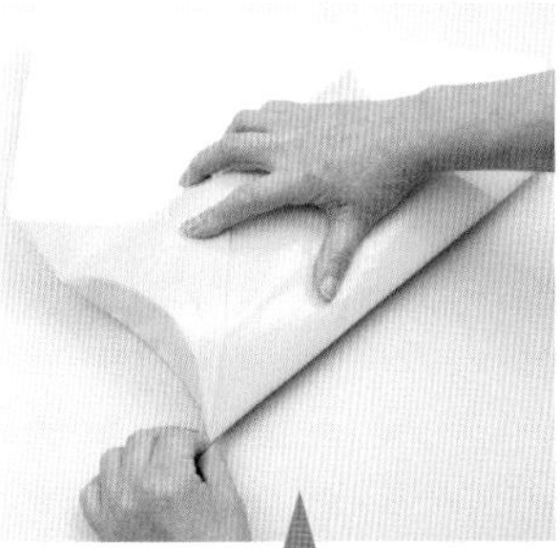

5

基本同様、対角線になるように、化粧折りをする。右側も同じように閉じる。

Point

3でつけた折り目に合わせて、まっすぐに折るとよい。

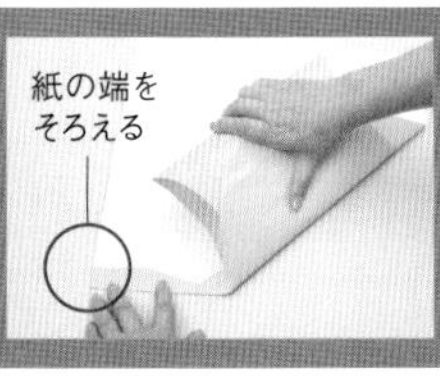

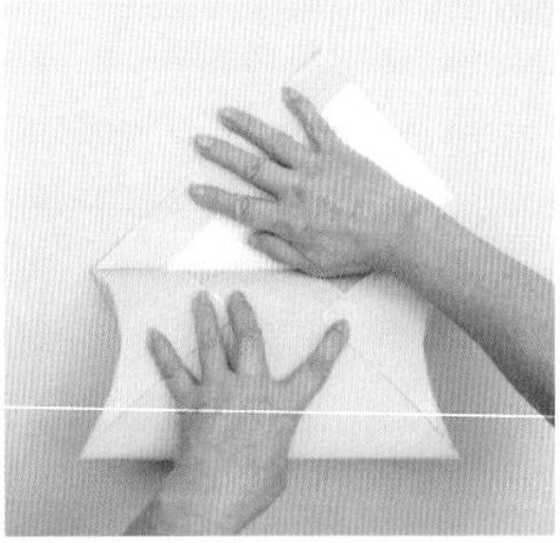

7

写真のように合わせ目がぴったり合うように、奥の角を内側に化粧折りする。好みでシールを貼り、完成。

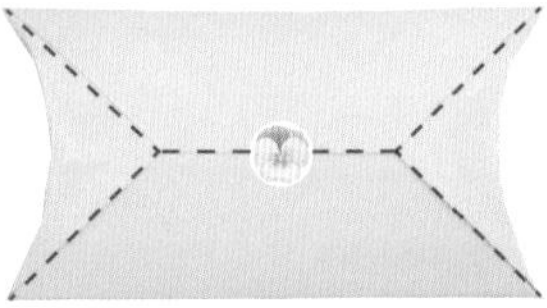

おすすめの飾り方

毛糸でぐるぐる巻き&コサージュ

箱の形の面白さに合わせて、飾りも遊び心を。毛糸を数種類ぐるぐる巻きにし、花びら形に切ったフェルトを重ねたコサージュをつけます。

Part

03

ふろしき包みの基本とアレンジ

ふろしきは何度でも使い回しがきき、エコでデザインも豊富にそろうことから、最近はラッピング用品としても人気が高まっています。平包み、おつかい包み、ふたつ結び包みといった基本から、手ぬぐいやハンカチを使ったアレンジ、ビンを包む方法まで幅広く紹介します。

Lesson 1

基本のふろしき包み

最も格上なのは、平包み。結納やお祝いの贈答の際は、
必ず平包みで持参しましょう。
ふろしきの柄は季節や相手の好みに
合わせて選んでかまいませんが、
改まったシーンでは、絹のちりめんしぼりのものが無難です。

平包み

おつかい包み

ふたつ結び包み

真結び

LEVEL ★☆☆☆☆

仕上げなどによく使われる、しっかりと固定する結び方です。簡単にいうと2回結ぶだけなのですが、正しく結ばないと縦結びになったり、結び目がなかなかほどけなかったりします。

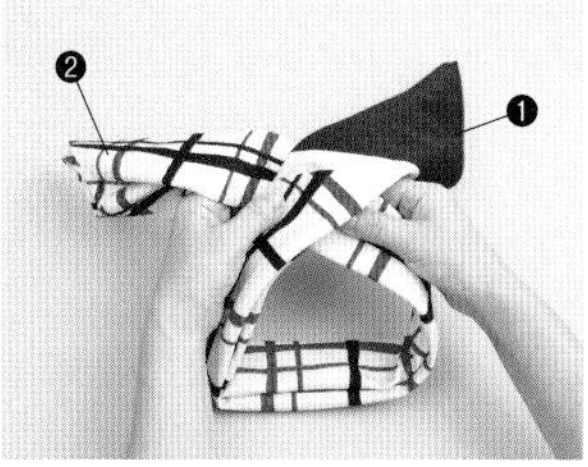

1

左（以下❶）が右（以下❷）の上にくるように合わせる。

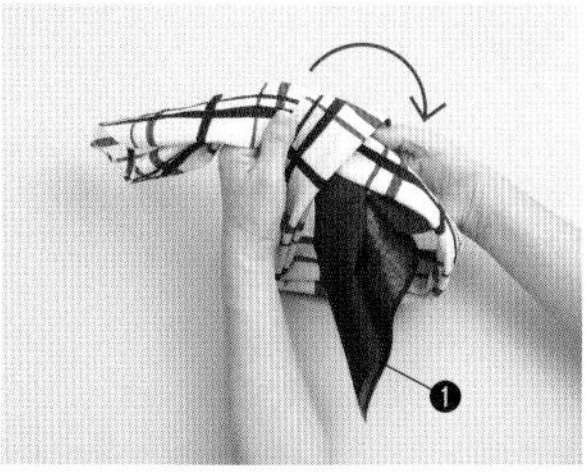

2

❶を奥から手前へ、輪をくぐらせて下から引き出す。

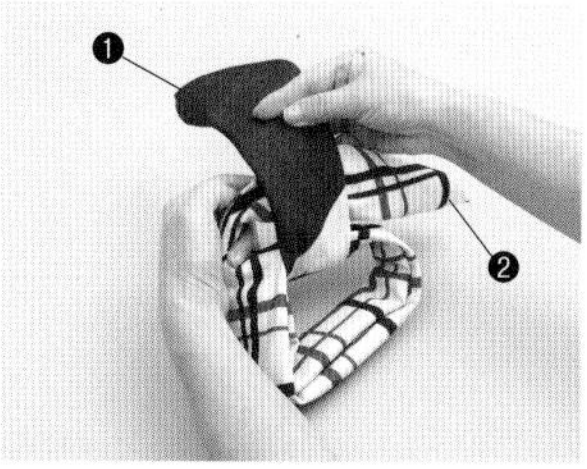

3

❷を右へ倒し、❶を上からかぶせて結ぶ。

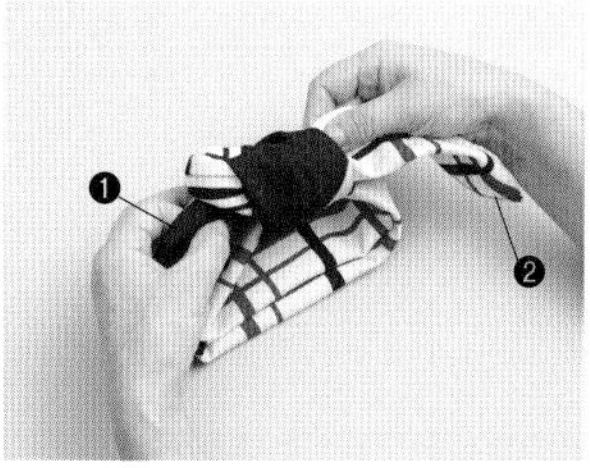

4

根元を持ち、ぎゅっと結び目を引きしめる。

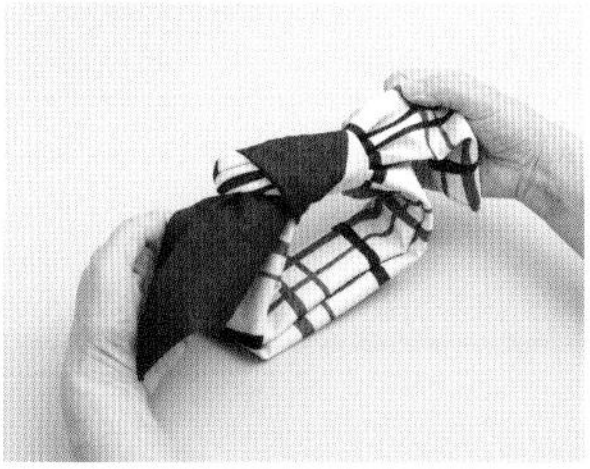

5

ひだを整える。

ひとつ結び

LEVEL ★☆☆☆☆

口を閉じたり、角を結びとめたりするときに使う結び方です。テクニックはさほど必要ありませんが、しっかりと引きしめるのがポイント。

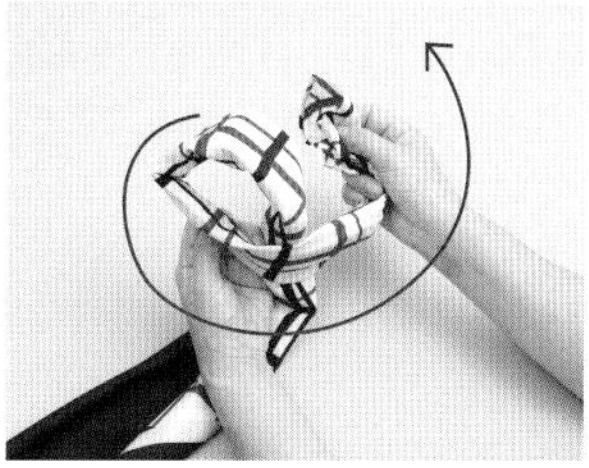

1

ふろしきの端で輪を作る。

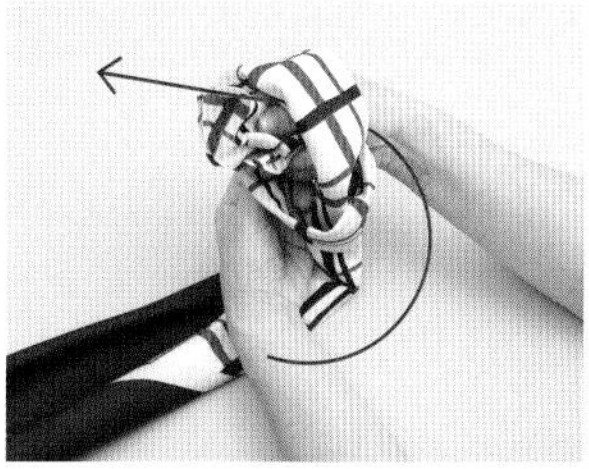

2

角を輪に通す。

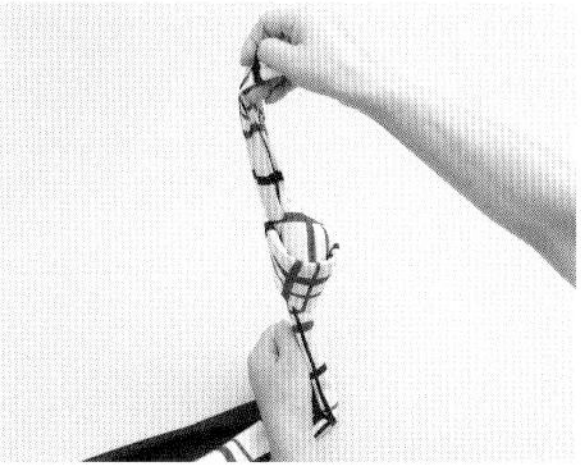

3

角を上に引き出し、結び目をぎゅっと引きしめる。

Q ふろしきを購入したいのですが、使いやすいサイズは？

A お弁当を包むなら中幅（45cm）、尺三幅（50cm）がおすすめ。ボトルを包んだり、旅行時に衣類を包んだり、ふろしきでランチバックを作ったりするなら二幅(68cm）か二尺幅(75cm)がよいでしょう。目安は、品物がふろしきの対角線の1/ 3くらいの大きさであること。また、もっとも種類が多いのは二幅のふろしきです。

平包み

LEVEL ★☆☆☆☆

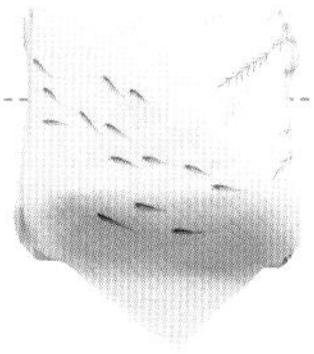

結びをほどくと“縁がほどける”ことにつながるといわれ、結びのない平包みが一番丁寧で、高貴な包み方とされています。

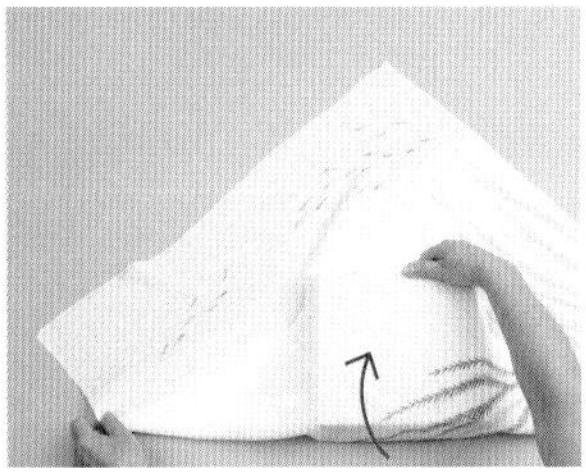

1

左側にタグがくるようにふろしきをひし形に置く。品物は天を左側に向け中央に置く。手前側をかぶせる。

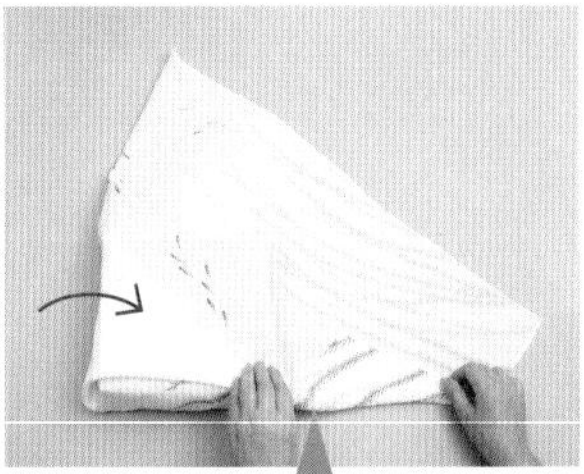

2

左側をかぶせる。

Point

ふろしきがもたつくときは、少し内側に引っ張りたるみをとるとよい。

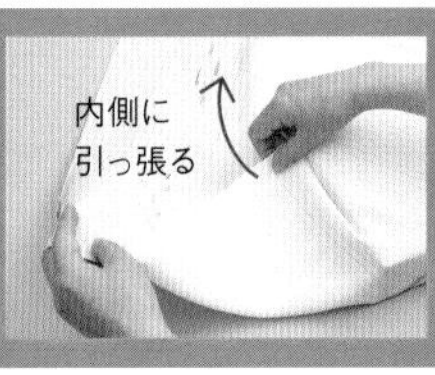

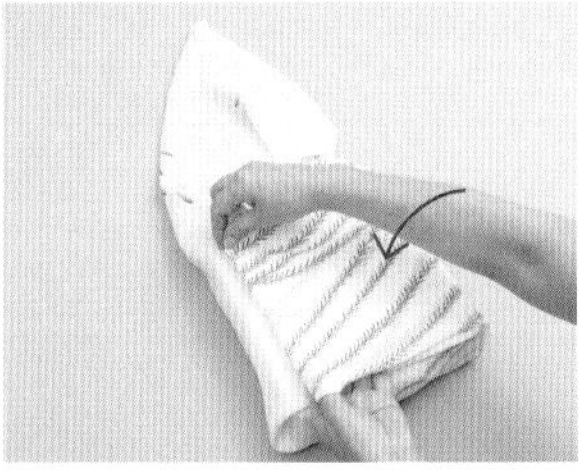

3

右側をかぶせる。ふろしきが大きいのが気になるときは品物に合わせて角を内側に折り込む。そのままでもOK。

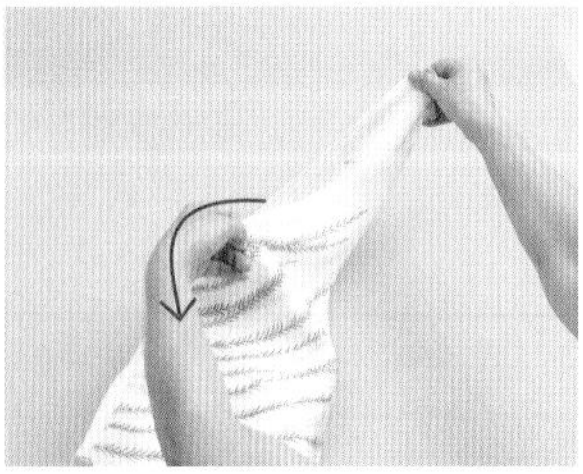

4

奥側の左右をつまんでたるみをとり、角を持ち上げて手前へかぶせ、完成。前は足れ下げたままでよいが、大きい場合は裏へ回す。

おつかい包み

LEVEL ★★☆☆☆

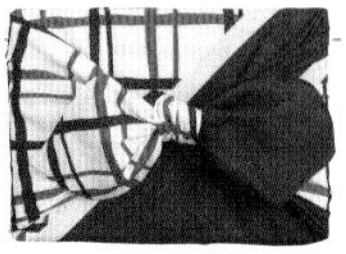

もっとも一般的なふろしき包みです。お弁当など、何気なくこの包み方をしている人も多いことでしょう。ポイントは、真結びを正しくすることです。

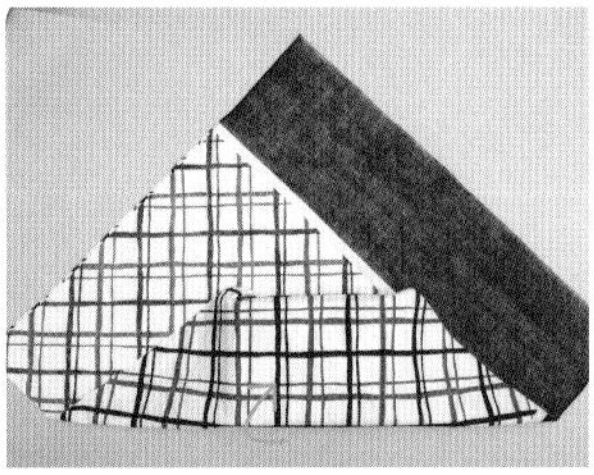

1

左側にタグがくるようにふろしきをひし形に置く。品物は天を左側に向け中央に置き、手前をかぶせ、角を品物の下に折り込む。

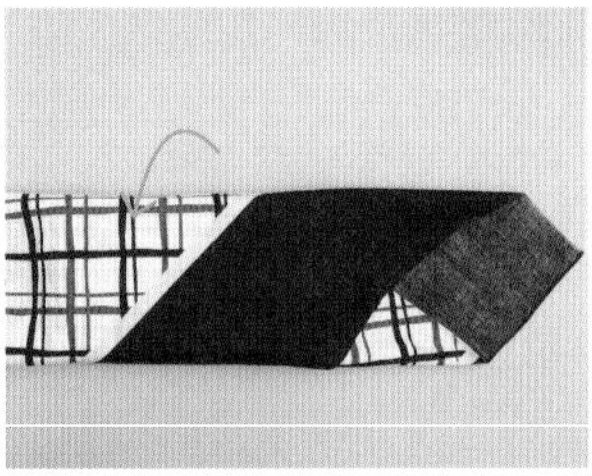

2

奥側をかぶせ、角を裏へ折り込む。

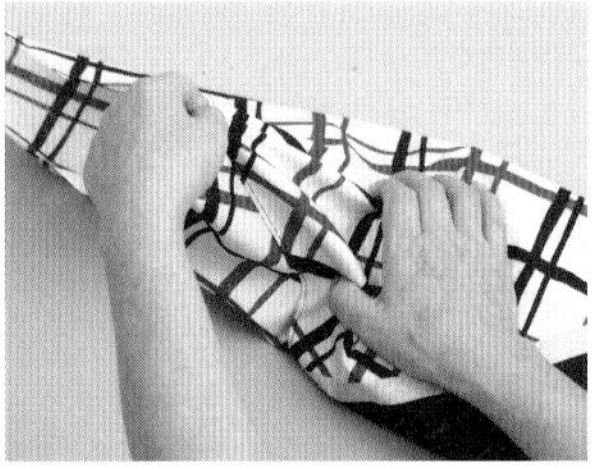

3

左側をかぶせる。箱の側面を大きくつかみ、ふろしきの角ではなく、合わせ目をつまんで持ち上げるとよい。

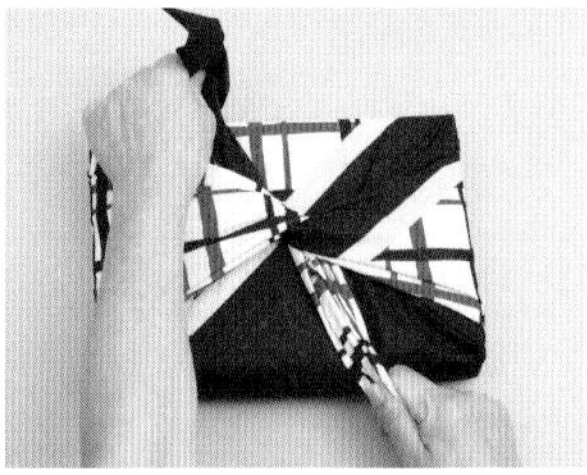

4

右側も同様にし、上で真結び（→ p.89）する。

5

左右のひだを整えて、完成。

ふたつ結び包み

LEVEL ★★☆☆☆

結び目を2か所とるので、長いものでも包めます。長いものほど結び目が離れますが、必ず2つの結び目が平行に並ぶのが特徴です。

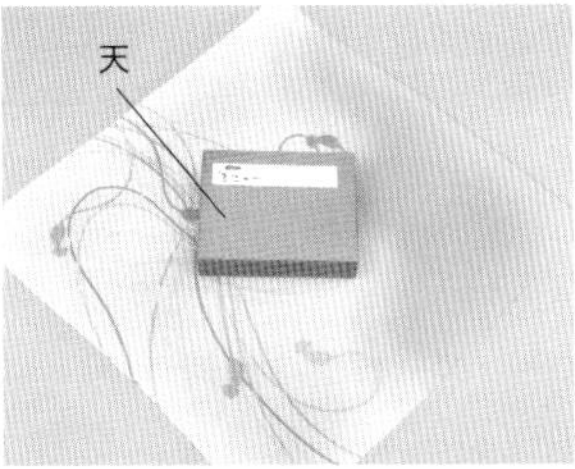

1

左側にタグがくるようにふろしきをひし形に置く。品物は天を左側に向け中央に置く。

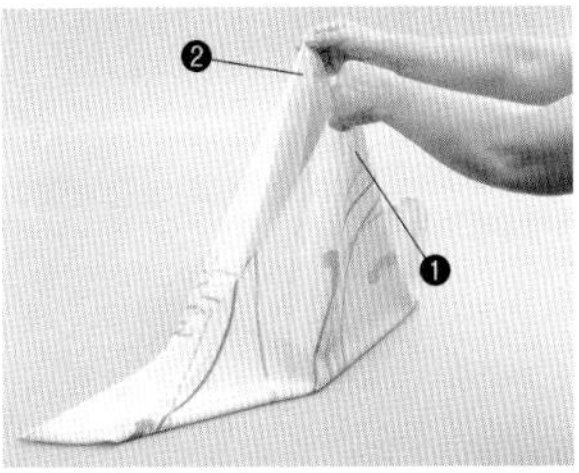

2

手前（以下❶）と奥（以下❷）の角を持ち上げる。

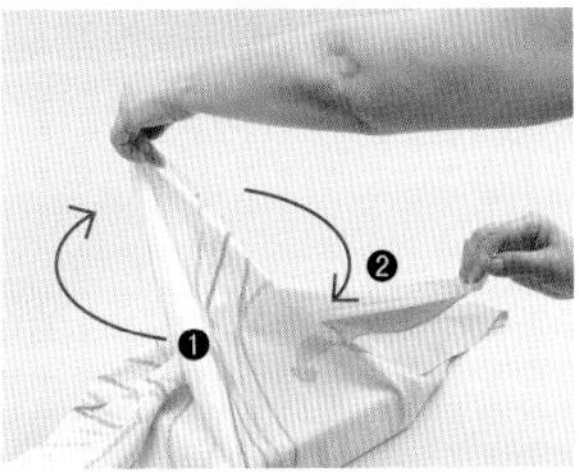

3

❶を左から、❷を右から回しながらかぶせる。

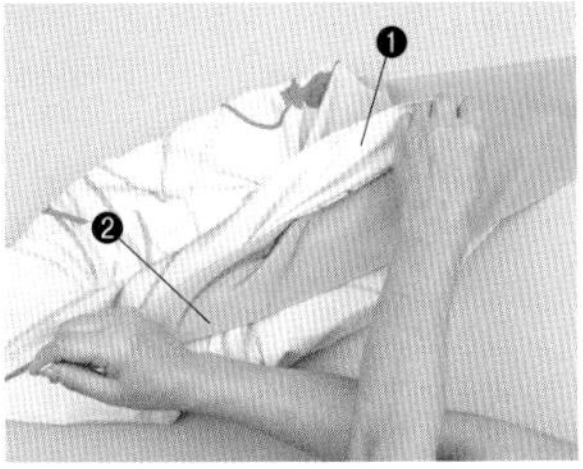

4

左右に回してかぶせた状態。

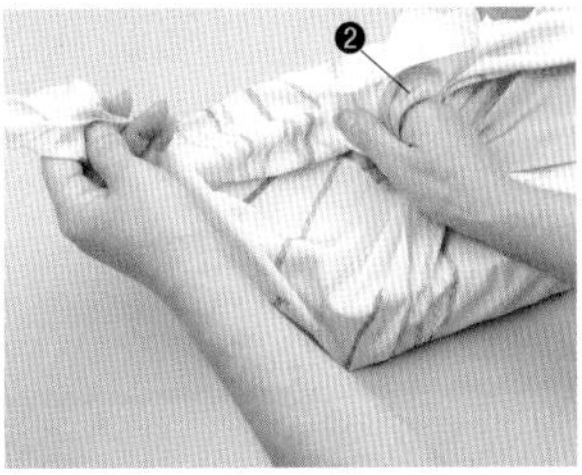

5

❷と、包みの左側の角を持つ。

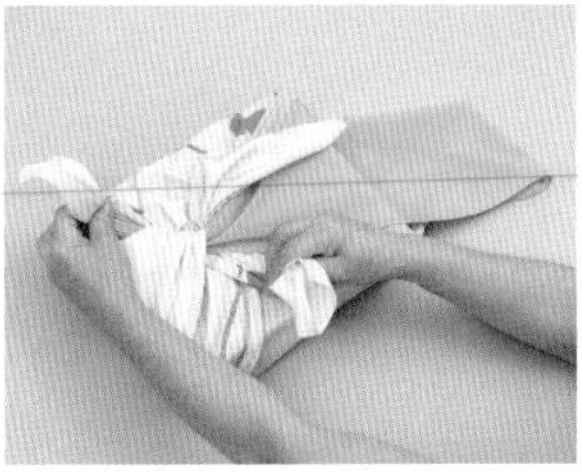

6

しっかりと真結び（→p.89）する。

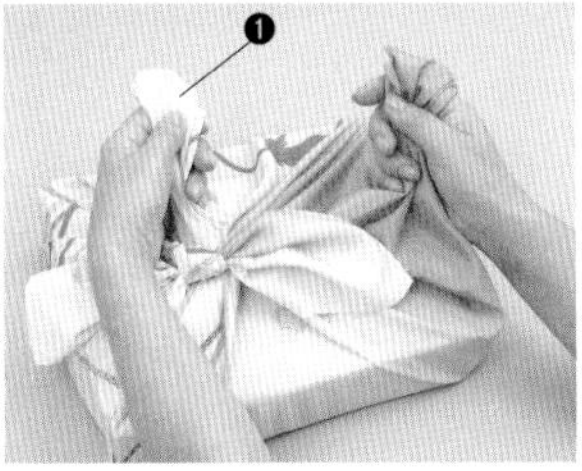

7

反対側も同じように真結びする。

8

真結びを2か所した状態。結び目は品物が小さい場合は写真のように隣り合うが、品物が長いと離れる。

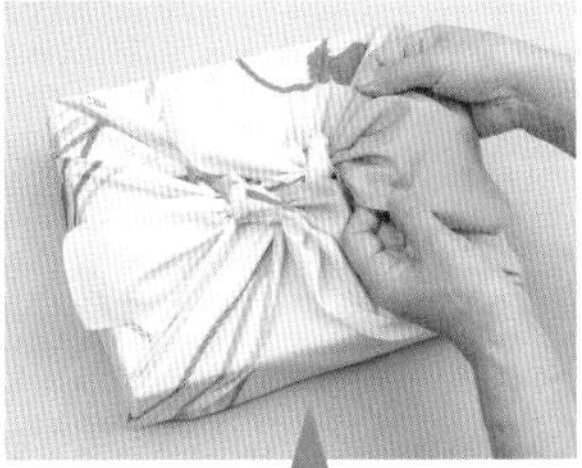

9

ひだを整えて、完成。

Point

ひだが大きいのが気になるときは、角を結び目に折り込んでもよい。

Q ふろしきに箱を置くとき、必ず天を左側にするのが正しいのでしょうか？

A 基本的にはそうです。特にのし付きの箱の場合は、必ず天を左側に置くようにしましょう。しかし例外もあります。正方形の箱は天を上に、円柱は表が手前にくるように立てます。また、タックがあるときは、天地に関わらずタックが上を向くように置きます（幸せをこぼさないように）。

Lesson 2

ふろしき包みアレンジ

基本のふろしき包みには手順と決まりがありますが、
アレンジは自由な発想で OK。特に手ぬぐいや
ハンカチを使って包むときは、これといった決まりはありません。
折り込んでサイズを調節したり、
ひねって飾りを作ったり、楽しんで包みましょう。

花結び包み

ハンカチで包む

手ぬぐいで包む

花結び包み

LEVEL ★★☆☆☆

根元をひとつ結びし、3つのひだを花びらに見立てます。リバーシブルのふろしきで包むときは、裏の柄をあえて見せると華やかになるでしょう。

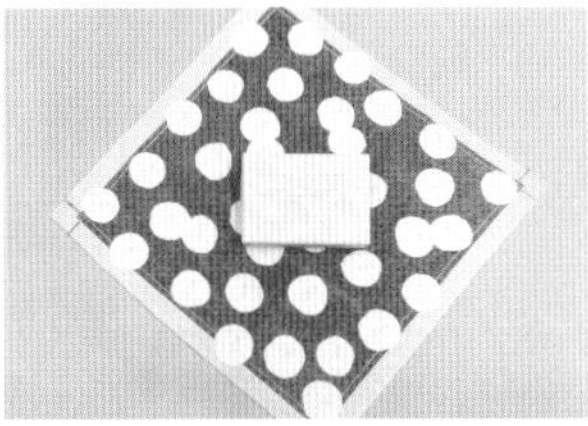

1

左側にタグがくるようにふろしきをひし形に置く。品物は天を左側に向け中央に置く。

2

手前、奥、左側を持ち上げる。

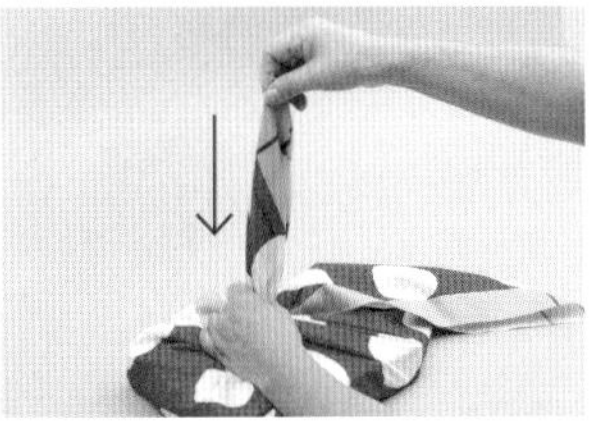

3

左手で持ち上げた3つの角を、ぐっと下までしぼる。

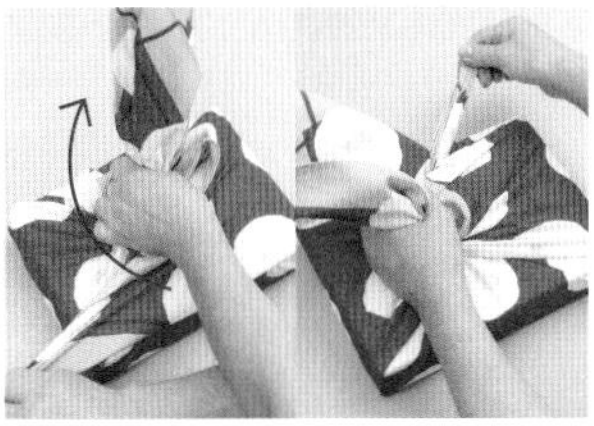

4

残った右側の角を手前から時計まわりにぐるりと回しかける。

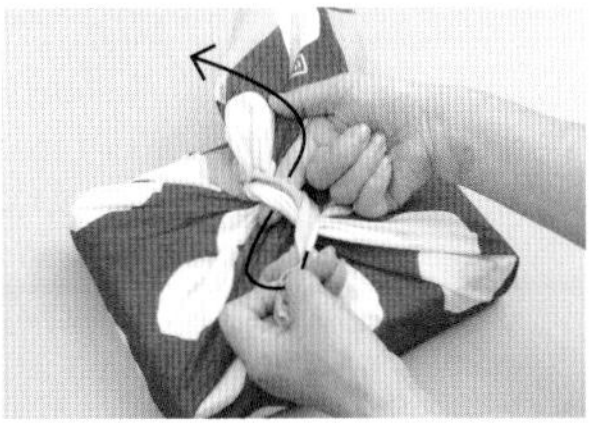

5

手前まで回し、回した角を輪に下から通す。

6

輪から引き出し、結び目をおさえながら、しっかりとひとつ結び(→p.89)する。

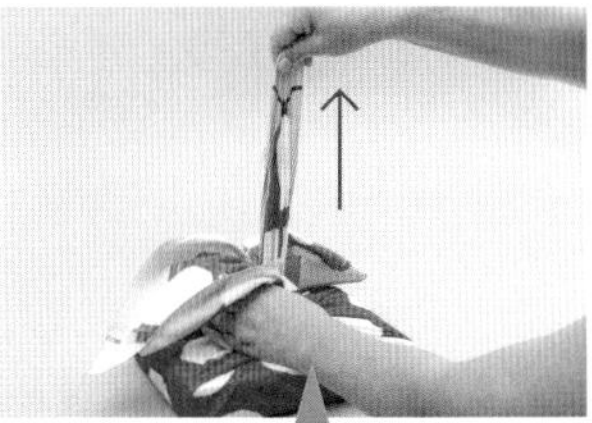

7

ひだを上に引っ張り、側面のたるみをとっていく。

Point

大きなたるみがあるときは、ひだの根元を引っ張るとよい。

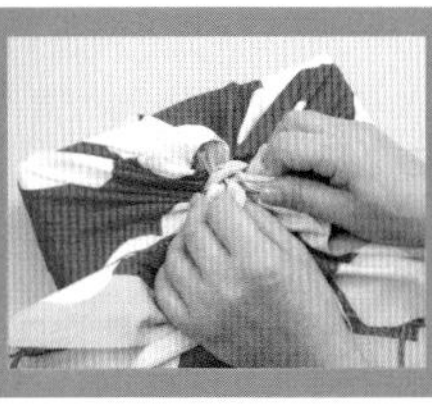

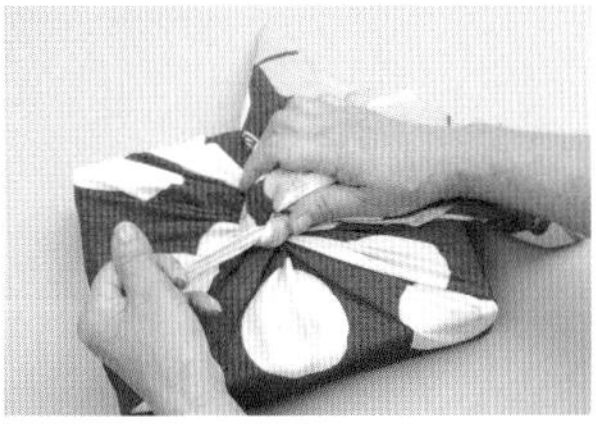

8

もう一度、根元の結び目を引きしめる。

9

ふろしきの裏側が見えないよう、ひだの角を左右とも内側に折る。

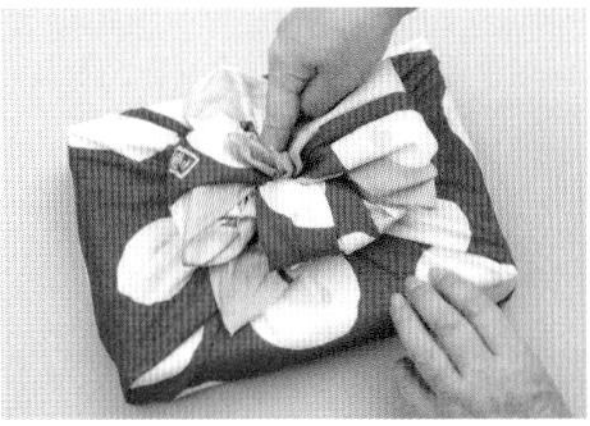

10

折った角が表にでるよう結び目に差し込み、花の芯に見立てる。残りの角も同様にし、完成。

Memo

角を花の芯に見立てず、ただ結び目に差し込んでもOK。ひだを少し立たせるようにすると、ニュアンスが出る。

手ぬぐいで包む

LEVEL ★☆☆☆☆

手ぬぐいで包むときは、その長さを生かして飾りを作るとよいでしょう。角が短い分、根元をひとつ結びではなく真結びします。

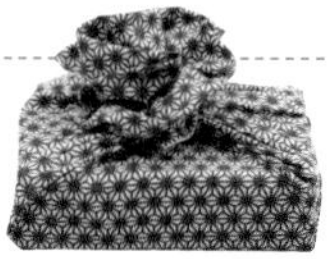

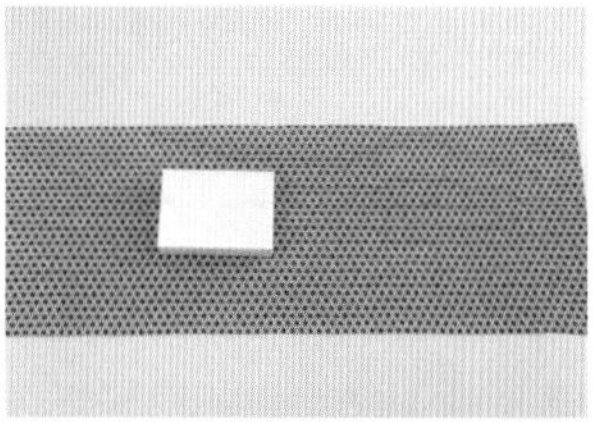

1

手ぬぐいを横長に置き、品物は天を左側に向けやや左に置く。

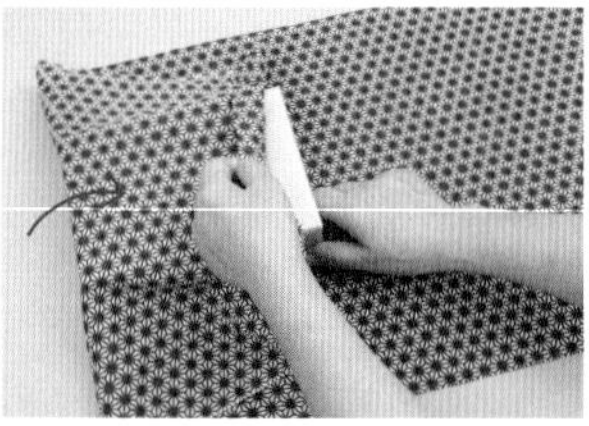

2

左側をかぶせ、結び目の位置を決めて箱の位置を調整する。

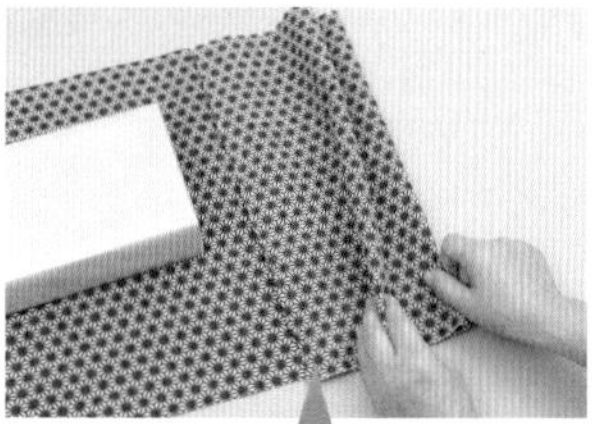

3

品物の左右が同じくらいの長さになるように、手ぬぐいの右側にひだを２つとる。

Point

品物の大きさに合わせてひだの数は決める。少しずらすと仕上がりが立体的になる。

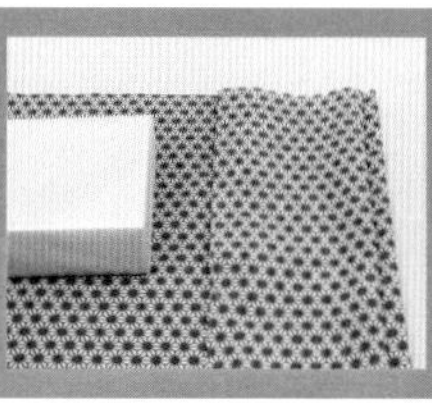

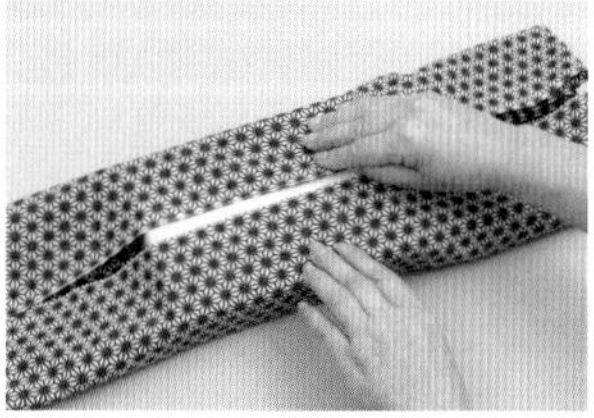

4

手前、奥をかぶせる。

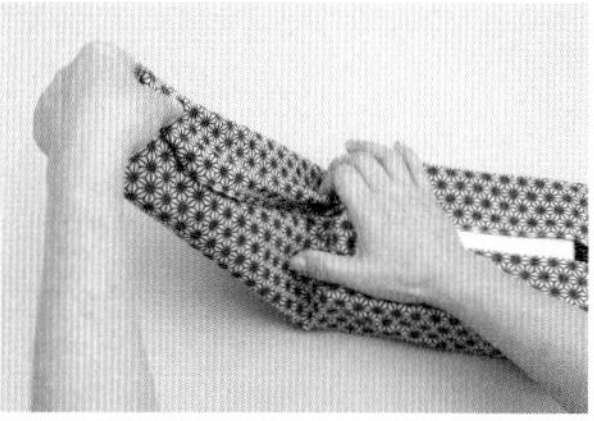

5

左側をかぶせる。箱の側面を右手で大きくつかみ、手ぬぐいの合わせ目をつまんで持ち上げるとよい。

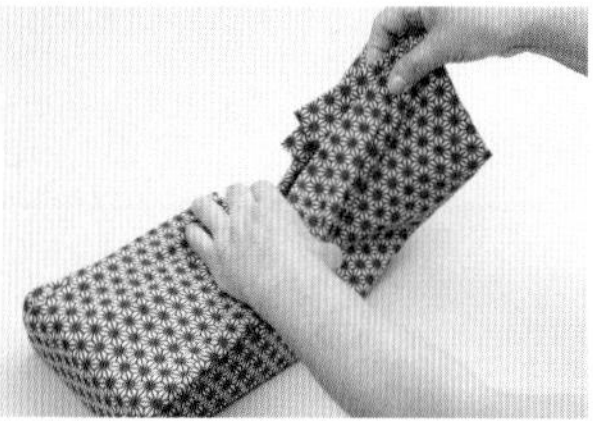

6

右側も同じように持ち上げる。

7

ひだをよせながら、箱の上で左右をまとめる。

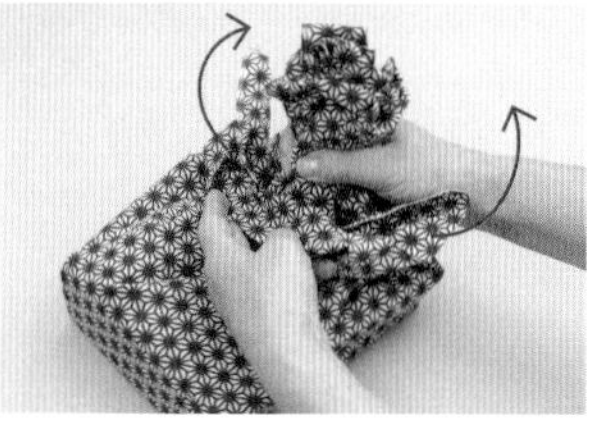

8

左側の端を手前と奥からそれぞれ回しかける。

9

右側まで回し、根元で真結び（→ p.89）する。

10

結び目をしっかりと引きしめ、全体のバランスを整えて、完成。

ハンカチで包む

LEVEL ★☆☆☆☆

最近は大判のハンカチもおしゃれなデザインが豊富にそろいます。ふろしきや手ぬぐいよりも日常で使いやすいため、包んでそのままプレゼントすると喜ばれるでしょう。

1

ハンカチをひし形に置く。円柱は表が手前になるように、長方形の箱の場合は天を左側に向け中央に置く。

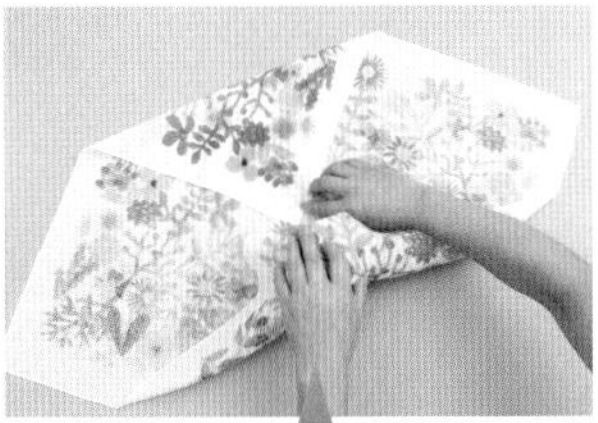

2

手前をかぶせ、ハンカチが大きい場合は奥を折る。

Point

手前のはみ出した部分は、品物の下に折り込む。

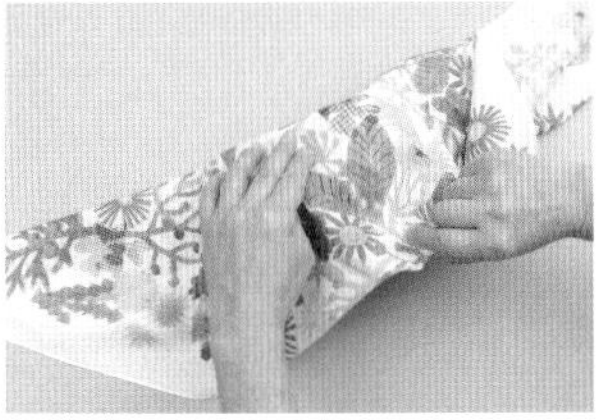

3

奥をかぶせる。

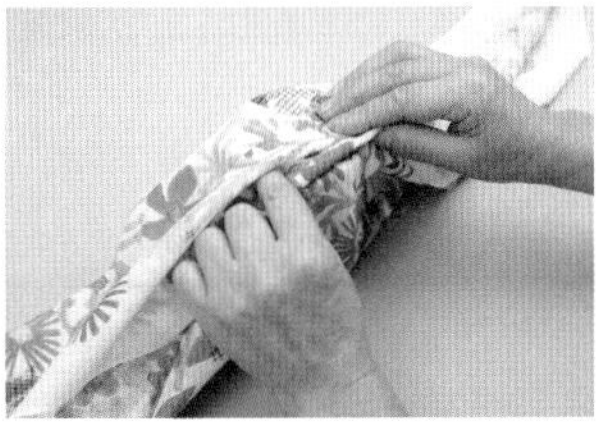

4

まだハンカチが大きい場合は、さらに品物に合わせて端を２つ折り、３つ折りする。

5

左右を持ち上げて上でまとめる。側面のたるみがある場合は調整する。

6

左右のひだをまとめてひとつ結び(→p.89)する。

Point

写真のようにねじると結びやすい。

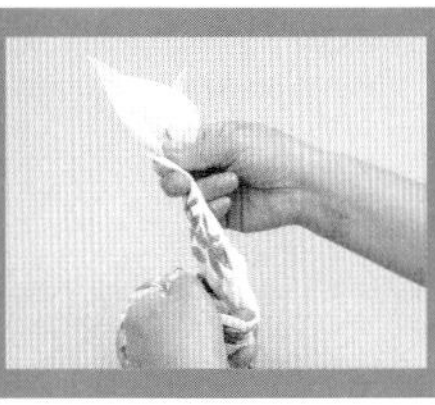

7

結び目をしっかりと引きしめる。

8

ひだの残りをさらにねじる。

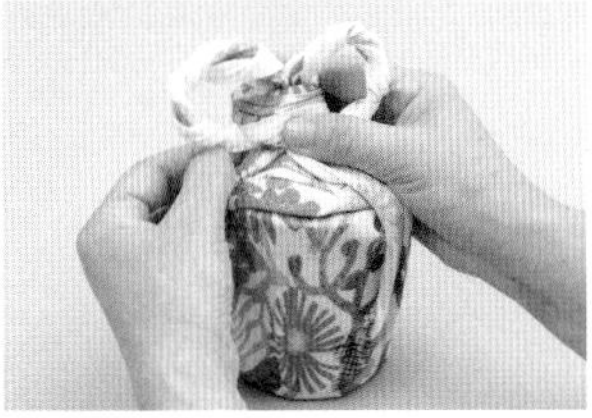

9

ねじった先を結び目に差し込む。反対側も同じようにする。

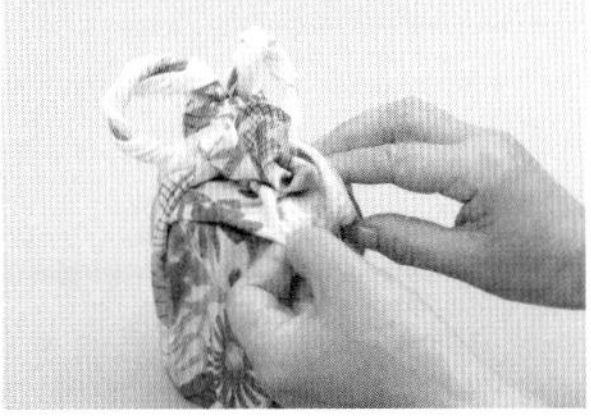

10

全体のバランスを調整して、完成。

Lesson 3

ふろしきでビン包み

重いビンは、壊れたり持ち運ぶときに袋が
破れたりしないか気を使うものです。
ふろしきや手ぬぐいを使えば、見た目も可愛く、
品物を守る包みがそのまま持ち運びもでき、
何度でもほどいて使えます。

ふろしき２本包み　手ぬぐい１本包み　ふろしき１本包み

ふろしき１本包み

LEVEL ★★☆☆☆

お祝いや、お中元お歳暮にも使える基本のふろしき包みです。ワインボトルや一升ビンを包むには、二幅（68cm）か二尺幅（75cm）のサイズが合うでしょう。

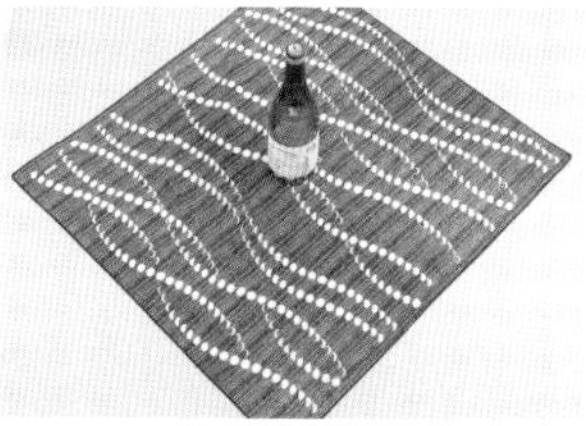

1

左側にタグがくるようにふろしきをひし形に置く。ビンを中央に置く。

2

ふろしきの手前と奥を持ち上げ、ビンの上で結ぶ。仮なのでどんな結び方でもかまわない。

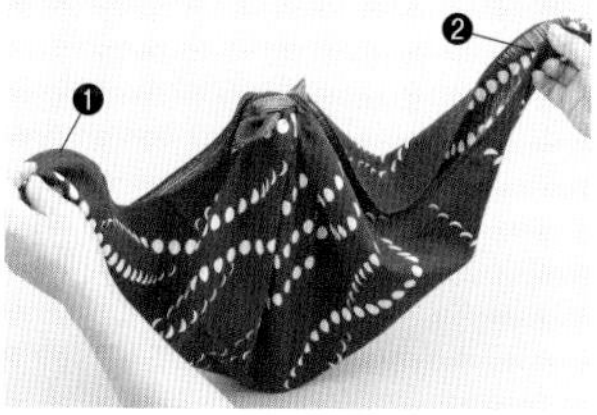

3

左右の角（以下❶❷）を持ち上げる。

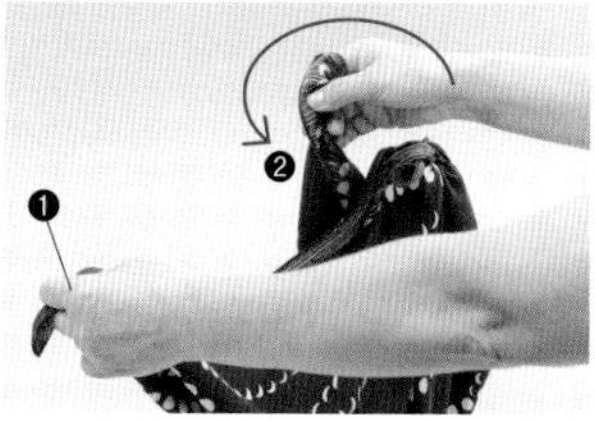

4

❷を先にビンの奥へ回し、次に❶をかぶせるように奥へ回す。

5

ビンの後ろで交差した状態。

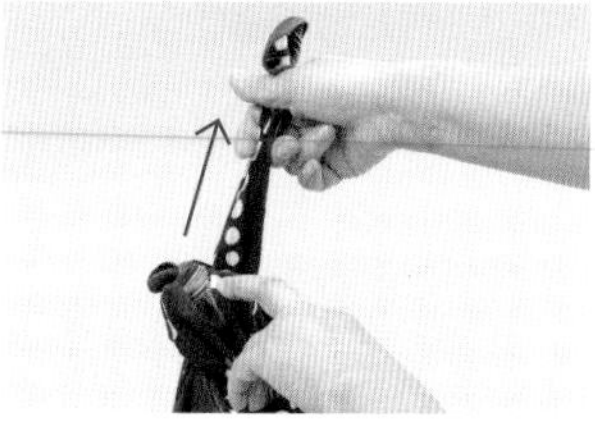

6

ビンの頭を指でおさえ、❶❷を上に引き上げて側面のたるみをとる。

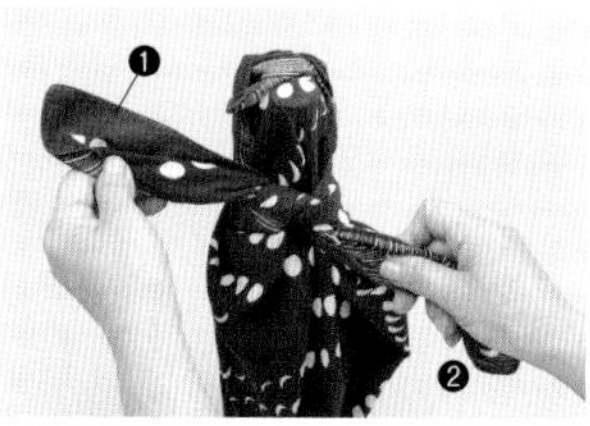

7

❶❷を手前まで回し、ビンの首の根元でしっかりと結ぶ。

8

そのまま真結び（→p.89）をする。

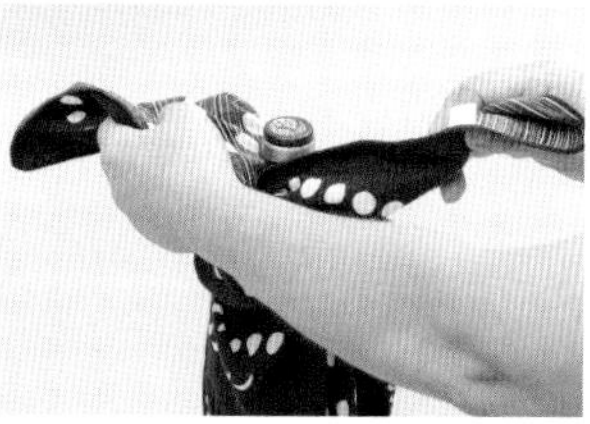

9

仮結びをほどく。

10

ほどいた仮結びの角を上に引き上げて整える。このときもビンの頭を指でおさえるとよい。

11

持ち手を作る。両方の角を根元までねじってビンの上で真結びし、完成。

Point

持ち手の端は左右から内側に折り、手前から奥へねじるようにすると、裏側が見えずキレイに仕上がる。

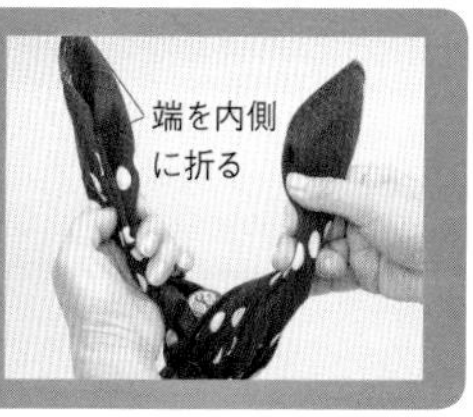

手ぬぐい１本包み

LEVEL ★★☆☆☆

小ビンなら手ぬぐいで包むのもひとつの方法です。ふろしきよりもくだけた印象になるので、気軽なプレゼントに。お弁当と一緒にペットボトルを包んでもよいでしょう。

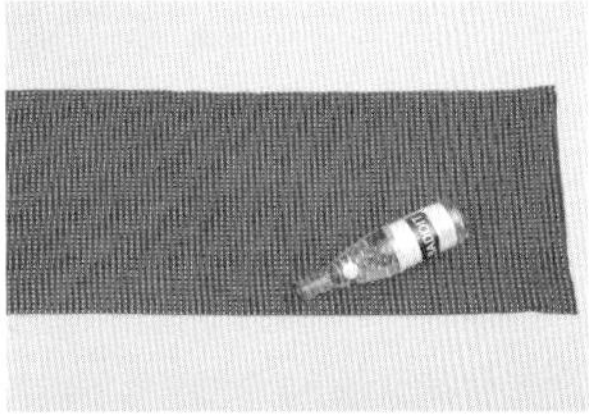

1

手ぬぐいを横長に置き、ビンをやや右よりにななめに寝かせる。

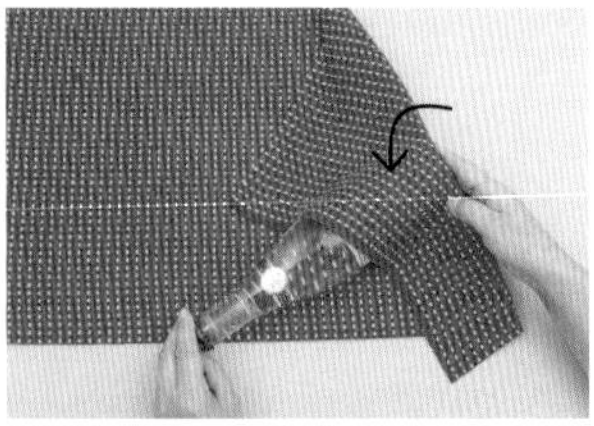

2

ビンの底に沿わせるように、手ぬぐいの右側をななめにかぶせる。

3

手前をビンにかぶせる。

Point

手ぬぐいをビンに沿わせるように指でおさえると、手前をかぶせたときにすっきりとする。

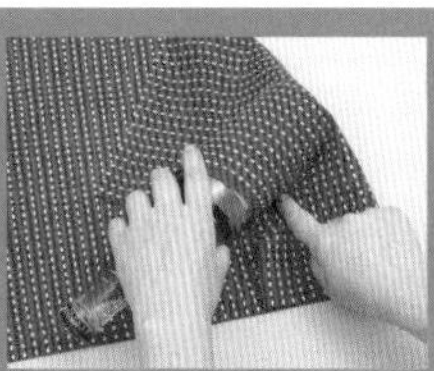

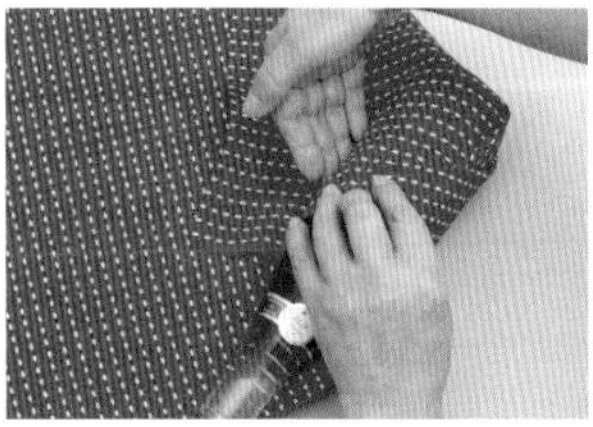

4

奥もビンに沿わせるようにおさえ、そのまま巻いていく。

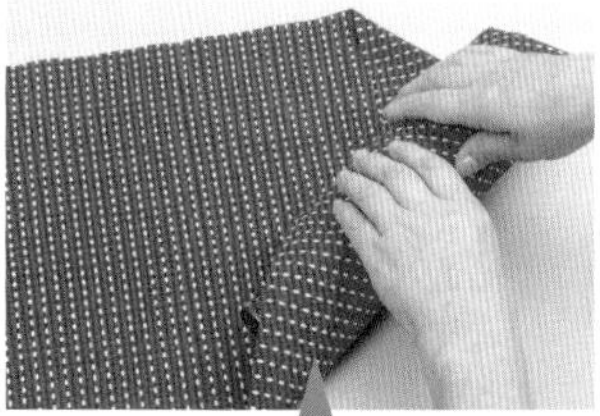

5

ビンの底部分で手ぬぐいの端がズレないように、ビンをまっすぐ転がして最後まで巻く。

Point

途中たるみが出るときは、ひだをとって調節するとよい。

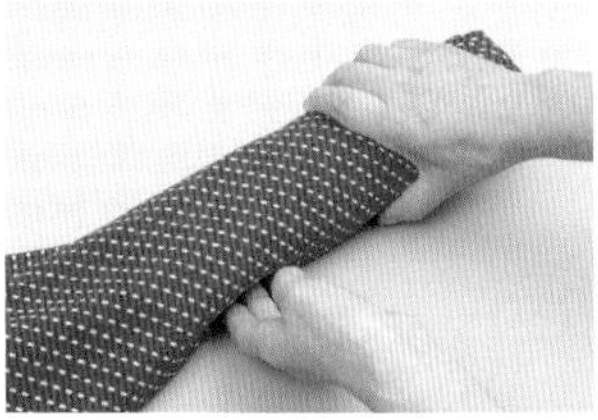

6

巻きおえたらビンの首部分を手で持つ。

7

ビンの形に沿って手ぬぐいをねじりながらしぼる。

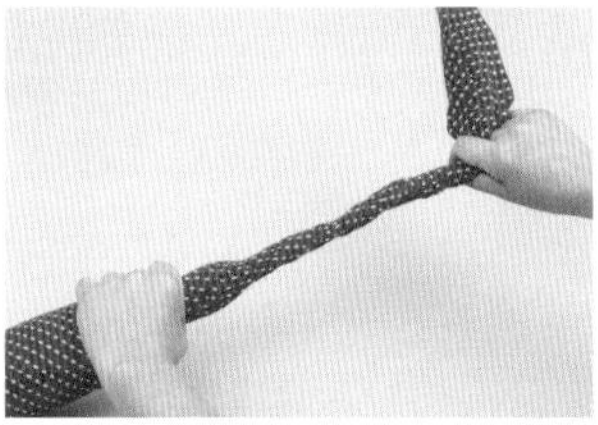

8

ビンを左手に持ち替え、右手で上までねじっていく。

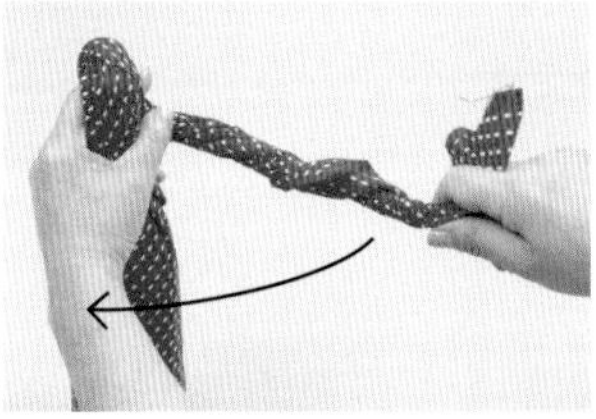

9

ねじりきったら、ビンの首に巻き付け１周させる。

10

巻き付けた部分に、手ぬぐいの端を上から差し込み、引きしめて完成。

ふろしき２本包み

LEVEL ★★☆☆☆

小ビンを２本まとめて包む方法です。ふろしきのサイズは、二幅(68cm) か二尺幅(75cm) のものを。三幅 (105cm) 以上のサイズであれば、ワインボトル２本も包めます。

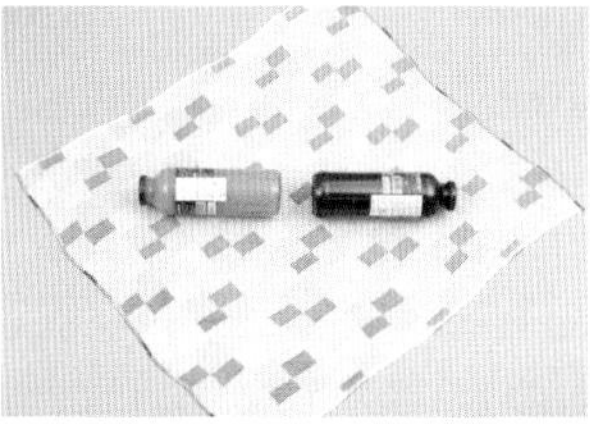

1

左側にタグがくるようにふろしきをひし形に置く。ビンは底同士を向き合わせて中央に寝かせ、少し間隔をあける。

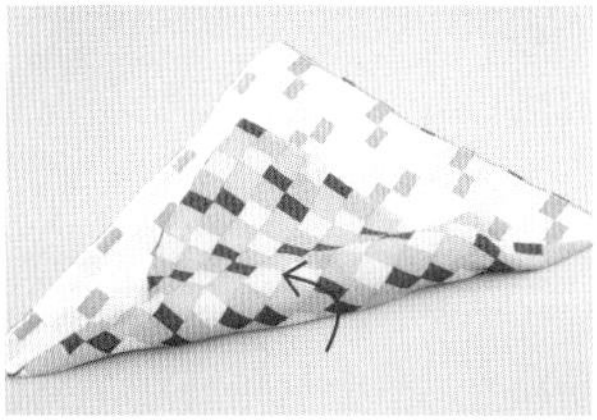

2

手前をかぶせる。

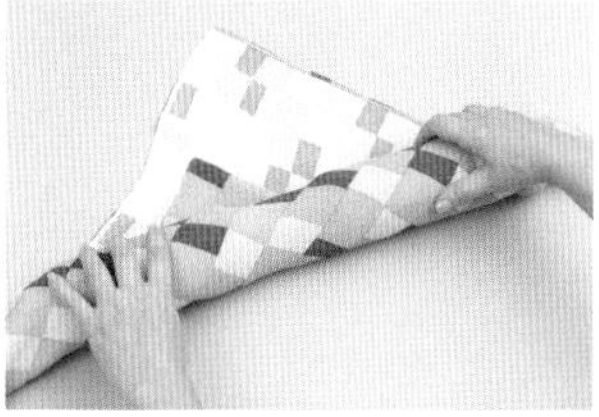

3

手前から奥へ巻いていく。

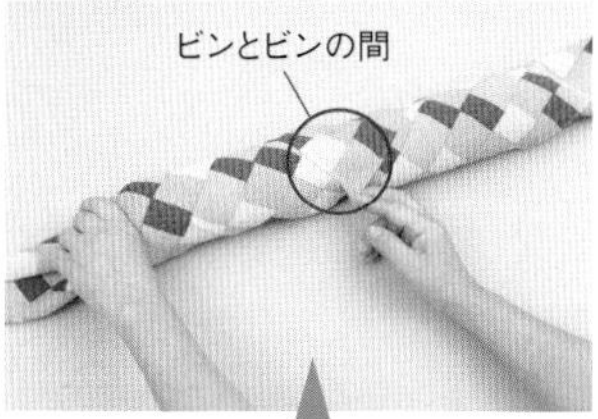

4

巻ききった角が、ビンとビンの間にくるようにする。

Point

ビンの位置がズレているときは、ふろしきの端をつかみながら調節する。

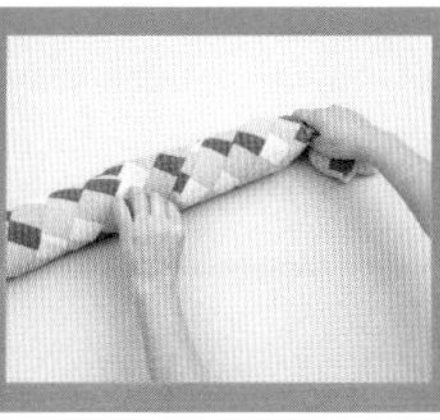

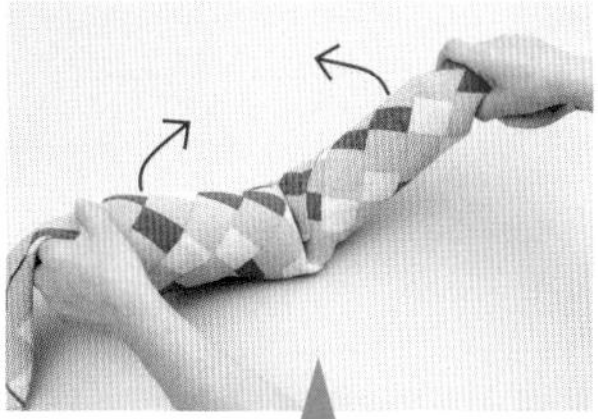

5

左右の端を持ち上げ、ビンを立たせる。

Point

２本のビンがぴったりと密着するよう、底と底を合わせ、ふろしきをしぼって調節する。

6

ビンの上で左右の端を引き上げ、たるみをとる。

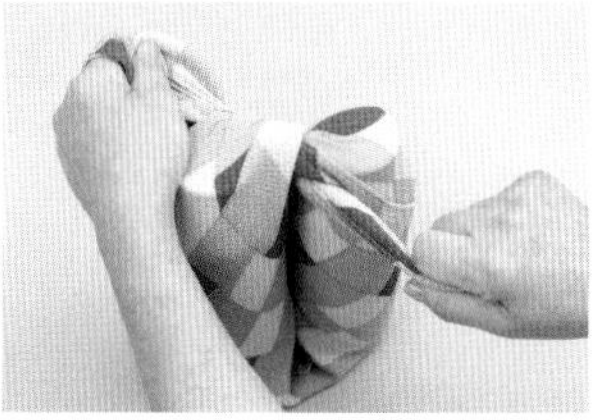

7

そのまま左右の端で真結び (→ p.89) をする。

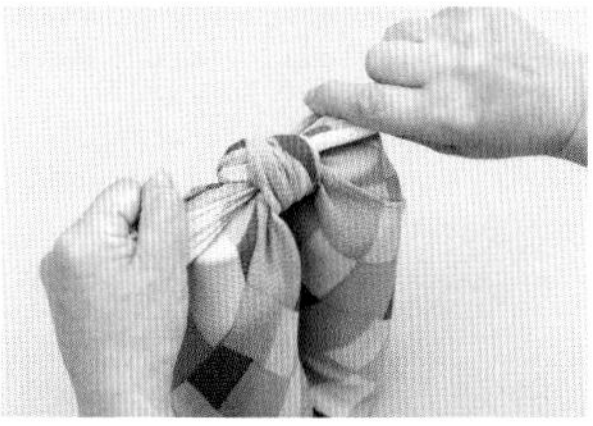

8

結び目をしっかりと引きしめる。

9

ひだを整えて、完成。

Column

ふろしきでバッグを作る

必要なときにささっと結んで作れる即席エコバッグです。ランチバッグなら二幅（68cm）か二尺幅（75cm）、ショルダーバッグにするなら、四幅（128cm）以上がよいでしょう。

バックの作り方

1

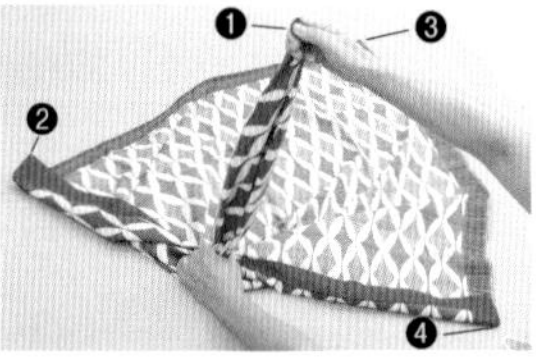

ふろしきをひし形に置き、左の❶を持ち上げてしぼり、持ち手を作る。

2

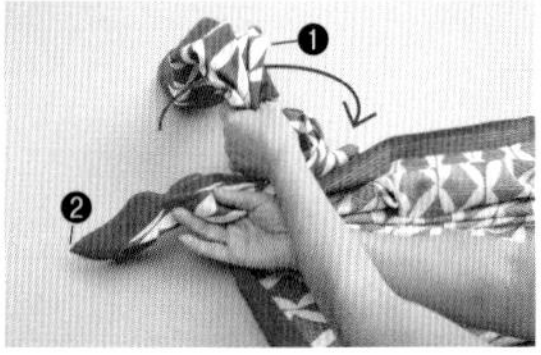

❷を持ち、しぼった❶の根元を手前から時計まわりに1周させる。

3

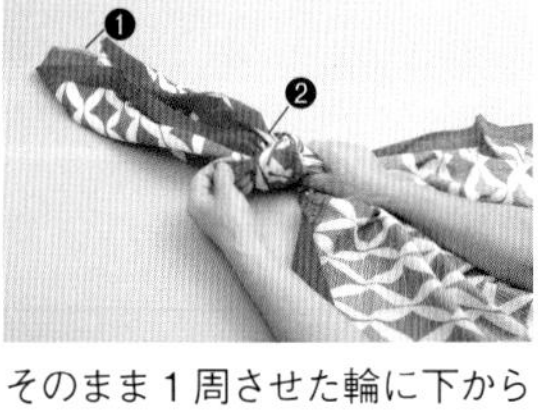

そのまま1周させた輪に下から通し、ひとつ結び（→ p.89）する。

4

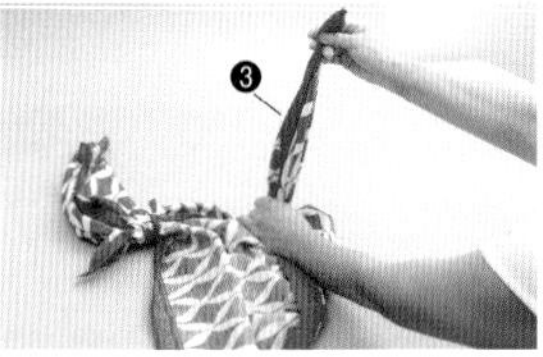

右の❸を持ち上げ、しぼって持ち手を作る。

5

左と同じように❹でひとつ結びする。

6

袋の口から中に手を入れ、形を調整する。

7

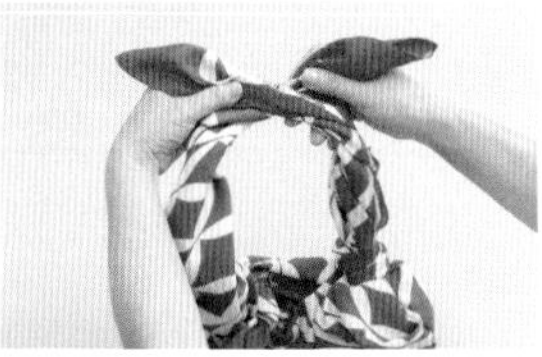

持ち手を作る。裏側が見えないよう、手前から奥に向かってねじり、上で合わせる。

完成

合わせた持ち手を真結び（→ p.89）する。全体のバランスを調節して、完成。

Part

04

リボン結びの基本とアレンジ

リボン結びの基本は蝶結びですが、箱にリボンをかける方法はいろいろあります。シンプルな縦一文字、横一文字、王道の十字がけ、ななめがけ、アレンジのV字がけ。ダブル、トリプル、ポンポンボウなど蝶結びにボリュームを出して、ラッピングを華やかに演出する方法も紹介しています。

リボンの結び方

リボン結びの美しさは、贈りものの鮮度を決めます。
かけ方、結び方で格は変わりませんが、「リボン結びのコツ」(→ p.28) も参考にして、
美しいリボン結びをマスターしましょう。

横一文字で蝶結び

LEVEL ★☆☆☆☆

結び方 » p.103

縦一文字で蝶結び

LEVEL ★☆☆☆☆

結び方 » p.104

ななめがけで蝶結び

LEVEL ★★☆☆☆

結び方 » p.105

十字がけで蝶結び

LEVEL ★★☆☆☆

結び方 » p.106

V字がけで蝶結び

LEVEL ★★☆☆☆

結び方 » p.107

リバーシブルリボンで蝶結び

LEVEL ★★★☆☆

結び方 » p.108

ダブル蝶結び

LEVEL ★★☆☆☆

結び方 » p.109

トリプル蝶結び

LEVEL ★★★★☆

結び方 » p.110

ポンポンボウ結び

LEVEL ★★☆☆☆

結び方 » p.111

横一文字で蝶結び

基本は中央に蝶結びを置きます。蝶結びを左右にずらしたり、かける位置をやや下にすると動きのあるアレンジに。

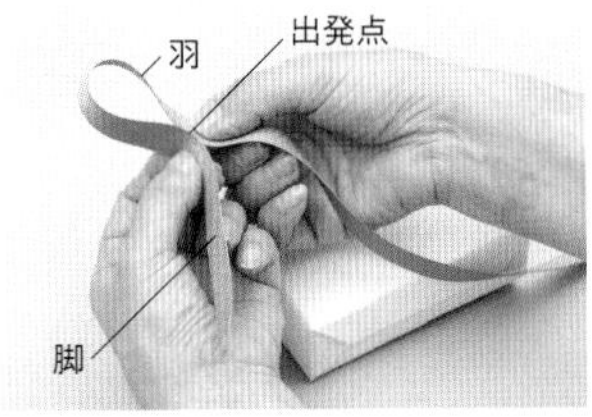

1

片側の羽と脚の長さを決め、出発点とする。

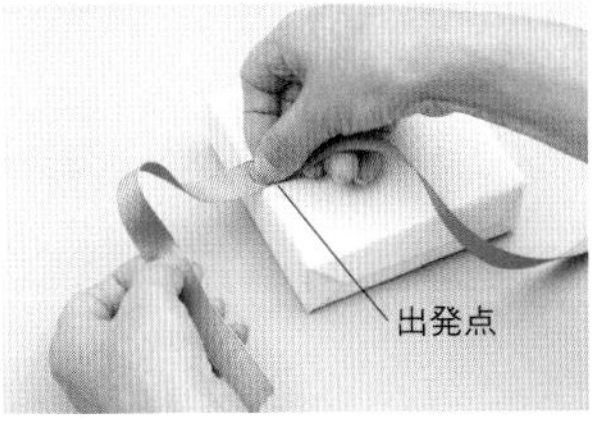

2

出発点を箱の左端に置く。

3

左手でリボンと箱をつかんでおさえる。

Point

リボンの上から左手でおさえるのはNG。

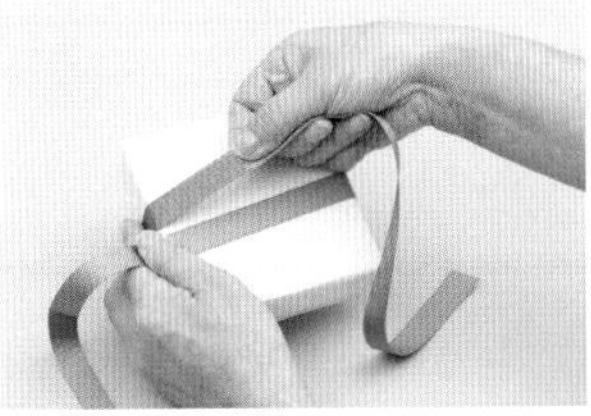

4

右手でリボンを横に一周させ、左手のリボンの上に持ってくる。

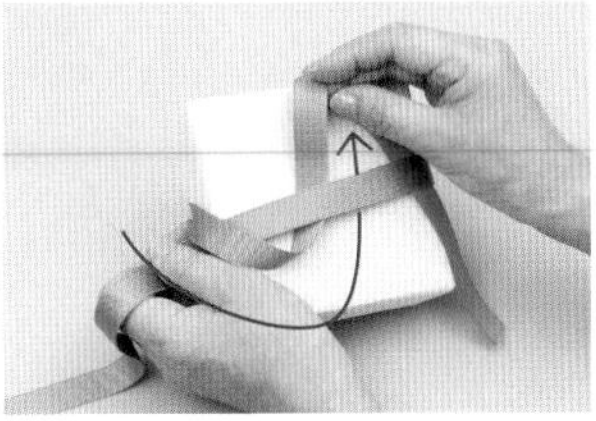

5

一周させたリボンを、左手のリボンの下からくぐらせて右上へ引き抜く。

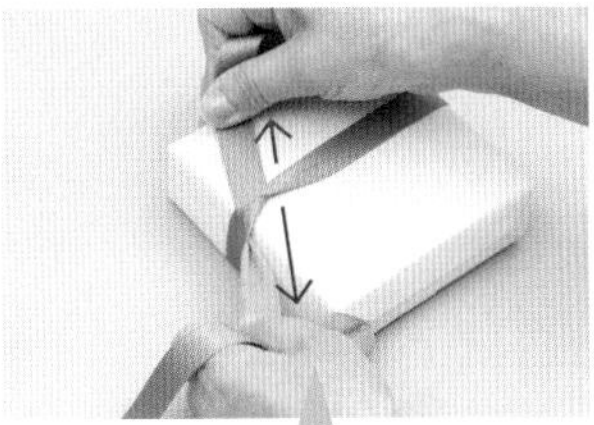

6

箱の角で、左手のリボンは左下に、右手のリボンは右上にしっかりと引きしめる。

Point

箱の面で引きしめると、結び目がゆるみやすいので注意。

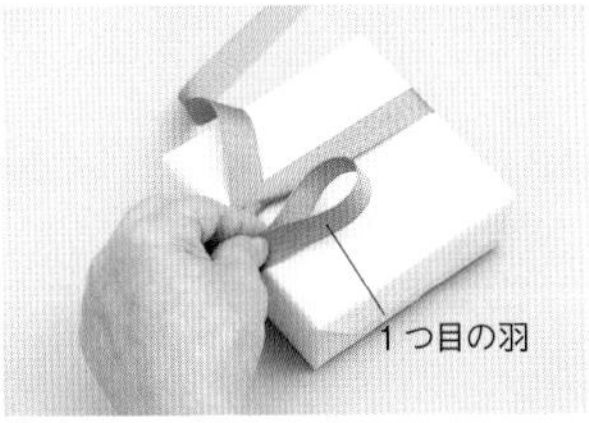

7

左下のリボンで1つ目の羽を作る。

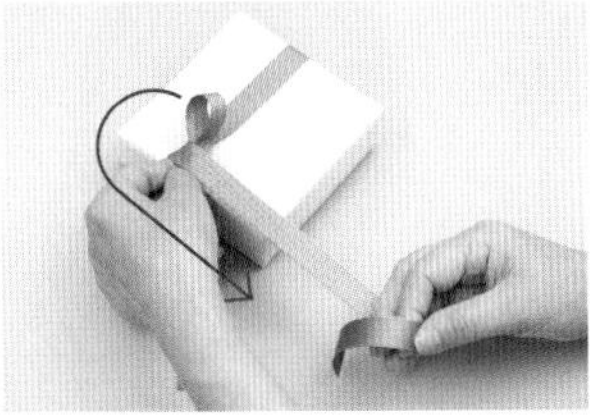

8

羽を持った左手で結び目を抑えながら、右手のリボンを上から回しかける。

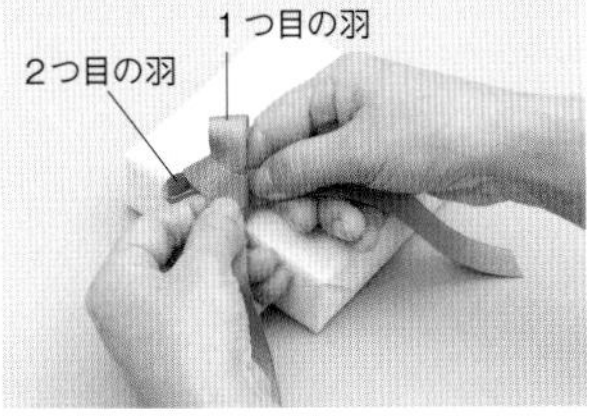

9

1つ目の羽の後ろから右手のリボンを通しながら、2つ目の羽を作る。

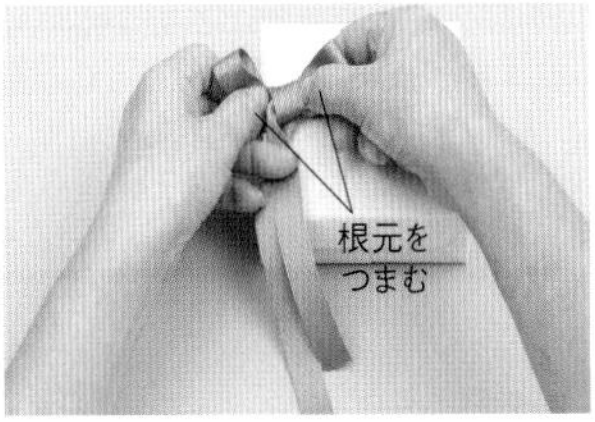

10

両方の羽の根元を引きしめ、バランスを整える。結び目をつまんでずらし、蝶結びの位置を決める。脚の先端を処理して完成。

縦一文字で蝶結び

蝶結びの位置は、下よりも上の方が、バランスよく決まります。中央ではなく、やや右上に寄せてもよいでしょう。

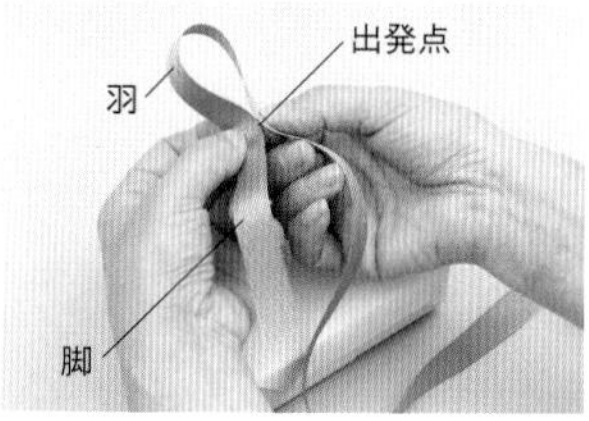

1

片側の羽と脚の長さを決め、出発点とする。

2

出発点を箱の上中央に置き、左手でリボンと箱をつかむ。

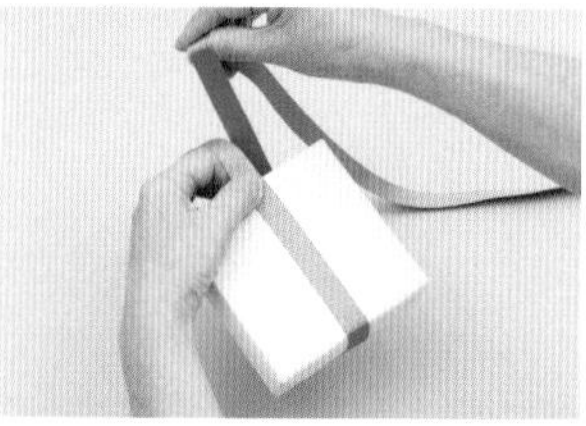

3

右手でリボンを縦に一周させ、左手のリボンの右側に持ってくる。

4

一周させたリボンを、左手のリボンの上からかける。

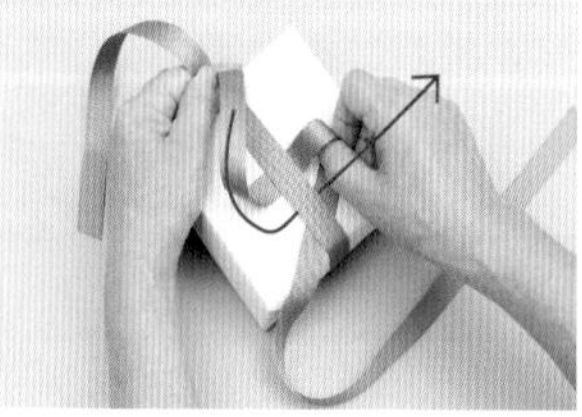

5

そのまま右手のリボンを左手のリボンの下からくぐらせて、右へ引き抜く。

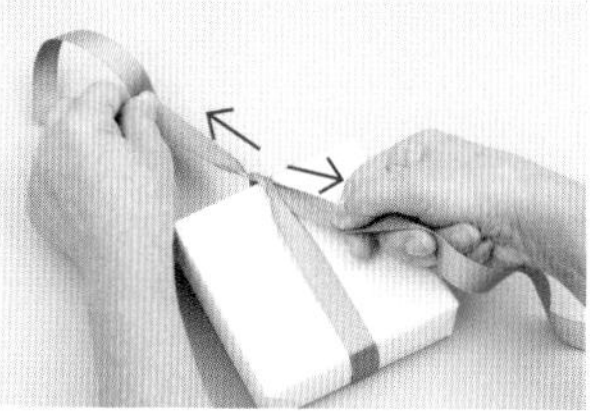

6

箱の角で、左手は上に、右手は下に、しっかりとリボンを引きしめる。

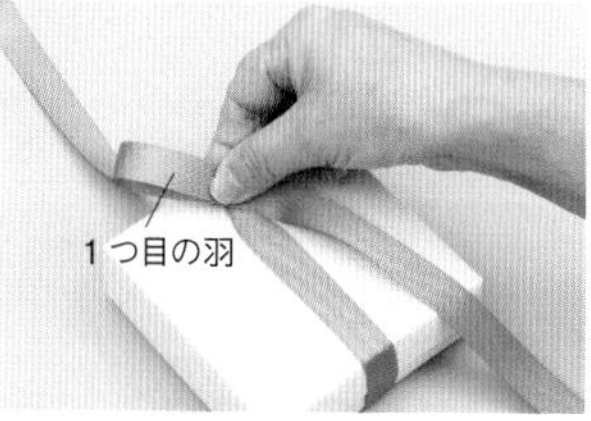

7

右下のリボンで1つ目の羽を作る。

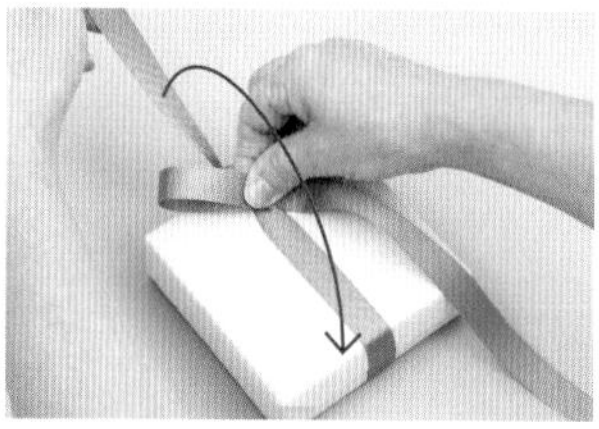

8

羽を持った右手で結び目をおさえ、左手のリボンを上から回しかける。

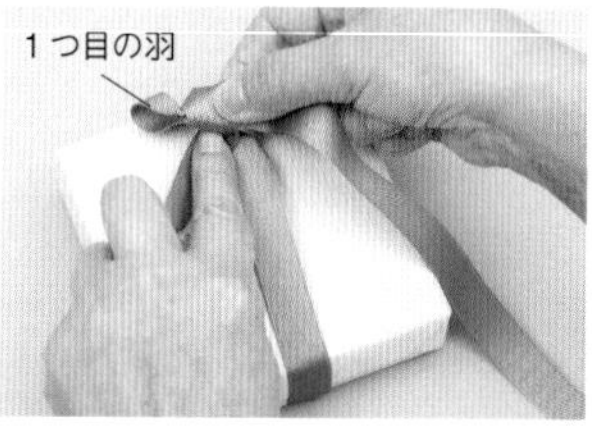

9

1つ目の羽の後ろから左手のリボンを通しながら、2つ目の羽を作る。

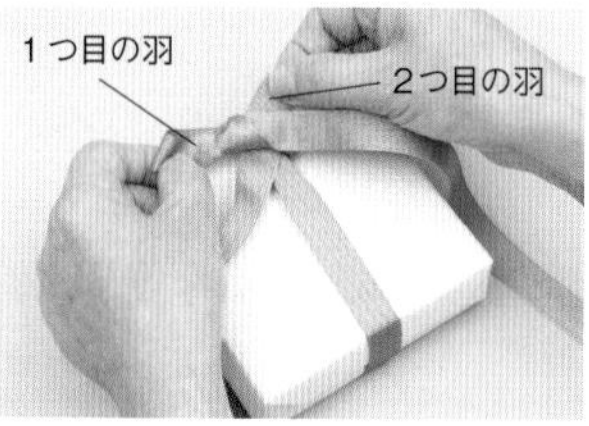

10

2つ目の羽を作ったところ。

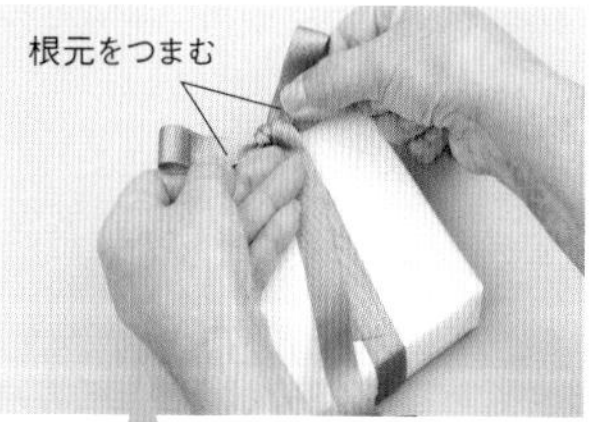

11

羽の根元を引きしめ、バランスを整える。結び目をつまんでずらし、蝶結びの位置を決める。脚の先端を処理して完成。

Point
リボンの脚をおさえながら引きしめると、脚が乱れない。

ななめがけで蝶結び

蝶結びを右上に置くのが基本。海外では左上に置くことが多いので、包みの柄や表書きが横文字のときは、左上にしてもよいでしょう。

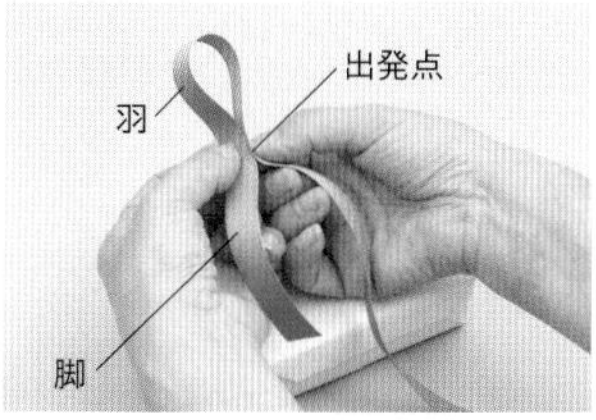

1

片側の羽と脚の長さを決め、出発点とする。

2

出発点を箱の上中央に置き、左手でリボンと箱をつかんでおさえる。

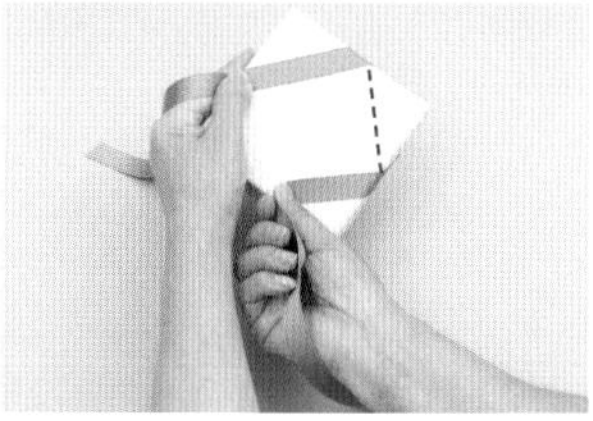

3

右手で長いリボンを持ち、箱の右端中央→下中央→左端中央とななめがけする。

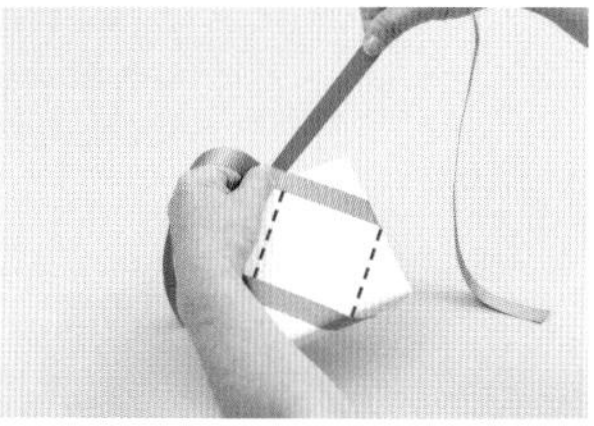

4

一周させたリボンを、出発点の右側にもってくる。

5

右手のリボンを左手のリボンの下からくぐらせて右上へ引き抜く。

6

箱の角で、左手は下に、右手は上にリボンをしっかり引きしめる。

Point
箱の角を使うと、結び目がゆるみにくい。

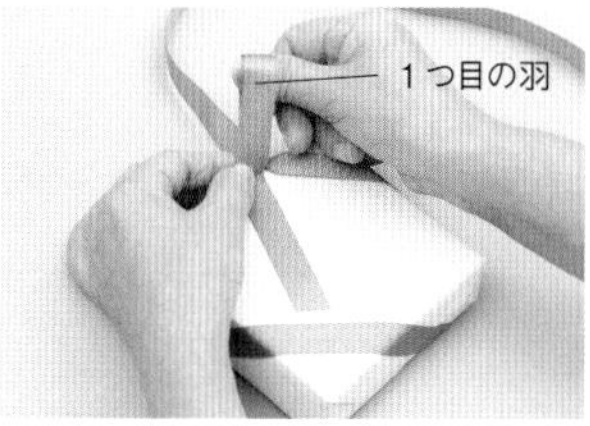

7

左下のリボンで1つ目の羽を作る。

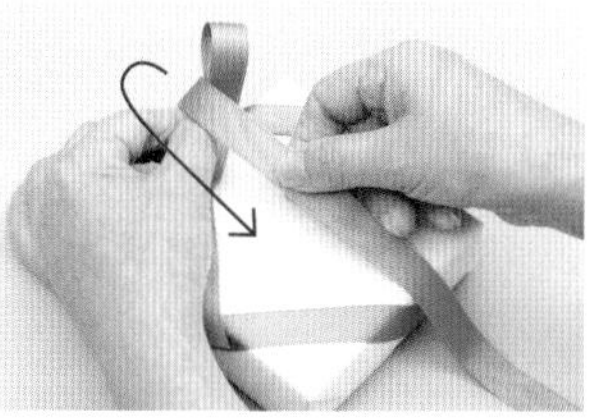

8

左手で結び目をおさえながら、右手のリボンを上から回しかける。

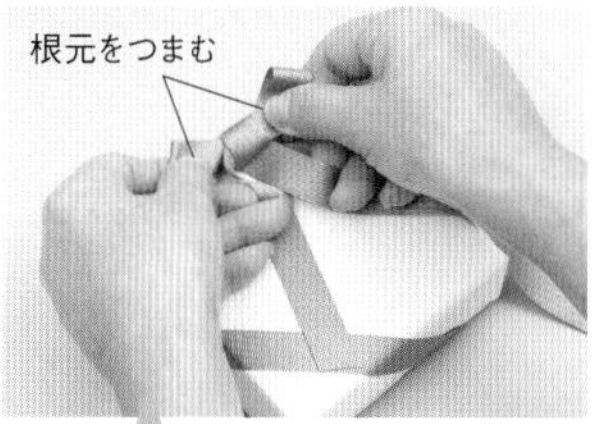

9

1つ目の羽の後ろから右手のリボンを通しながら、2つ目の羽を作る。バランスを整えて蝶結びの位置を決め、脚の処理をして完成。

Point
羽を引きしめるときは、根元をつまみ、脚をおさえながらするとよい。蝶結びの位置をずらすときは、結び目をつまむ。

十字がけで蝶結び

プレゼント、というとこの形をイメージする人も多いのでは？ リボンの長さが多く必要なかけ方です。

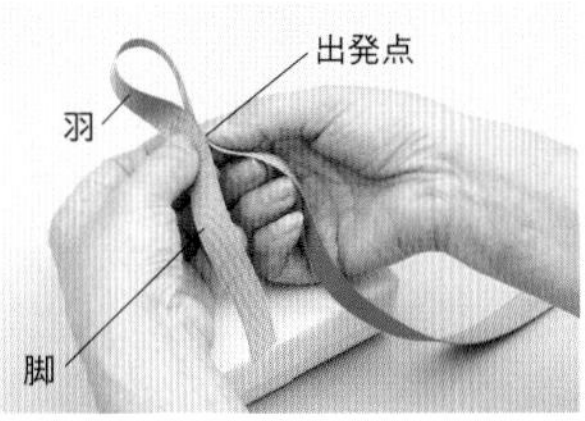

1

片側の羽と脚の長さを決め、出発点とする。

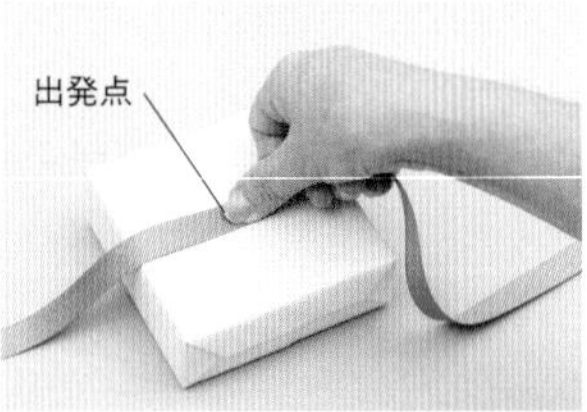

2

出発点を箱中央に置く。

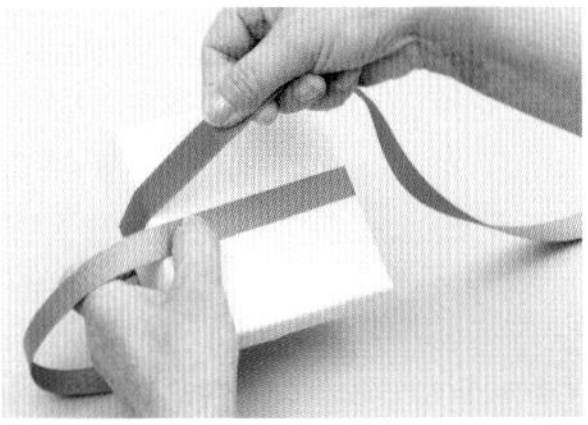

3

左手でリボンと箱をおさえ、右手でリボンを横一周させる。

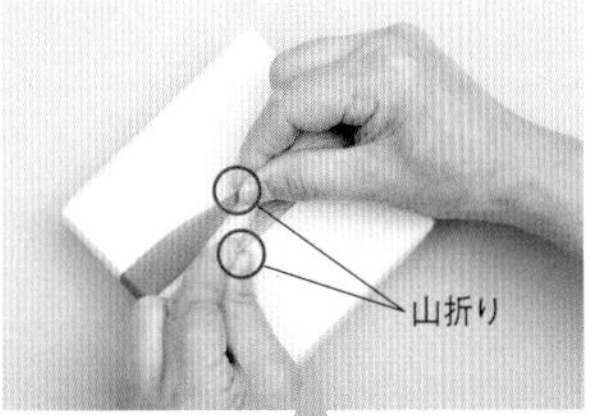

4

両手のリボンを箱中央で山折りしてつまむ。

Point

山折りすることで、この後クロスさせる十字部分がキレイに整う。

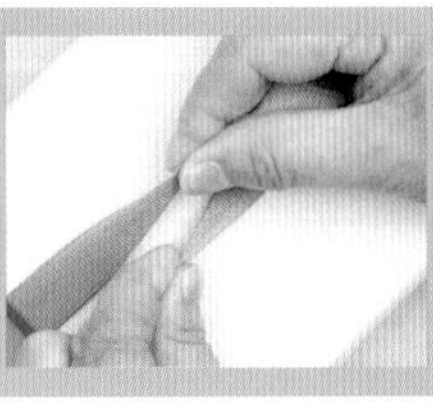

5

左手は上、右手は下へリボンを引き、十字にかける。

Point

リボンを山折りをせずクロスさせると、リボンが裏返りもたついてしまう。

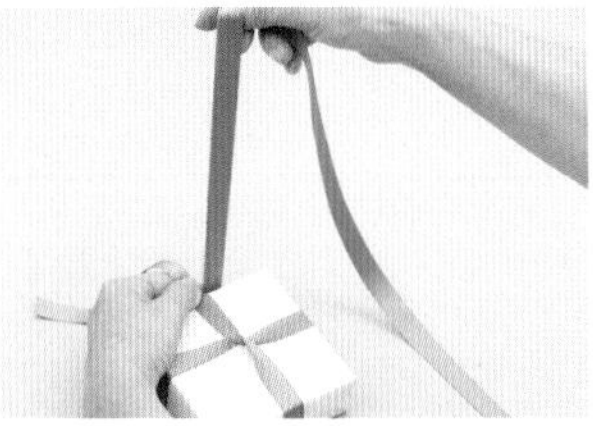

6

左手で箱とリボンをおさえ、右手のリボンを縦一周させる。

7

縦一周させたリボンを十字部分まで持ってくる。

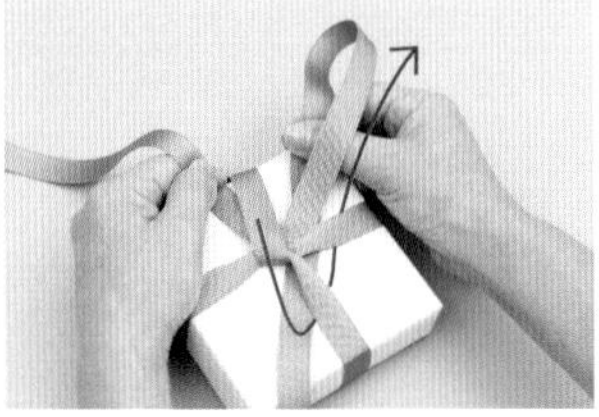

8

そのまま右手のリボンを、十字左下からくぐらせて右上へ引き抜く。

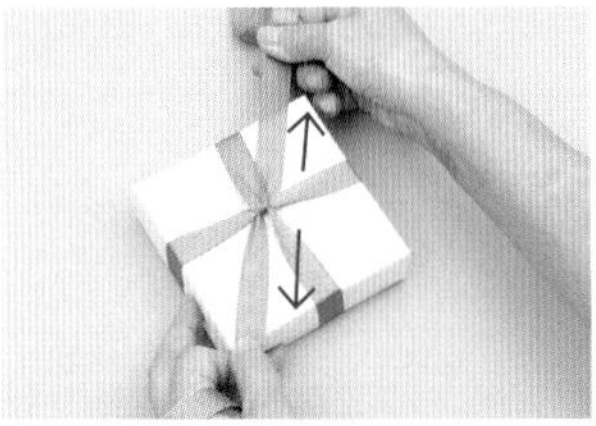

9

左手は下に、右手は上にしっかりとリボンを引きしめる。

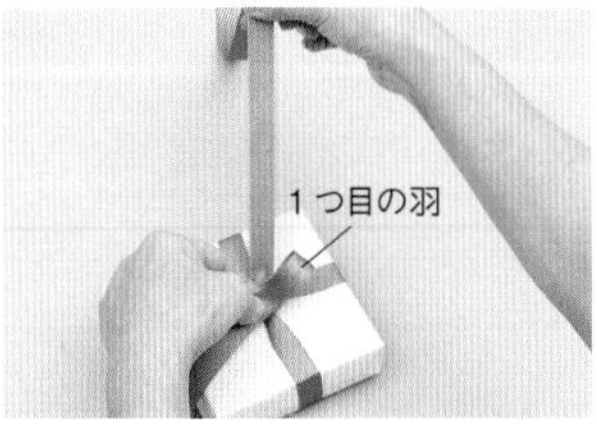

10

左下のリボンで1つ目の羽を作り、蝶結びをする（→p.103［7］）。羽のバランスを整え、脚の先端を処理して完成。

V字がけで蝶結び

縦一文字・横一文字・十字がけでリボンを2重にかけて開くだけで、華やかなV字がけになります。ここでは、縦一文字のパターンを紹介します。

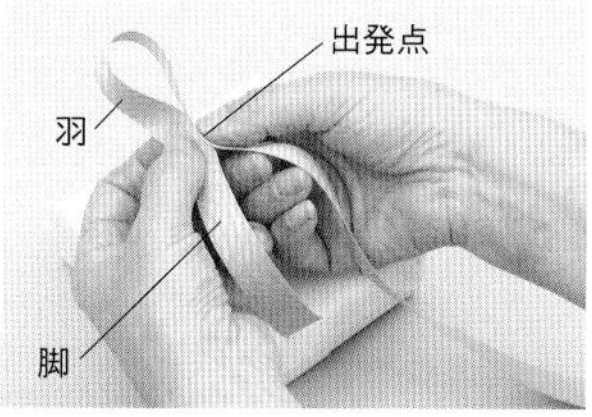

1

片側の羽と脚の長さを決め、出発点とする。

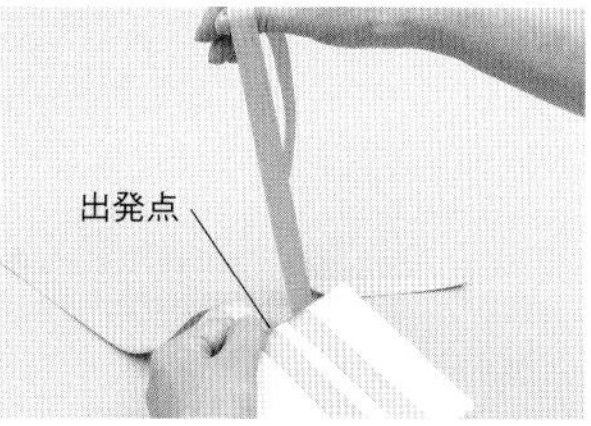

2

出発点を箱中央上に置き、左手で箱とリボンをつかむ。右手のリボンを縦２周させる。

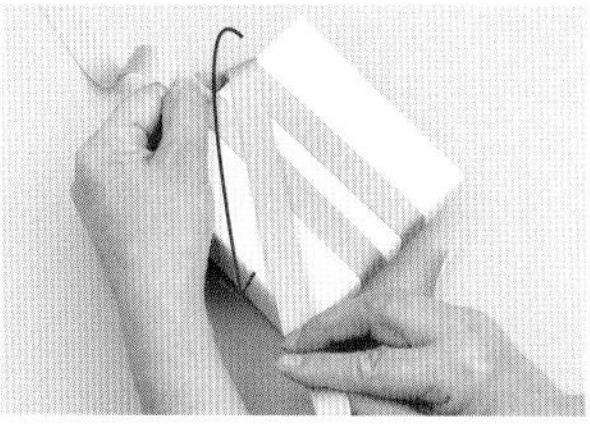

3

縦２周させたリボンを左手のリボンの上からかけて下へ引っ張る。

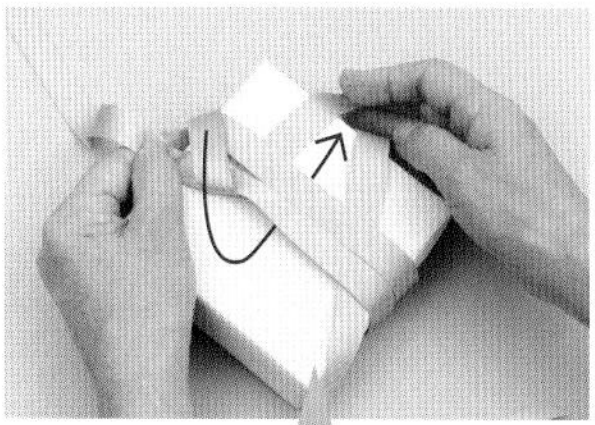

4

右手のリボンを、２周させたリボンの下からくぐらせ、右へ引き抜く。

Point

縦のリボンの１本だけしか通さないのはV字に開かなくなるのでNG。

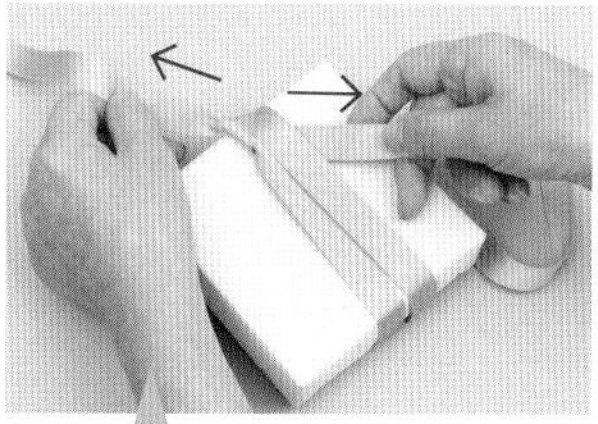

5

箱の角を使い、左手は上、右手は下へリボンをゆるめに引きしめる。

Point

このときあまりきつく引きしめると、V字に開きにくくなってしまう。

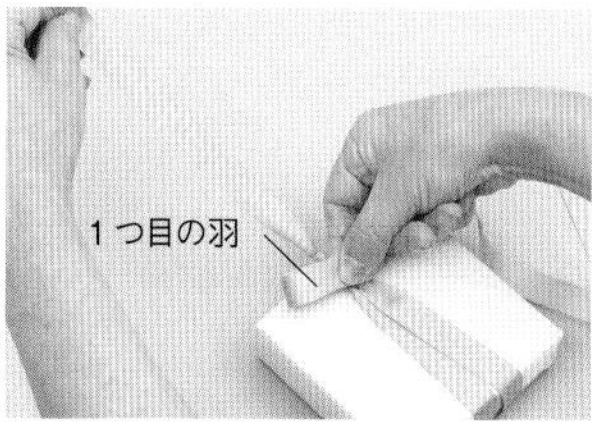

6

右下のリボンで１つ目の羽を作る。

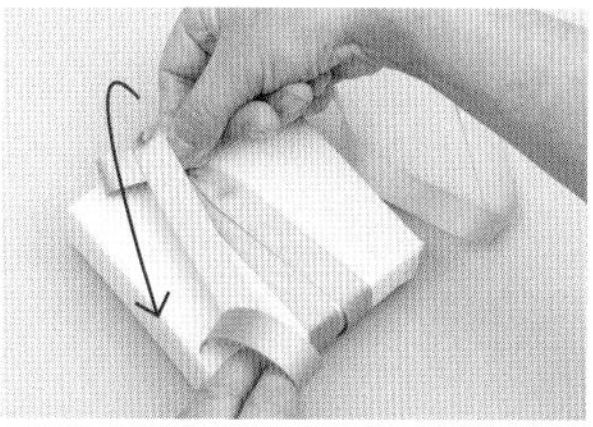

7

左手のリボンを上からかける。

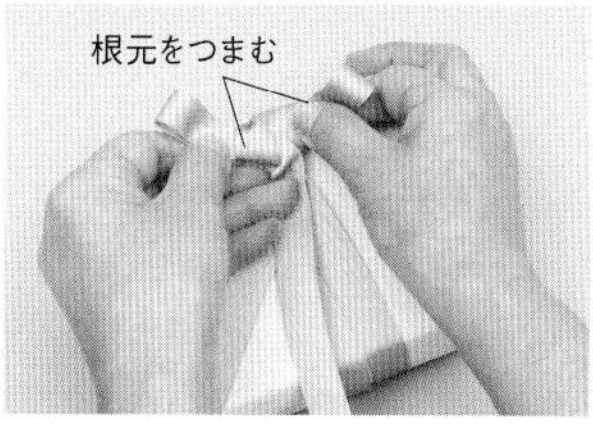

8

１つ目の羽の後ろから左手のリボンを通しながら、２つ目の羽を作る。羽の根元をつまんで引きしめる。

9

蝶結びの位置を決め、脚の先端処理をする。縦のリボンをV字に開いて、完成。

リバーシブルリボンで蝶結び

リボンの表面だけを見せて結ぶ方法です。知っておくと、どんなリボンでも結べるので重宝します。

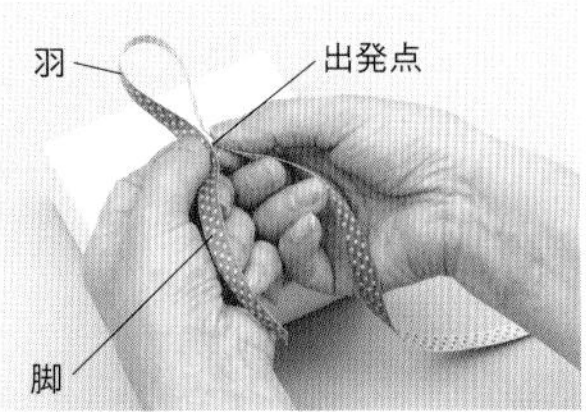

1

片側の羽と脚の長さを決め、出発点とする。

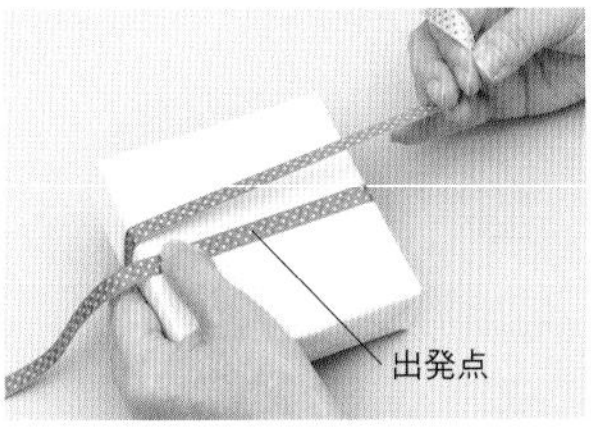

2

出発点を箱中央に置き、左手でリボンと箱をおさえる。右手でリボンを横一周させ、左手リボンの上にもってくる。

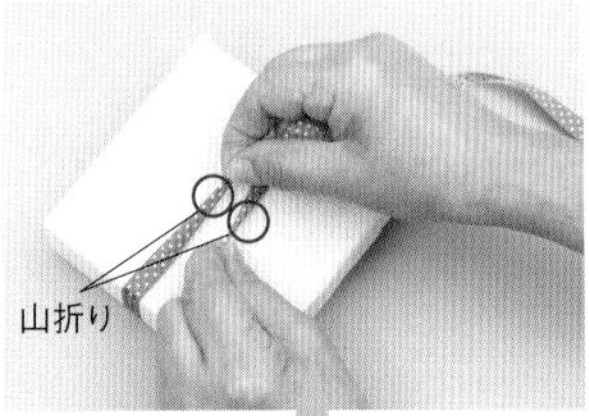

3

両手のリボンを箱中央で山折りしてつまむ。左手は上、右手は下へリボンを引き、十字にかける。

Point

リボンを山折りをせずクロスさせると、リボンが裏返りもたついてしまう。

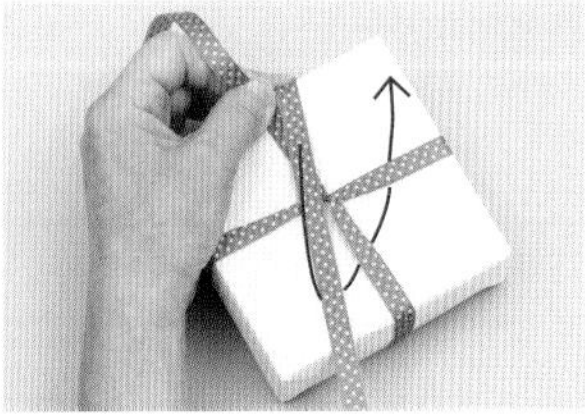

4

右手のリボンを縦1周させ、十字左下からくぐらせて右上へ引き抜く。

5

左手は下に、右手は上にしっかりとリボンを引きしめる。

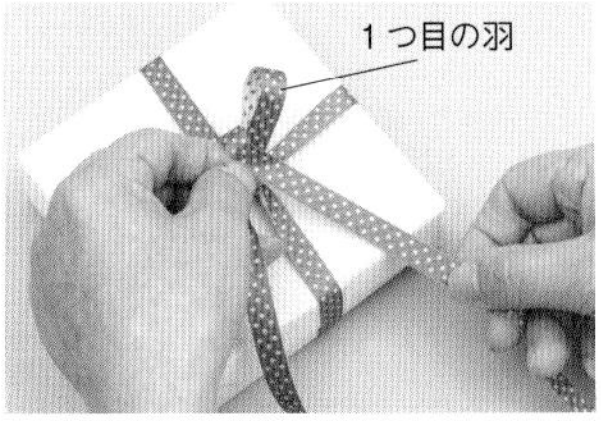

6

左下のリボンで1つ目の羽を作る。

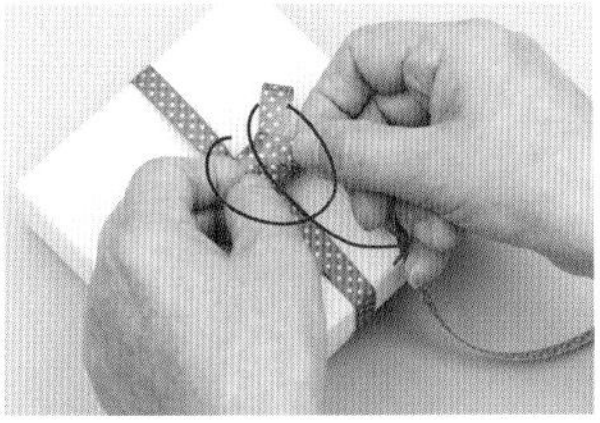

7

右手のリボンを上からかけて輪にし、さらにもう1回かける。

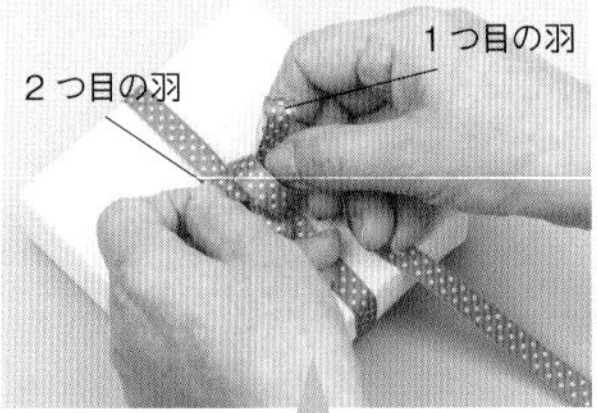

8

2回目にかけた右手のリボンを1回目の輪の中に通しながら2つ目の羽を作る。

Point

1回目の輪の中に指で押し込んで通すとよい。

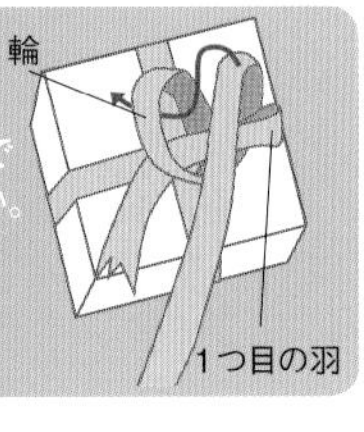

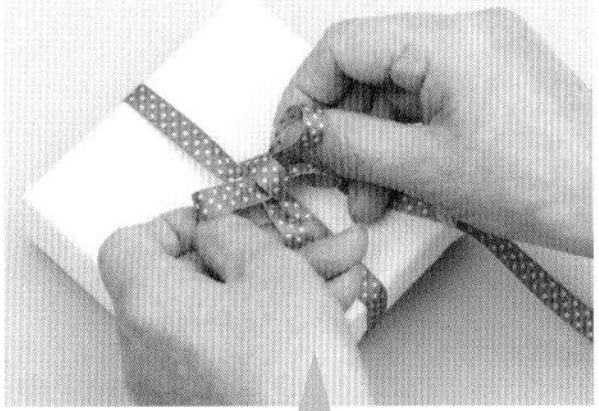

9

蝶結びの羽の奥側をつまんで引きしめる。羽のバランスを整え、脚の先端を処理して完成。

Point

リバーシブルリボンの場合は羽の奥側だけをつまむと、うまく引きしめられる。

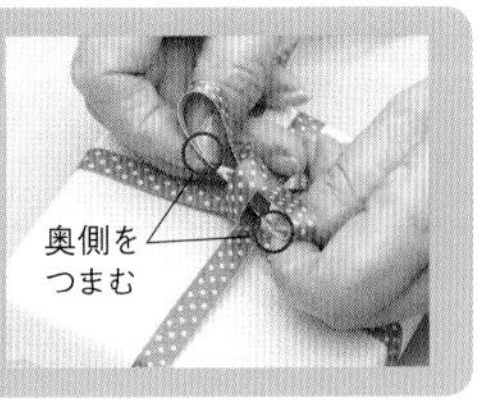

ダブル蝶結び

蝶結びをふたつ作ります。仕上がりは適度にボリュームが出て、可愛らしい印象になります。基本の蝶結びでは物足りないときに。

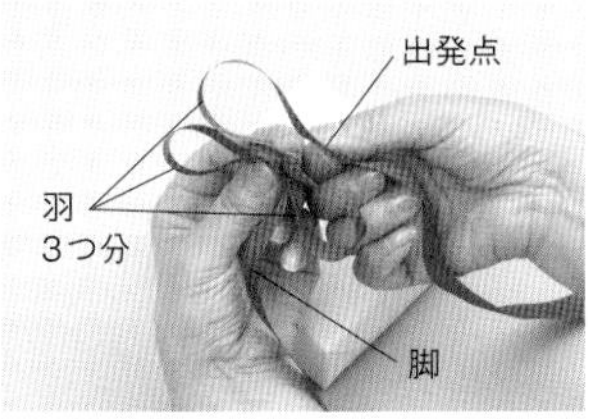

1

羽３つ分と脚の長さを決め、出発点とする。

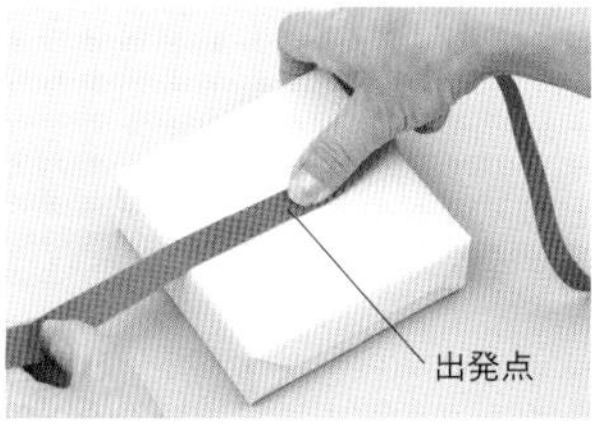

2

出発点を箱中央に置き、十字がけ(→p.106[2]～[9])と同様にする。

3

左を下、右を上にリボンを引きしめた状態。

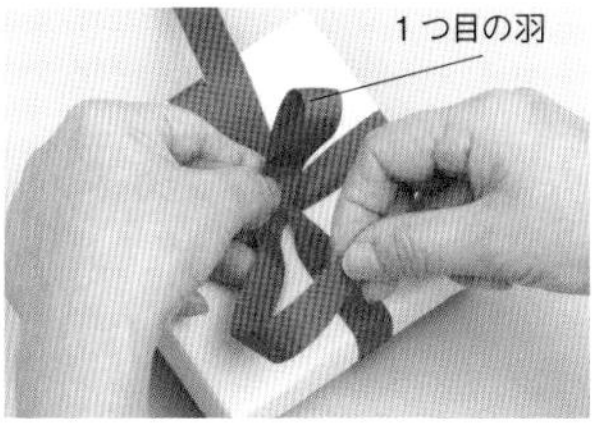

4

左下のリボンで右側に１つ目の羽を作る。

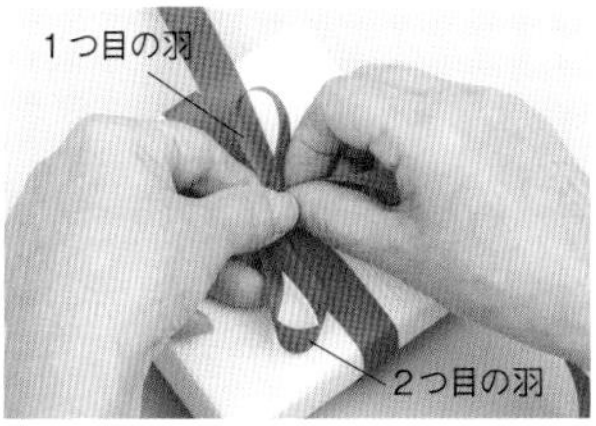

5

同じリボンでそのまま左側に２つ目の羽を作る。

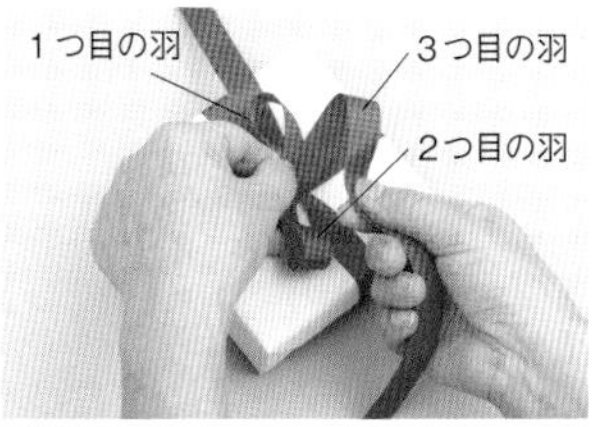

6

さらに右側に３つ目の羽を作る。

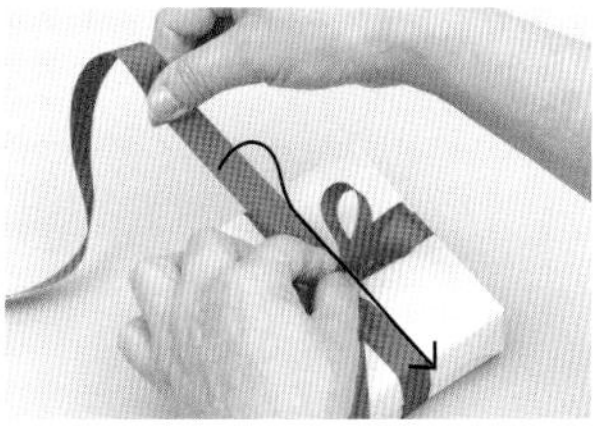

7

右手で長いリボンを左右３つの羽の中心に上から回しかける。

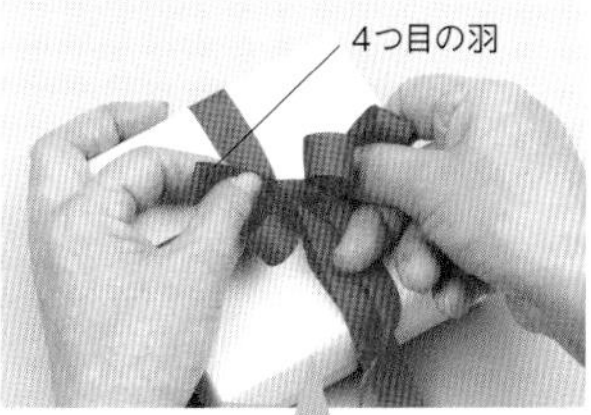

8

右手のリボンを３つの羽の後ろを通しながら４つ目の羽を作る。バランスを整え、脚の先端を処理して完成。

Point

左右奥側の羽の根元を引きしめる。手前と奥、手前同士ではうまく引きしめられないので注意。

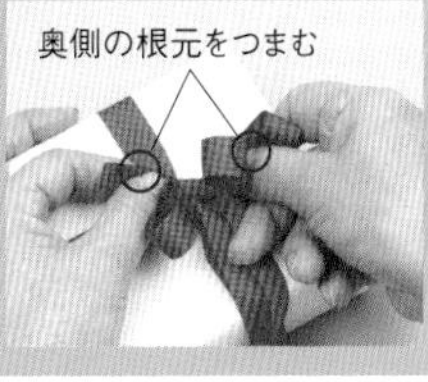

トリプル蝶結び

結び目部分にもうひとつ羽を作ると、ぷっくり可愛い印象になります。太くて裏表がなく、透けないリボンが向いています。

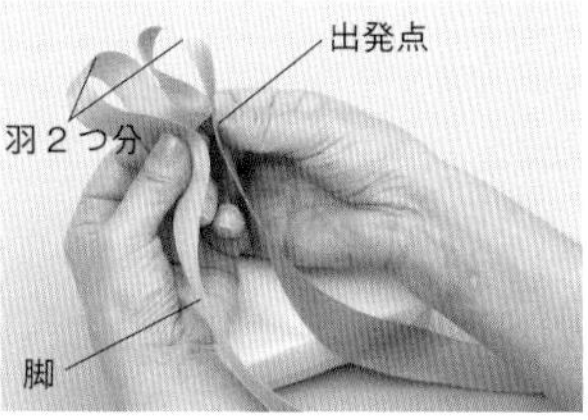

1

羽２つ分と脚の長さを決め、出発点とする。

2

出発点を箱中央に置き、十字がけ(→p.106[2]～[9])と同様にする。左を下、右を上にリボンを引きしめた状態。

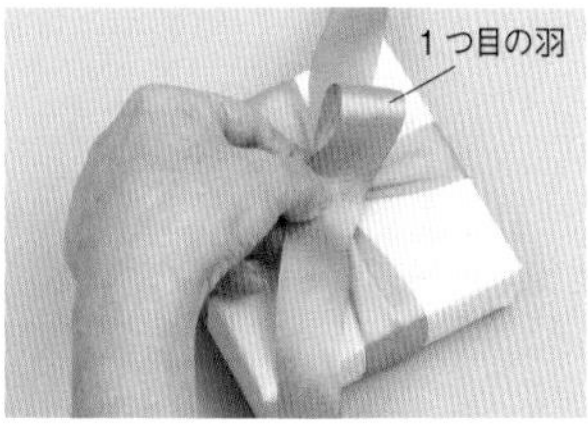

3

左下のリボンで１つ目の羽を作る。

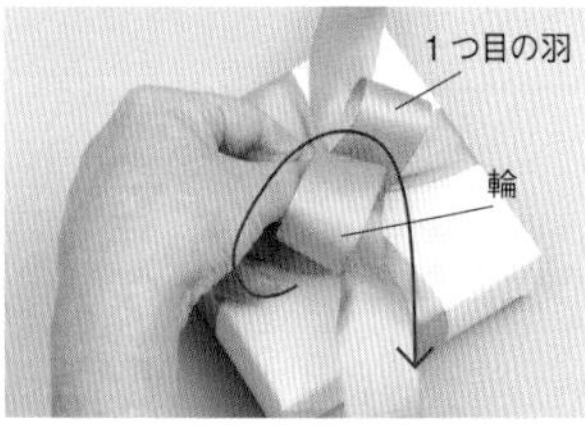

4

そのまま同じリボンを手前から奥にくるっと巻いて輪を作る。仕上がったときこの部分が結び目の上にくる。

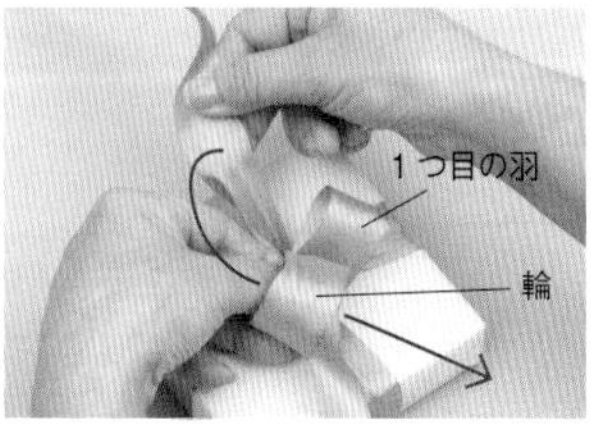

5

右上のリボンを輪に通す。左手は羽と輪をしっかりとおさえておく。

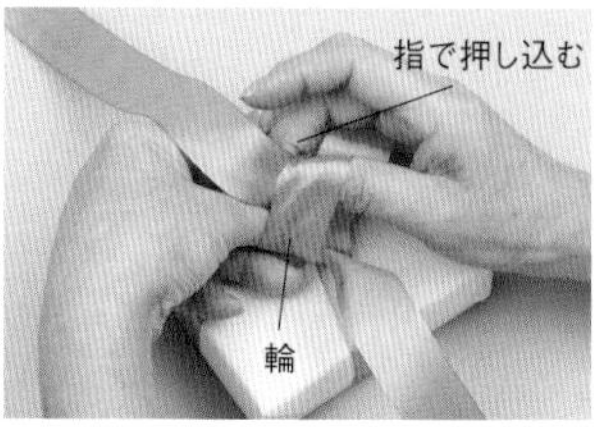

6

通すときは右手親指で輪を開き、右手人差し指か中指で上からリボンを押し込むようにするとよい。

7

輪に通し、引き抜いているところ。

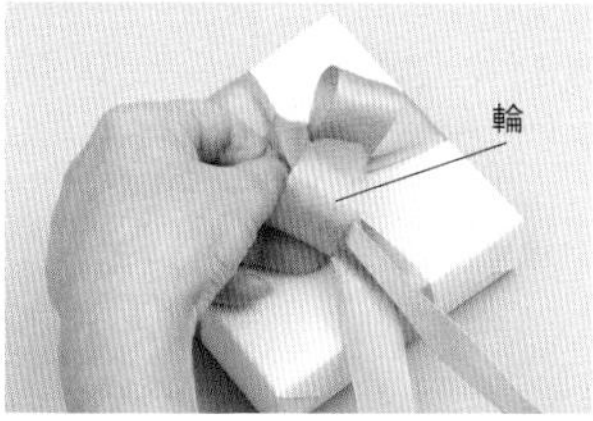

8

引き抜いた状態。輪を大きくすると通しやすいが仕上げの引きしめが大変になるので注意。

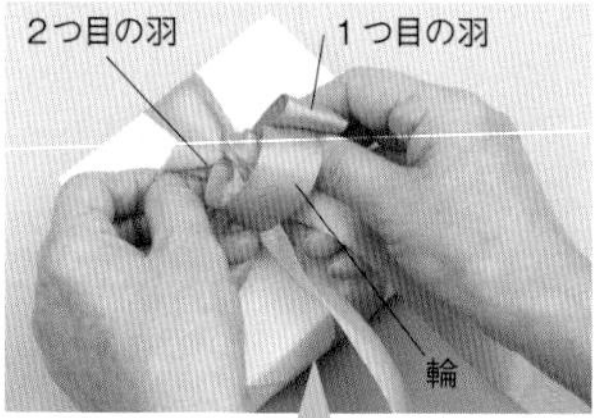

9

引き抜いた右手のリボンを１つ目の羽の後ろに通しながら、２つ目の羽を作る。

Point

結び目の上に輪があるだけで、基本的には蝶結びと同じ。

10

結び目の上の輪にはふれず、左右の羽をつまんで引きしめる。バランスを整え、脚の先端を処理して完成。

Point

引きしめるときは、左右の羽の根元、または、左は羽の手前を、右は羽の奥をつまんでも効果的に引きしめられる。

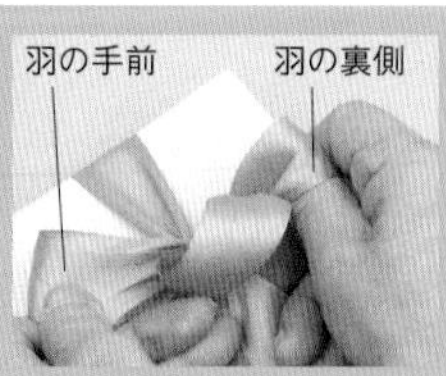

ポンポンボウ結び

昔ながらの飾りですが、リボンの種類や組み合わせによって驚くほど表情豊かに。リボンとボウをつなげて作るテクニックです。

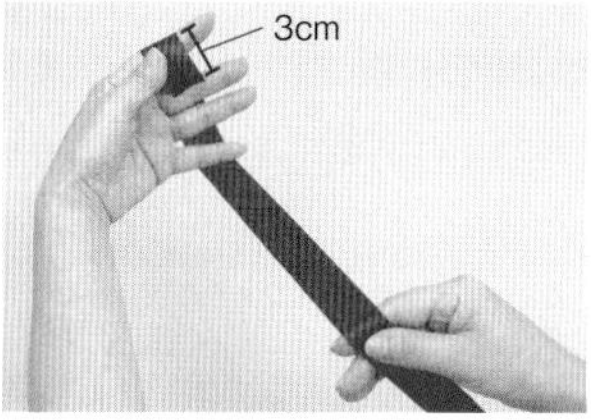

1

箱に合わせるボウの大きさを決める。指４本を軽く開いたくらいが目安。巻き始めは 3cm くらい指にかける。

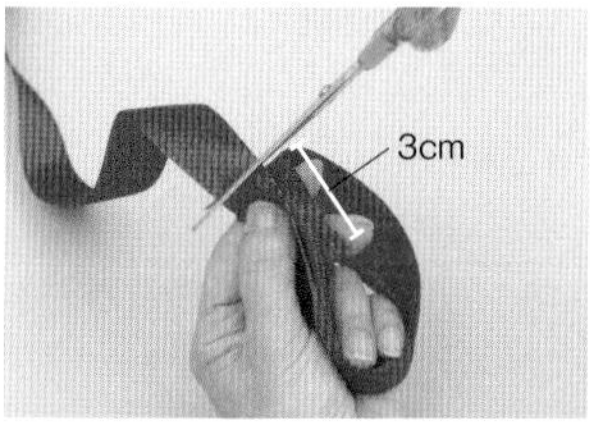

2

リボンを指に６周させる。巻き始めから３cm くらいのところでカットする。

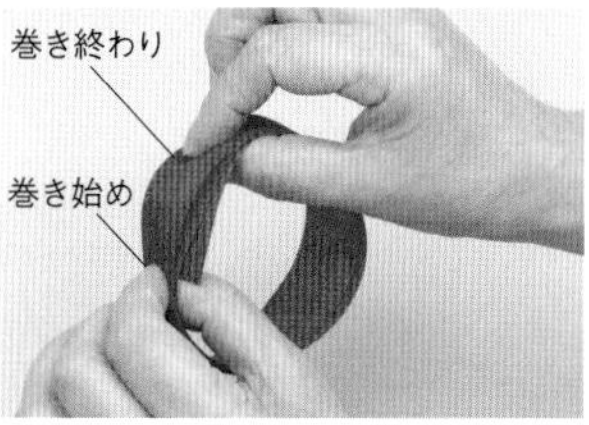

3

巻き始めと巻き終わりがはずれないよう、両手の人差し指と親指でおさえる。

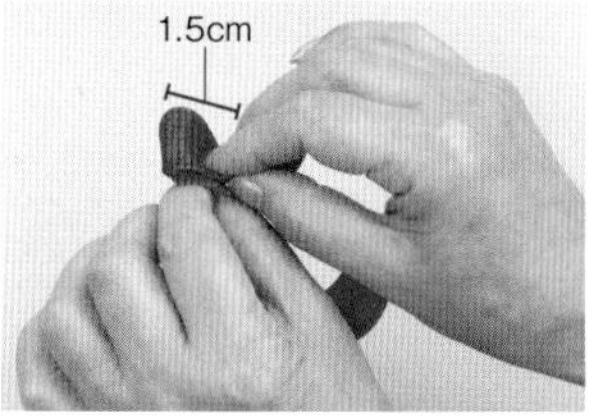

4

巻き始めから巻き終わりを重ね、半分の 1.5cm にする。

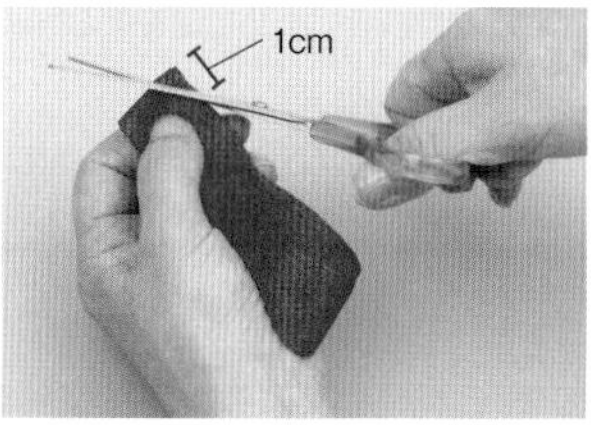

5

そのまま左手にボウを持ち、左右とも上から 1cm のところからななめにカットする。中心は 5mm ～ 1cm 残す。

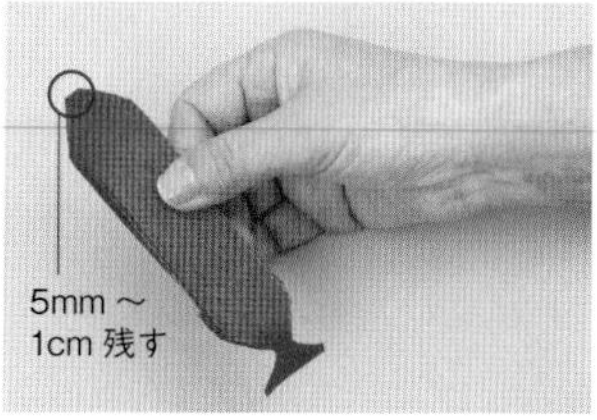

6

反対側も同じようにカットする。中心を長く残すと仕上がりが汚なくなるので注意。

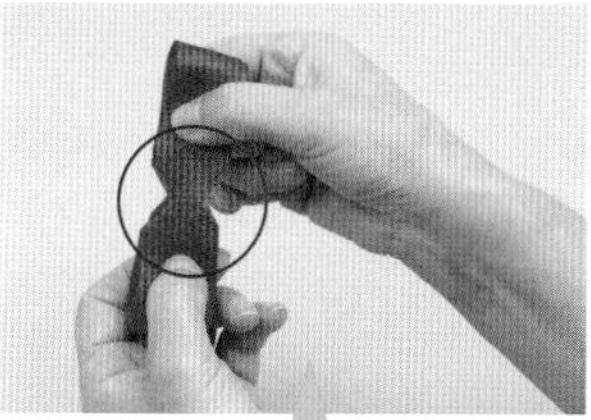

7

カットした部分が中心にくるようにボウを持ち替える。

Point

巻き始めと巻き終わりがはずれないよう、それぞれ指でおさえながら持ち替えるとよい。

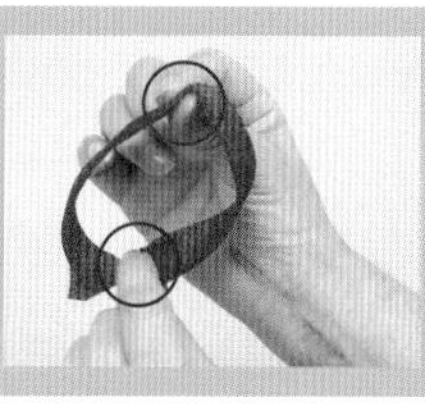

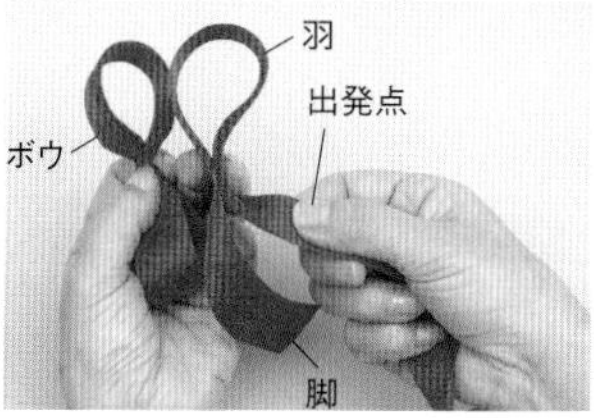

8

別のリボンを、ボウに合わせて羽１つ分と脚の長さ+2cm とり出発点とする。

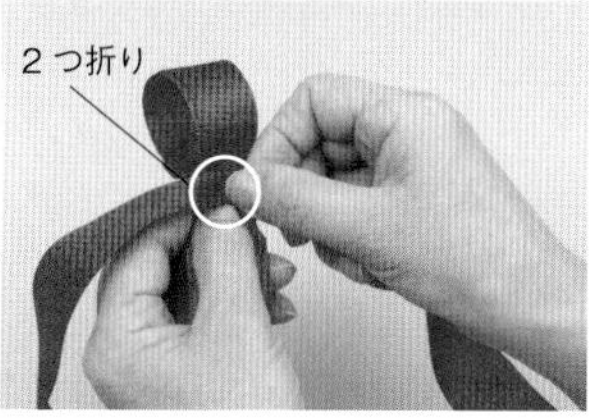

9

出発点を２つ折りし、ボウの中心にあてる。

10

ボウの裏側でひとつ結びする。

11

もう一度ひとつ結び。ぎゅっとしめつけた方が仕上がりがキレイになる。

12

ボウを箱の中心にあて、左手で箱をつかむ。

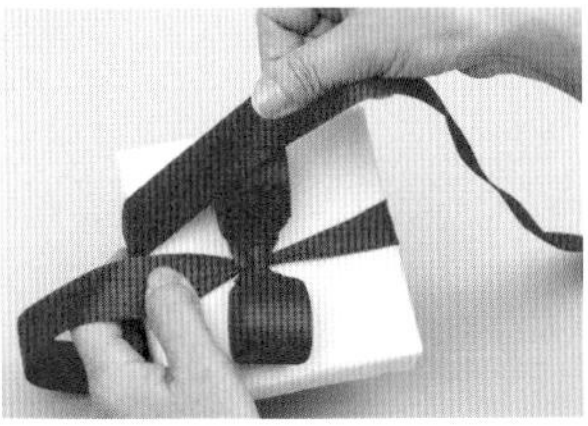

13

右手でリボンを横１周させる。

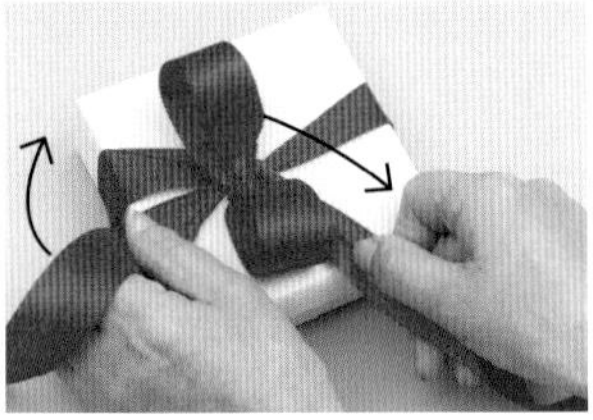

14

十字がけをする。右手のリボンはボウの下を通り右下へ、左手のリボンは左上にクロスさせる。

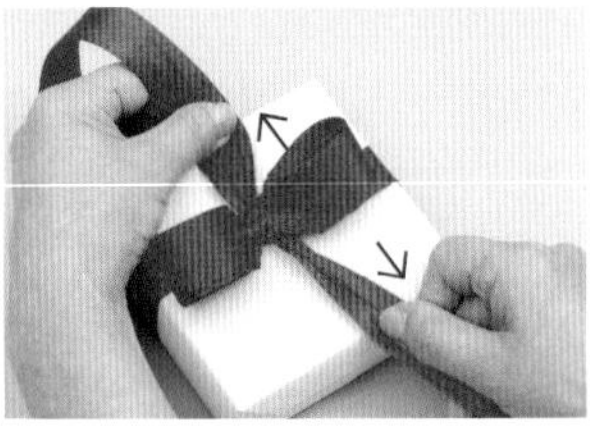

15

クロスさせ、引きしめているところ。

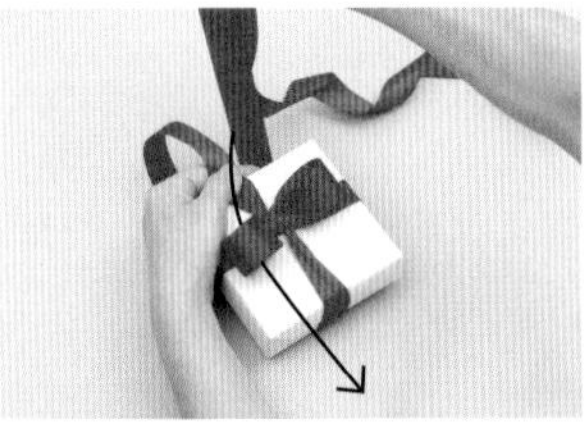

16

右手のリボンを縦１周させ、ボウの下を通り左下へ引っ張る。

17

ボウの下を通した状態。

18

そのまま十字の左下から右上へ引き抜く。

19

左は下に、右は上に、リボンをしっかり引きしめる。

20

右の指でボウを上向きにおさえる。

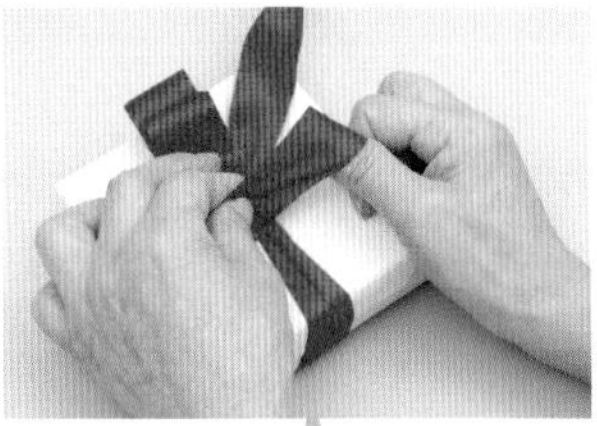

21

左下のリボンで１つ目の羽を作り、蝶結びをする。ボウを内側から１枚ずつひねって広げる。リボンの先端を処理して、完成。

Point

ボウを広げるときは内側から左右交互に指で上に引っ張り、思い切りひねるとよい。

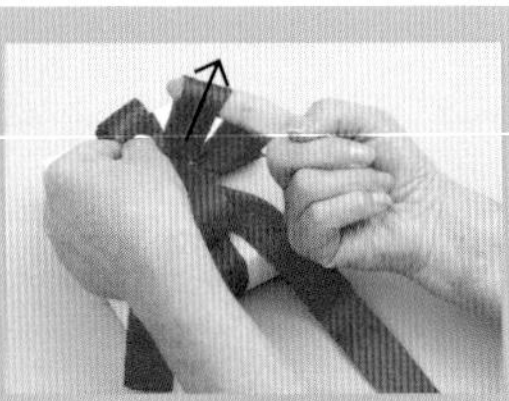

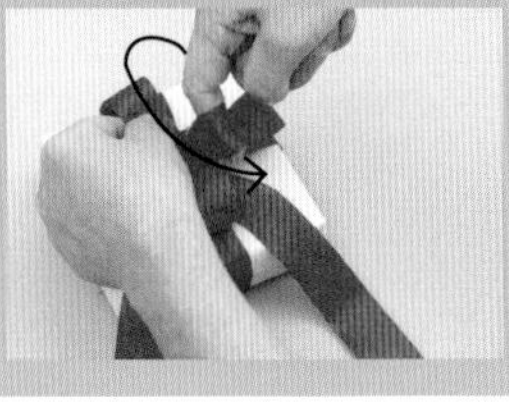

Q ポンポンボウだけを作って箱に貼るのは間違い？

A 間違いではありません。しかし、リボン本来の、“端と端がつながっていて結ばれる”という意味はなくなります。リボンとボウがつながった結び方なら、ほどいたときもスマートな印象です。

Part 05

いろいろな形を包む

箱に詰めにくいもの、形を生かして包みたいものなど、贈り物の形を生かしたラッピングを紹介します。箱詰めされたプレゼントとはまた違う、見た目のわくわく感もさることながら、品物を守り、引き立てることも考えた包み方です。さまざまなラッピング素材の活用法も、ぜひ参考にしてください。

Lesson 1

小さなお菓子

キャンディやチョコレートなど、
小さなお菓子を包むのにぴったり。
キーホルダーやカジュアルなアクセサリーなど、
気軽な贈りものを可愛らしく包みたいときにも。
同じ包み方で、焼き菓子やパンなど、大きなものも包めます。

にんじん風に包む

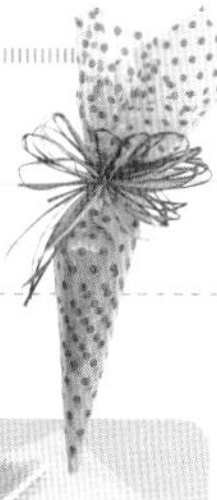

LEVEL ★☆☆☆☆

材料

- **紙**
  セロハン1枚
  薄紙1枚
- **リボン**
  ラフィア風リボン
  1本×2種

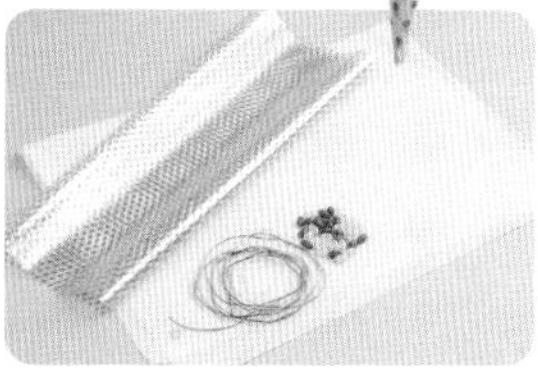

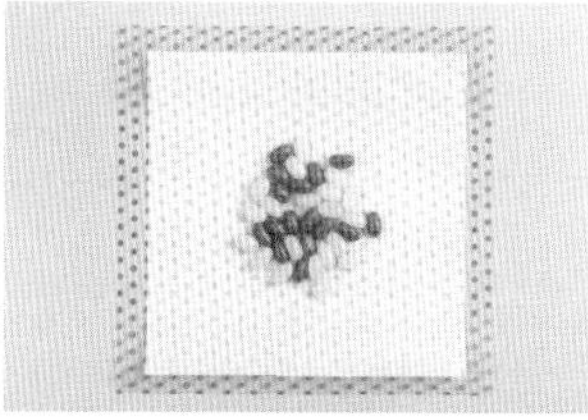

1

包む中身に合わせて薄紙を正方形に切る。セロハンはそのひと回り大きく切る。写真は15cm四方。

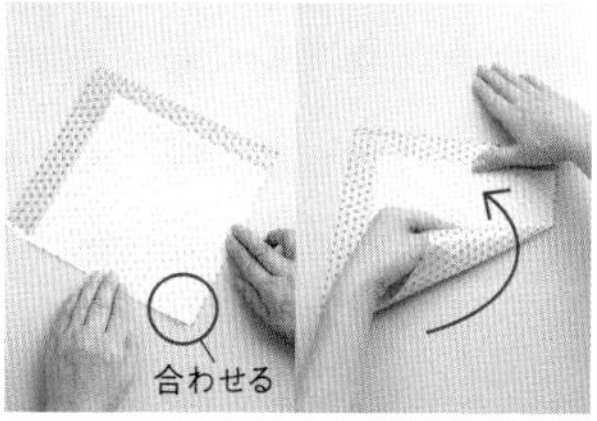

2

薄紙とセロハンをひし形に置き、手前で端を合わせる。左手をひねりながら、にんじん形に巻き込む。

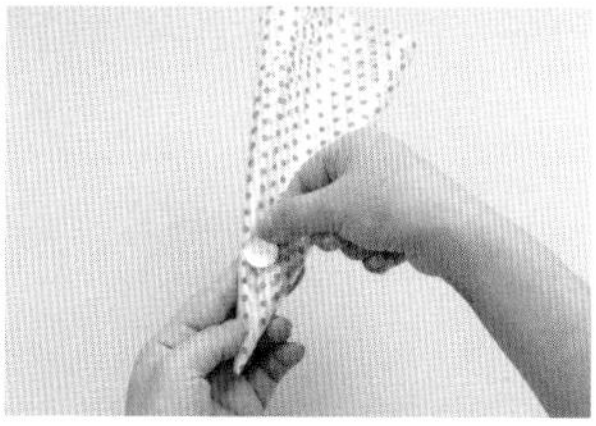

3

巻き終わりをシールでとめ、中身を入れる。シールの部分が裏面になる。

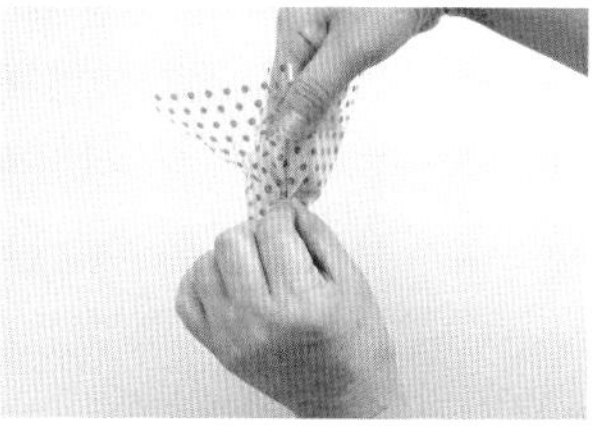

4

包みの中に手を入れ、手前だけ先にギャザーをよせる。こうするとキレイにひだがとれる。

5

残りもギャザーをよせ、リボンを4重にして（→ p.139）蝶結び。リボンの先端を処理して、完成。

米袋風に包む

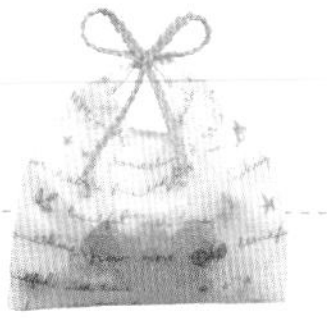

LEVEL ★☆☆☆☆

材料

- **紙**
  ワックスペーパー1枚
- **リボン**
  細めのもの1本

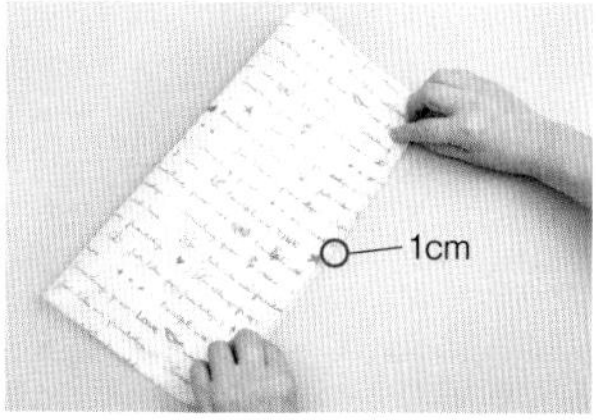

1

紙を2つ折りする。このとき、下になる紙を1cm残すようにするとキレイに仕上がる。

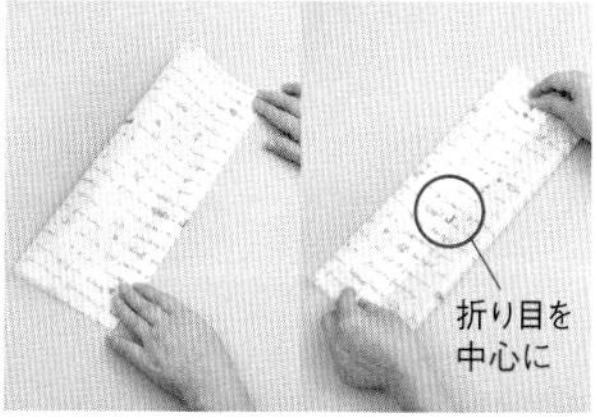

2

1cm残した部分から3つ折りをし、折り目を包みの中心にもってくる。

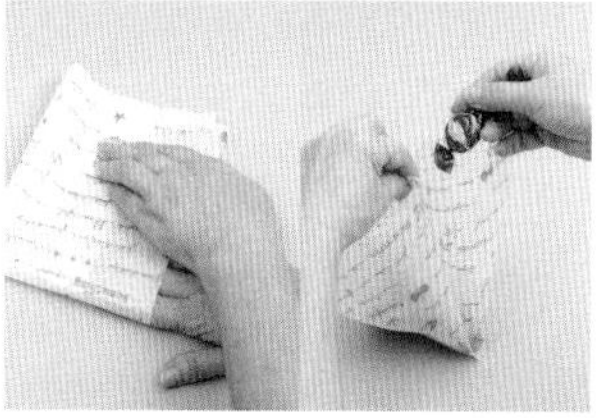

3

折り目が内側にくるようにして半分に折り、2つの袋それぞれに中身を入れる。

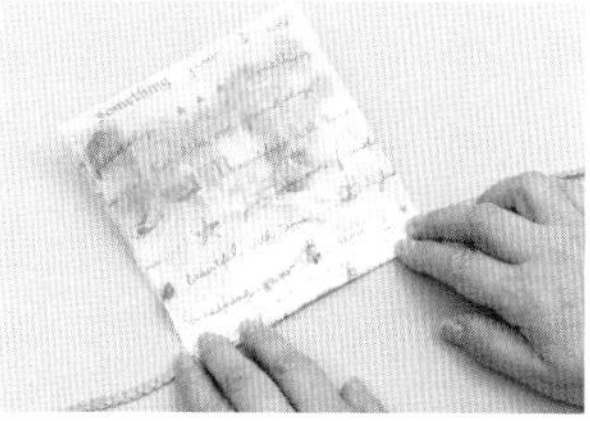

4

口の部分にリボンをはさんで3つ折りする。

5

リボンを蝶結びし、口を閉じる。リボンの先端をひとつ結びして、完成。

Lesson 2

ジャム

ペーパーロープを広げて包み紙にする、
遊び心いっぱいのラッピング。
ジャムのほか、お茶の缶、果物、
ボール、キャンドル、石けんなど
こぢんまりとしたものを
センスよく包みたいときに向いています。

ペーパーロープで包む

LEVEL ★★☆☆☆

材料

- **紙**
  ペーパーロープ
  1本×3種
- **リボン**
  コットンリボン1本

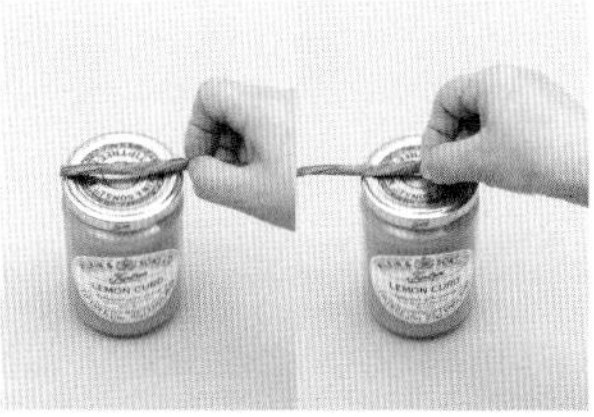

1

ビンの直径をとり、その印をビンの中心に置く。

2

飾りの部分を高さ5cmほどとり、ロープを1周させて中心までもってくる。

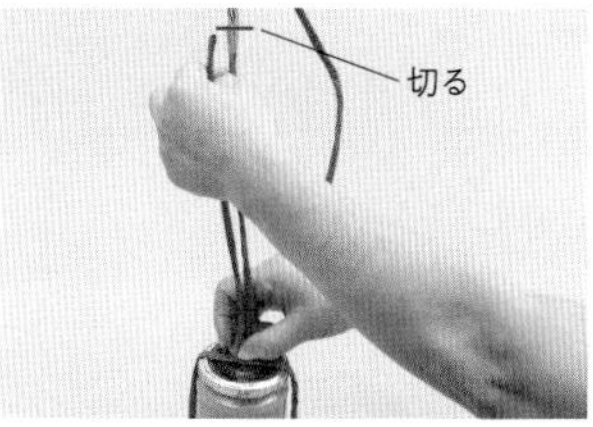

3

飾り部分と同じ長さに合わせて、ロープの先を切る。

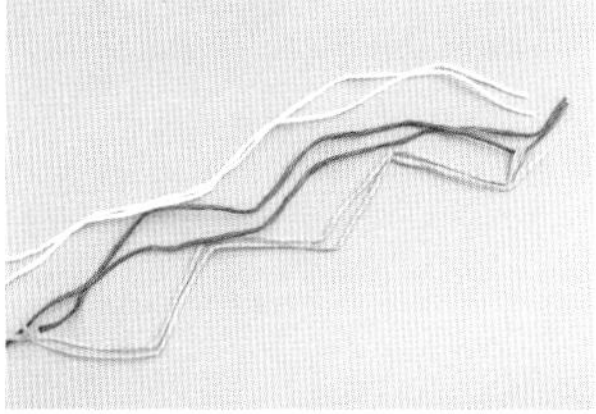

4

同じ長さのものを1種類ごとに2本ずつ、合計6本作る。

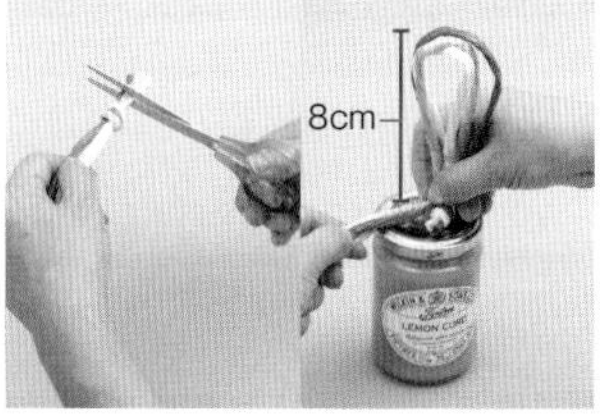

5

4とは別に、持ち手を作る。ロープ3種を端でひとつ結びし、結び目から1cmのところで切る。端をビンの中心に置き、高さ8cmをとりカット。

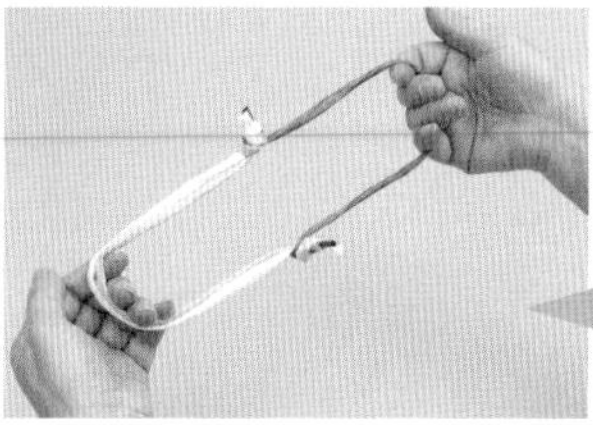

6

反対側も同じようにひとつ結びして先端を処理。

Point
両手で引っ張り、固く結べているか確認。

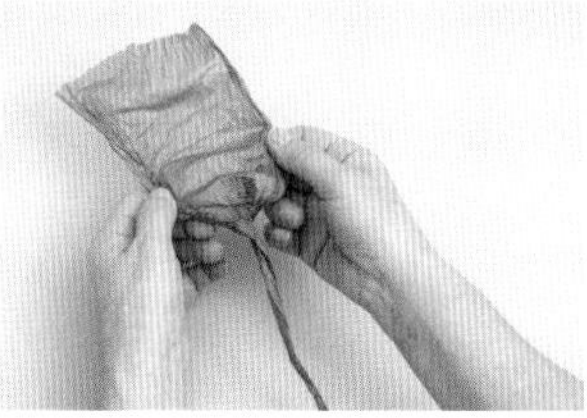

7

6本とったロープを1枚ずつ広げる。多少くしゃくしゃ感が残るくらいが風合いが出てよい。破らないよう丁寧に。

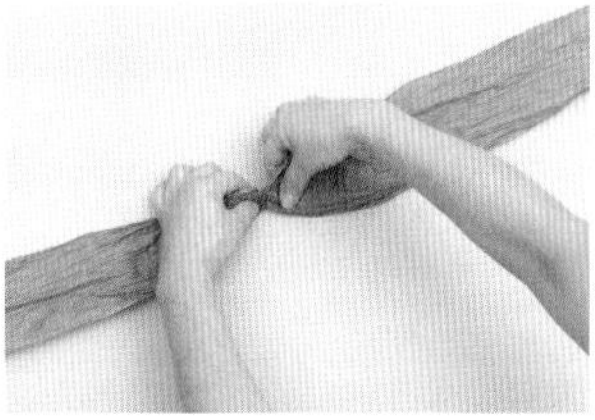

8

広げたペーパーロープの中心をひねり、茶・白・ベージュの順に放射線状に並べる。

9

放射線状のロープの中心にビンを置き、その上に持ち手を置く。結び目を寝かせて輪の部分を立てておく。

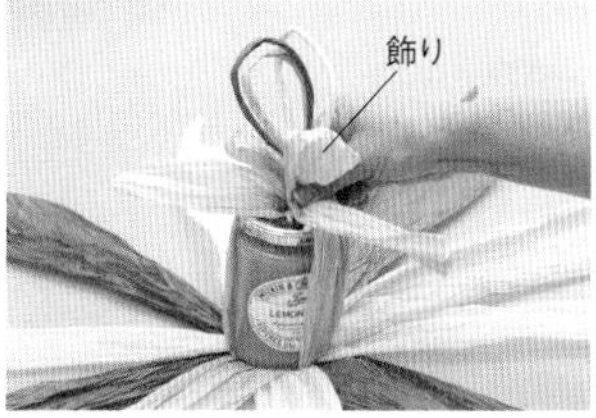

10

上から順に、ビンを包んでいく。このとき飾り用にとった5cmを折り返してつまむ。多少長さに変化をつけてもOK。

11

側面がたるまないよう6枚同様に包み、リボンで蝶結びをする。しっかり結ばないと持ち手が抜け落ちるので注意。

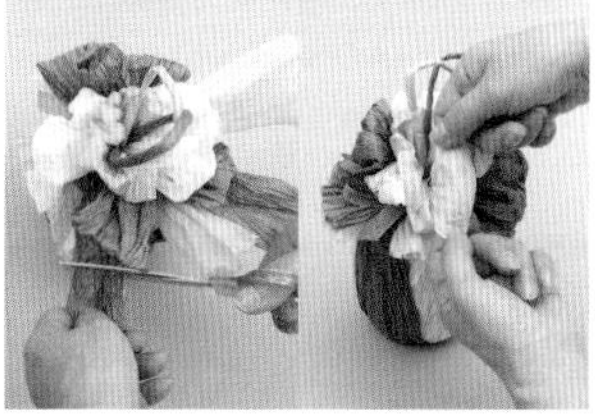

12

飾り部分のひだを広げ、不要なところは切り落として、完成。

Lesson 3

CD・DVD

イベントや旅行の写真を
CD などにコピーして渡すときにも、ひと工夫を。
リバーシブル紙で包んだり、中の写真をチラリと見せると、
心づかいが感じられます。
本、アルバム、ノート、手紙など
薄く平らなものを包むときに。

リバーシブル紙で包む

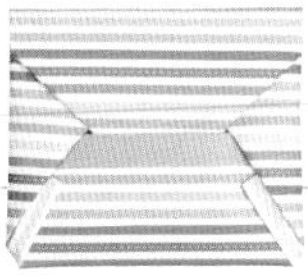

LEVEL ★☆☆☆☆

材料

- **紙**
  スクラップブッキング用紙1枚
  （固めのリバーシブル紙でもよい）

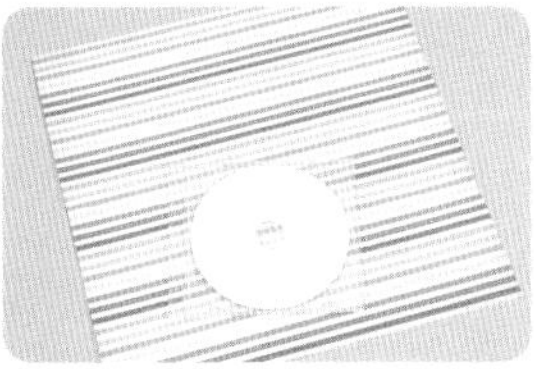

1 縦はCDの長さの2倍＋5cm、横はCDの長さ＋7cmで紙取り。1cm化粧折りした地をCD半分まで折る。

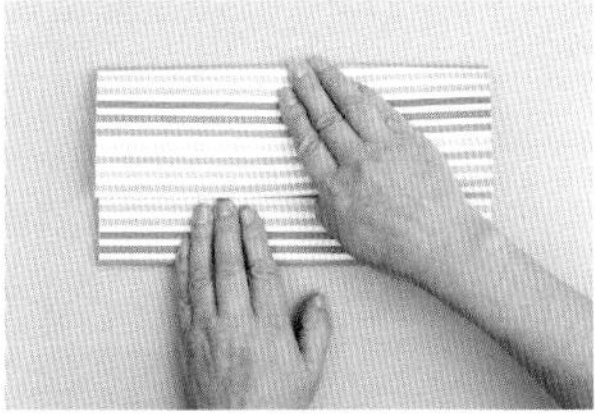

2 天をCDに合わせて折る。

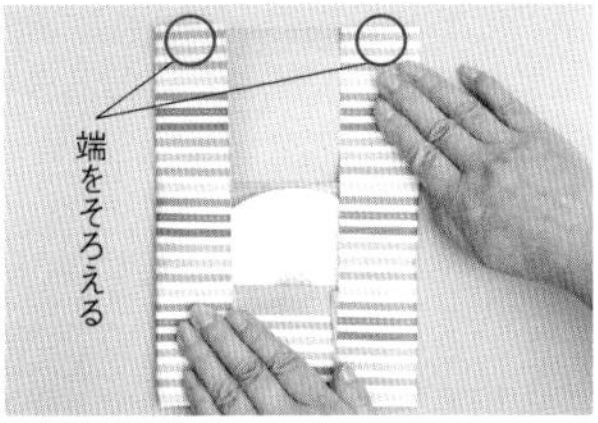

3 天をいったん広げ、左右をかぶせる。CDの厚みがあるので、上部が外に広がりやすい。まっすぐに折るよう注意。

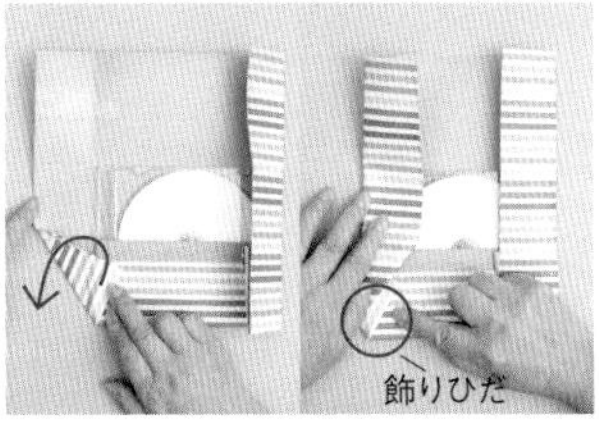

4 左下の角をななめに折る。もう一度ずらしてななめに折り、かぶせなおしたときに飾りひだが出るようにする。

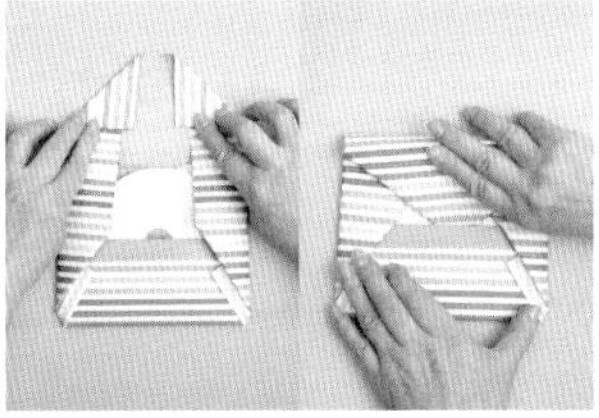

5 右下角も同様に飾りひだを出す。左上、右上の角をななめに折り、かぶせて地に差し込んで、完成。

中をチラリと見せる

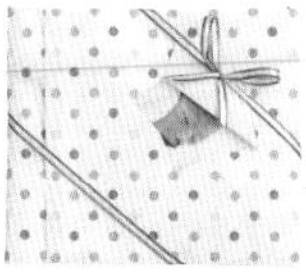

LEVEL ★★☆☆☆

材料

- **紙**　無地紙、柄紙など1枚
  （柄紙の場合は柄が小さいものがよい）
- **リボン**　細めのもの1本
- **その他**
  中の写真を印刷したもの1枚
- **道具**　カッターマット、マスキングテープ

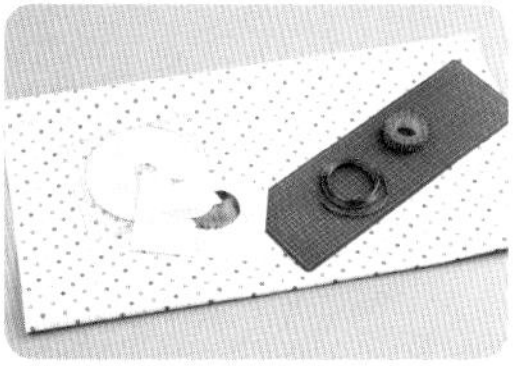

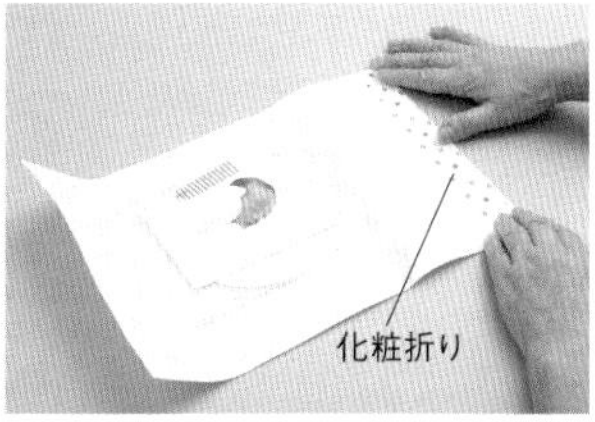

1 縦はCDの長さ＋6cm、横はCD1周＋7cmで紙取り。写真をテープでCDに貼り、紙の右端を3cmほど化粧折りする。

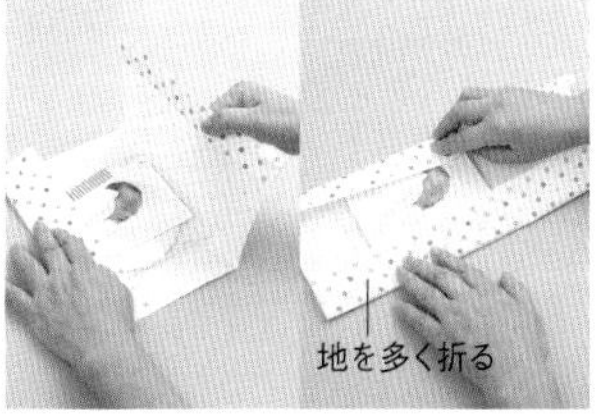

2 左側の紙をかぶせる。穴を開けたい部分にかかるようならカットする。天地も同様。弔事ではないので、地を多く折る。

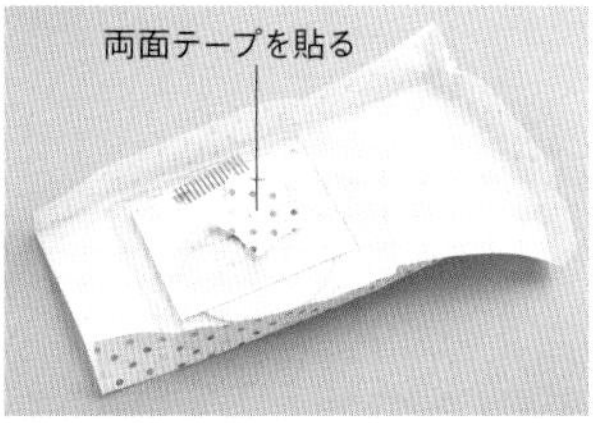

3 余り紙を星形に切り、穴を開けたい部分に置く。上に両面テープを貼っておく。

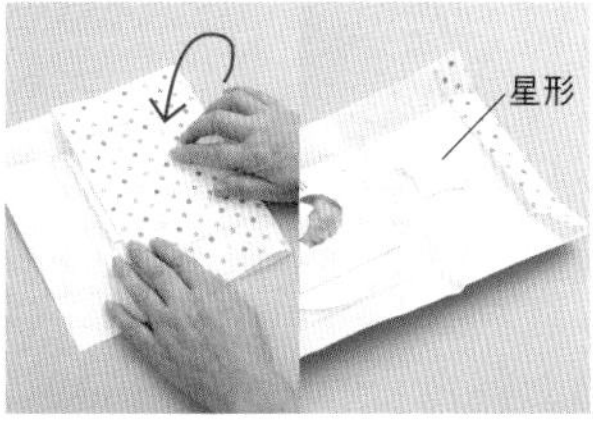

4 右側をかぶせて開く。星形が穴を開けたい部分に貼ってある状態。

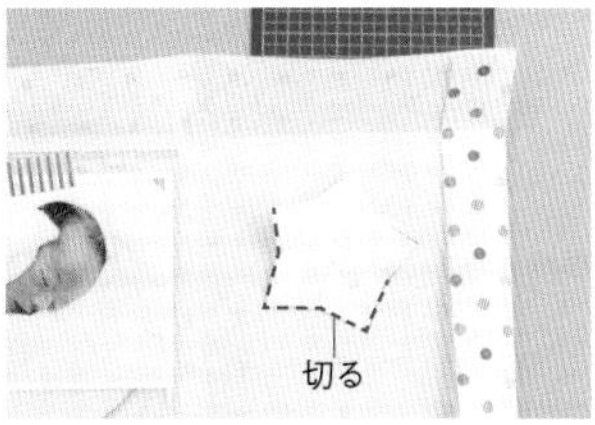

5 星形の下半分をカッターで切り、外側に折って窓にする。天地を閉じ、右側に左側を差し込む。リボンをななめがけに結び、完成。

Lesson 4

本

しおり付きのブックカバー風ラッピング。
プレゼントをした後もずっと使えるので、
ラッピングを長く生かせます。
ポケットにメッセージカードをはさんだり、
仕上げにリボンをかけてもよいでしょう。

ブックカバー風に包む

LEVEL ★☆☆☆☆

材料

- **紙**
  リバーシブル紙１枚

1

紙取りをする。横は本１周＋折り返し（化粧折りをするのでやや大きめに）２か所分をとる。写真は13cm×２カ所。

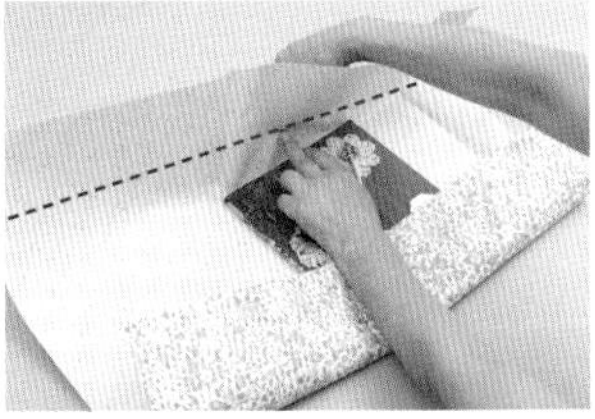

2

縦は本の長さ＋ポケット分＋化粧折り3cmをとる。写真はポケット分12cmほど。

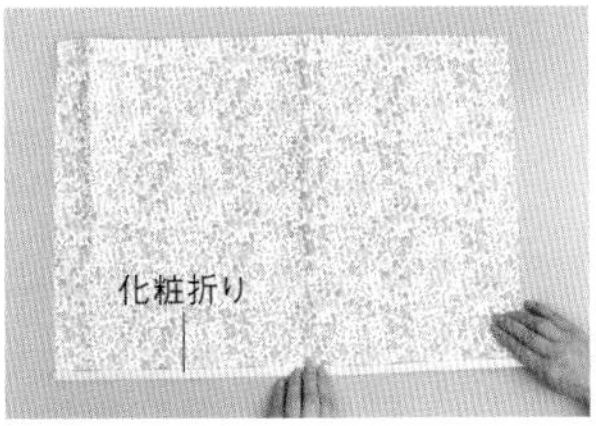

3

紙の表を上にして、地を1cm化粧折りする。ここがポケットの口になる。

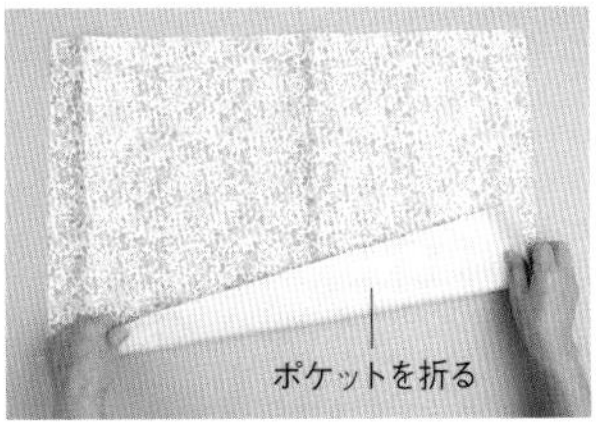

4

ポケットを作る。表紙側を見ながら、ななめにポケットを折る。

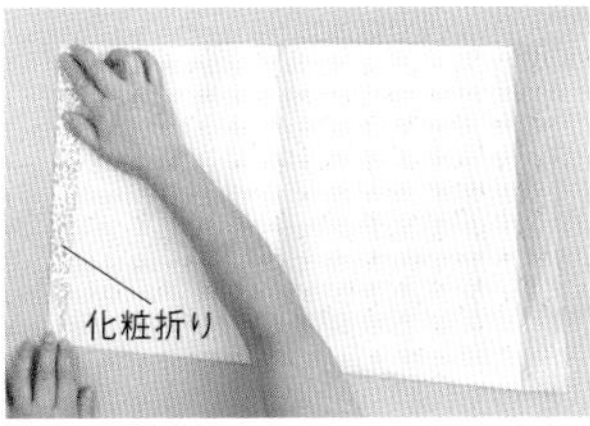

5

紙をひっくり返し、裏が上にくるように置く。表紙側（ポケットの折り上げが大きい方）の端を2cm化粧折りする。

6

本に合わせて天を折る。

7

表紙側をかぶせる。折り返し部分に折り目をつける。裏表紙側も同じように折り目をつける。

8

本を裏に返し、裏表紙側をしっかりと折る。

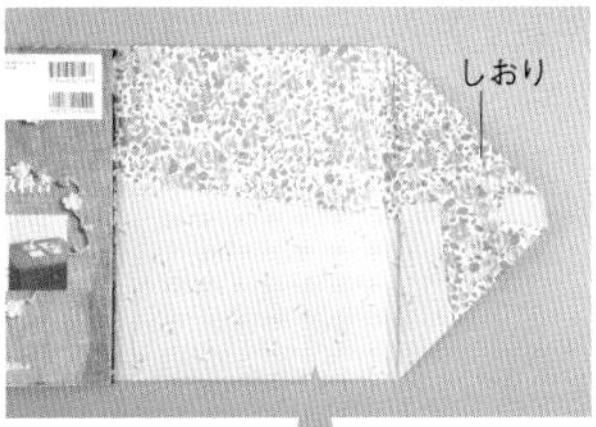

9

裏表紙の上下をななめに折る。ここがしおりになる。

Point

ななめに折るときは、裏表紙の折り目に合わせない。本の厚み分手前に折る。

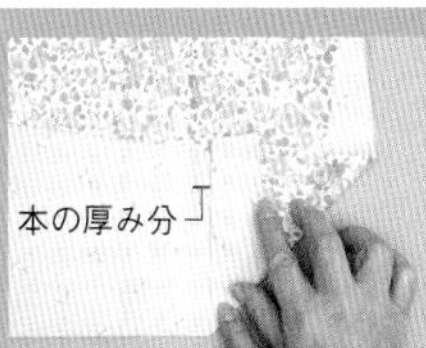

10

しおりをはさんで本を閉じ、完成。

Lesson 5

おりたたみ傘

薄いクレープ紙をフリルのようにアレンジした、
エレガントな包み方です。
折りたたみ傘のほか、ボトルやカレンダー、哺乳瓶など、
細長いものを包むと、フリルの部分がよく映えます。

クレープ紙で包む

LEVEL ★☆☆☆☆

材料

- **紙**
  薄手のクレープ紙1枚
  （厚みのあるものはフリルのアレンジができないので注意）
- **リボン**
  無地または柄リボン1本

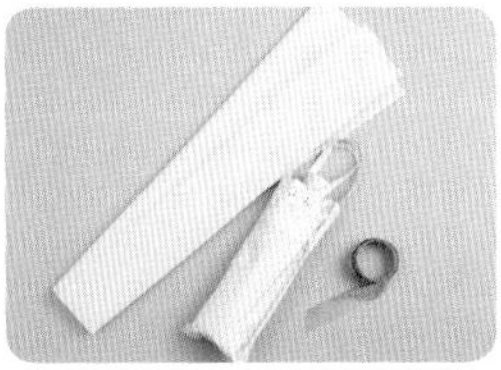

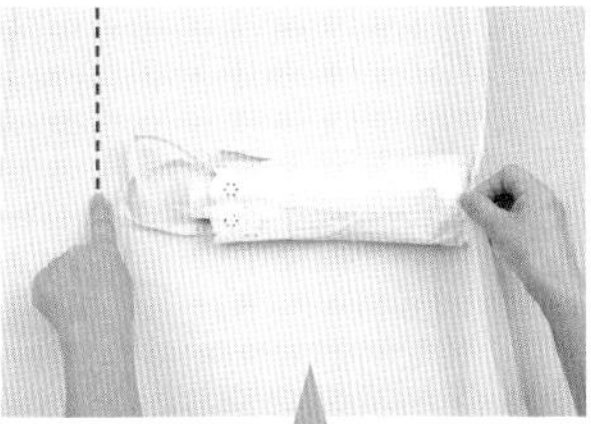

1

しわが縦になるように紙を置き、紙取りをする。横は傘の長さ＋厚み＋5cm。

Point

薄いクレープ紙は引っ張ると伸びてしまうのではさみでそっと切る。

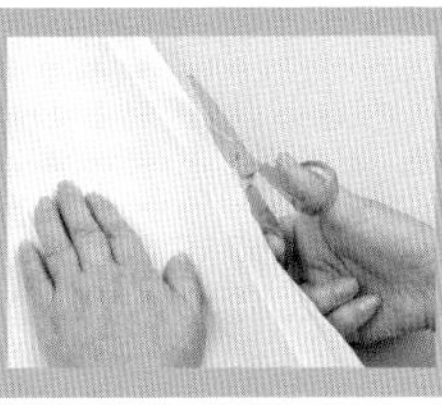

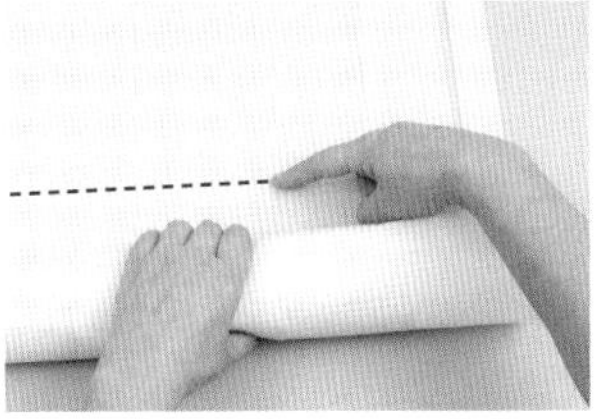

2

縦は傘の1周＋5cmで切る。これを3枚作る。

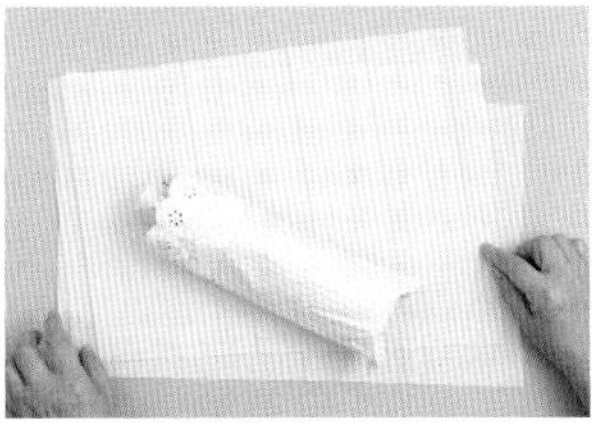

3

3枚の紙をずらして重ね、対角線あたりに傘をななめに置く。

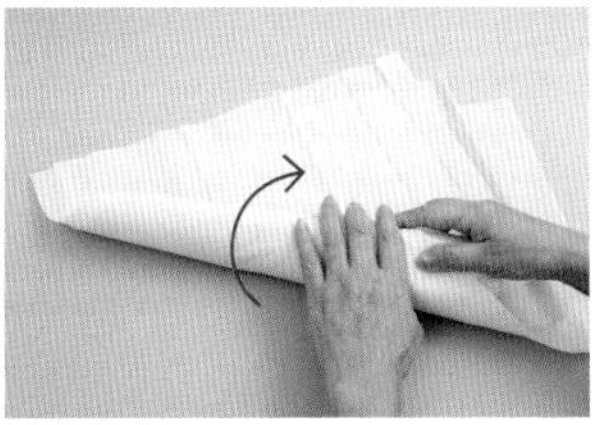

4

左下から巻いていく。

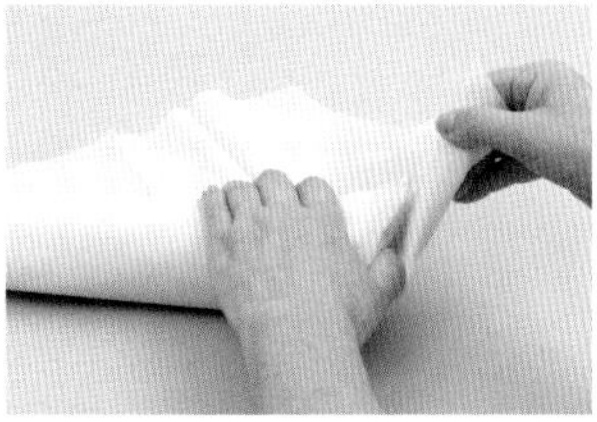

5

途中、底部分を折り上げる。

6

折り上げた部分は傘のへりに沿わせるよう、指でおさえ、さらに巻いていく。

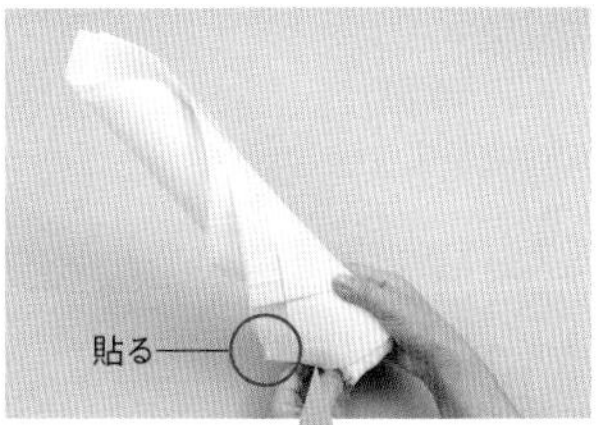

7

巻き終わりに両面テープを貼り、端をとめる。

Point

両面テープは3枚の紙に渡るように貼ると、しっかりととめることができる。

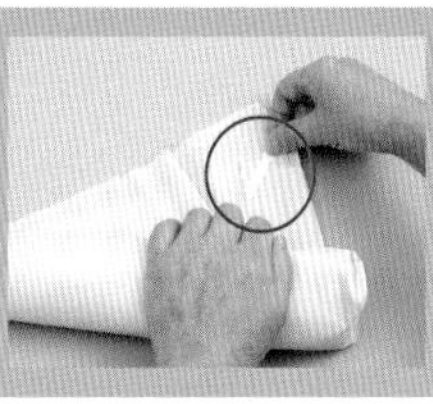

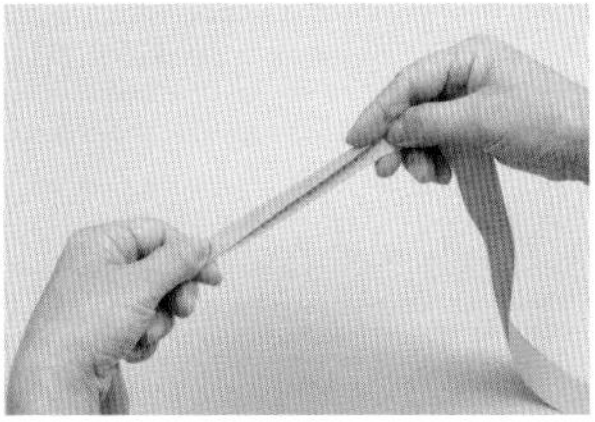

8

リボンで蝶結びをし、口を閉じる。リボンが太いときは2つ折りにするとよい。

9

紙の端を指でひねり、フリル状にする。バランスを見ながら多方向に向けるとよい。リボンの先端を処理し、完成。

Lesson 6

パウンドケーキ

四角い形を生かし、少し中が透ける素材で包むと、
パウンドケーキらしい仕上がりに。
グラシン紙やワックスペーパー、セロハンなどは、
耐水性があるので水分や油分を通さず、
食品を包むときに重宝します。

グラシン紙で包む

LEVEL ★☆☆☆☆

材料

- **紙**
  グラシン紙1枚
- **リボン**
  無地または柄リボン1本
- **その他**
  コサージュ1つ
- **道具**　穴あけパンチ

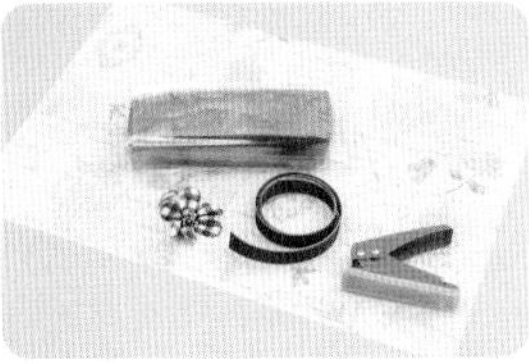

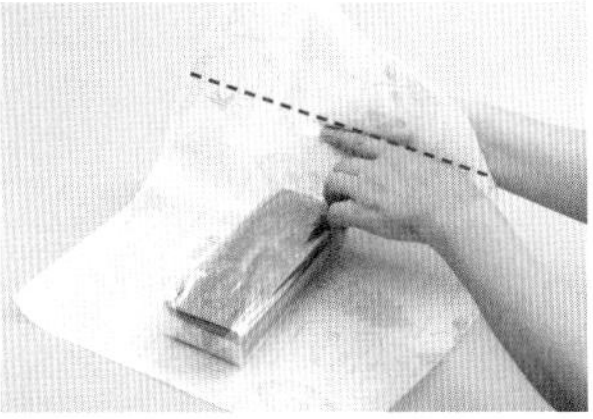

1

紙取りをする。縦はケーキ1周＋6cm、横はケーキの長さ＋厚みの２倍＋4cmで切る。

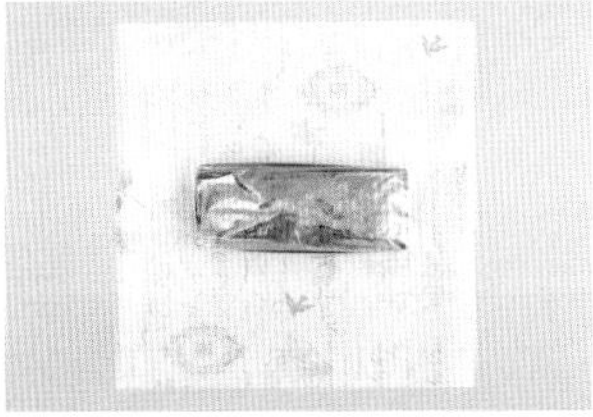

2

紙取りをした紙の中央に、ケーキを置いたところ。

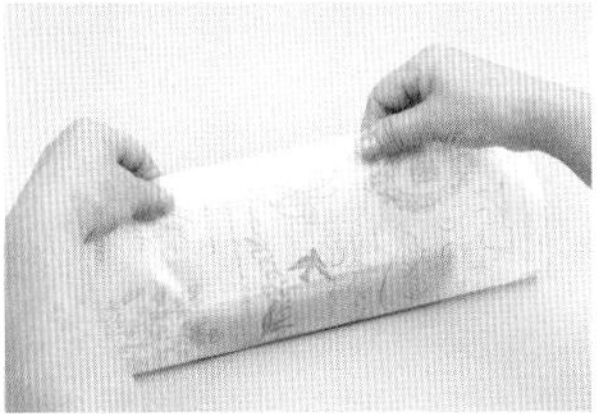

3

手前と奥の紙を上で合わせ、奥に向かって３つ折りする。

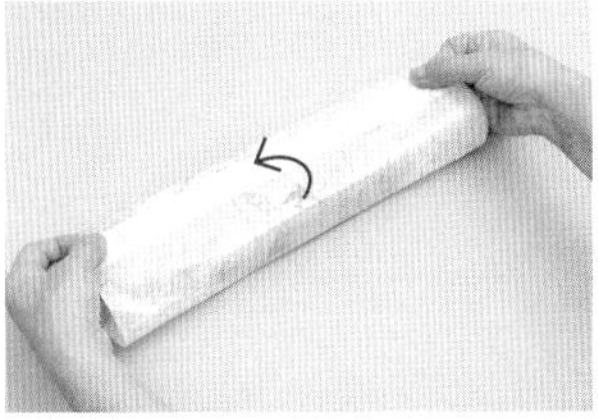

4

３つ折りした部分を奥へ倒す。

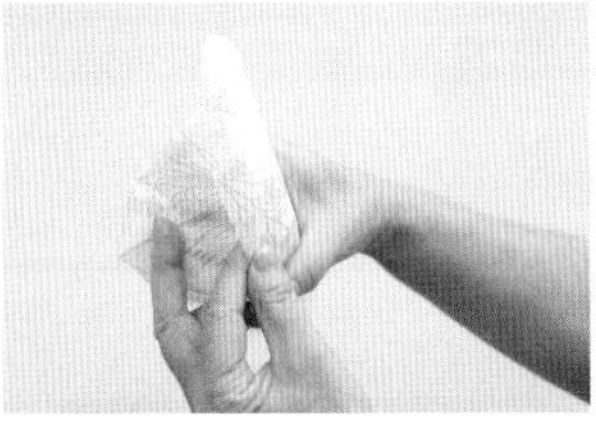

5

左側の底を折り上げ、手前と奥を写真のようにななめに折る。

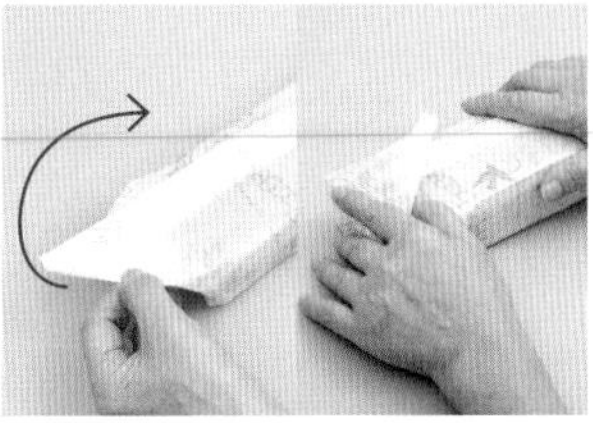

6

左側の端を三角形に整え、ケーキにかぶせる。

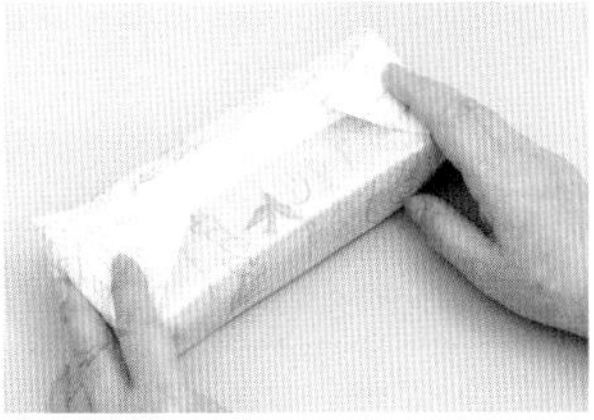

7

右側も同様にする。

8

穴あけパンチでリボンを通す穴を開ける。

Point

穴あけパンチは、裏のふたをはずし、穴の位置を確認すると失敗がない。

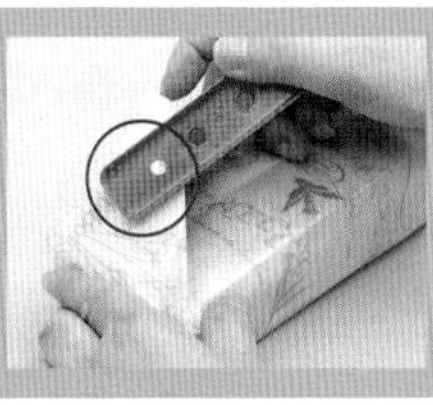

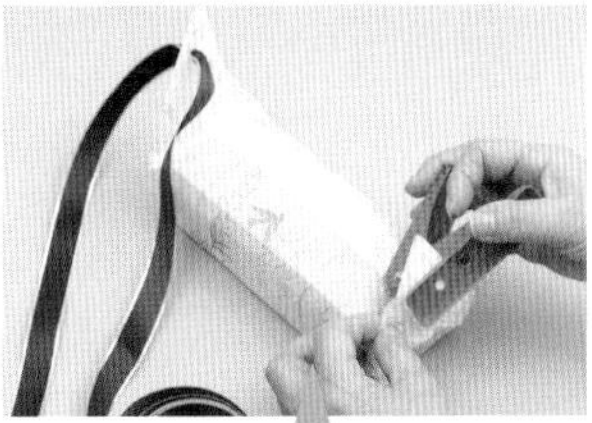

9

穴を開けたらすぐにリボンを通す。反対側も同じようにする。

Point

すぐにリボンを通すことで、包みが広がって穴がズレることを防止できる。

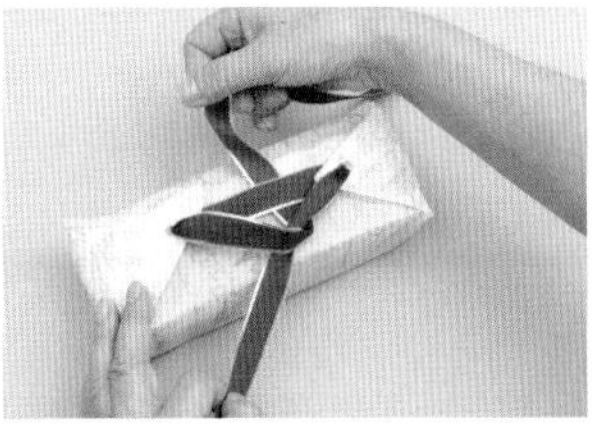

10

蝶結びをし、コサージュをつけて、完成。

Lesson 7

ホールケーキ

手作りのホールケーキを贈るときは、
アーチ付きのケーキ台を手作りしてみましょう。
見た目も可愛く、品物を大切にあつかう
贈り手の気持ちがよりいっそう伝わります。
中身が見えるラッピングは鉢やぬいぐるみにも応用 OK。
台を作らなくてよいので、ケーキよりも簡単に包めます。

手作りのケーキ台とセロハンで包む

LEVEL ★★★★☆

材料

- **紙**　リップルボード1枚
  セロハン1枚
- **リボン**
  無地または柄リボン1本
- **道具**
  カッターマット
  定規

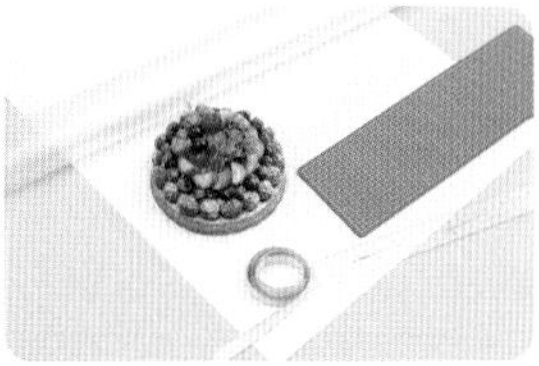

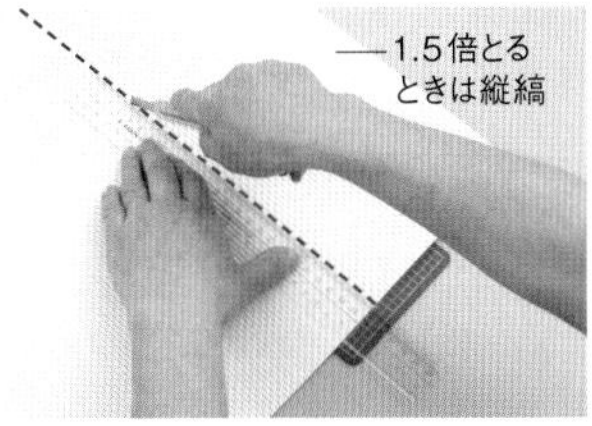

1

リップルボードを紙取りする。紙を横縞になるように置き、横はケーキの直径＋10cmのところで切る。縦は横の1.5倍。

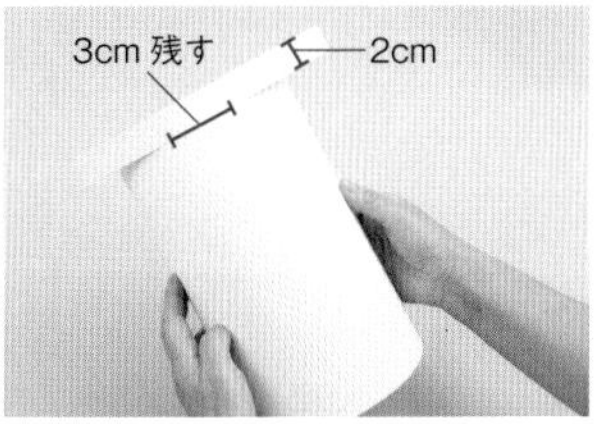

2

1.5倍とった方の端から2cmのところを中央3cmくらい残して切れ目を入れる。

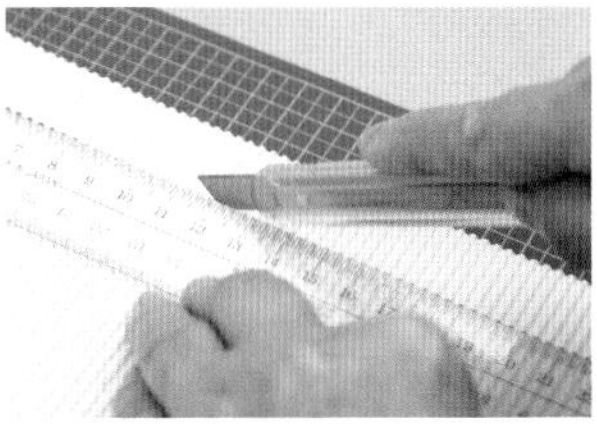

3

残した3cmのところを、表からカッターの背で筋をつける。こうすると折り曲げやすくなる。

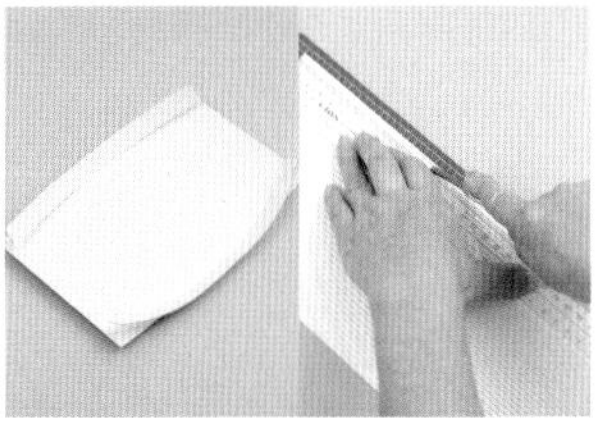

4

反対側も同じように切れ目を入れる。これがケーキ台になる。余りの紙を縦縞に置き、1cm幅の帯を2枚切り出す。

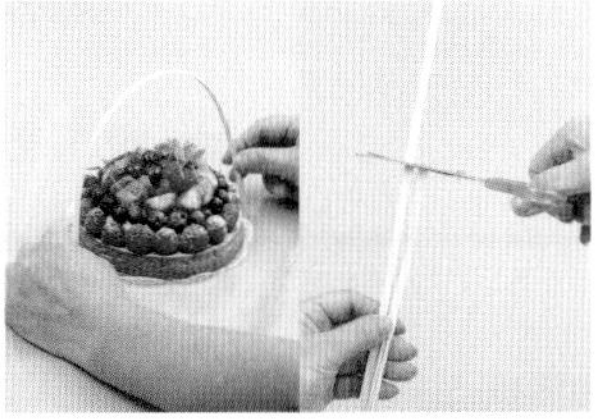

5

帯をアーチ形に曲げ、ケーキの高さより余裕を見て、2本ともカットする。

6

台の切れ込みの奥側と手前を両面テープでとめ、台が正方形になるよう折る。ケーキをのせ、帯をアーチ形にとめる。

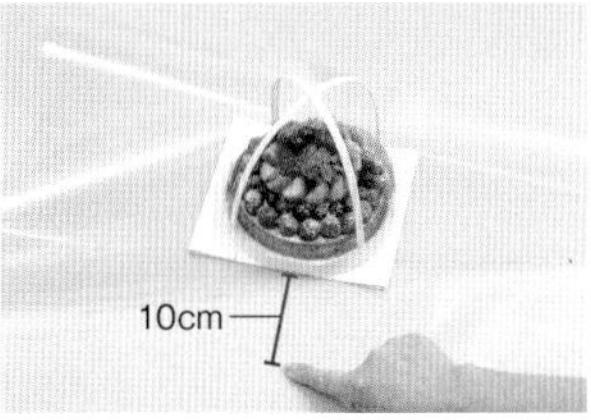

7

セロハンを紙取りする。縦はケーキをふわっと1周＋10cm、横はケーキ台の幅＋20cm。

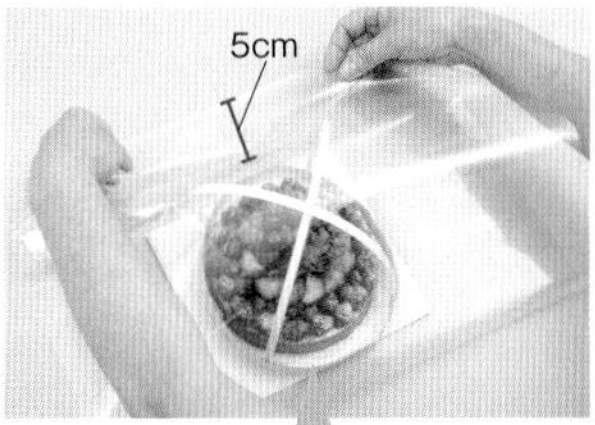

8

セロハンの奥から5cmのところ、左右中央にケーキ台を置く。手前からふわっとセロハンをかぶせ、奥で3つ折りする。

Point

3つ折りした部分はケーキの重みでおさえておくとよい。テープどめは不要。

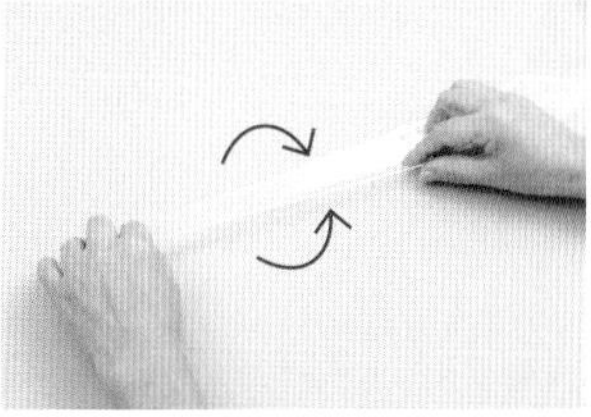

9

持ち手を作る。セロハンを10cm幅に切り、中央に向かって上下2つ折りする。

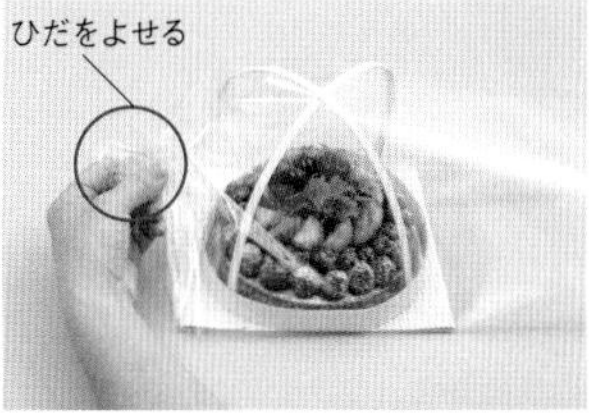

10

持ち手を持ったまま台のセロハンの側面にひだをよせる。

11

リボンで台の側面と持ち手を蝶結びする。ケーキに合わせ持ち手の長さを決め、反対側も同様にする。リボンの先端を処理し、完成。

Lesson 8

花束

庭で育てた花や、
いただきものの花のおすそわけ。
そんなささやかな花束を贈るときは、
華やかにラッピングするとアンバランスです。
身近にあるものでさっと包むと、センスよく、
さりげない贈りものになるでしょう。

オープンシートで包む

LEVEL ★☆☆☆☆

材料

- **紙**
  オープンシート1枚
- **リボン**
  ペーパーロープ1本
  （リボンでもOK）

1

花束の大きさに合わせて、オープンシートを正方形に切る。写真は30cm四方。それを3枚作り、ずらして重ねる。

2

対角線上に花束を置き、左からひだをよせていく。

Point

山型にふわっと立ち上げてからひだをよせていくと、キレイに決まる。

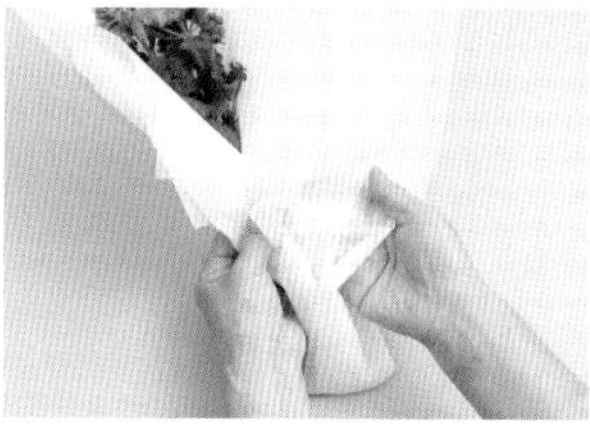

3

反対側も同様にひだをよせる。

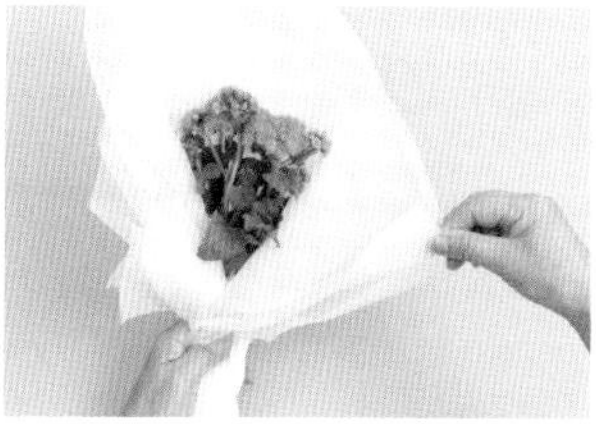

4

バランスを見ながら全体を整える。

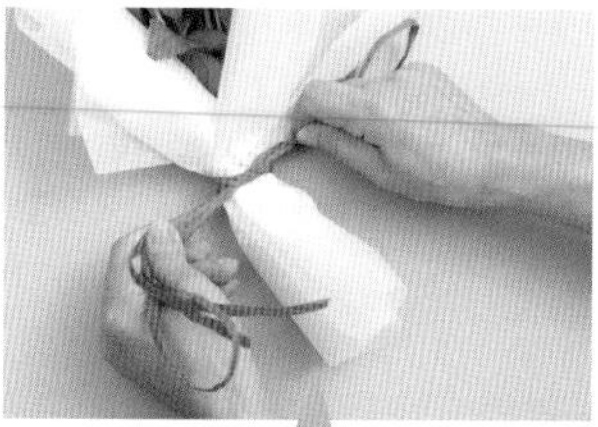

5

ペーパーロープを4重にして（→ p.139）根元でしっかり結ぶ。

Point

4重にすることで細いリボンも簡単にボリュームが出る。

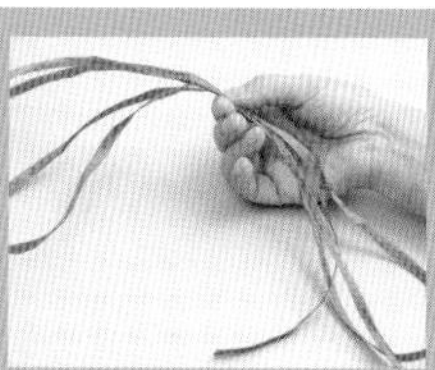

6

蝶結びをする。脚の先端をひとつ結びして、完成。

Point

4重にしているので脚の片方が輪になっているがそのままでOK。

Memo

左ページの右側の花束はさらに簡単です。オープンシートを2つ折りしてくるっと1周巻き、根元をペーパーロープで結んだだけ。長さのある花束よりも、小さな花束向き。コロンと丸く可愛い印象にまとまります。

Lesson 9

食器

食器などの壊れものは、箱詰めにも気を使います。
シリンダー包みを応用して不織布で包めば、
箱詰めの手間もなく、
ひだでしっかり食器を固定。
たっぷりとったひだで、
見た目も華やかに演出できます。

不織布で包む

LEVEL ★★☆☆☆

材料

- **紙**
  不織布1枚×2種
  （無地と柄の2種で包むとニュアンスが出てよい）
  薄紙1枚
- **リボン**
  ワイヤー入りリボン1本

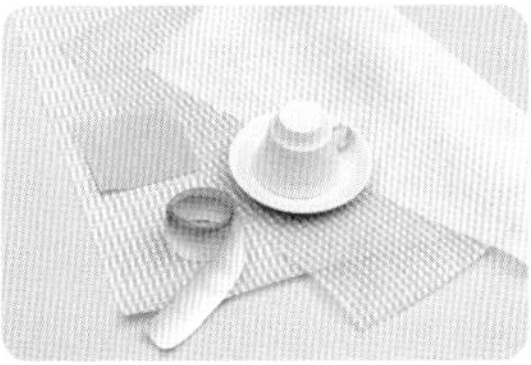

1
薄紙を食器の大きさに合わせてカットし、カップとソーサーの間にはさむ。

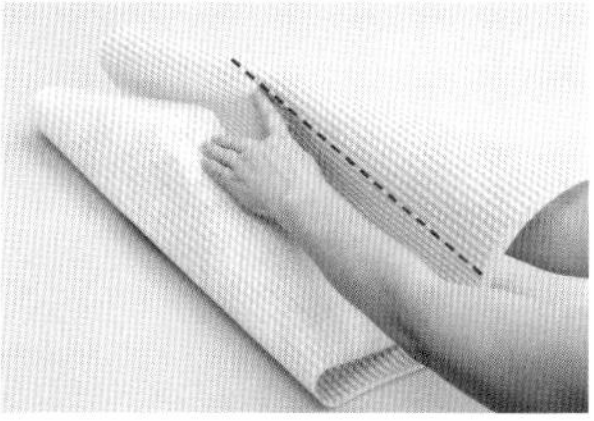

2
不織布を2枚重ねて紙取りする。横は食器の1周＋5cmをとる。その長さを1辺とする正方形を作る。

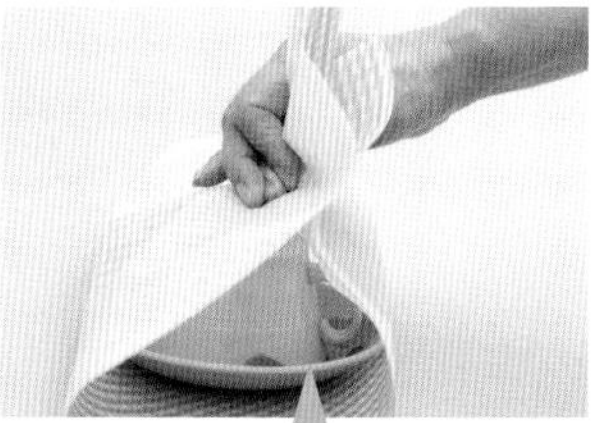

3
不織布2種を重ね、ひし形に置く。食器はやや左よりに配置し、左右の角をかぶせる。カップの右端でしぼる。

Point
カップの中心でしぼると、仕上がりのバランスが悪くなってしまうので注意。

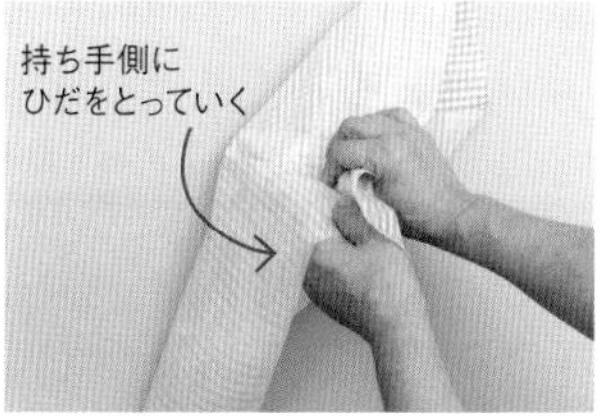

4
左側からひだをよせていく。右手でしっかりと食器をおさえながら、カップの持ち手側に回り込むようにひだをとっていく。

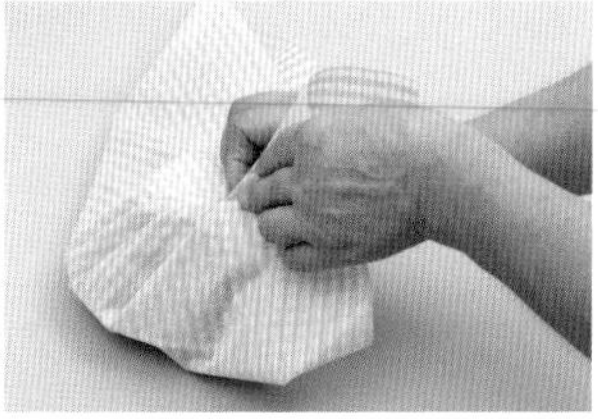

5
ひだで食器を固定させるようにきつめにしぼっていく。

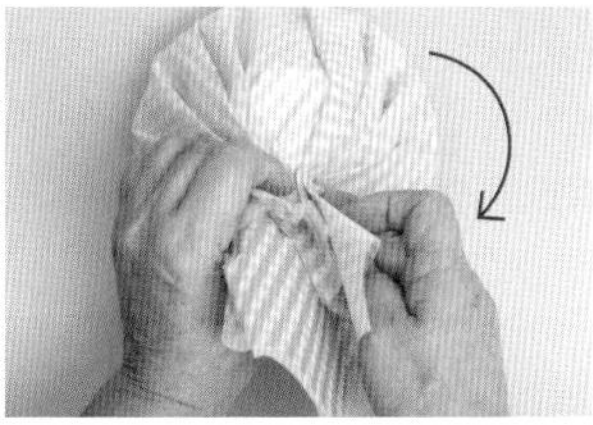

6
反対側も同じようにひだをとっていく。

7
最後に手前側もひだをよせる。

8
口をリボンで結んで閉じる。ひだがゆるんでしまったときは、引っ張って調整する。

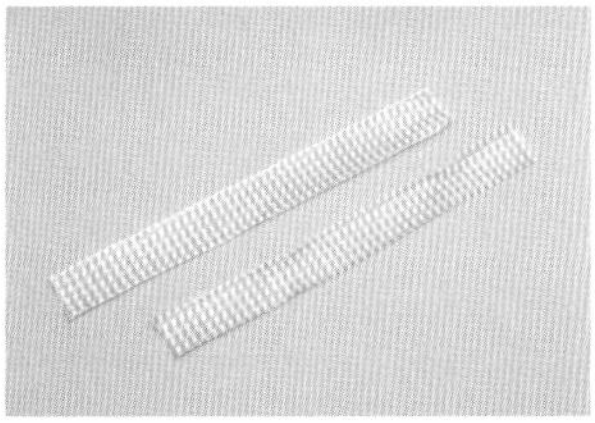

9
飾りリボンを作る。残りの不織布で4cmの帯を2本×2種作る。

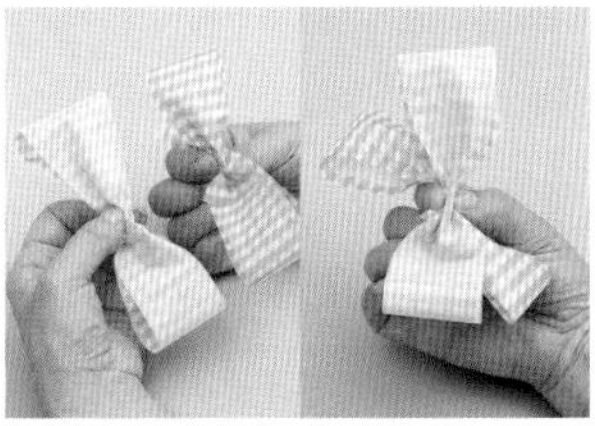

10
2種を重ねて中心に向かって2つ折りし、リボン状にする。1つは柄を表側、もう1つは無地を表側にして中心を重ねる。

11
飾りリボンを蝶結びではさんで結ぶ。脚は片方を長くとってカールさせ（→ p.29）、片方を短くカットして、完成。

Lesson 10

両手鍋

大きくて重量のある両手鍋も、ふろしきで包んで可愛らしく。
すいかやボールなども同様に包めます。
鍋の形を生かし、ふろしきごと贈ることで、
相手にも喜ばれるでしょう。

ふろしきで包む

LEVEL ★☆☆☆☆

材料

- **紙**　薄紙1枚
- **リボン**
  オーガンジーリボン1本
  （無地や柄リボンでもOK）
- **その他**　ふろしき1枚
  （サイズは品物に合わせる。写真は鍋18cm、ふろしき70cm）

1

薄紙を鍋の大きさに合わせて折り、鍋とふたの間にはさむ。ふろしきをひし形に置き、手前と奥を少し折る。

2

手前を鍋にかぶせて、中心に向かって左右からひだをとる。奥も同様。

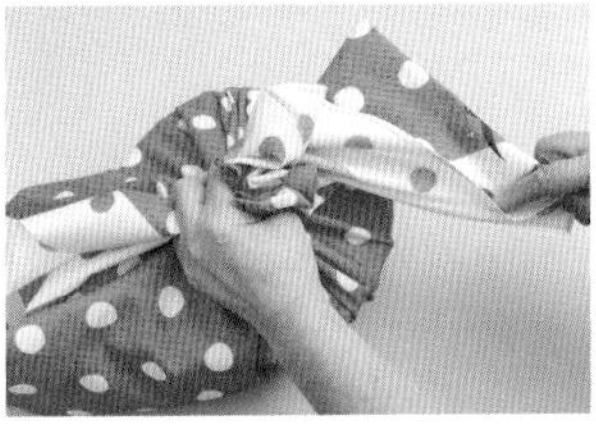

3

左右の角もかぶせて中心でしぼる。

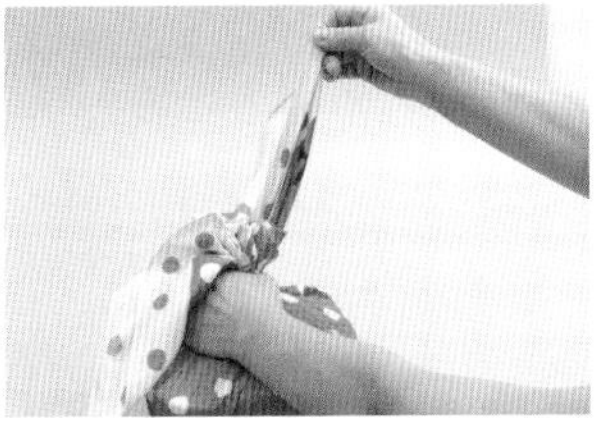

4

しぼった左右の角を上に引っ張り、側面のたるみをとる。

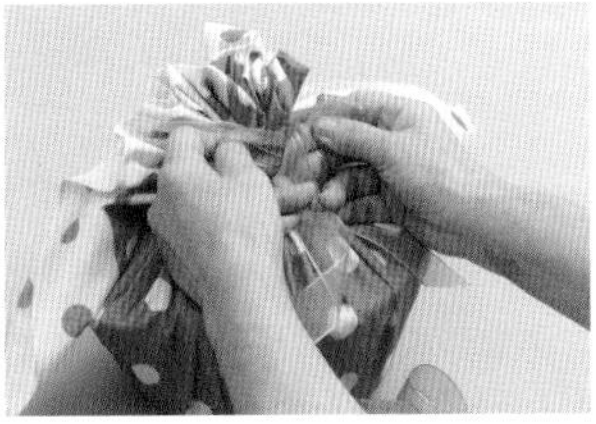

5

リボンを結んで口を閉じる。蝶結びをし、先端を処理する。

6

ひだを引っ張り、もう一度側面のたるみをとる。リボンの結び目を手でおさえながらするとよい。

7

持ち手を作る。左右の角を手前から奥に向かってねじっていく。

Point

奥から手前にねじってしまうと、ふろしきの裏側が見えてしまい美しく仕上がらない。

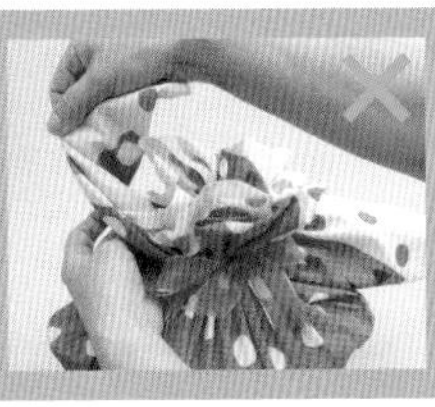

8

ねじった左右の角を上で真結び(→p.89)する。

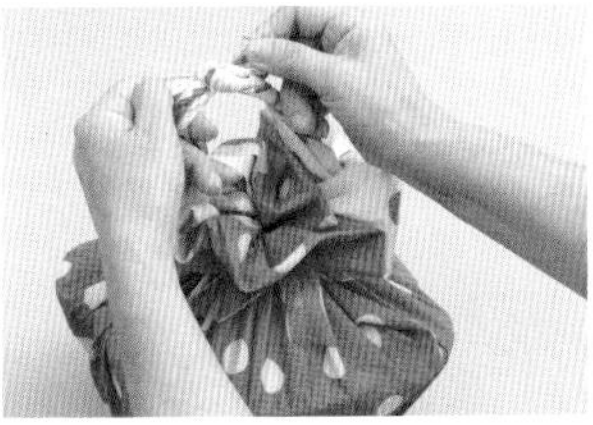

9

全体のバランスを調整して、完成。

Lesson 11

タオル

引越の挨拶でタオルやふきんを贈るときは、
「はじめまして」の気持ちをこめてのし風の
飾り折りをすると素敵です。
タオル以外にも、衣服やクロスなどの布類、
本や CD など平らなものも包めます。

のし風の飾り包み

LEVEL ★★☆☆☆

材料

- **紙**　リバーシブル紙1枚
- **リボン**
  無地または柄リボン1本
- **道具**
  ボンド、花形パンチ
  （花形パンチがない場合ははさみで花形に切ればOK）

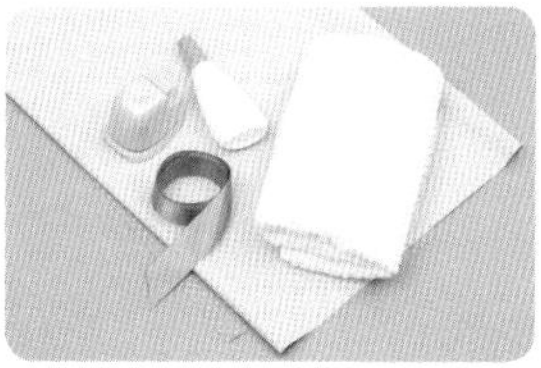

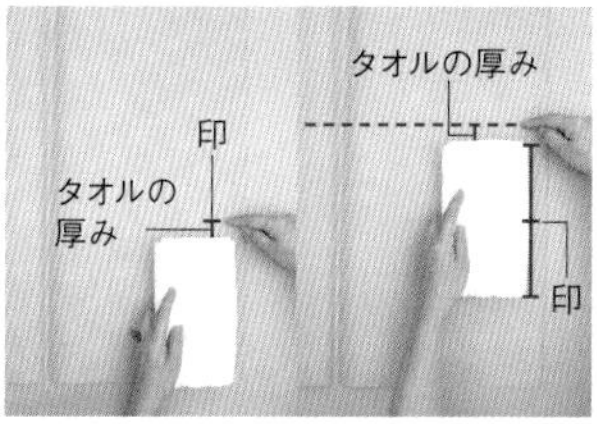

1

紙の右下にタオルを置き、縦はタオルの長さ＋厚みで印をつける。さらに印からタオルの長さの1/2 ＋厚みでカット。

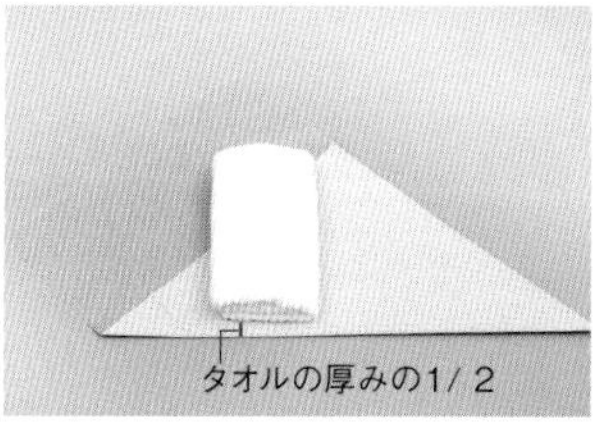

2

横はその長さの1.5倍でカットし、右下から写真のように三角に折る。手前からタオルの厚み1/2を開けてタオルを置く。

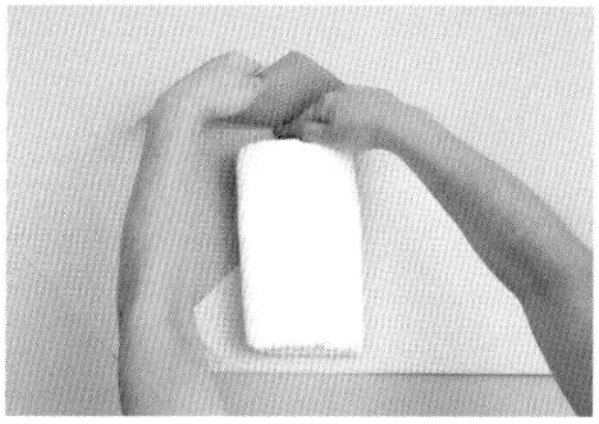

3

奥もタオルの厚み 1/2 のところで折る。

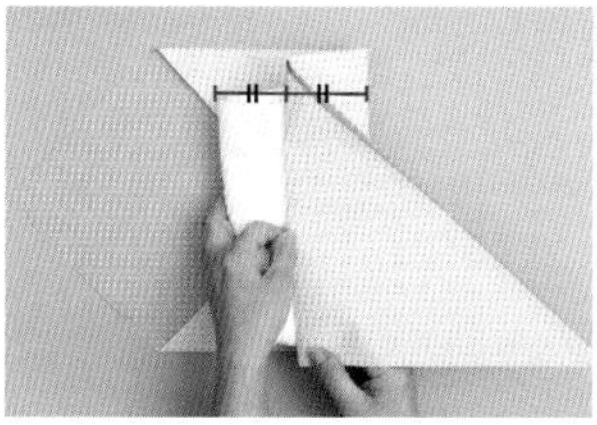

4

右側をかぶせる。タオルの左右中央に合わせて折り返す。

5

タオルを一度抜く。折り返した三角を割り広げてひし形にし、左側を右に倒す。

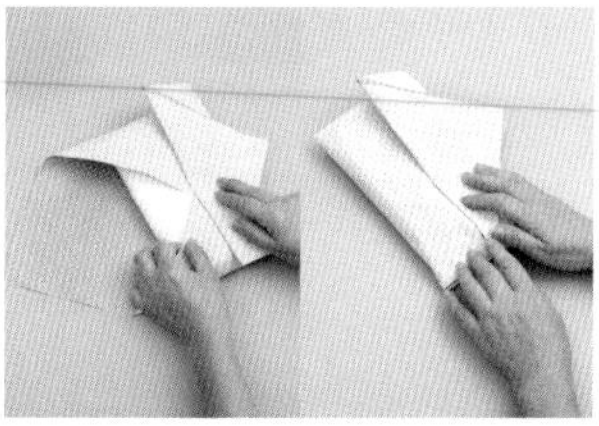

6

タオルを包みの中に入れ、右側、左側の順にかぶせる。右側が上になるよう、かぶせなおす。

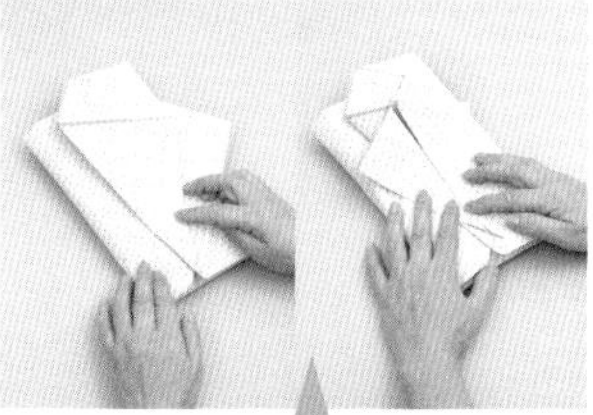

7

のし風の飾りを折る。右側のひだを広げ、左右とものしのように2回ななめに折る。

Point

左右対称にするには、片側を折った後、そこに重ねて反対側を折ると、ななめの角度がそろう。

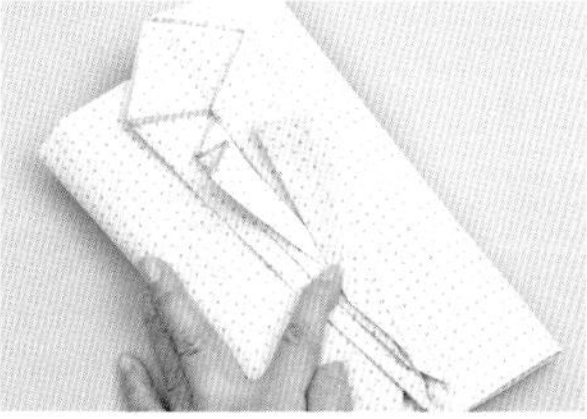

8

左右ともさらに2回折る。

9

花の飾りを作る。花形パンチで残りの紙から花形を3枚作る。はさみで花形に切ってもよい。

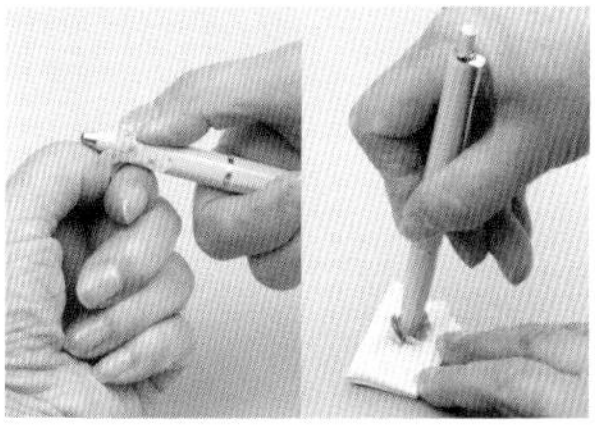

10

花を立体的にするため、ペンに沿わせて花びらをカールさせる。ペン先で花の中心を強く押して角度をつけても OK。

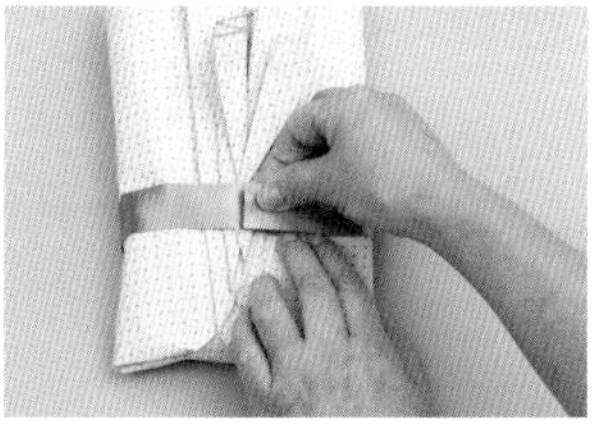

11

リボンを包みに1周させ、表で合わせて両面テープでとめる。ボンドでリボンに花を貼り、完成。

Lesson 12

バット＆グローブ

長さのあるスポーツ用品は、パリの花屋風に
包むとぐっとおしゃれになります。
中身を見せる包み方なので、
品物の形の面白さを生かせるのがポイント。
大きなものはすべて包みでおおわずに、
中身を見せると軽やかに仕上がります。

パリの花屋風に包む

LEVEL ★☆☆☆☆

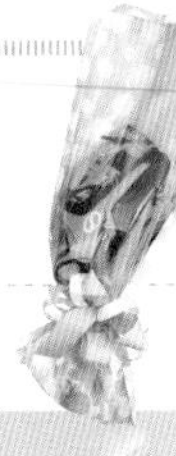

材料

- **紙**　リバーシブル紙１枚
  セロハン１枚
  （気に入ったリバーシブル紙がないときは、２枚貼り合わせてもよい）
- **リボン**　太めのリボン１本×２種
- **道具**　ステープラー

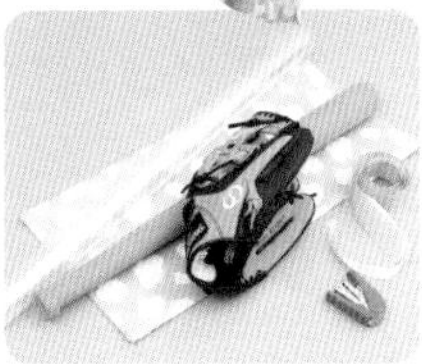

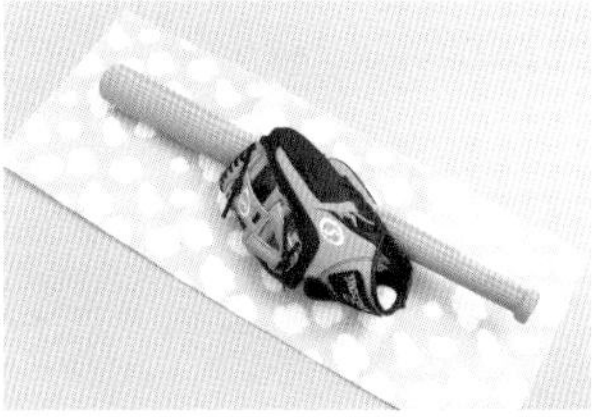

1

紙取りをする。縦は品物の長さ＋厚み＋3cm。横は品物の幅＋6cm。セロハンも縦は同じ長さに切っておく。

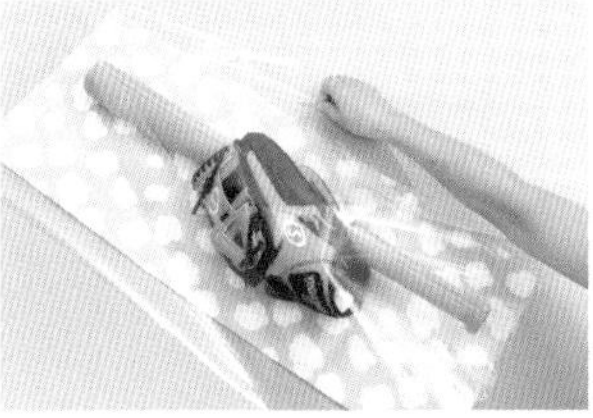

2

セロハンの横の長さは品物にふわっとかぶせ、包める程度にカット。後で調節できるので、大きめに切っておく。

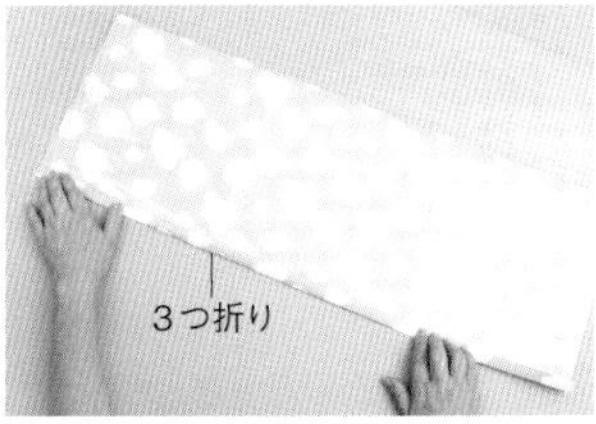

3

紙とセロハンを重ね、長い１辺を３つ折りする。中心から先に折り、両端に向かって進めていくとよい。

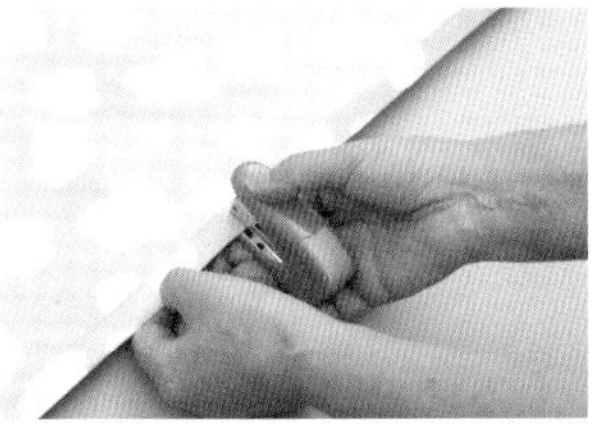

4

ステープラーで数か所とめる。このときも中心から先にとめるとズレにくい。

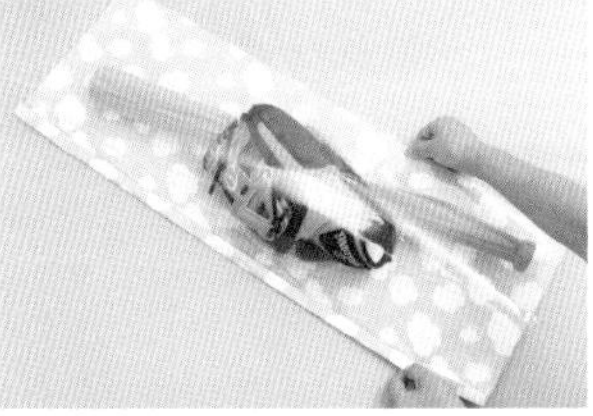

5

品物を入れる。下をリボンで結ぶので、グローブは中央あたりに置くとよい。

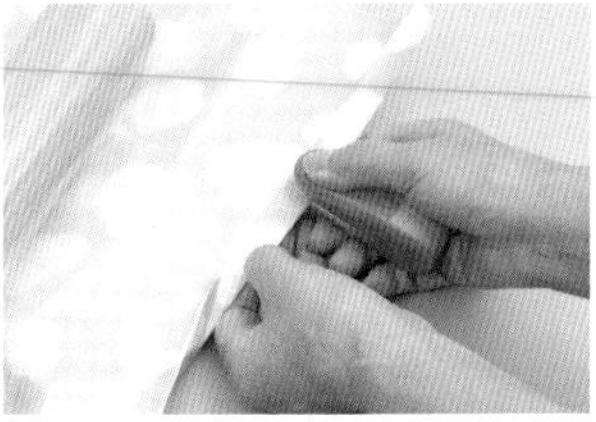

6

反対側も同じように３つ折りし、ステープラーでとめる。

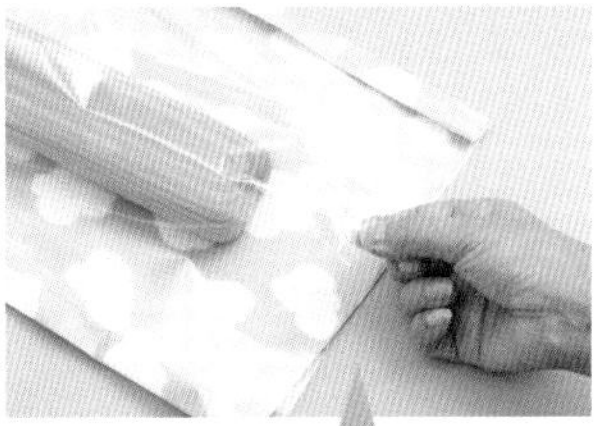

7

包みの上部の中心に少しひだをとる。

Point

全体ではなく中心だけひだをよせることでキレイに仕上がり、作業もしやすくなる。

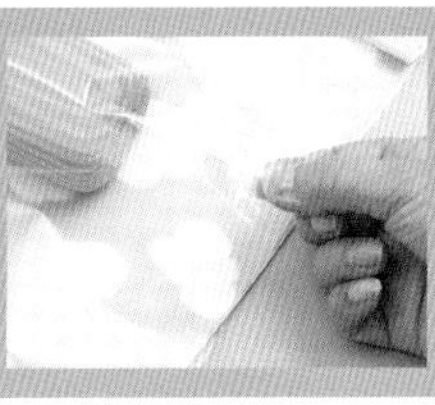

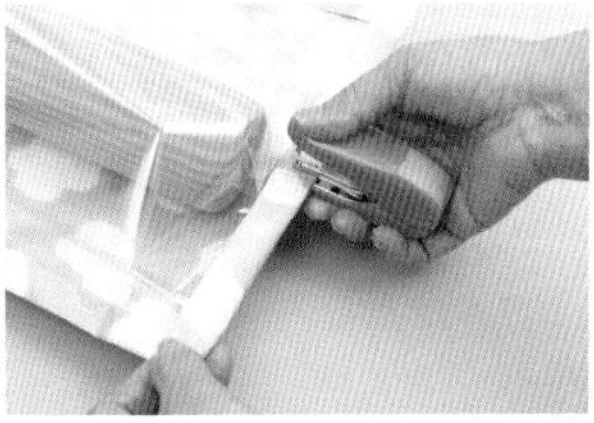

8

ひだを巻き込むように３つ折りし、中心から先にステープラーでとめる。

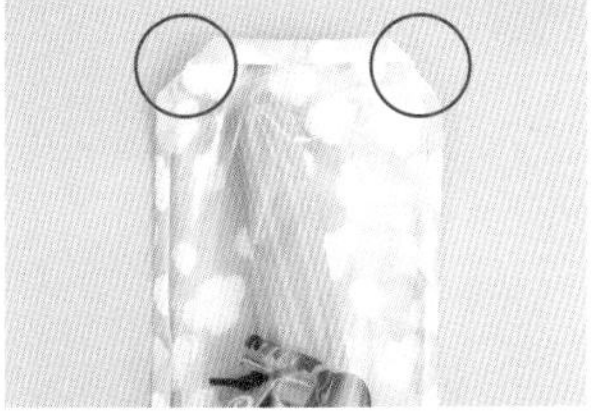

9

左右の角は裏へ折り、両面テープでとめる。

10

包みの下部は両サイドから少しずつしぼっていく。リボンを２重にして蝶結び（→ p.139）し、完成。

Point

下部全体を持ったり、包み紙を巻くようにしぼってしまうと仕上がりが汚くなるので注意。

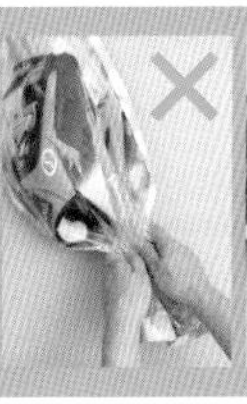

Lesson 13

サッカーボール

スポーツタオルで包んで、丸ごとプレゼントに。
カジュアルで元気いっぱいのアレンジです。
小さなボールをハンドタオルで包んだり、
バスグッズをフェイスタオルで包んでもよいでしょう。

スポーツタオルで包む

LEVEL ★☆☆☆☆

材料

- **リボン**
  太めのリボン１本×２種
- **その他**
  スポールタオル１枚

1

ボールの幅に合わせてタオルを折る。写真は２つ折りだが、３つ折りでもかまわない。

2

ボールを中心に置き、タオルの両端を上で合わせる。

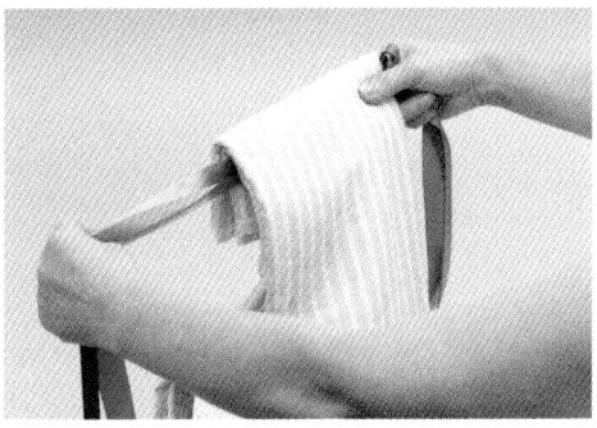

3

リボンをはさんでタオルの端を３つ折りする。

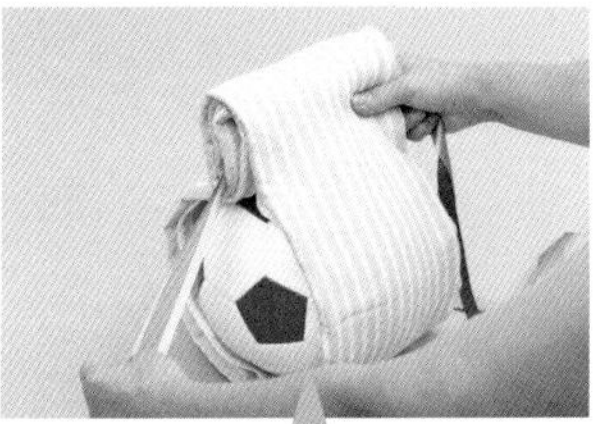

4

タオルが長い場合はさらに折る。リボンはボールのすぐ上にくるように調節。

Point

タオルの折り目の端とリボンがボールのすぐ上にくるようにする。

5

タオルをしぼりながらリボンを手前でしっかりと結ぶ。

Point

しぼるときに、サイドを少し表に折り返すようにすると品物がよく見え、包みが立体的になる。

6

リボンを蝶結びし、先端を処理して、完成。

Memo

ここでは２種のリボンでボリュームを出しましたが、リボンを２重、４重にする方法もあります。簡単に結べる上、華やかにボリュームアップ！

1. リボンを２重にする。４重の場合もここで４重にしておく。

2. 通常通りに蝶結びをする。脚の片方が輪になっている状態。

3. 羽を広げてバランスを整え、脚の先端を処理して、完成。

Lesson 14

保冷バッグ

無機質な保冷バッグも、アレンジひとつで大変身！
アイスクリームやプリン、手作りの食品など、
保冷が必要な贈りものは意外と多いもの。
クレープ紙のほか、
不織布や柄付きのセロハンを使ってもよいでしょう。

クレープ紙で飾り包み

LEVEL ★☆☆☆☆

材料

- **紙**
  リバーシブルの
  クレープ紙1枚
- **リボン**
  無地または柄リボン1本
  カールリボン1本
- **道具**　穴あけパンチ

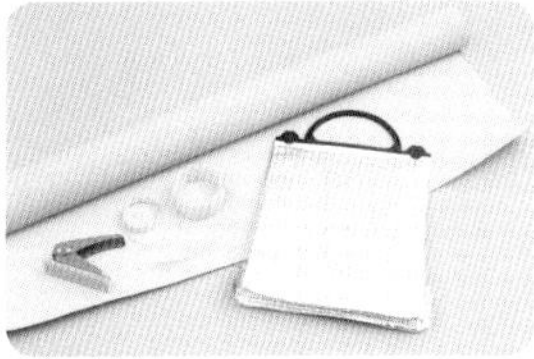

1

紙取りをする。縦はバッグ1周＋7cm。横はバッグの持ち手の幅＋3cm。

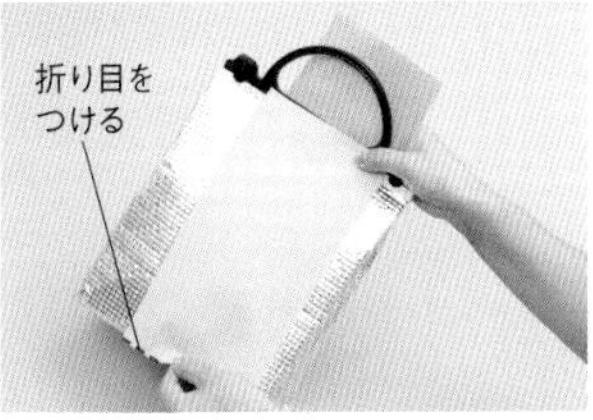

2

紙の端をバッグの口に合わせ、1周させて底のマチの角で2か所折り目をつける。

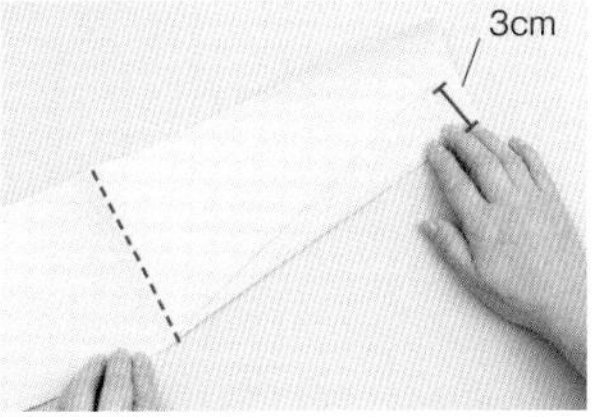

3

折り目をつけた位置から3cmほどななめに折る。

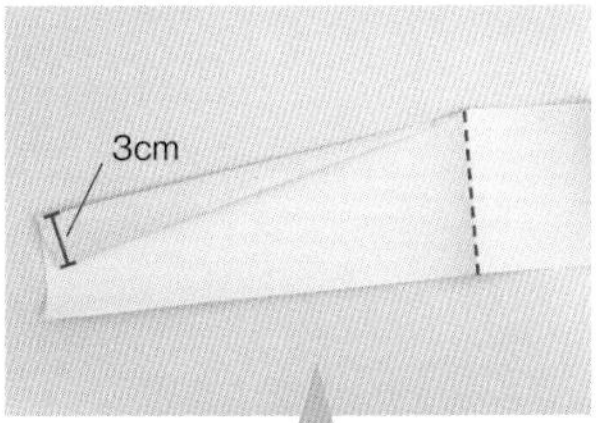

4

反対側も同じように折る。

Point

対称にするには、先に折った側を重ねて印をつけるとよい。

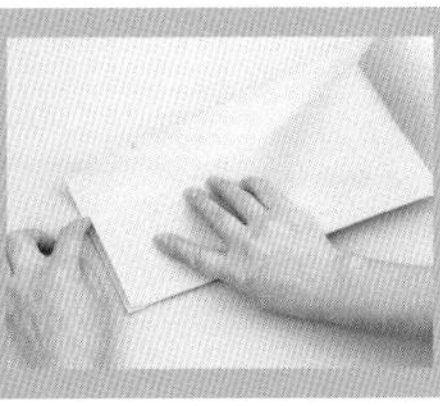

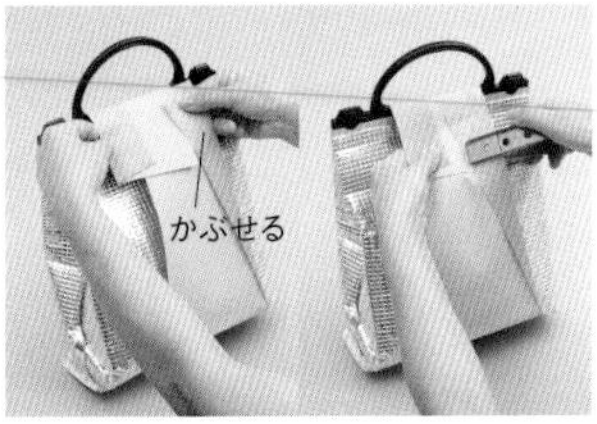

5

紙をバッグに1周させ持ち手に通す。手前のななめの部分をかぶせて、重なった部分に穴をあけ、リボンを通す。

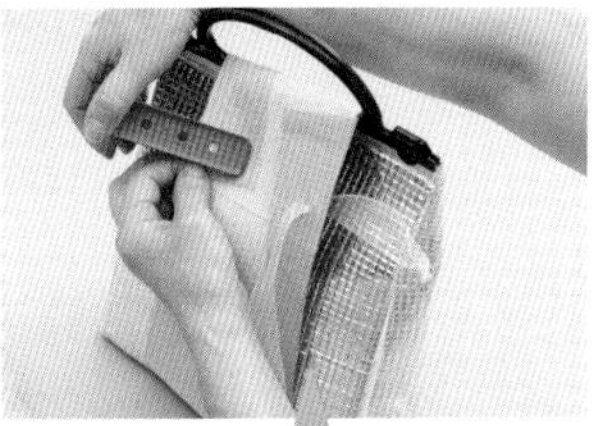

6

反対側にも穴をあけ、リボンを通して蝶結びをする。

Point

リボンが太くて穴を通しにくいときは、リボンの先端をセロハンテープで細く巻くとよい。

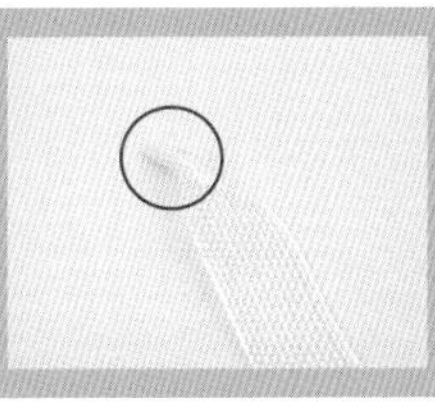

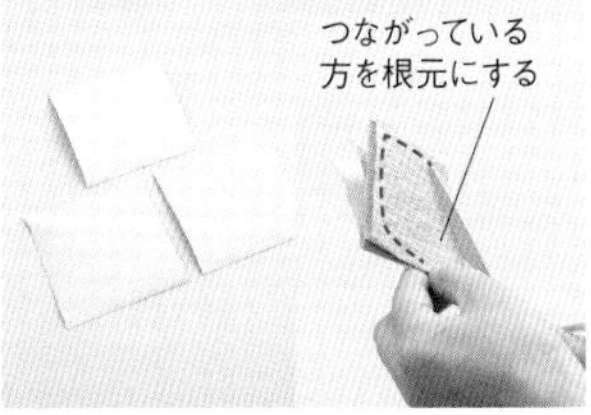

7

花飾りを作る。残りの紙で10cm四方の正方形を3枚とる。4つ折りして花びらの1枚を切り出すと広げたとき花形に。

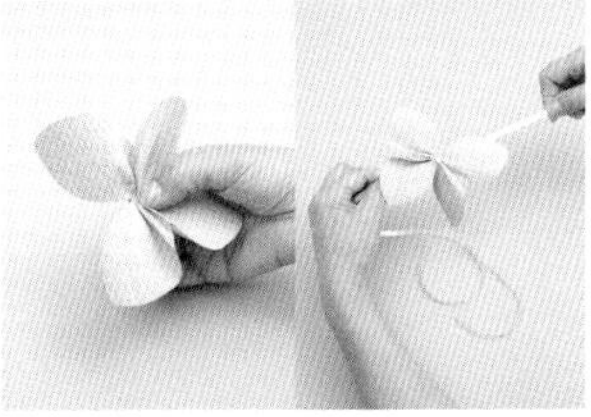

8

花の中央をつまみ、カールリボンの中央で結ぶ。残りも順に1枚ずつ上に重ねて結ぶ。最後にもう一度結んでおく。

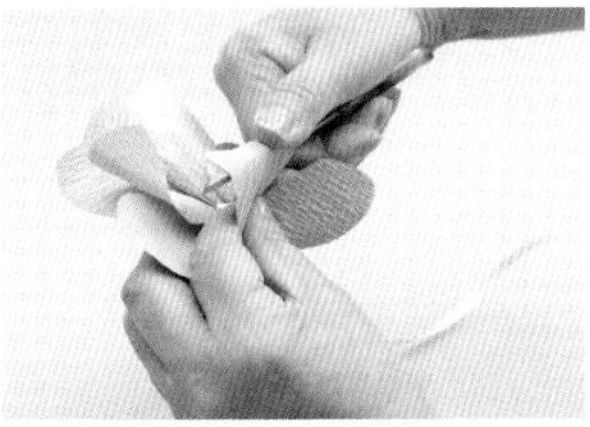

9

花びらをカールさせる。はさみの背に沿わせるようにしごくとよい。力を入れすぎると破れてしまうので注意。

10

バッグの蝶結びの結び目にカールリボンを通し、一度結んでから蝶結びをする。カールリボンをはさみの背でしごいてカールさせ（→ p.29）、完成。

Column

お弁当のエコラッピング

お弁当箱の代わりに、豆腐やプリンの容器を再利用。
ペーパーナプキンで包めば、そのまま手ふきになり、一石二鳥です。

a
LEVEL
★☆☆☆☆

b
LEVEL
★☆☆☆☆

c
LEVEL
★☆☆☆☆

a 大きい豆腐容器で

1

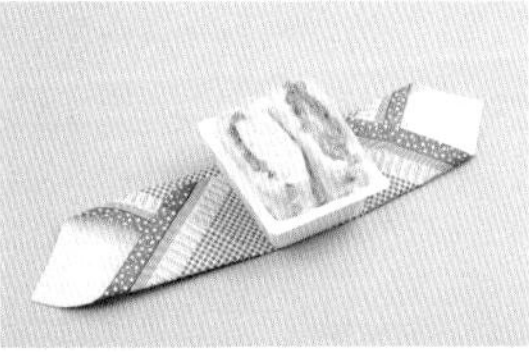

ななめに置いたペーパーナプキンを容器の幅に合わせてあらかじめ折っておく。

2

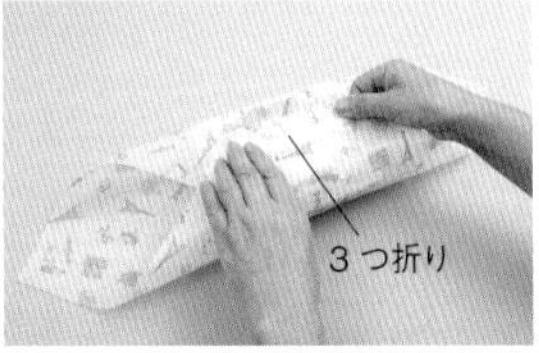

ワックスペーパーをななめに置いて容器を包む。上下をかぶせて3つ折りする。

3

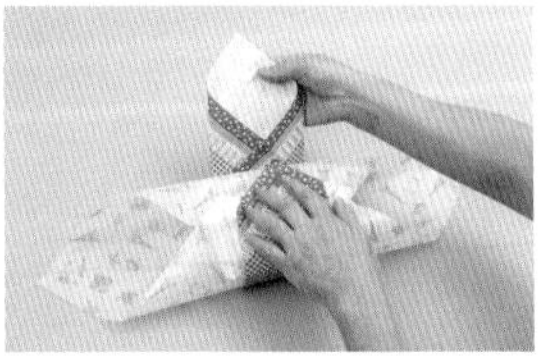

ナプキンを巻き、ワックスペーパーの両サイドを上でモールでとめ、完成。

b プリンカップで

1

プリンカップ2つが入る程度に、三角コーナーネットをカットしておく。

2

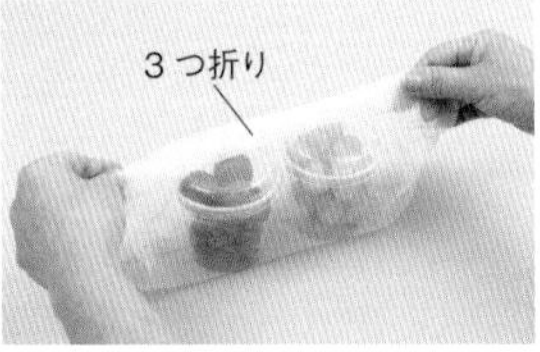

カップをネットの中に並べ、上を3つ折りする。

3

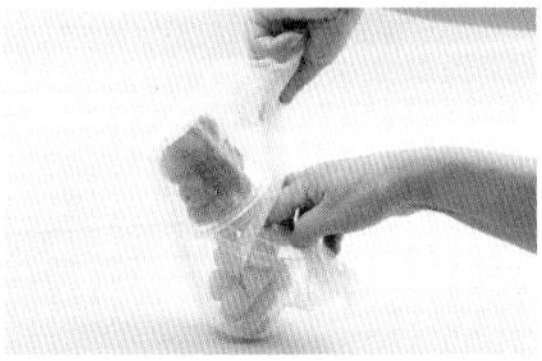

カップを写真のように重ね、ネットの口をモールでとめて、完成。

c 小さい豆腐容器で

1

豆腐容器に中身を入れ、もう1つの容器でふたをする。

2

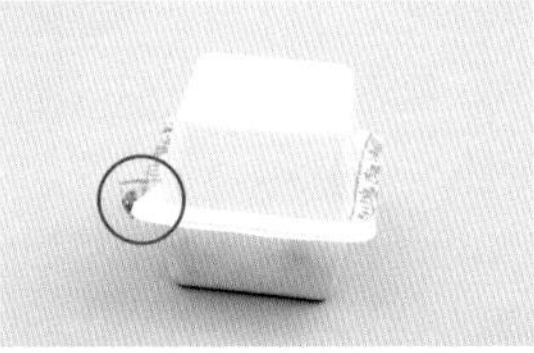

マスキングテープで2辺をとめる。端を少し内側に折り込んでおくとはがしやすい。

3

容器の幅に合わせて折ったナプキンで容器を巻き、モールでとめ、完成。

Part 06

ラッピングを楽しむアイデア

スタンプやマスキングテープの使い方を始め、コサージュ、スターボウ、ポンポンなどアレンジの幅を広げる飾りの作り方、「ペーパークイリング」という紙を丸めて飾りを作る方法など。ラッピングをもっと楽しみたい人へ、とっておきのアイデアを紹介します。

ラッピングを楽しむアイデア

どんな素材でも、アイデア次第でカジュアルな個性派ラッピングに大変身。
贈る相手のうれしい驚きを誘います。身近にあるものを手にとって、自由に楽しんでみて。

作り方 » p.145

オリジナル包装紙

子どもの絵やお気に入りの布が、カラーコピーで簡単にオリジナル包装紙に！

LEVEL ★☆☆☆☆

作り方 » p.145

スタンプでタグ作り

数字や英字のスタンプでタグを作れば、お店風の演出が簡単にできます。

LEVEL ★☆☆☆☆

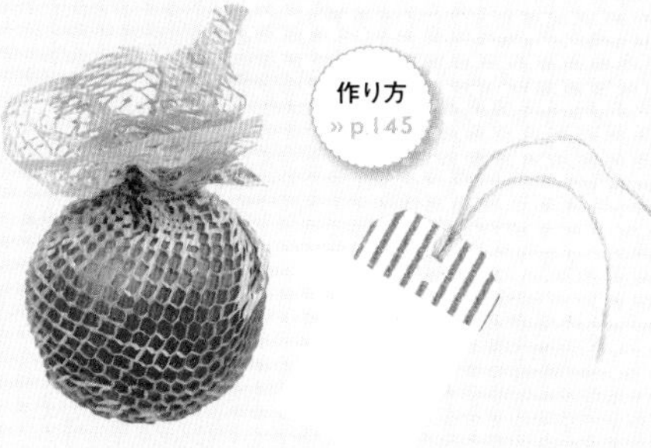

作り方 » p.145

マスキングテープ

タイやモール風に口を閉じたり、穴あけの補強にしたり。可愛い柄がアクセント。

LEVEL ★☆☆☆☆

作り方 » p.146

手作りコサージュ

ラッピングの飾りとしても素敵ですが、バッグや靴につけてもGOOD。

LEVEL ★☆☆☆☆

作り方 » p.147

スターボウ

ほんの少しの残り素材で作れます。小さいものをいくつか貼付けても可愛い。

LEVEL ★★☆☆☆

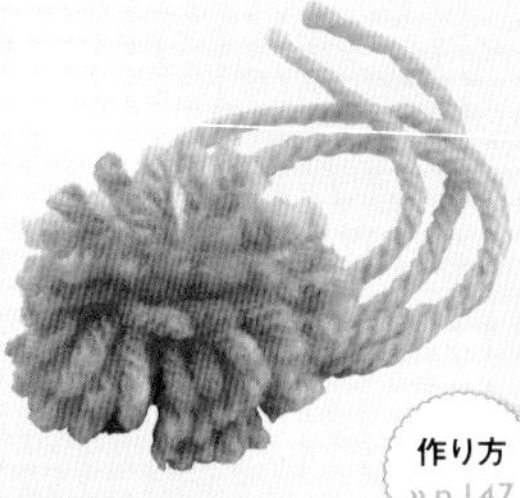

作り方 » p.147

ポンポン

毛糸を数種類組み合わせると、また違った表情が出ます。季節感の演出に。

LEVEL ★☆☆☆☆

作り方 » p.148

サプライズボックス

開けると飛び出す、ハートとうさぎ。モチーフを自分流にアレンジしてもOK。

LEVEL ★★★☆☆

作り方 » p.149

リップルボードの箱

側面に花をあしらった、手作りの箱。お菓子を贈るときなどにぴったり。

LEVEL ★★☆☆☆

作り方 » p.150

ペーパークイリング

細長い紙をくるくる巻いて作ります。ラッピングやカードの飾り、コラージュに。

LEVEL ★★☆☆☆

オリジナル包装紙

布はその風合いもコピーできるのがポイント。子どもの絵で包むときは、包装紙の裏に子どもからのメッセージを書いてもよいでしょう。

1

絵や布をカラーコピーする。包みたい箱が決まっているときは、箱の表よりやや大きめに見せたい絵柄を拡大・縮小するとバランスよく包める。

2

包むときは合わせ包みがおすすめ。見せたい絵柄の位置を失敗なく決められる。子どもの絵には、ピローボックスが好相性。

スタンプでタグ作り

日付を押して記念日のプレゼントに付けたり、ジャムなど手作り品の賞味期限をタグにしたり。実用的な要素をプラスすると、活用度が高まります。

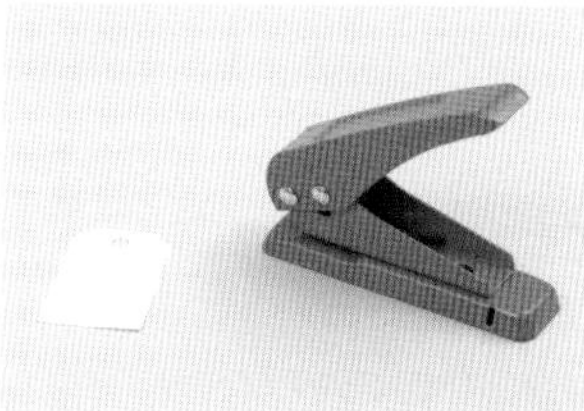

1

固めの余った素材をタグの形に切り、穴をあける。

2

スタンプを押す。定規などをあてるとまっすぐキレイに仕上がる。ひもを通し、完成。

マスキングテープ part 1

セロハンテープやシールの代わりにもなるマスキングテープですが、タイやモールの代わりに使う方法もあります。

1

口を閉じるときは、ねじらず長めに貼り合わせる。マスキングテープの柄がよく見え、アクセントになる。

マスキングテープ part 2

穴をあけるときに下に貼っておくと、デザインのアクセントにもなり、穴の補強にもなります。

1

余った固めの素材をタグの形に切り、上部にマスキングテープを貼る。タグ全体をマスキングテープでコラージュしてもよい。

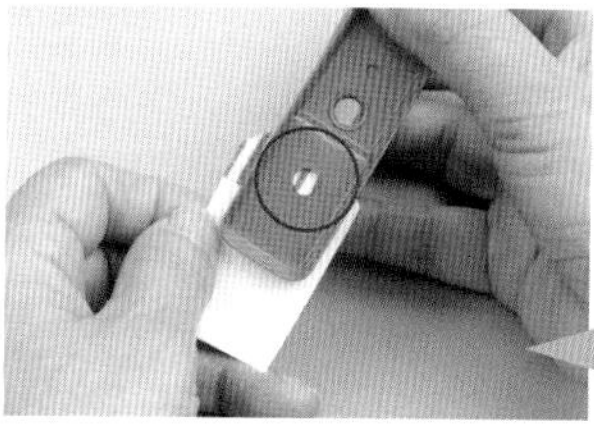

2

マスキングテープを貼ったところに穴をあける。

Point
穴あけパンチのふたをはずし、裏から穴の位置を確認するとよい。

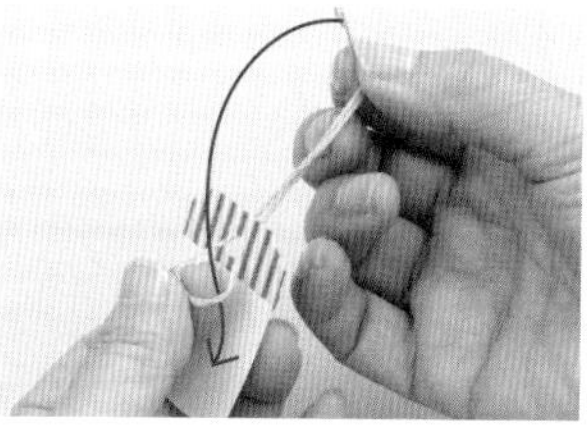

3

ひもを通し、完成。

手作りコサージュ

材料

- **紙**
  不織布1枚
  （やわらかめの素材なら不織布以外もOK。数種類の紙を組み合わせてもよい）
- **リボン**
  細めのリボン1本
  （ワイヤーでもOK）

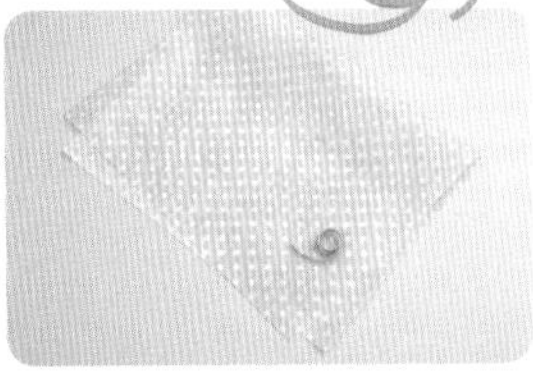

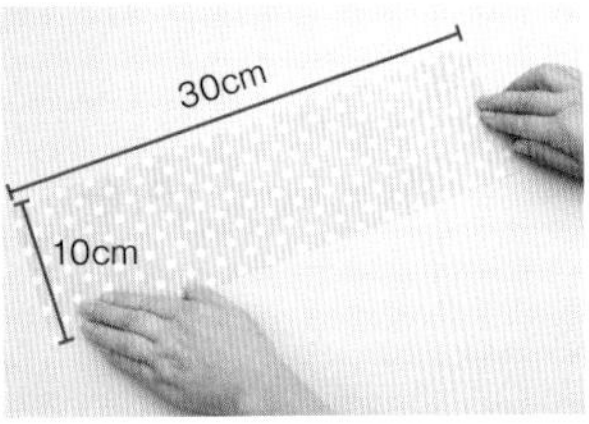

1

不織布を幅10cm×長さ30cmに切る。幅と長さは変えてもOK。幅を大きくすると大きなコサージュに、長さを長くするとボリュームが出る。

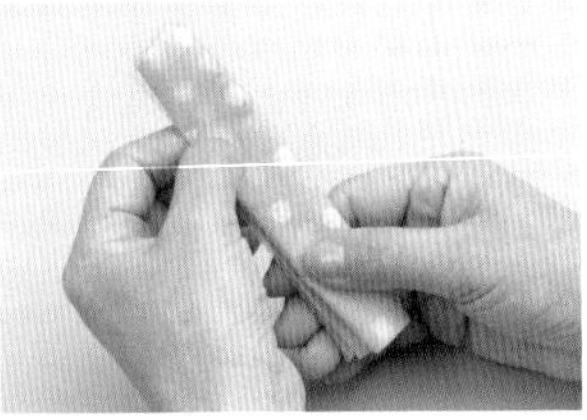

2

8等分に折る。何等分にするかもお好みで。折る回数が少なければ大きな花びらに、多ければ細かい花びらになる。

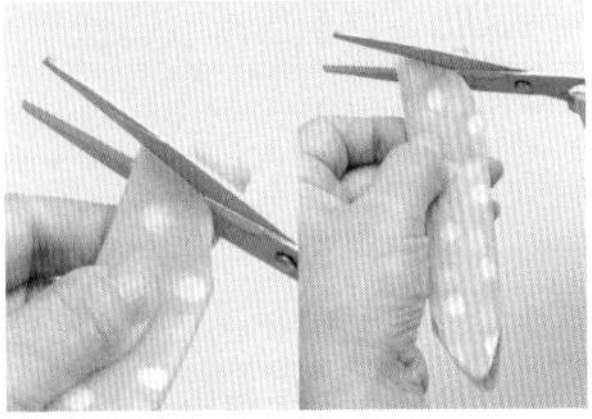

3

上下の端をアーチ型にカットする。

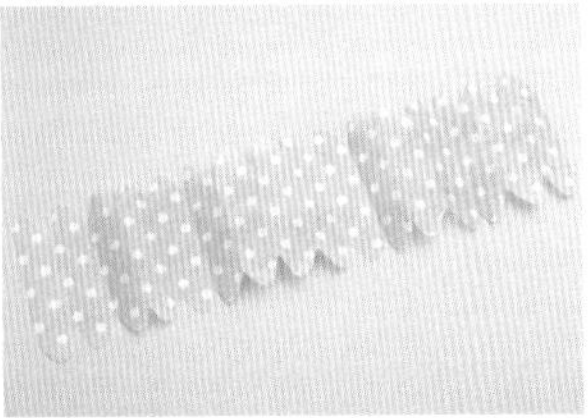

4

カットした紙を広げた状態。

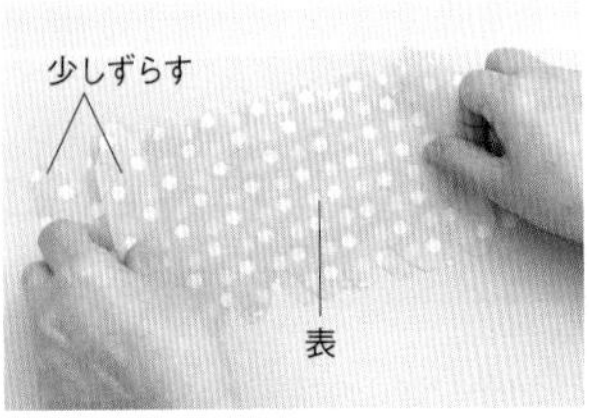

5

広げた紙を2等分または3等分にカットし、表が上になるように重ねる。少しずらすとニュアンスが出る。

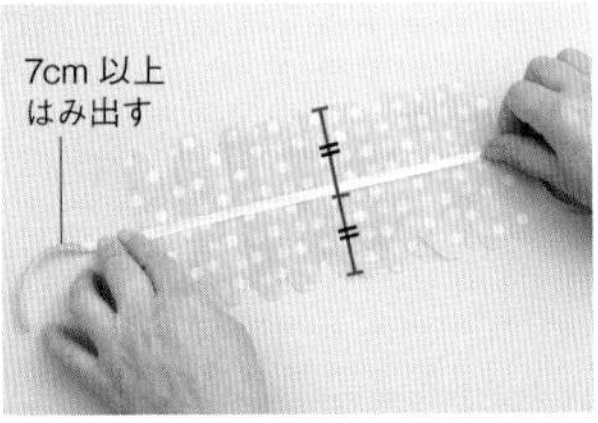

6

リボンの下が紙の中央にくるように置く。左右は7cm以上リボンが紙からはみ出すくらいがよい。

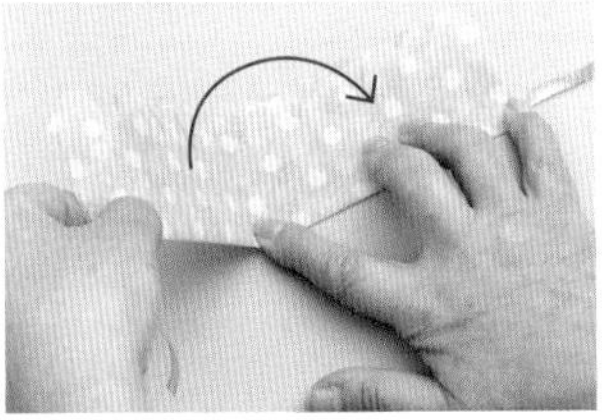

7

リボンをはさんだまま手前から半分に折る。さらに長さも半分に折る。

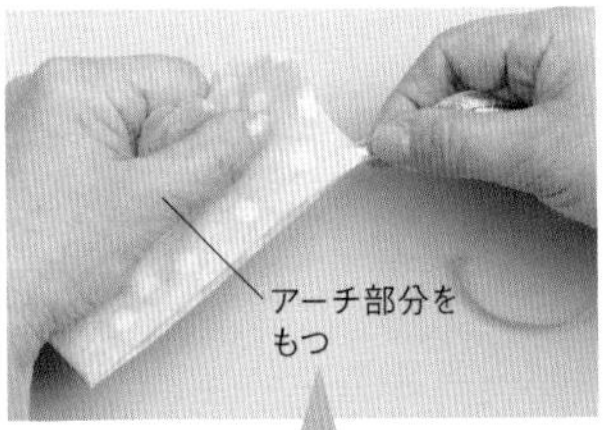

8

リボンをしぼってギャザーをよせる。アーチ部分を持つとキレイにひだがよせられる。

Point

紙が長いときは、手の側面で紙のアーチ部分をおさえるとよい。

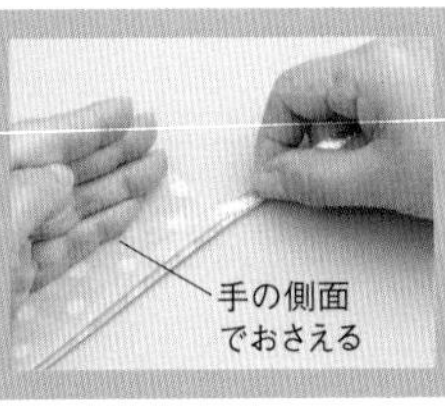

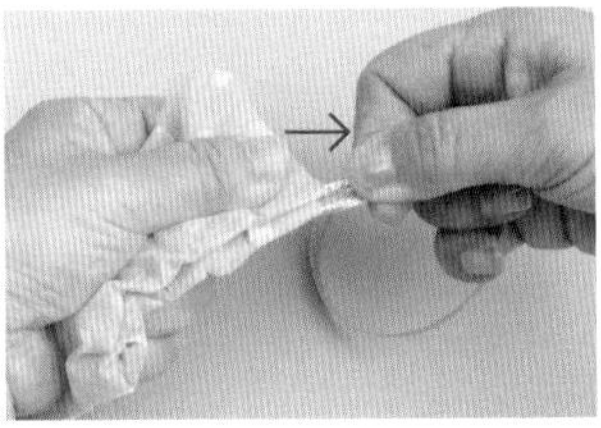

9

力いっぱい引っ張らず、少しずつしぼってギャザーをよせていく。

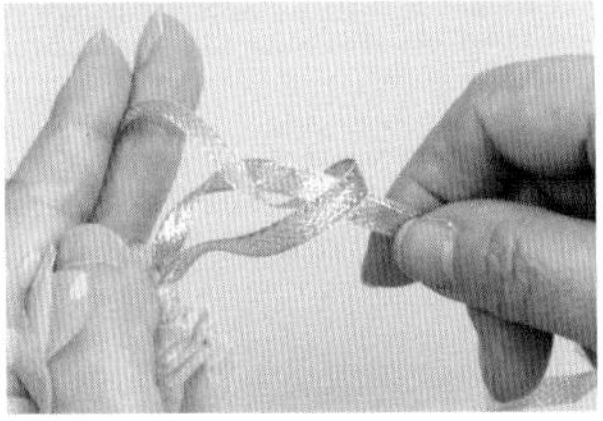

10

最後までリボンをしぼったら、2回結んで固定する。

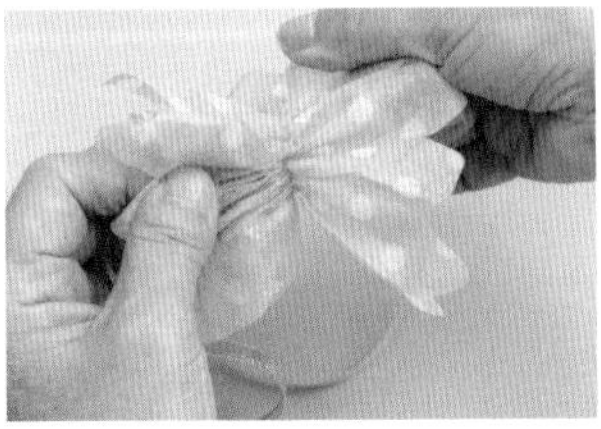

11

外側から花びらを広げ、全体のバランスを調整して、完成。

スターボウ

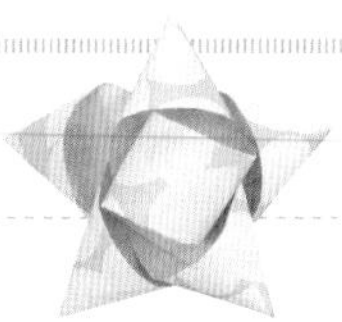

材料

- **紙**
  無地紙または柄紙1枚
- **道具**
  ステープラー

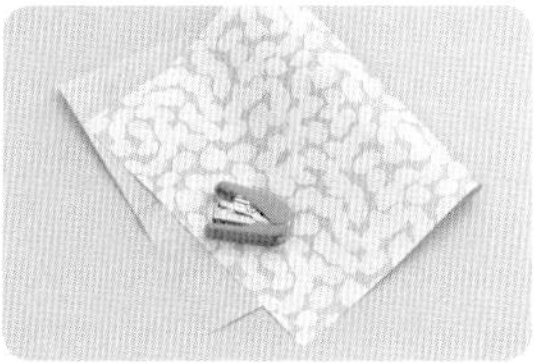

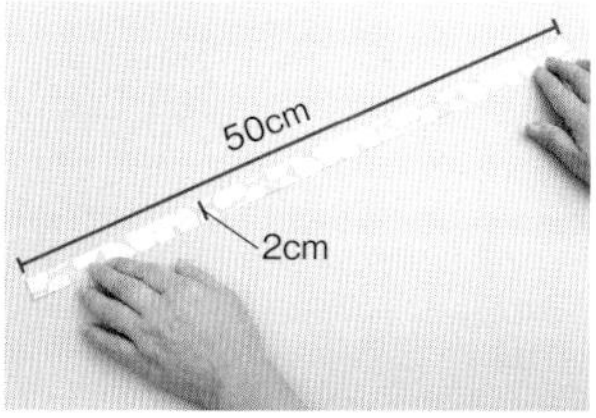

1

紙を2cm×50cmほどの帯に切る。

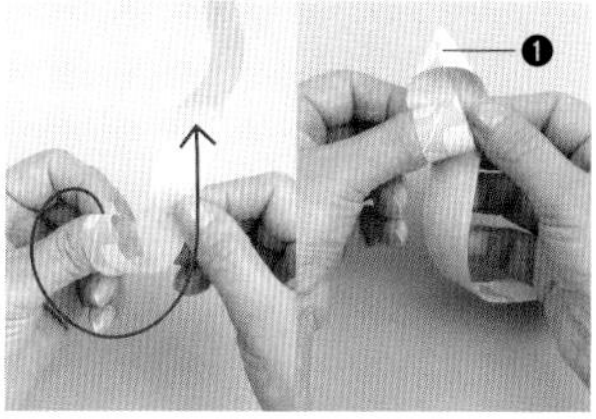

2

紙の左端を手前から奥へ、紙を親指にひと巻きする。巻いた上部に、ひねって三角の角❶を作る。

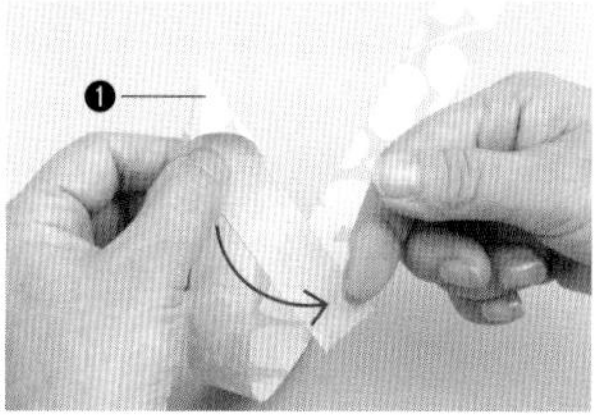

3

親指に巻いた紙をいったんはずす。

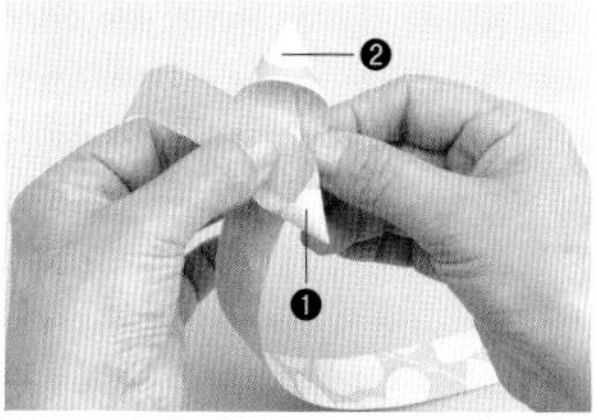

4

時計まわりに紙を回し、上部にひねって❷を作る。同じように、全部で5つの角を作る。

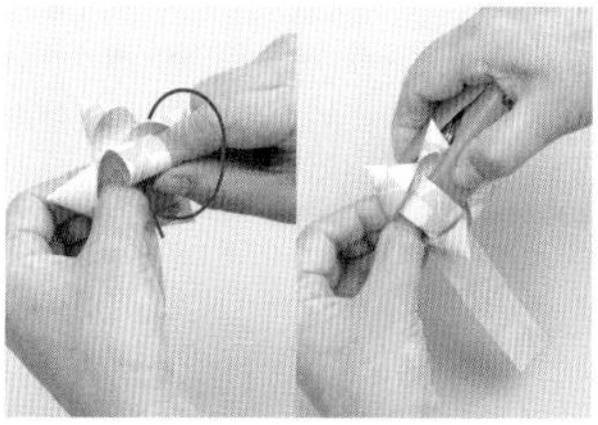

5

角を作りおえたら、中心を巻き戻してステープラーでとめ、不要な紙をカットして、完成。

ポンポン

材料

- **毛糸1巻き**
  ※数種類を組み合わせてもよい。

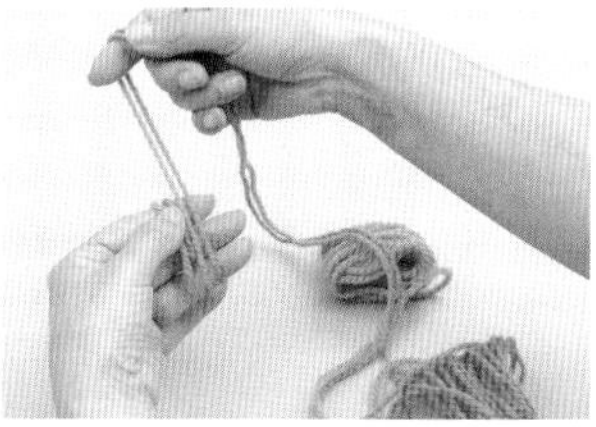

1

指3本か4本に、毛糸を20回巻く。2種類を同時に巻くときは半分の10回でよい。多く巻くほど、ボリュームが出る。

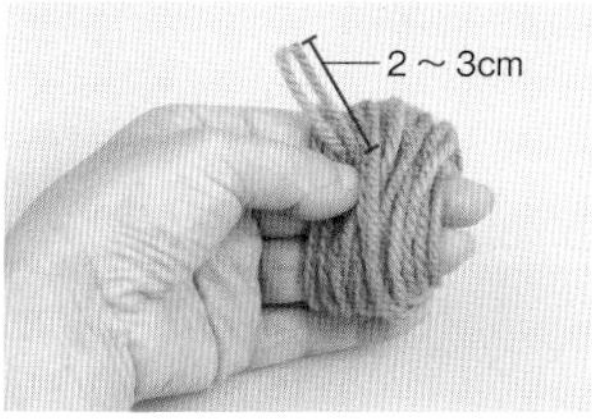

2

巻きおえたら、出発地点から2～3cmのところで毛糸を切る。

3

別の毛糸でポンポンの中心をしっかりと2回結び、固定する。

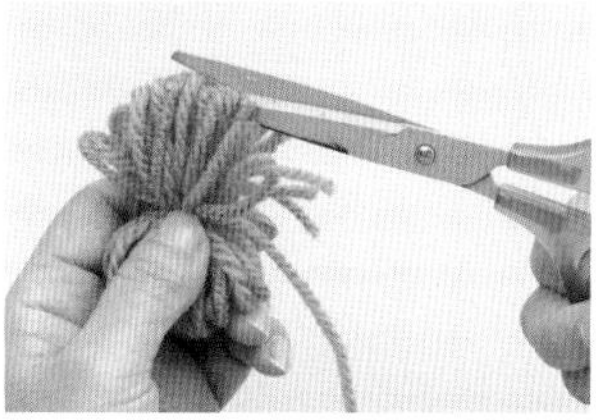

4

ポンポンの輪の部分を、上下とも切る。切り残しのないように注意。

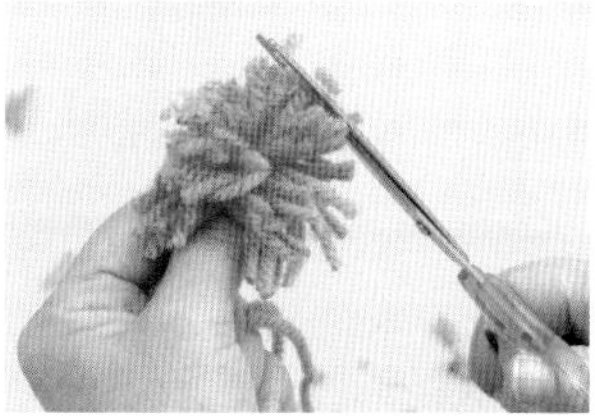

5

丸くなるように、バランスを見ながら全体をカットして、完成。

サプライズボックス

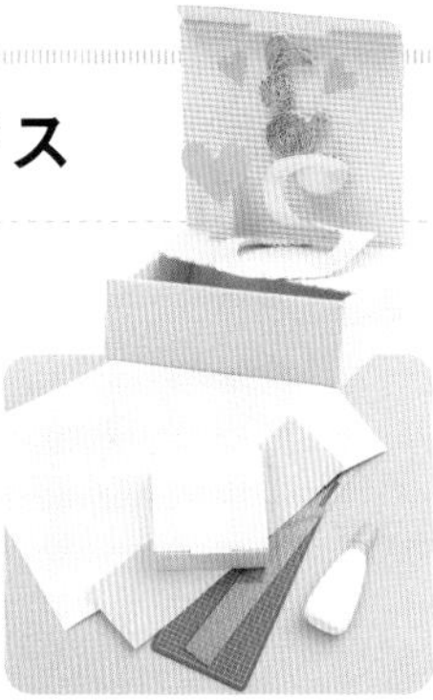

材料

- **紙**
  白のリップルボード１枚
  （カットしたとき、側面も白いものがよい）
  ピンクの無地紙または柄紙１枚
- **その他**
  ふた付きの正方形の箱
- **道具**
  ボンド、定規、カッターマット

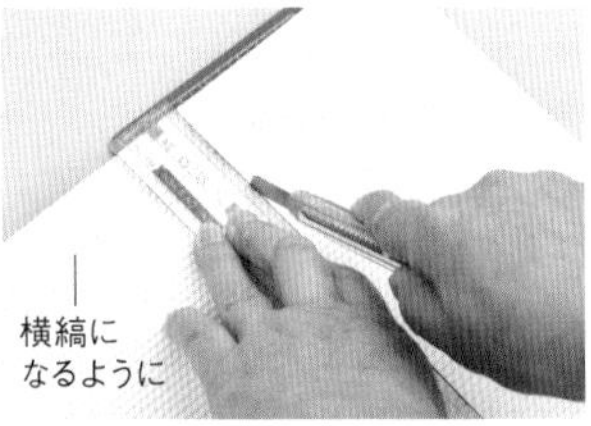

1

リップルボードを横縞に置き、箱の幅に合わせて切る。

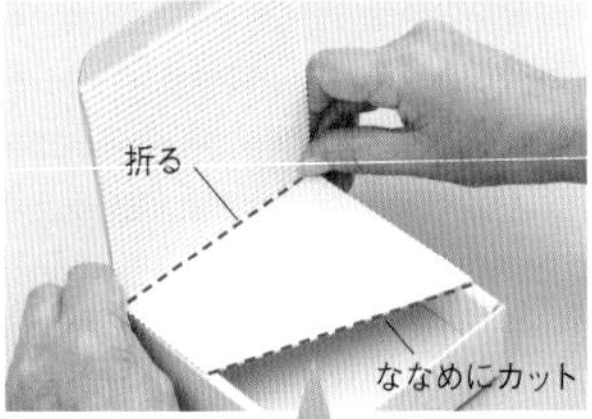

2

箱にあてて長さを決め、ななめにカットする。

Point

折り目の部分はカッターの背で筋をつけると曲げやすくなる。

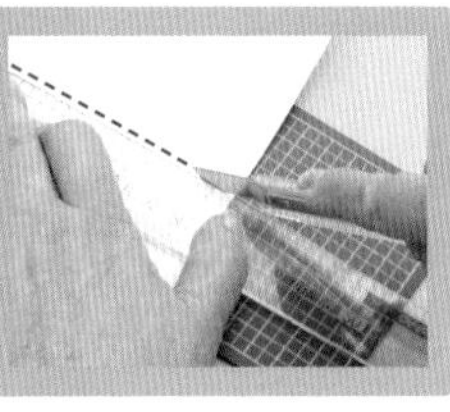

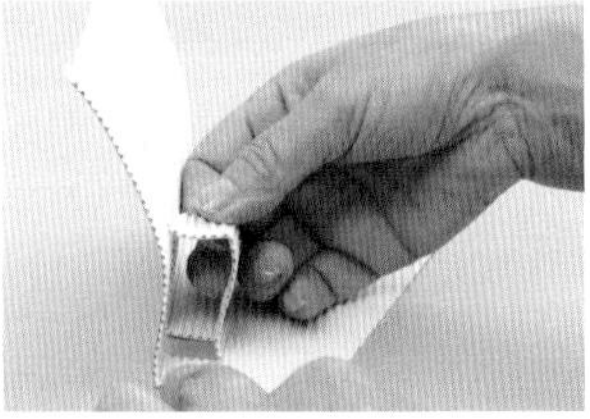

3

2面にまたがるように、カッターで２か所2cmほどの切れ込みを入れ、立ち上げる。

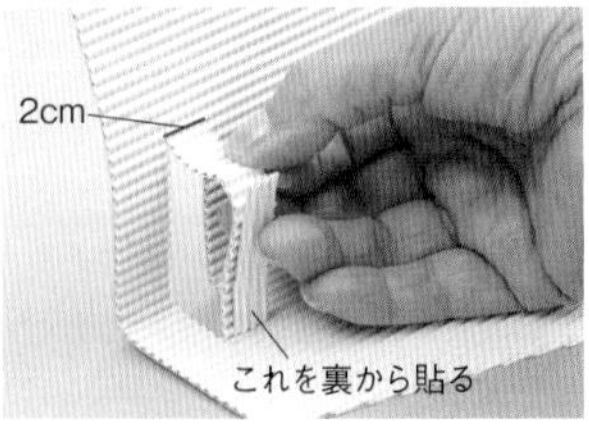

4

立ち上げ部分を補強する。縦縞に置いた残りのボードをカットし、裏から両面テープで貼る。

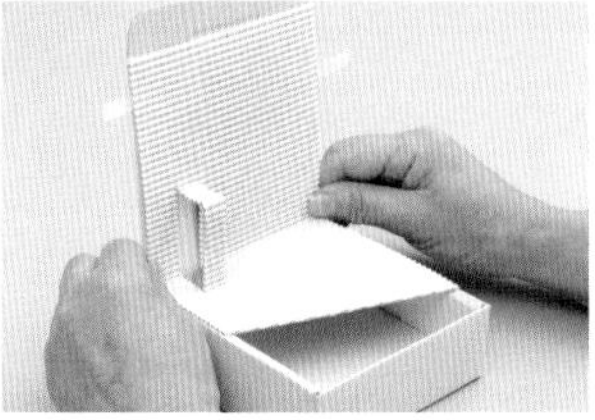

5

ボードを箱に貼り合わせる。両サイドに両面テープを貼り、上部からとめていくとよい。

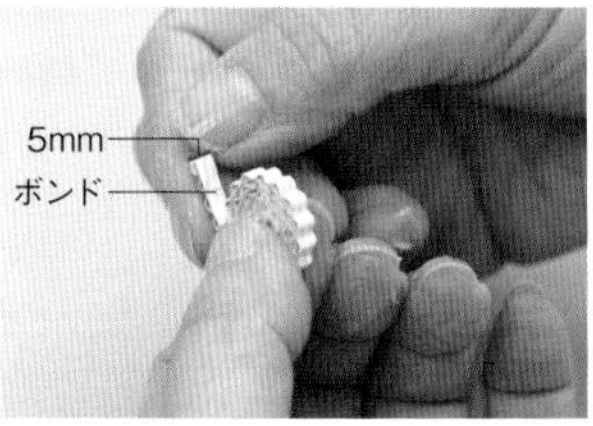

6

うさぎを作る。ボードを横縞に置き、5mm幅の帯を５本作る。うさぎの耳は半分にした帯を巻いて端をボンドでとめる。

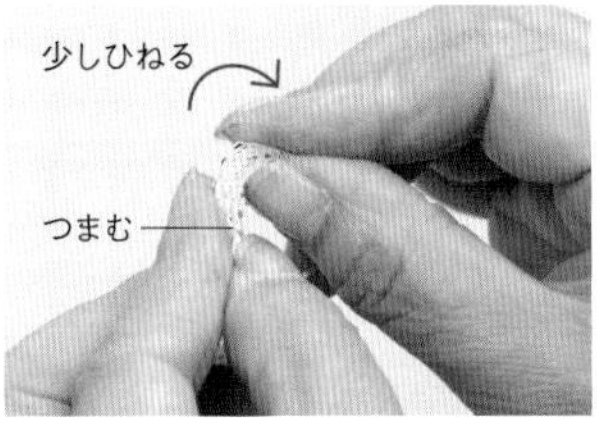

7

6を指でつまんでしずく形にする。少しひねるとうさぎの耳らしくなる。

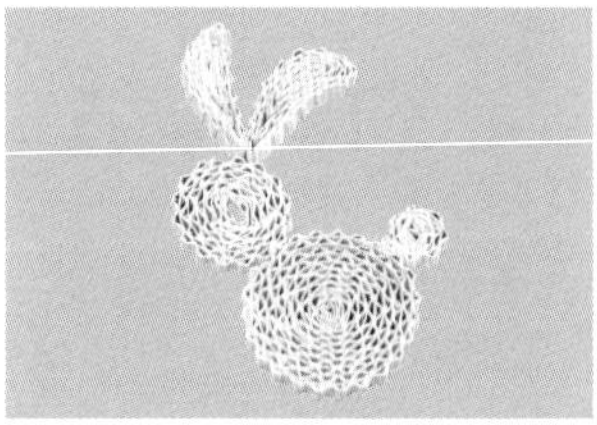

8

顔、胴体、しっぽは、バランスを見ながら大きさを決めて丸く巻く。帯を長くしたいときは、ボンドでつなげるとよい。

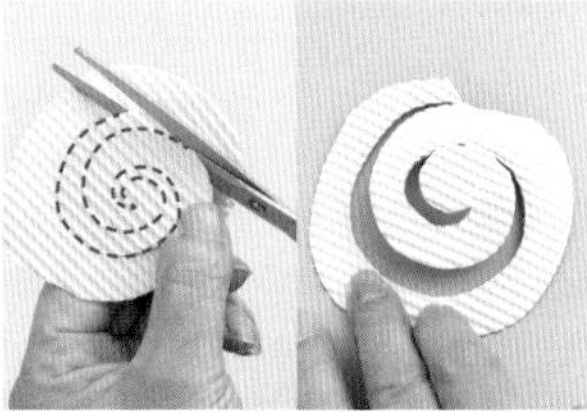

9

残りのボードを箱の大きさに合わせて丸く切り、らせん状に切れ目を入れる。すき間ができるように、再度カットする。

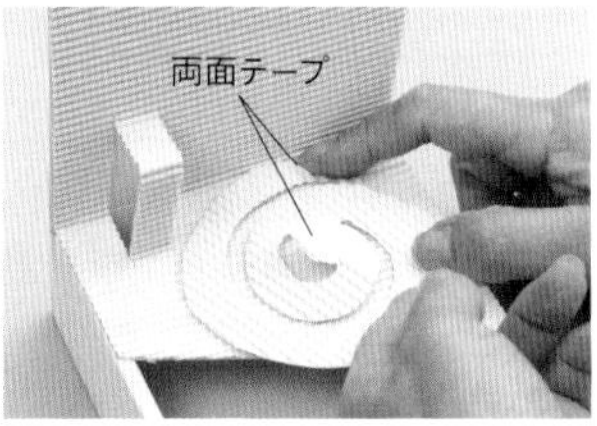

10

両面テープでらせんの始まりを箱に貼る。らせんの終わりにもテープを貼ってふたをすると、ふたに固定される。

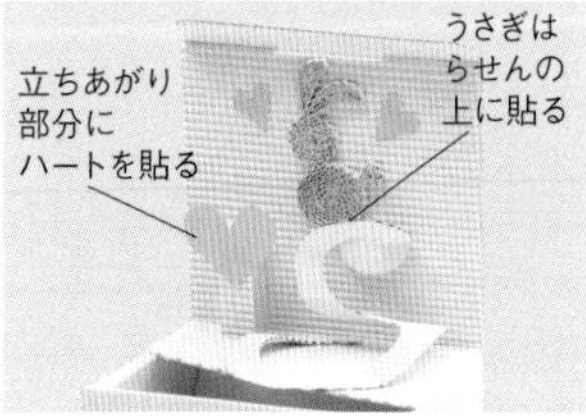

11

うさぎとハート形に切った紙をボンドで貼り付け、完成。

リップルボードの箱

材料

- **紙**
  茶のリップルボード１枚
  （色付きでもよいが、切ったときの側面も色付きのものを選ぶこと）
- **リボン**
  無地または柄リボン１本
- **道具**
  カッターマット、定規

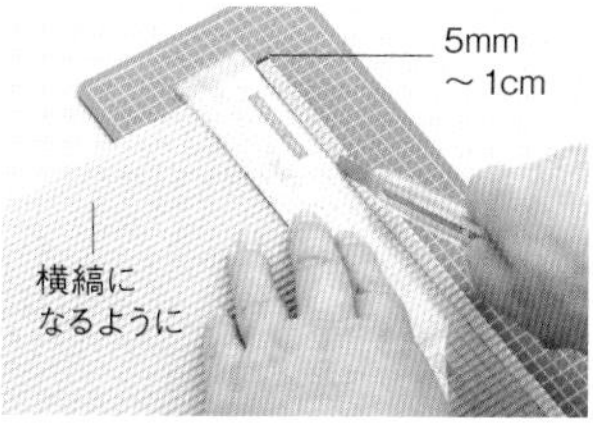

1

リップルボードを横縞に置き、5mm ～1cm 幅の帯を15本切る。

2

帯を手で丸く巻いていく。

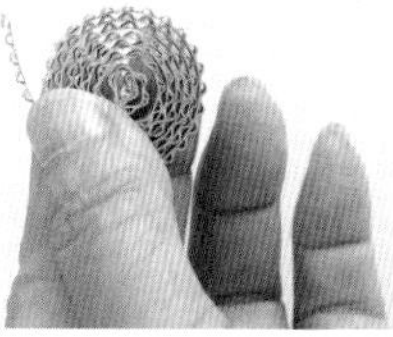

3

巻き終えたら、写真のように少し巻きをゆるめる。

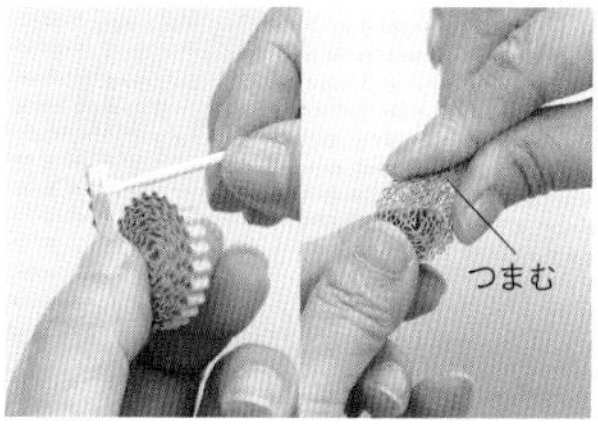

4

端をボンドでとめ、とめたところを指でつまんでしずく形にする。これを12個作り、花びらにする。

5

花の芯は帯を半分に切って巻き、ゆるめずボンドでとめる。これを２つ作る。

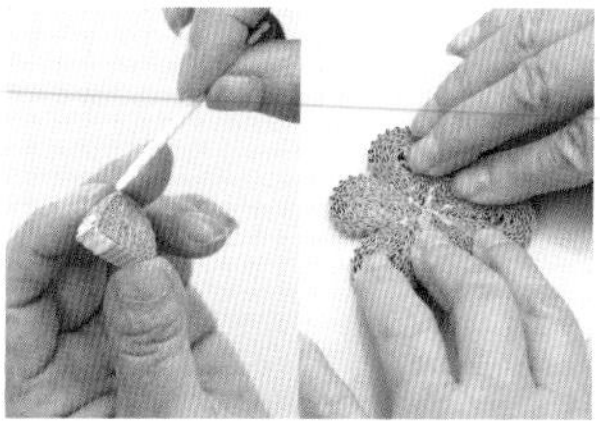

6

花びら６個をボンドで貼り合わせる。クリアシートなどの上だと作業がしやすい。

7

花の芯もボンドで貼る。この花を２つ作る。

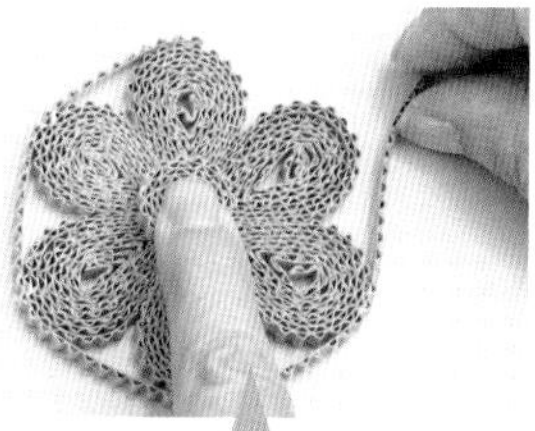

8

花の回りに帯を巻く。1周して余ったときは切らずにそのまま巻き、端をボンドでとめる。

Point

花びらの先にボンドをつけて巻くとうまく固定される。

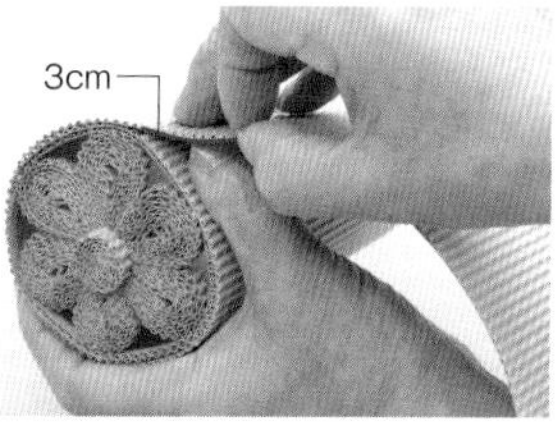

9

残りのボードを横縞に置き、箱の幅を好みで決めて切る。長さは花の１周＋3cmでカット。

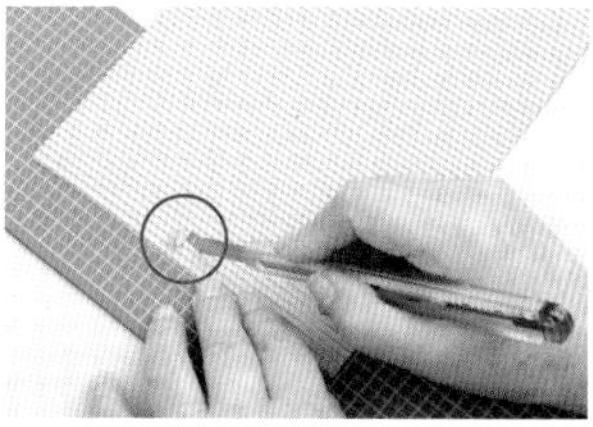

10

リボンを通す穴を作る。上下中央に２か所、カッターで四角い穴を作る。

11

箱の側面にボンドで花を貼る。手前の穴にリボンをタグひもの要領で通し（→ p.145）、上の穴で蝶結びし、完成。

Wrapping

ペーパークイリング

簡単にできて、見栄えも抜群

細長い紙を巻いて、多種多様なモチーフを作り出せるのが、
ペーパークイリング。ヨーロッパの修道女が、
聖書の製本時に出た紙の切れ端で作ったのが始まりだそう。
海外では古くからあるクラフトですが、日本に伝わったのは最近のこと。
基本パーツをマスターしたら、
アイデア次第でオリジナルモチーフが簡単に作れます。

道具

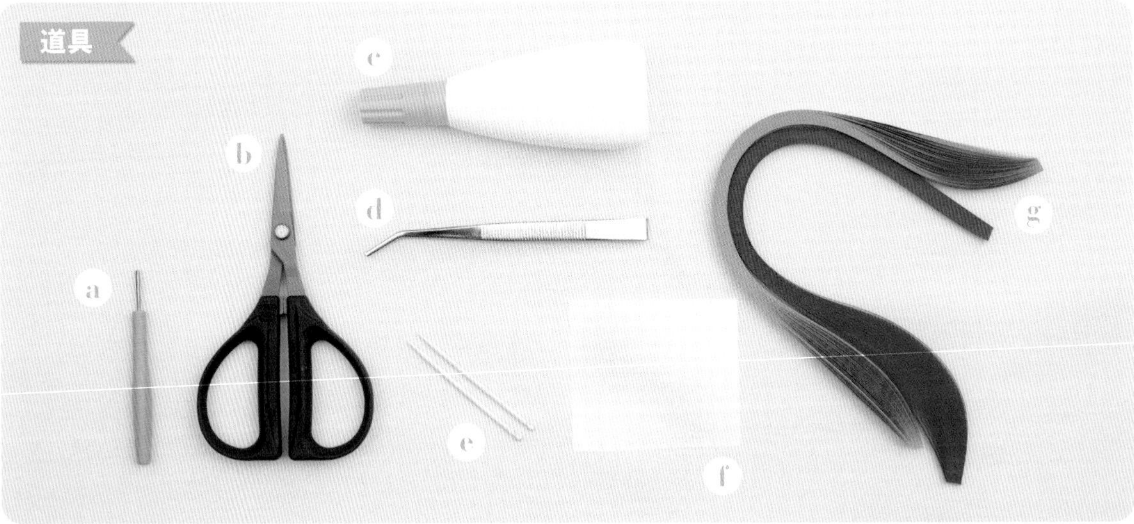

a クイリングバー

紙を巻き付ける専用の道具。先が割れているものは初心者向けで「先割れツール」とも呼ばれます。上級者向けは先の割れ目がなく、キリのようにとがっています。

b 手芸ばさみ

通常のはさみよりも細かな作業ができます。フリンジの花を作るときには、手芸ばさみがあると便利です。

c ボンド

木工用のものでOK。巻いた紙を固定させたり、パーツとパーツを貼り合わせたりするときに使います。口が細くなっているものがおすすめです。

d ピンセット

パーツを配置するときに使います。ペーパークイリングのパーツは小さいものが多いので、指ではつまみにくいこともあります。

e つまようじ

ボンドをパーツにつけるときに使います。

f クリアシート

写真は、小さく切ったもの。大きいままでもかまいません。パーツを貼り合わせるときの台として使います。

g カラーペーパー

ペーパークイリング専用の細長い紙です。3mm幅と6mm幅があり、長さはおおむね30cm程度。作るモチーフにより、幅や色を選択します。

Q 道具はどこで手に入りますか？

A クイリングバーとカラーペーパーは、手芸専門店やオンラインサイトで手に入ります。その他のものは文具店やラッピング専門店、100円ショップなどであつかっています。

Q 専用の道具は、何かで代用できますか？

A できますが、少し技術が必要です。例えばクイリングバーはつまようじで代用できますが、指でおさえるように巻いていかないと、ゆるんだり、ずれたりします。また、芯の部分の穴が大きくなるので、見た目が少し劣ります。カラーペーパーは、自分で手持ちの色画用紙をカットしてもよいですが、幅がそろっていないとキレイに仕上がりません。

実物大 基本パーツ

ここで紹介するパーツはごく基本的なもの。
これらを自由な発想で組み合わせていろいろなモチーフを作るのも、
ペーパークイリングの醍醐味です。

	紙のサイズ 3mm × 15cm	紙のサイズ 3mm × 30cm
タイトサークル 紙をぴったりと巻き付けた状態です。花の中心にのせる、さらに長い紙で作って顔パーツにする、など。		
ルーズサークル タイトサークルの巻きをゆるめたもの。いくつも重ねて模様にしたり、動物の耳に見立てたり。		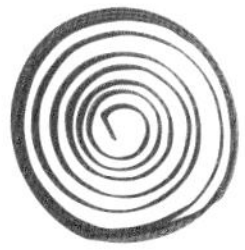
ティアドロップ ルーズサークルの端をつまんで涙型にしたもの。花びらや蝶の羽としてよく使われます。		
リーフサークル ティアドロップのもう片方もつまんだもの。その名の通り葉に見立てることが多いパーツです。		
S字サークル 紙の両端から互い違いに巻いたもの。植物のつるや模様などに。左右にひっぱり、ゆるいカーブにしてもOK 。	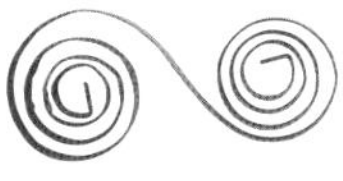	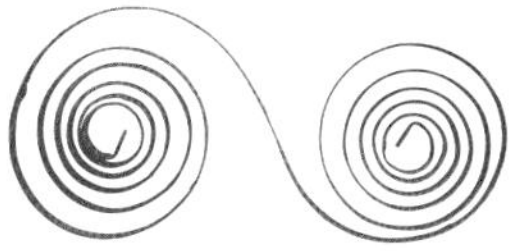

	紙のサイズ 6mm × 15cm	紙のサイズ 6mm × 30cm
フリンジ 細い切れ込みを全体に入れてから、タイトサークルの要領で巻いたもの。そのままお花としてよく使われます。	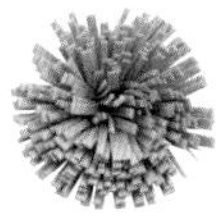	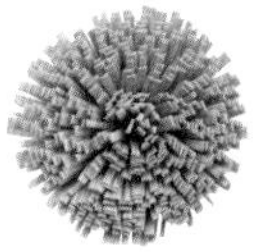
芯付きフリンジ 芯の部分は3mm幅の紙で作ります。フリンジと同じく、お花モチーフとしてよく使われます。	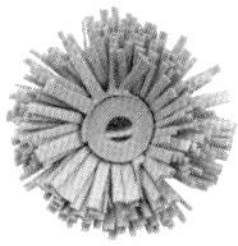	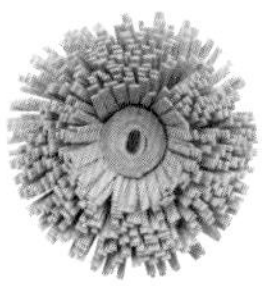

ペーパークイリングでコラージュボックス

材料

- **紙**
  花びら　3mm幅×5本
  （色はすべてそろえても、数種類組み合わせてもOK）
  花の芯　3mm幅×1本
- **その他**　木箱1個
  ペーパーナプキン1枚
  （2枚重ねで表と裏がはがせるものがよい。外国製に多い）

1

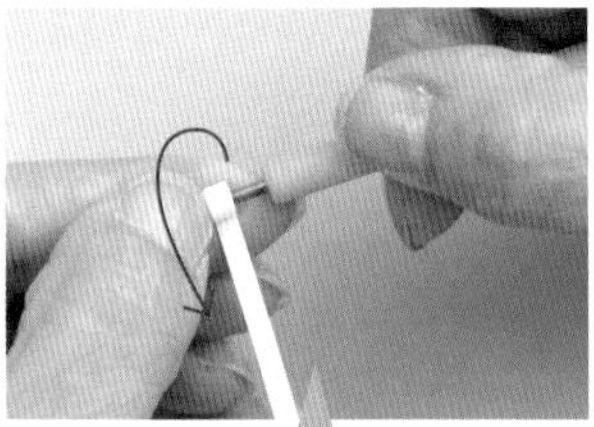

花の芯を作る。バーの先割れ部分にペーパーをはさみ、人差し指の腹と親指の先でおさえながら巻いていく。

Point

写真のように引っ張って巻くのは、切れてしまうことがあるのでNG。

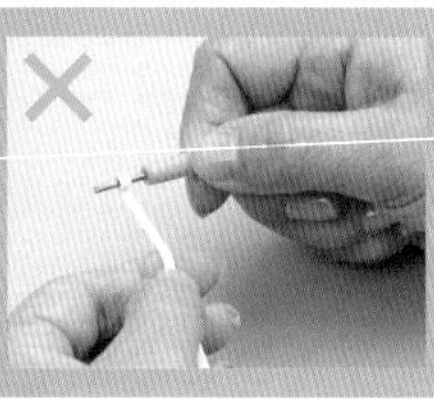

2

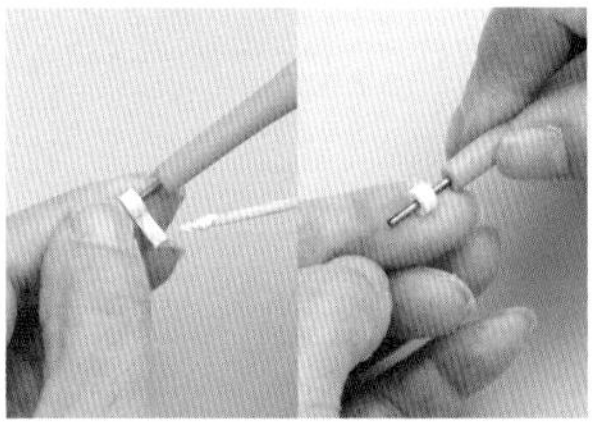

巻き終わりをボンドでとめる。指で2～3秒おさえると固定される。

3

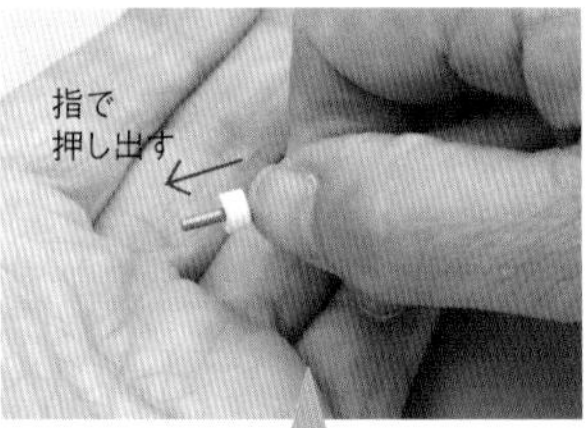

バーからはずすときは、右手の親指と人差し指で押し出すようにする。

Point

無理に引っ張ると巻きがはずれてしまうことがあるのでNG。

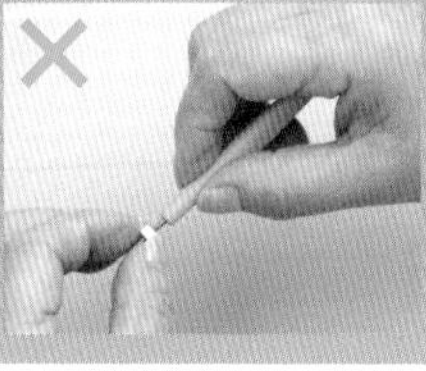

4

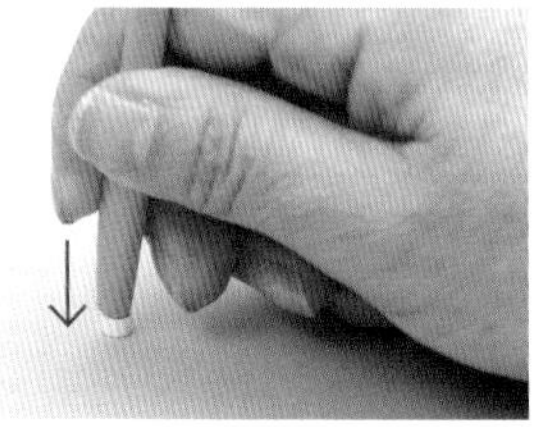

バーの後ろで芯を押し、平らにする。これで花の芯ができた。

5

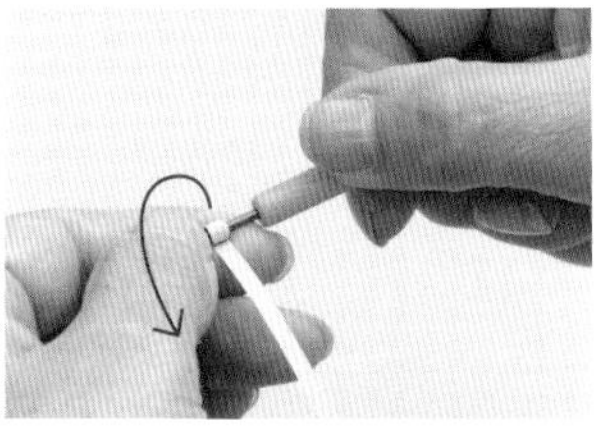

花びらを作る。花の芯同様、ペーパーを巻いていく。

6

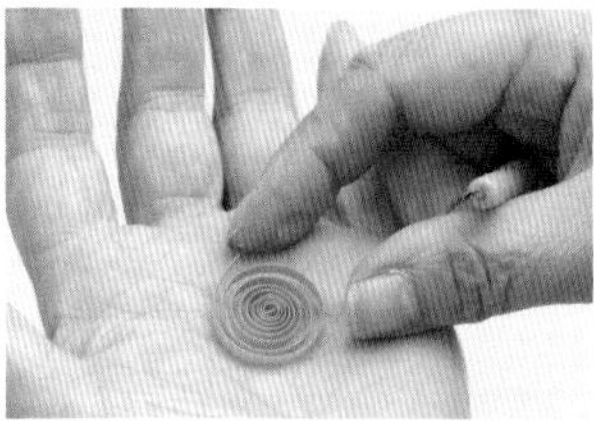

最後まで巻いたら、ボンドでとめずに手のひらに落とす。

7

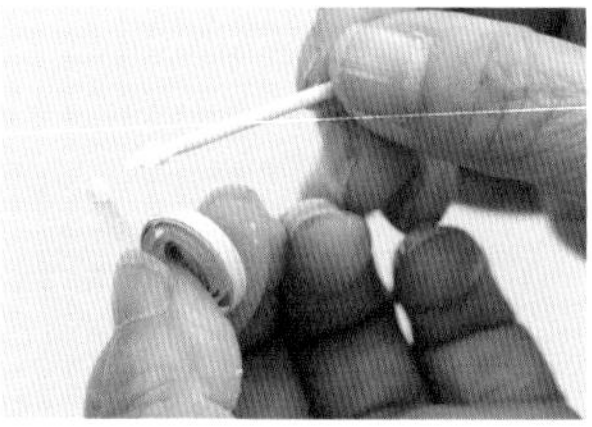

自然に巻きがゆるまった状態で端にボンドをつけてとめる。

8

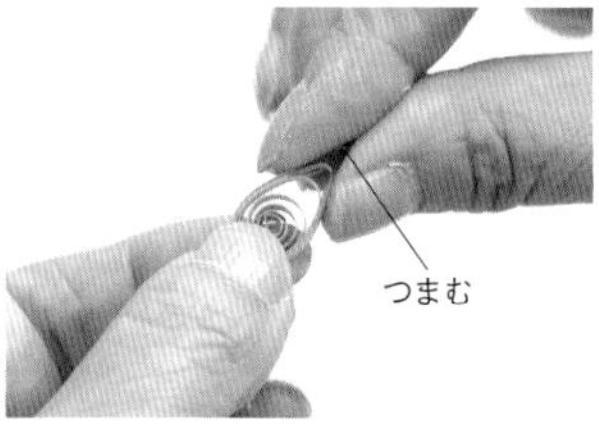

そのまま指でつまみ、ティアドロップを作る。これが花びらの1枚になる。

9

同じように、5枚花びらを作る。

10

花びらの根元両サイドにボンドをつける。

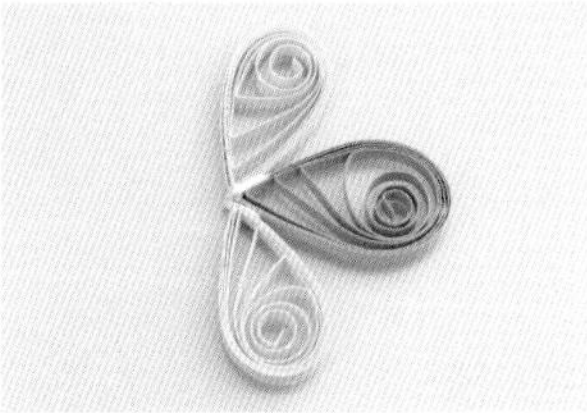

11

クリアシートなどの上で花びらを貼り合わせていく。

12

花びらを５枚貼り合わせ、花の芯を中心にボンドでつける。これで花のパーツができた。

13

ペーパーナプキンをカットする。柄を見て、コラージュしたい部分を切り出す。

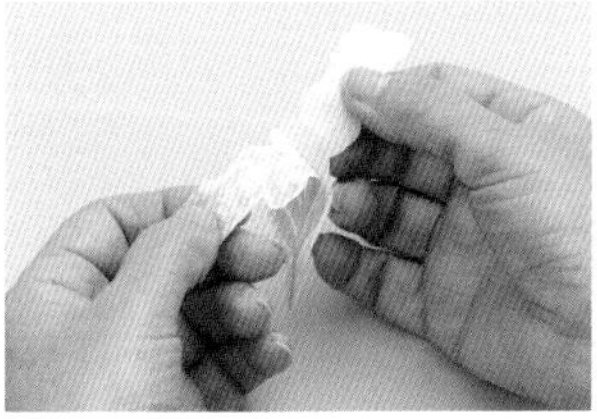

14

切り出したパーツを表と裏ではがす。ここでは表だけを使う。

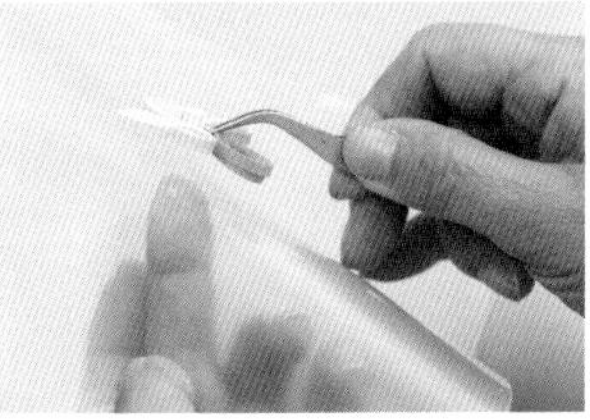

15

花のパーツをピンセットでつまむ。クリアシートを曲げるとはがしやすい。

16

木箱の上にパーツをのせ、配置を決める。

17

ペーパーナプキンを貼りたい部分にボンドをつける。べったりとでなく、点で数か所でよい。

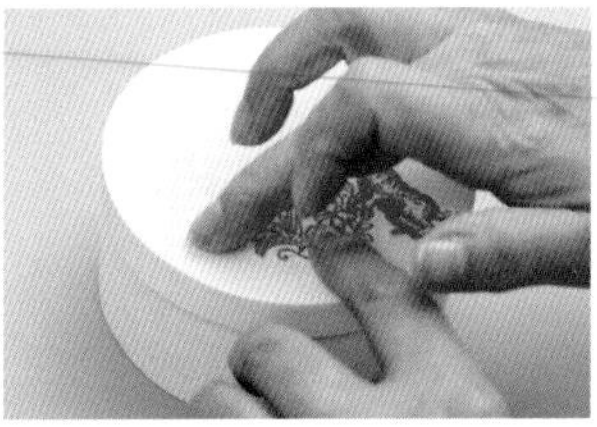

18

つけたボンドを指でのばす。

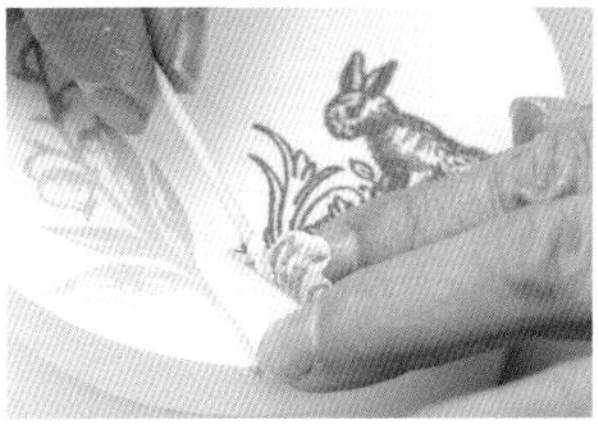

19

ペーパーナプキンを貼る。端がひらひらしているときは、ボンドをつまようじでつけて貼る。

20

花のパーツもボンドで貼り、完成。

おすすめのアレンジ

蝶

蝶の羽はティアドロップ、胴体はリーフサークル、触覚はペーパーを半分に折ったものを、両端から外巻きに巻いて作ります。各パーツの大きさは、好みで調節して。

ハート

ペーパーを半分に折り、両端を内側に巻きます。S字ロールの応用です。このハートを花びらに見立てて花を作ってもよいでしょう。

四葉のクローバー

葉はティアドロップ、またはティアドロップの先を指でつまんで凹ませて作ります。茎はペーパーを半分に折り、ボンドで貼り合わせたもの。

ペーパークイリングで手作りカード

材料

- **紙**
  カード用の紙１枚
  （固めのものがよい）
- **カラーペーパー**
  花びら　6mm幅×２本
  茎と葉　3mm幅×２本
  花の芯　3mm幅×１本

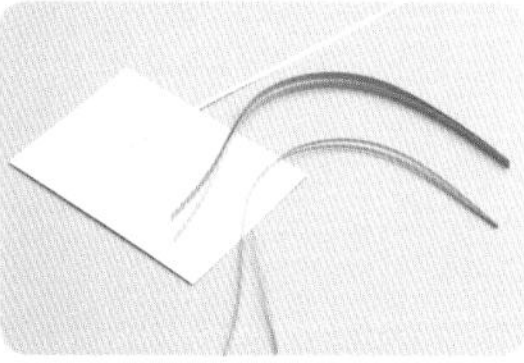

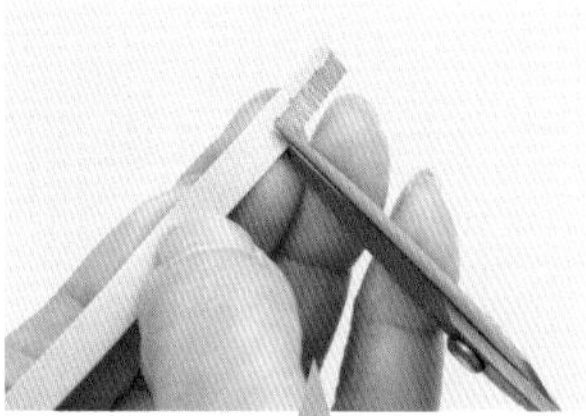

1

芯なしの花を作る。6mm幅のペーパーを端から細かくフリンジ状に切る。切り落とさないように、上は1/3残す。

Point

反対側の端は、裏返して持ち替え、切るとよい。

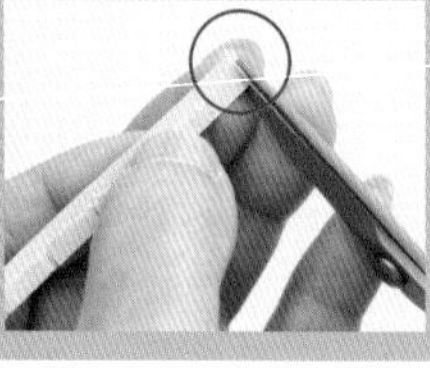

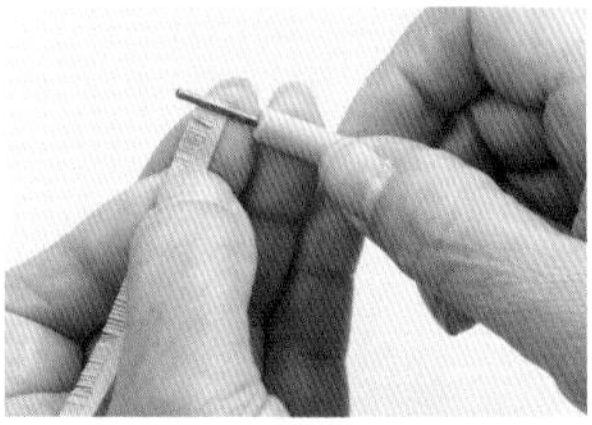

2

バーの先割れ部分にペーパーの端をはさむ。

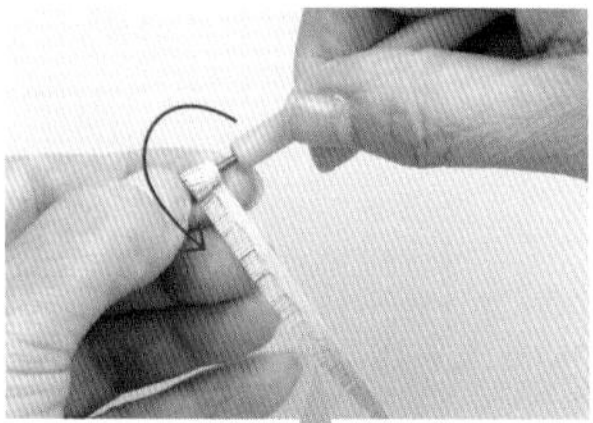

3

バーをくるくる回転させ、ペーパーを巻いていく。左手の人差し指の腹と、親指の先でペーパーをおさえるとよい。

Point

写真のようにペーパーを引っ張って巻くと切れてしまうのでNG。

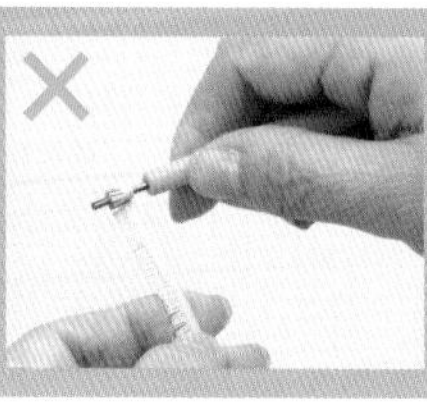

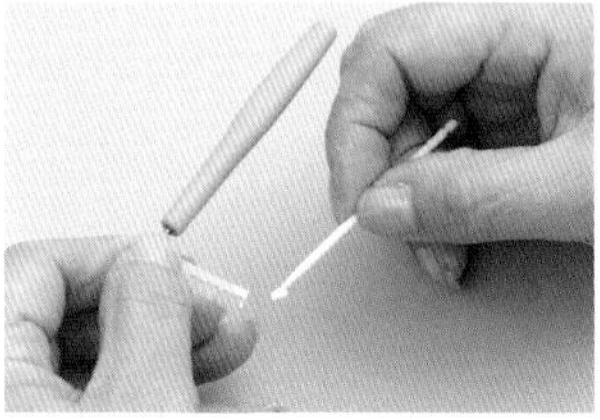

4

巻き終えたらボンドでとめる。万一途中でペーパーが切れてしまったときも、ボンドで貼り合わせる。

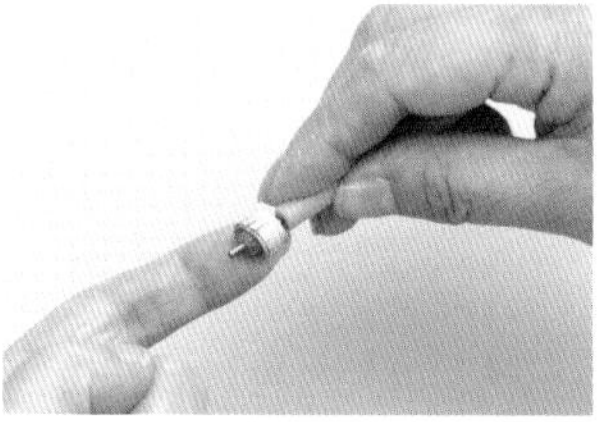

5

人差し指で２〜３秒おさえると、ボンドで固定される。

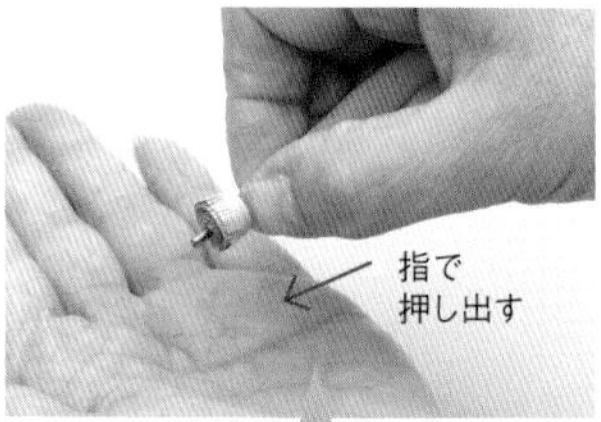

6

バーから抜くときは、右手の親指と人差し指で押し出す。

Point

バーから無理に引き抜こうとすると、巻きがはずれてしまうのでNG。

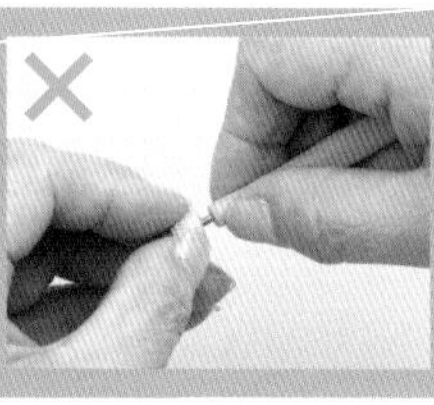

7

外側から少しずつ、フリンジを広げ、花びら状にする。芯なしの花ができた。

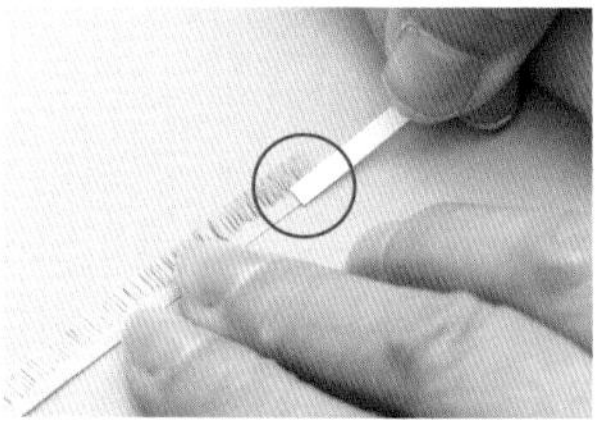

8

芯付きの花を作るときは、1/3に切った3mm幅のペーパーを、6mm幅のペーパーにボンドで貼る。

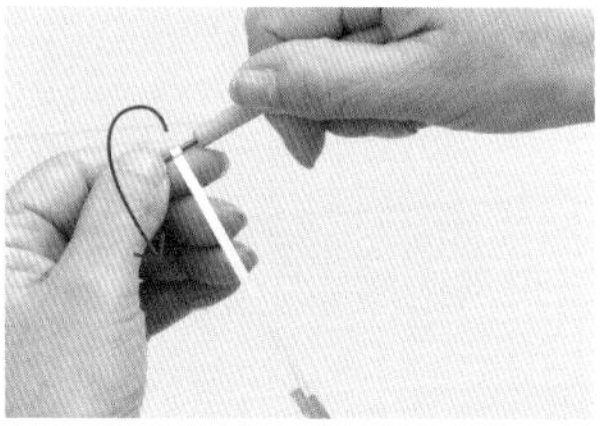

9

芯の方からバーで巻いていく。

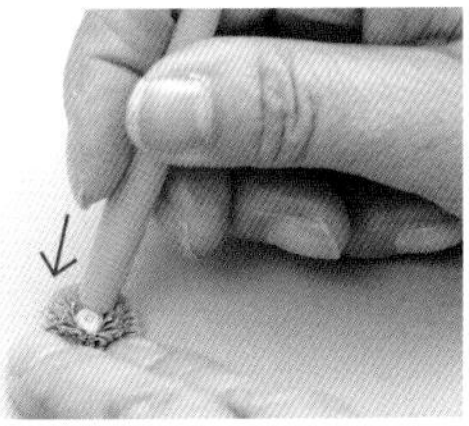

10

巻き終えたらボンドでとめ、バーからはずす。芯の部分をバーで押して平らにする。芯付きの花ができた。

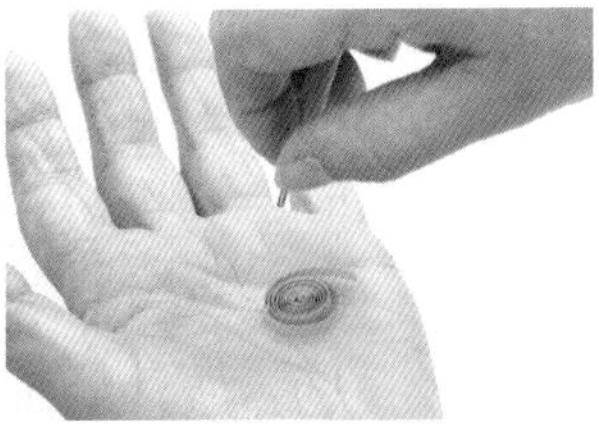

11

葉の部分を作る。3mm幅のペーパーを巻き、ボンドでとめずに手のひらに落とす。

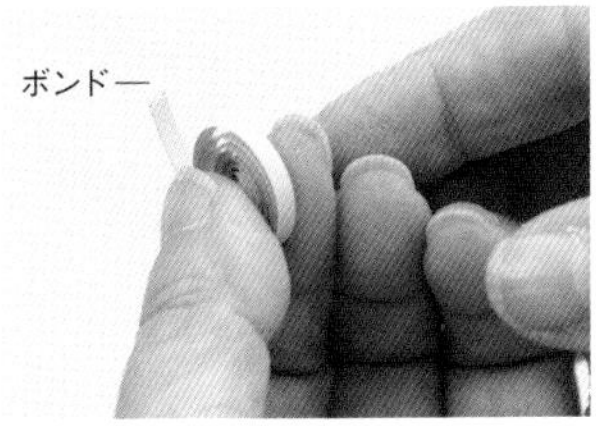

12

自然に巻きがゆるんだ状態のまま、端をボンドでとめる。

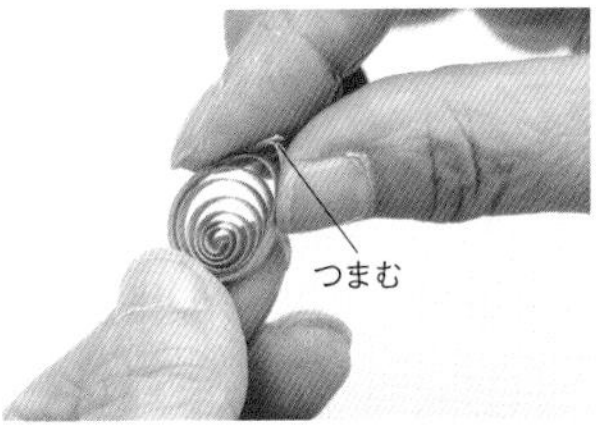

13

そのまま指でつまみ、ティアドロップを作る。

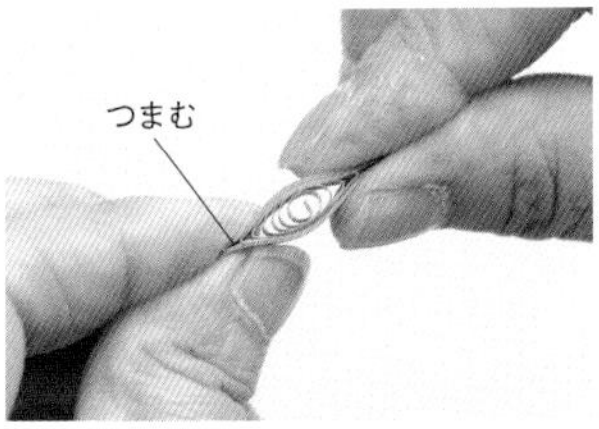

14

反対側もつまんで、リーフサークルにする。葉の部分ができた。

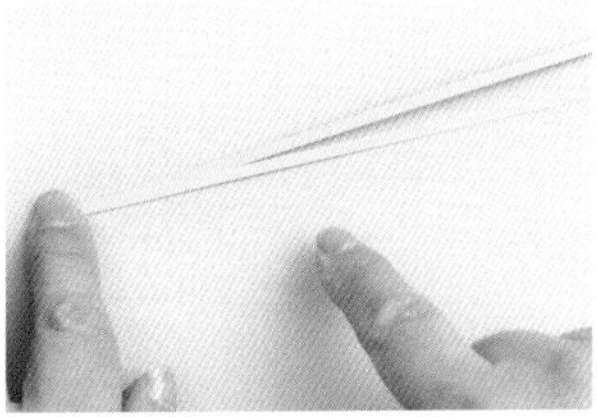

15

茎の部分を作る。3mm幅のペーパーを２つに折る。半分でも、好みで少しずらしてもよい。

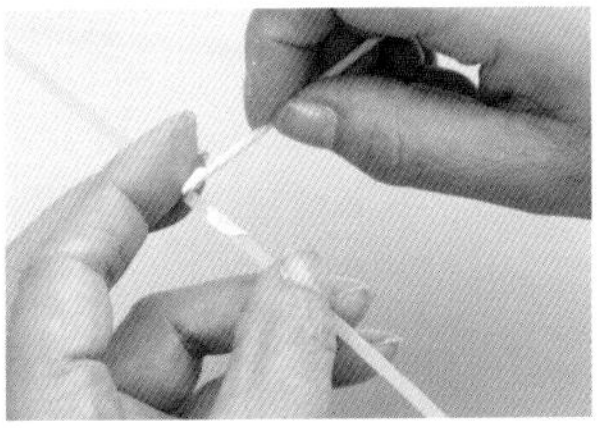

16

折った根元にボンドをつけて貼り合わせる。

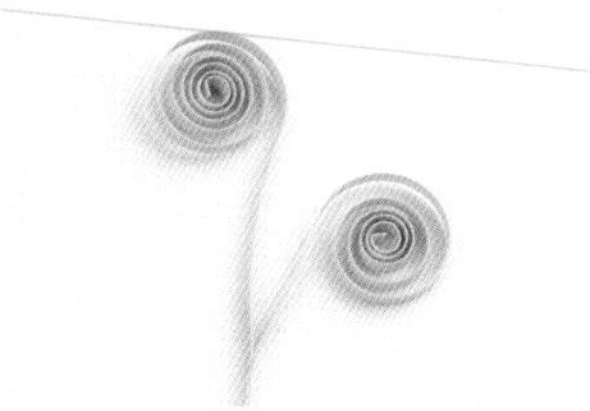

17

バーで両端を外巻きに巻く。茎の部分ができた。

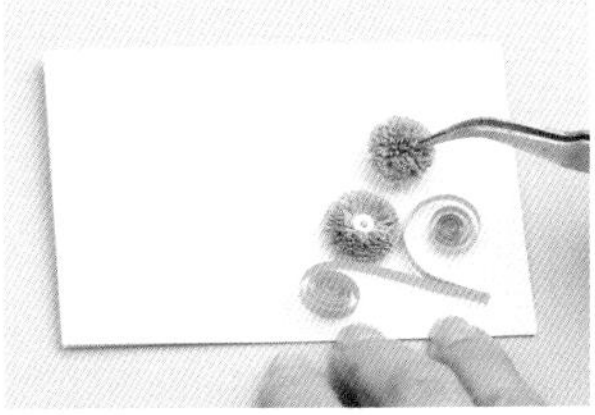

18

カード用の紙を半分に折り、パーツをのせて配置を決める。

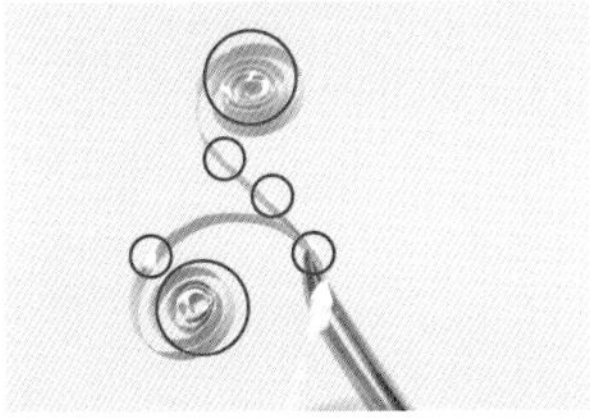

19

まず茎の部分をカードに貼る。ボンドはべったりとつけず、点で数か所つけるとキレイに仕上がる。

20

手で数秒おさえて固定させる。

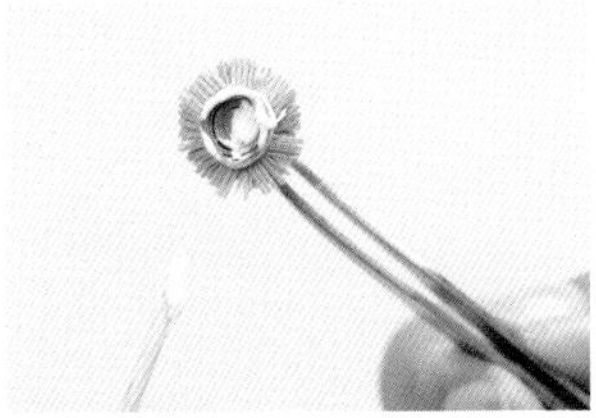

21

花はボンドを少し多めに。同じようにおさえて貼る。

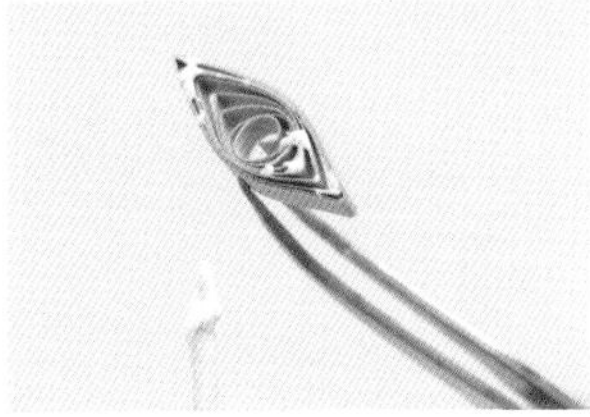

22

最後に葉の部分を貼る。茎と同じように点で数か所ボンドをつけ、カードに貼って、完成。

イベントラッピング Part 1

誕生日・バレンタイン

イベント向けのラッピングは、見た目のわくわく感が大切。
誕生日はクラッカーを、バレンタインはハートをモチーフに包みました。

a 誕生日ラッピング

1

スクラップブッキング用紙、または固めのリバーシブル紙を用意し、正方形に切る。

2

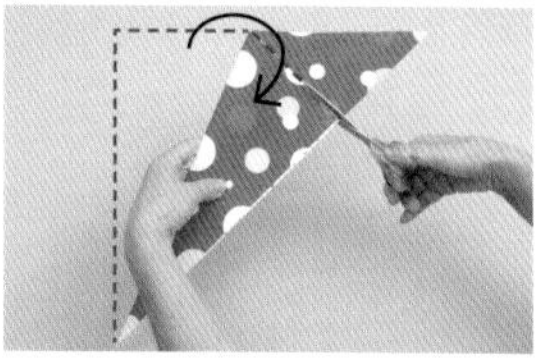

半分の三角に折り、三角の頂点を底辺に合わせて折り返し、はみ出した部分を切る。

3

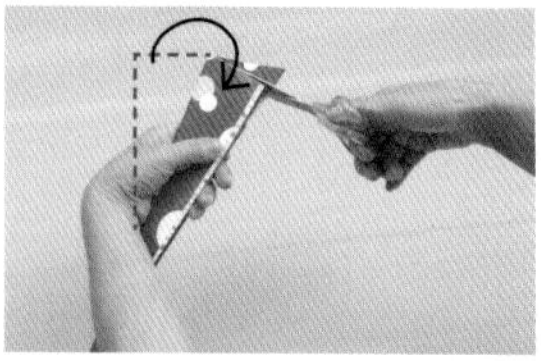

紙を裏返してもう一度三角の頂点を底辺に合わせて折り、はみ出した部分を切る。

4

紙を広げ、折り目をすべて山折りする。2面を両面テープで貼り合わせ、六角錐を作る。

Point

両面テープは写真のように2か所貼ればよい。

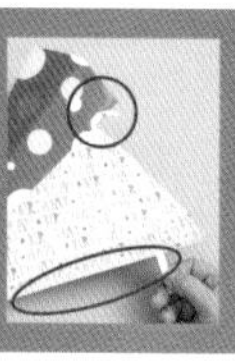

5

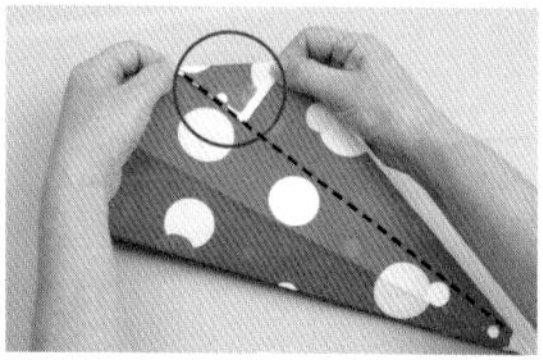

重ねた2面の部分の角を、折り目に合わせて三角に折る。

6

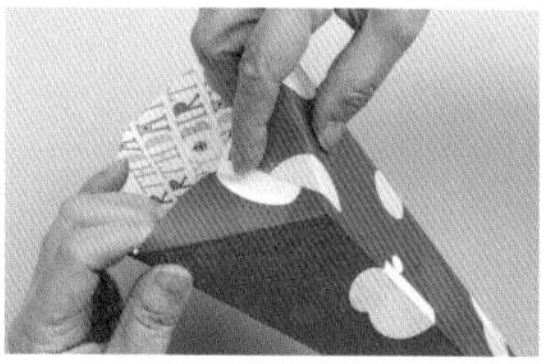

三角に折った角を広げて内側に割り入れる。

7

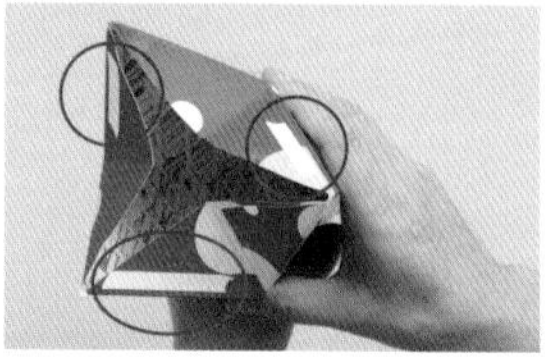

残りの2つの角も同じように折り、両面テープを写真のように3か所に貼る。

8

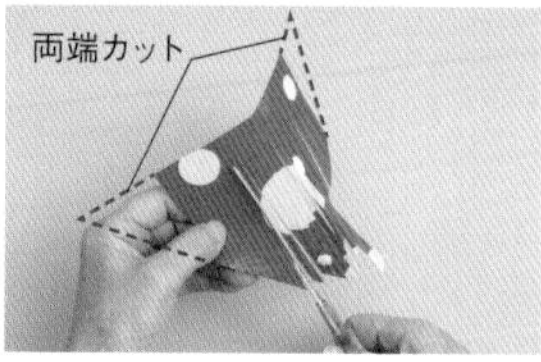

2で切り落とした三角の紙の両端を少しカットし、フリンジ状に細く切れ込みを入れる。

9

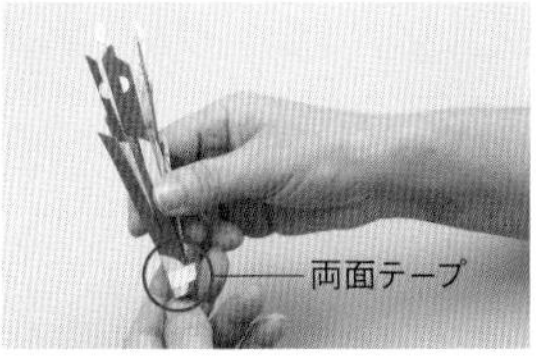

くるくると巻いて両面テープでとめる。フリンジをはさみの背でしごき、カールさせる。

10

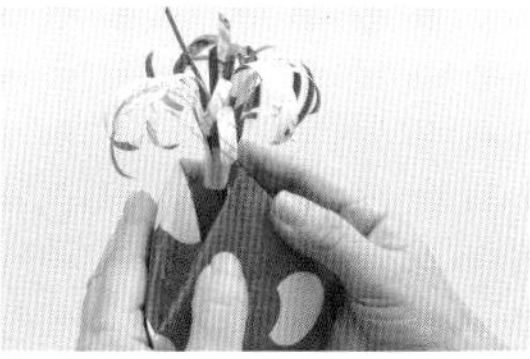

六角錐に中身を入れ、口を閉じながら、フリンジも両面テープではさみ、とめて完成。

Point

六角錐の両面テープをはく離しておき、まず両面テープを巻いたフリンジをはさみ、とめてから、六角錐の口を閉じるとよい。

完成

b バレンタインラッピング

1

紙を２種、リボン、穴あけパンチを用意する。紙２種を10cm×30cmのサイズに切る。

2

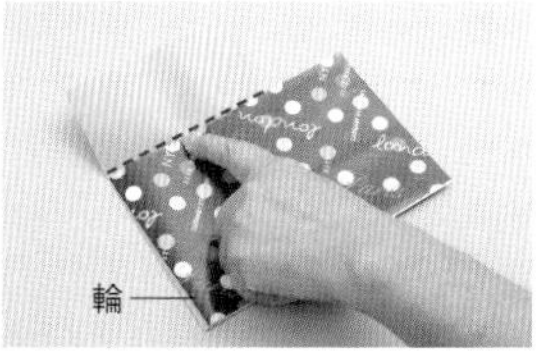

紙を２つ折りし、輪にした部分を重ねてハート形に置く。はみ出す部分に印をつけて折る。

3

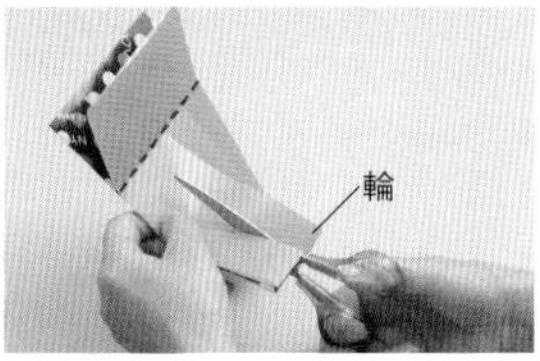

紙を２枚重ね、輪の方から印のところまで４等分の切れ込みを入れる。

4

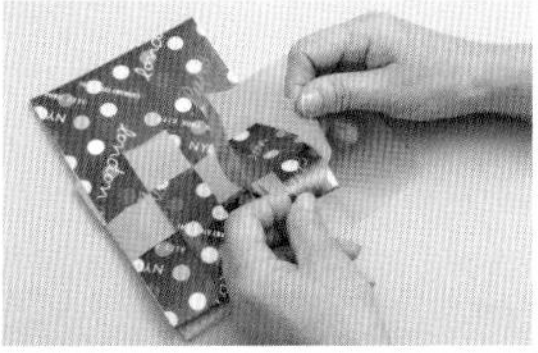

もう一度紙をハート形に置き、格子模様になるように、交互に編んでいく。

Point

編むときは必ず片方の輪の中に通す。裏を確認して格子状になっていればOK。

5

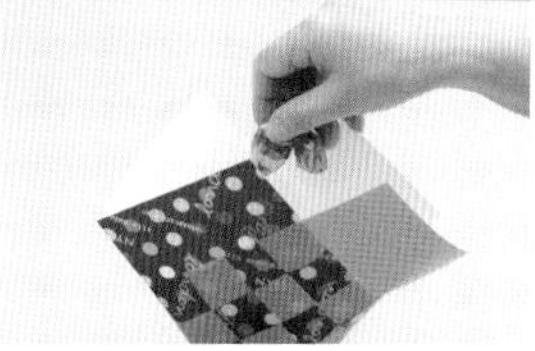

すべて編んだら口を開いて中身を入れる。

6

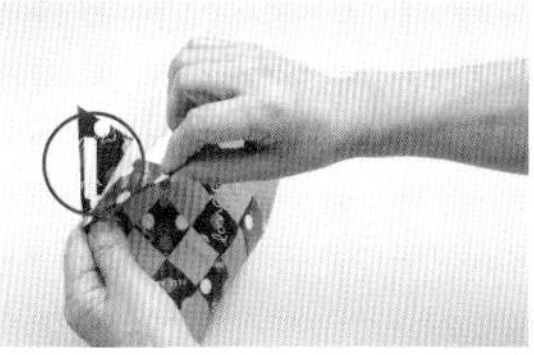

左右の角を内側に折り込み、両面テープで貼り合わせる。

7

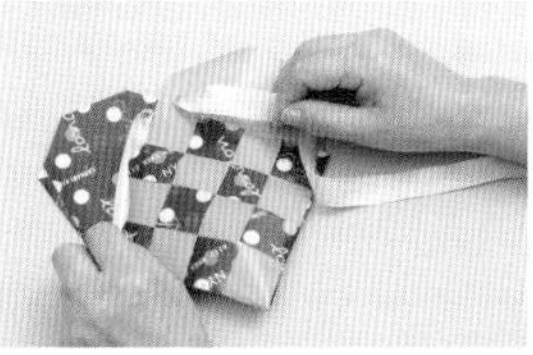

上の角２つも同様にし、穴あけパンチで穴をあけ、リボンを通す。蝶結びをして、完成。

完成

Q 中で編んだ紙がつっかえて口がうまく開かないのですが？

A 編むときは必ず片方の輪の中を通します。下や上を通してしまうと、口が開かない原因に。裏も格子状になっているか確認し、間違っているときは編みなおしましょう。

手作りの袋と箱

手作りの袋や箱は、好みの包装紙で、
形の面白さを自由に作り出せるのが利点。
バッグ形、シャツ形、テトラ形、小箱形など袋や箱の作り方と、
お気に入りの紙で簡単に作れるマチなし・マチあり袋を紹介します。

バッグ形

LEVEL ★★★☆☆

材料

- **紙**
  スクラップブッキング用紙1枚
  （固めのリバーシブル紙を正方形に切ってもOK）
- **リボン**
  細めのリボン1本×2種
- **道具**
  カッターマット、
  ピンキングばさみ、穴あけパンチ

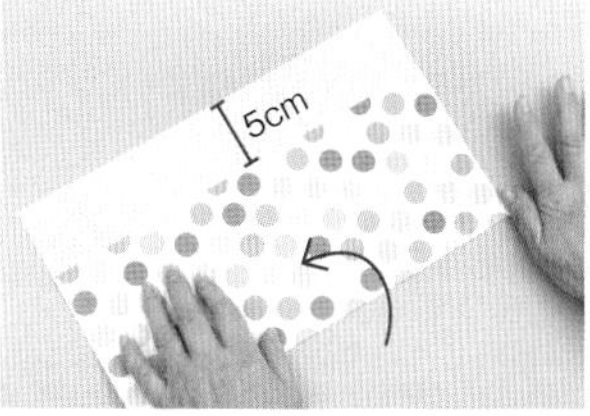

1

バッグの底のマチ分（ここでは5cm）を残し、手前から紙を2つ折りする。

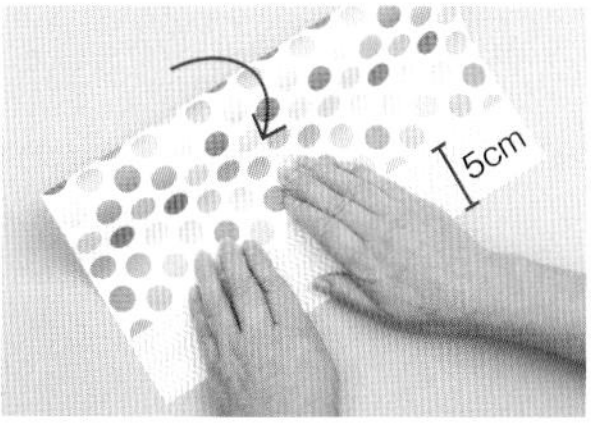

2

折り目をいったん広げ、奥も同様に折る。これで底のマチがとれた。

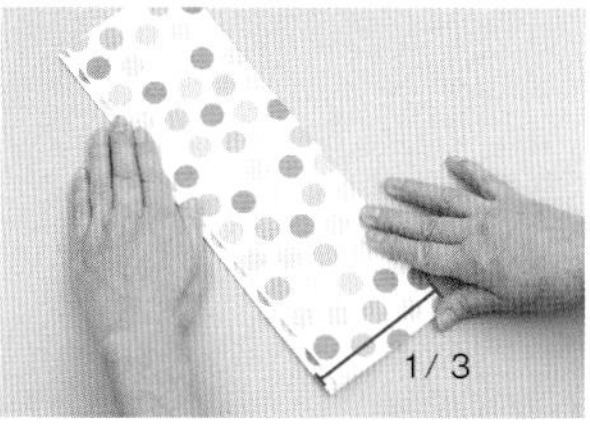

3

また折り目をいったん広げ、横は３等分に折る。多少ずれても OK。

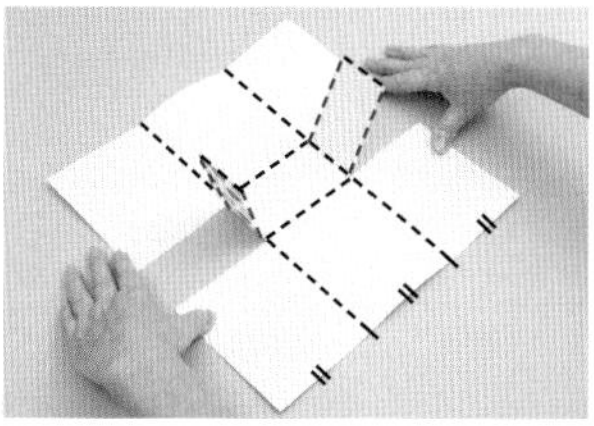

4

写真のように折り目に沿って4か所はさみで切れ込みを入れ、バッグの側面を作る。

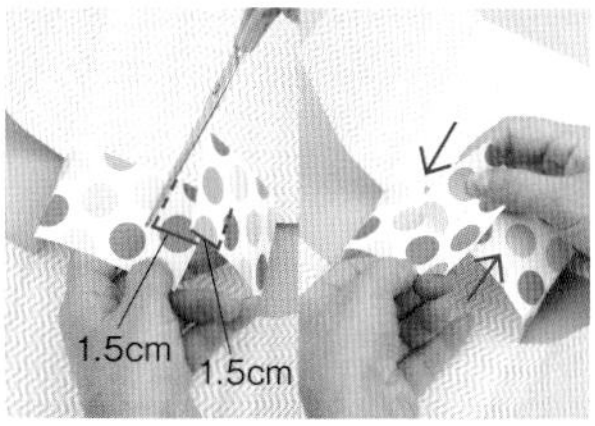

5

側面の上から1.5cm のところに、左右互い違いに切れ込みを半分あたりまで入れ、差し込む。

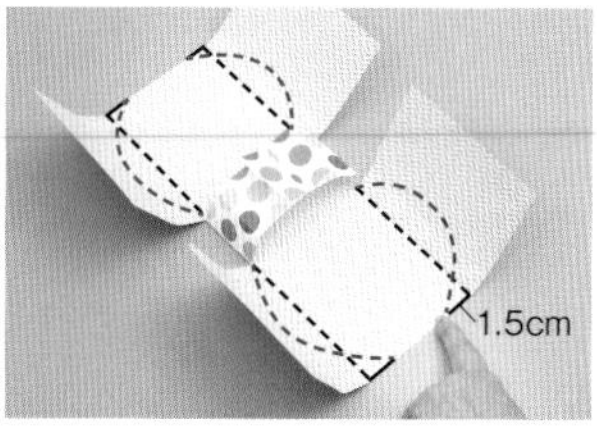

6

バッグの表裏面を作る。折り目の1.5cm 内側から反対側の折り目に向かって、4か所を切る。

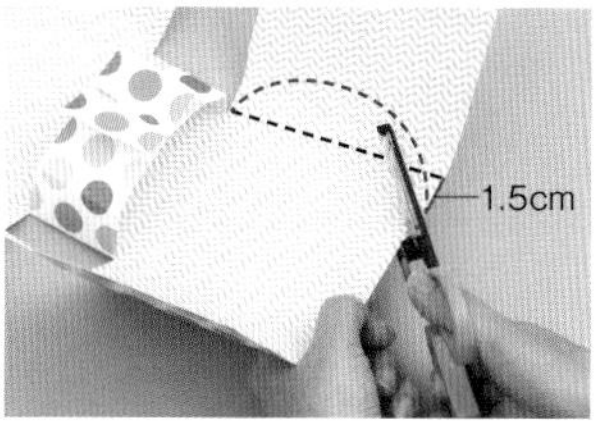

7

切るときはピンキングばさみを使う。カーブは大きめにした方がバッグらしくなる。

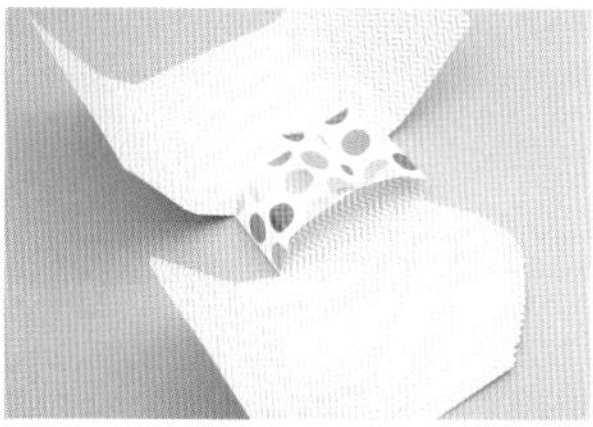

8

１か所切った状態。残りの３か所も同じように切る。

9

側面の差し込みをはずし、持ち手の部分を作る。半月形のカーブの部分のみ、表裏面ともカッターで切れ目を入れる。

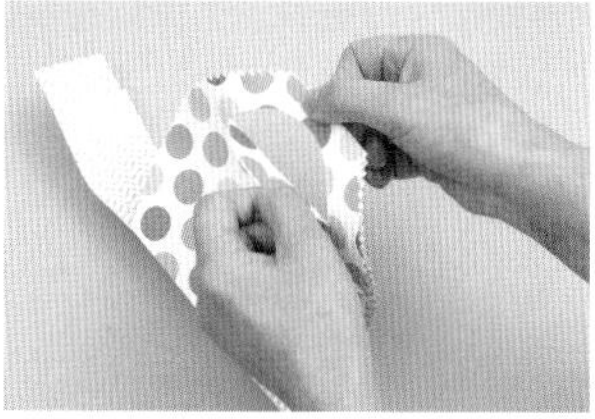

10

持ち手ができた。半月の部分はそれぞれ外側に折る。

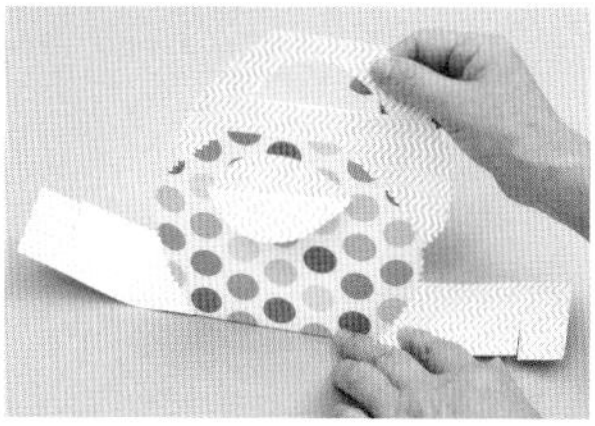

11

持ち手を外側に折った状態。この外側に折った持ち手の部分に、リボンを通す穴をあける。

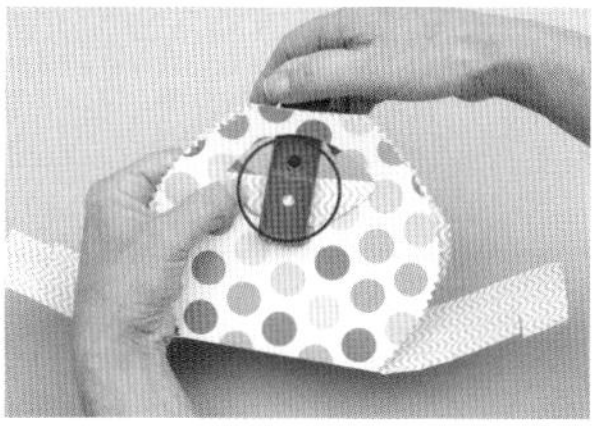

12

穴あけパンチはふたをはずし、裏側から位置を確認するとよい。側面を合わせて差し込み、リボンで蝶結びをして、完成。

シャツ形

LEVEL ★☆☆☆☆

材料

- **リボン**
  無地または柄リボン１本
- **その他**
  マチあり袋１枚

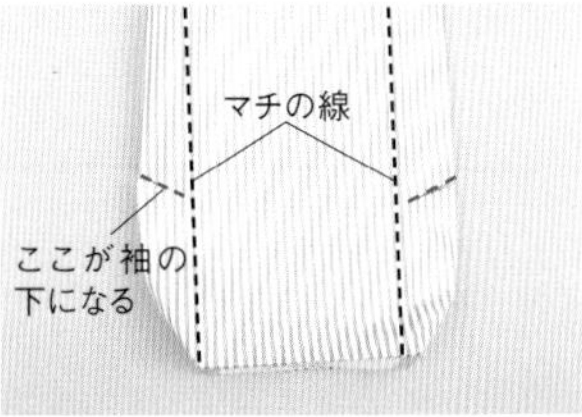

1

袋のマチを広げる。袖の位置を決め、左右ともななめにマチの線まで切れ込みを入れる。

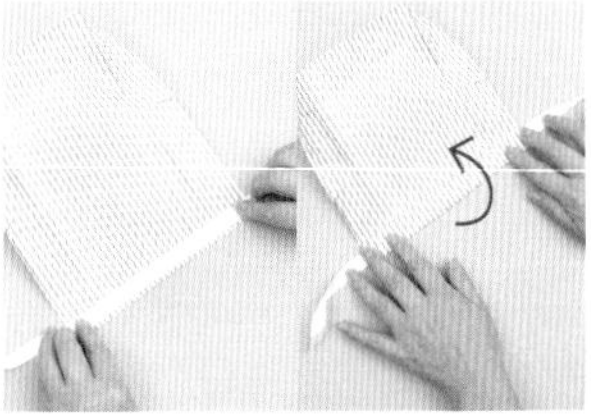

2

袋を裏側にし、リボンをはさみながら口を３つ折りする。

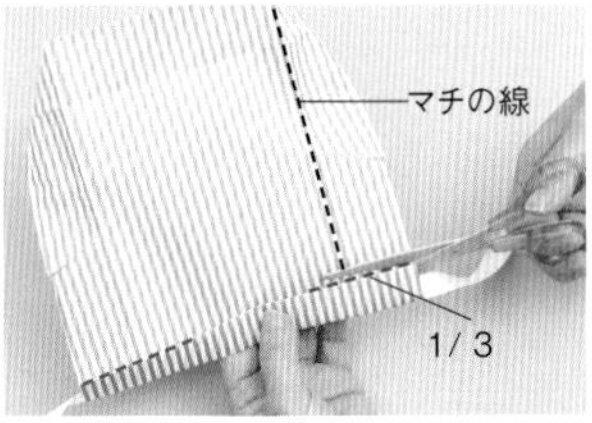

3

シャツの襟を作る。３つ折りの下のところで、左右とも横幅の1/3くらい切れ込みを入れる。マチの線は超えてよい。

4

リボンを抜き、中身を入れて袖の下のマチを折る。

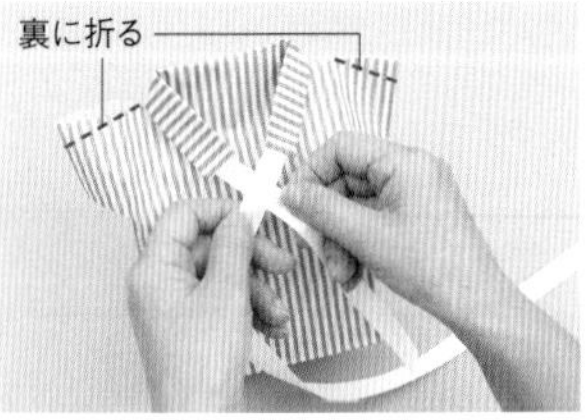

5

再度リボンをはさんで３つ折りし、左右ななめに折って襟を作る。袖の上部を少し裏に折り、リボンを蝶結びして、完成。

テトラ形

LEVEL ★☆☆☆☆

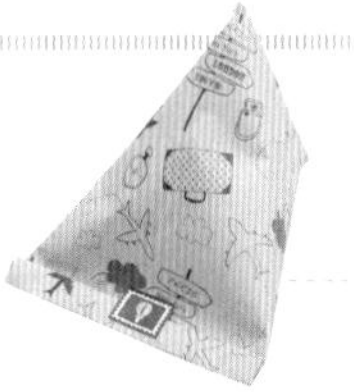

材料

- **その他**
  マチなし袋１枚
  シール１枚

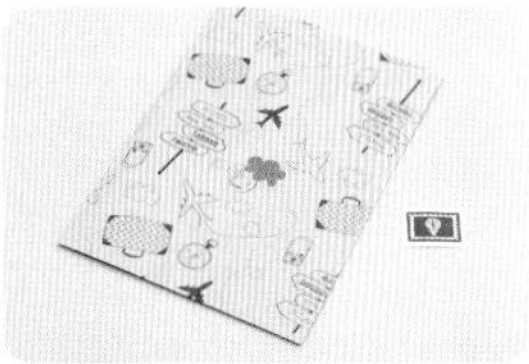

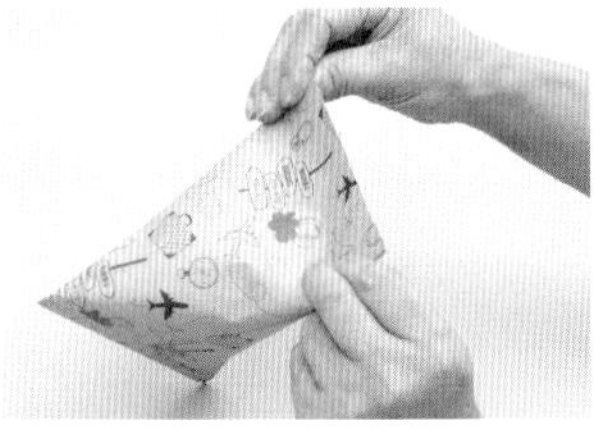

1

袋に中身を入れ、テトラ形になるよう、口を縦に閉じる。

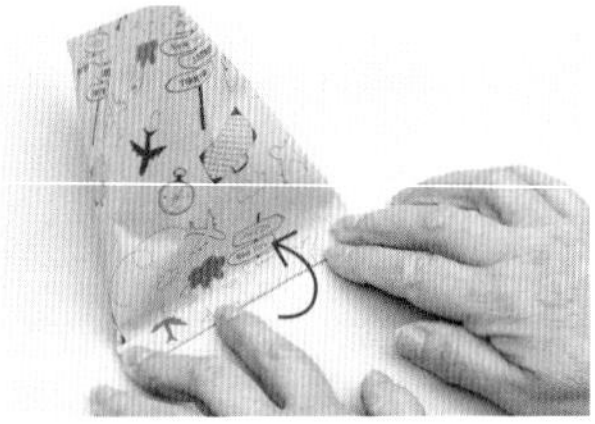

2

口を３つ折りする。

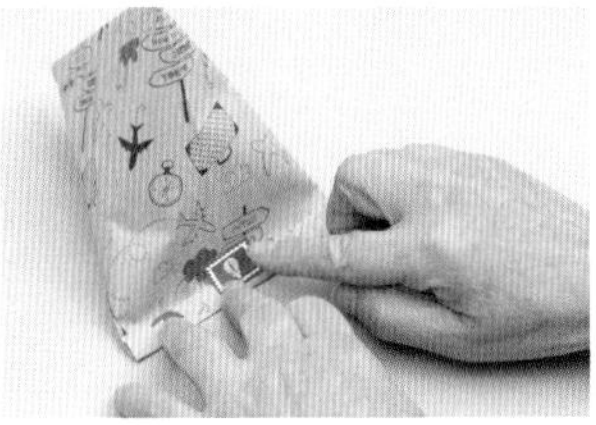

3

シールを貼って閉じ、完成。

Memo

テトラ形の袋は、透ける素材で作っても可愛く包めます。中身はぎっしり詰めず、少し空間がある方がバランスがよいでしょう。

小箱形 ①

LEVEL ★★☆☆☆

材料

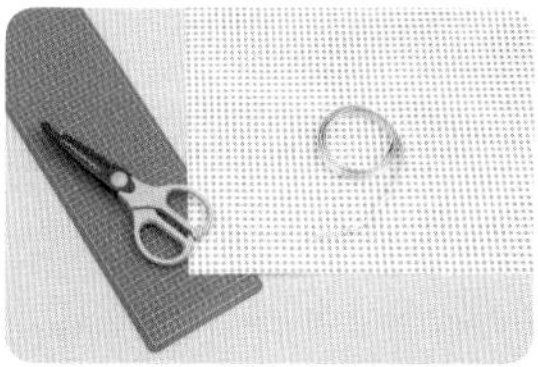

- **紙** スクラップブッキング用紙1枚
（固めの紙を正方形に切ってもOK）
- **リボン**
無地または柄リボン1本
- **道具**
カッターマット、
ピンキングばさみ

1

紙を縦3等分に折る。

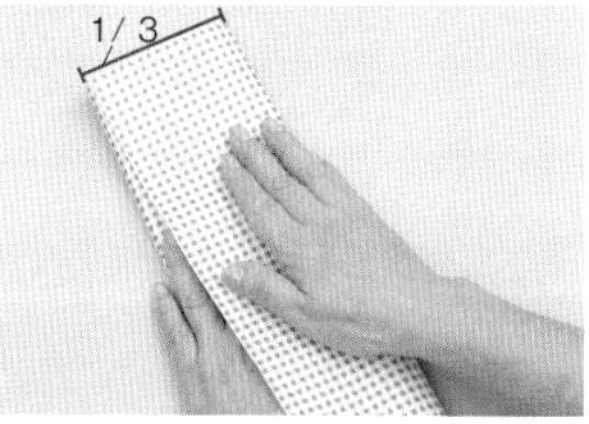

2

同じように、横も3等分に折る。

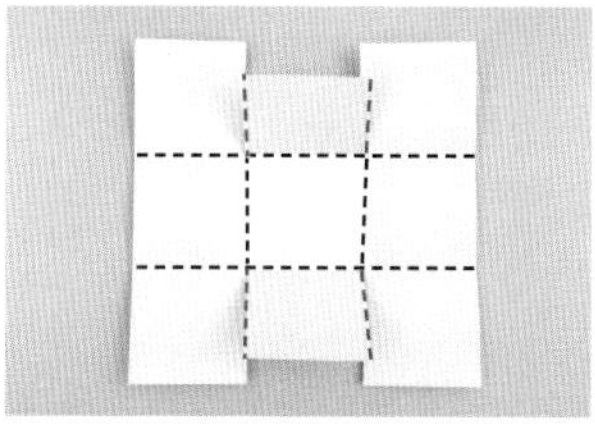

3

折り目に合わせて、写真のように4か所はさみで切れ込みを入れる。

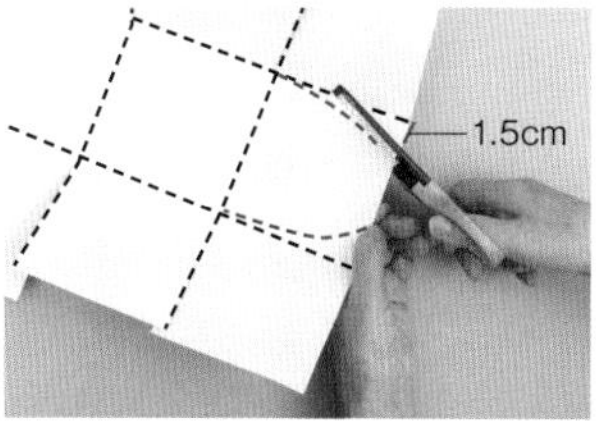

4

折り目の1.5cm内側から反対側の折り目に向かって、ピンキングばさみで軽くカーブをつけて切る。

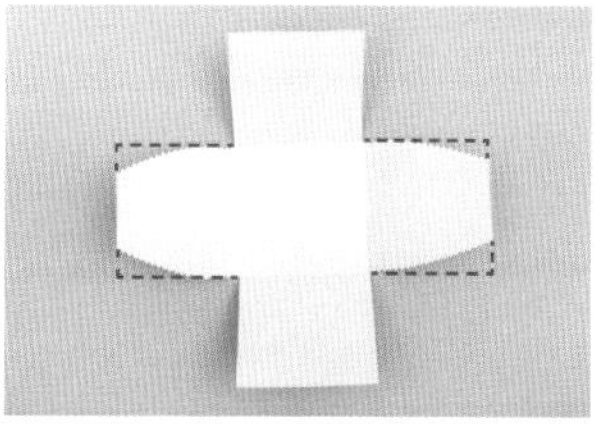

5

同じように4か所切った状態。カーブの丸みが折り目を超えないように注意する。

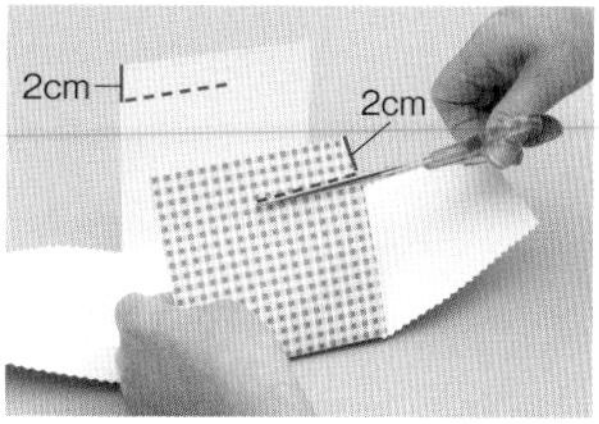

6

ピンキング処理していない側面を、上から2cmのところで左右互い違いに半分まではさみを入れる。

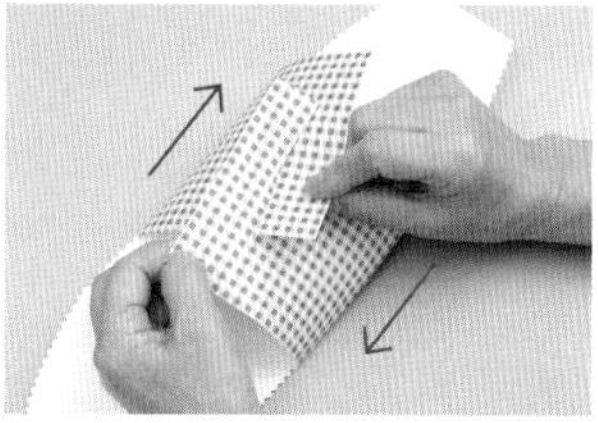

7

はさみを入れた手前と奥を、差し込めるかどうか確認する。

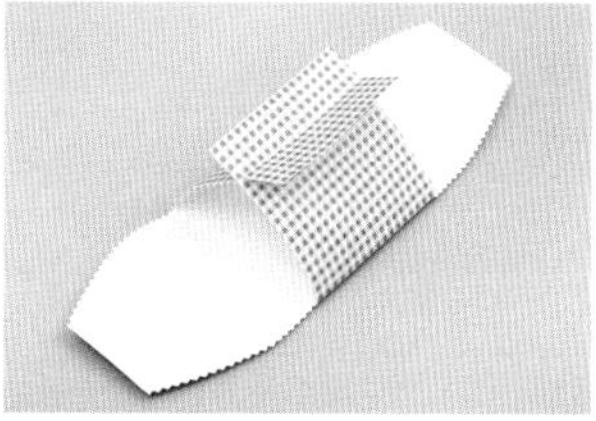

8

差し込んだ状態。確認ができたらいったんはずし、リボンを通す穴をあける。

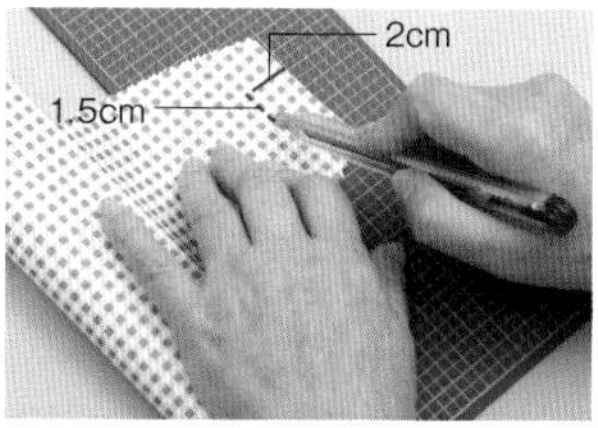

9

リボンを通す穴は、ピンキング処理した2面の中央、上から2cmの位置に作る。1.5cmの切れ込みをカッターで入れる。

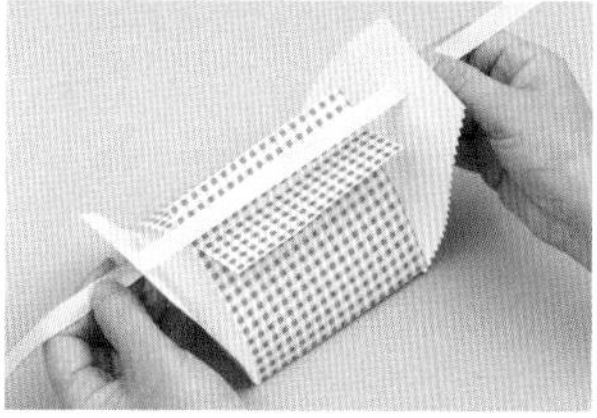

10

手前と奥を再度差し込み、穴にリボンを通す。

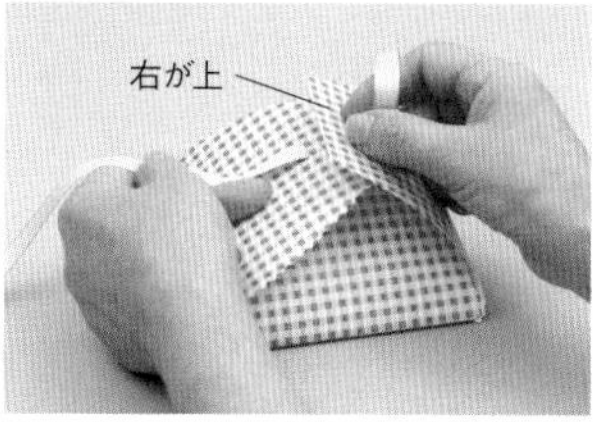

11

右側が上になるようにかぶせて小箱形にし、リボンを蝶結びして、完成。

小箱形 ❷

LEVEL ★★☆☆☆

材料

- **紙**
  スクラップブッキング用紙1枚
  （固めのリバーシブル紙を正方形に切ってもOK）
- **リボン**
  無地または柄リボン1本
- **道具**　穴あけパンチ

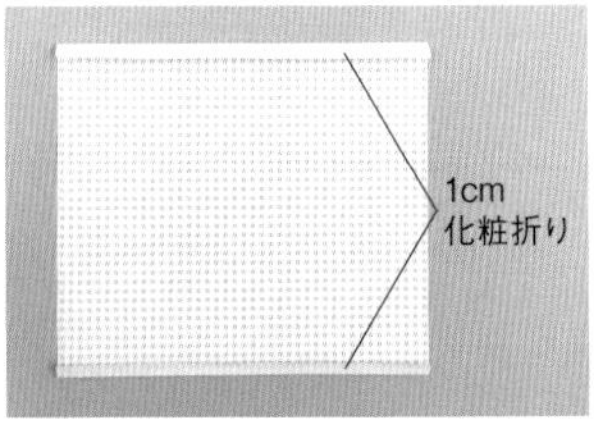

1

表にしたい面を上にして紙を置き、天地を1cm化粧折りする。

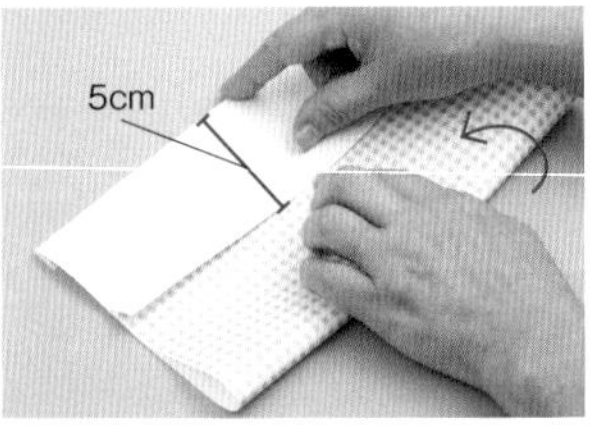

2

紙を裏返し、底のマチ分（ここでは5cm）を残して手前から2つ折りする。

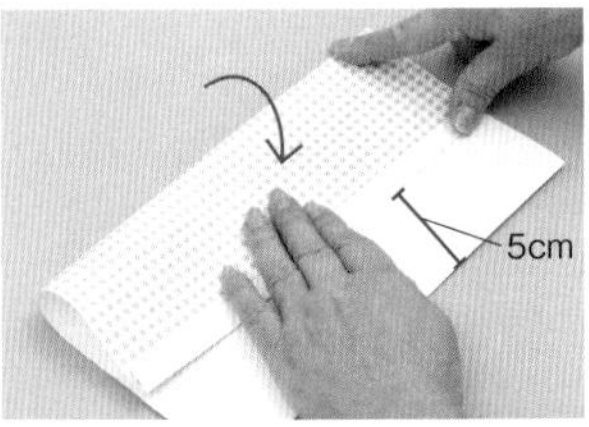

3

奥側も同様に折る。

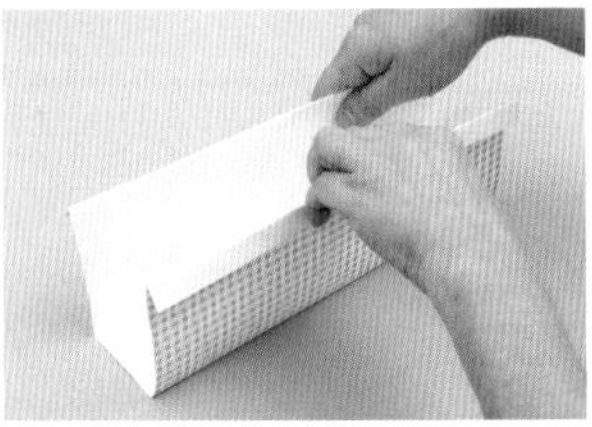

4

底のマチがとれた。

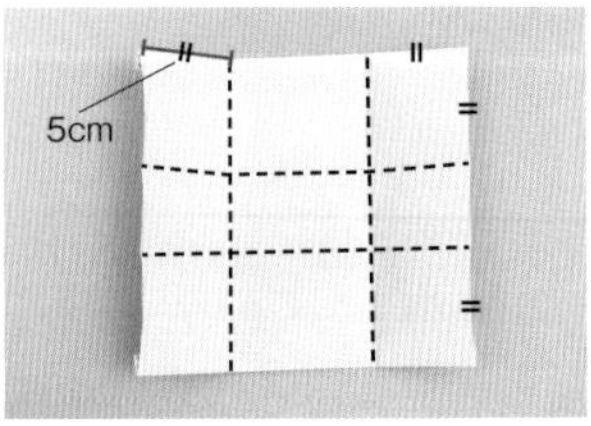

5

紙を広げ、天地の幅と同じ長さに左右から折り目をつける。折り目が井の字になる。

6

角をななめに谷折りする。

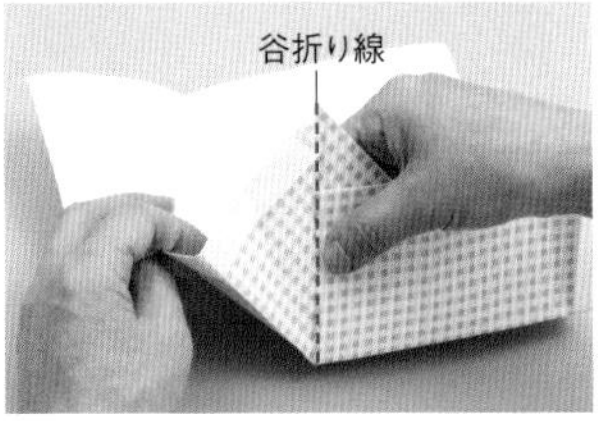

7

箱の角を谷折り線に合わせて折る。

8

反対側も同じように谷折り線に合わせて折る。

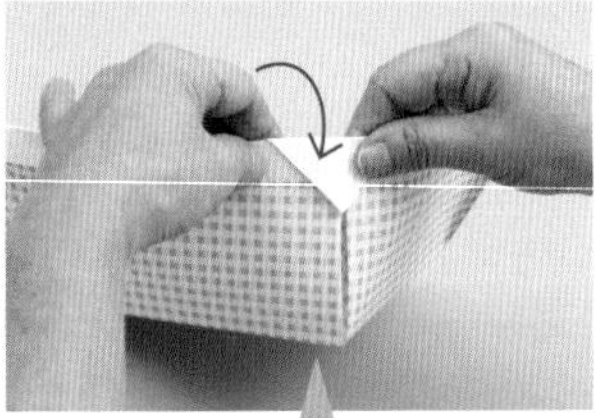

9

はみ出た三角の部分を外側に折り返す。

Point

このとき箱の角もしっかりと山折りする。

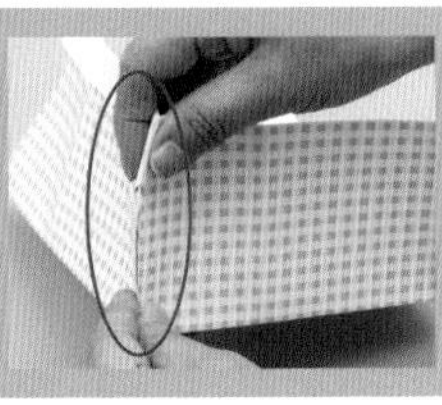

10

残りの角も同じように折る。化粧折りの部分にリボンを通す穴をあける。

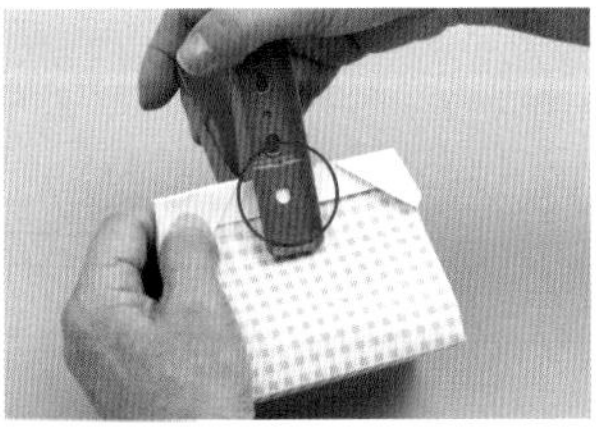

11

穴あけパンチを使うときはふたをとり、裏から穴の位置を確認するとよい。リボンを通して蝶結びをし、完成。

マチなし袋

LEVEL ★☆☆☆☆

お気に入りの紙で、簡単にオリジナルの袋を作ることができます。紙の大きさに決まりはありません。お好みの大きさで。

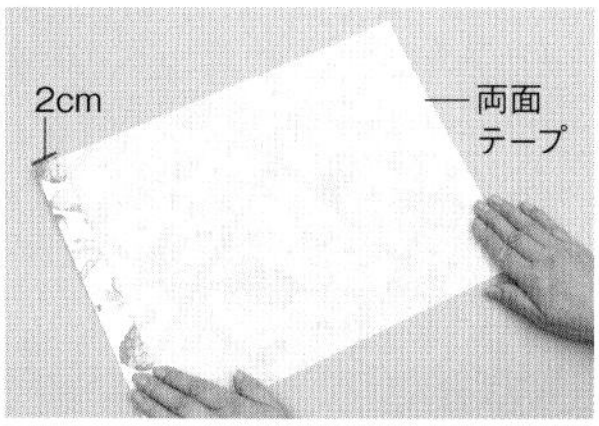

1

裏を上にして紙を横長に置き、左端を2cm折る。右端には両面テープをはく離せずに貼っておく。

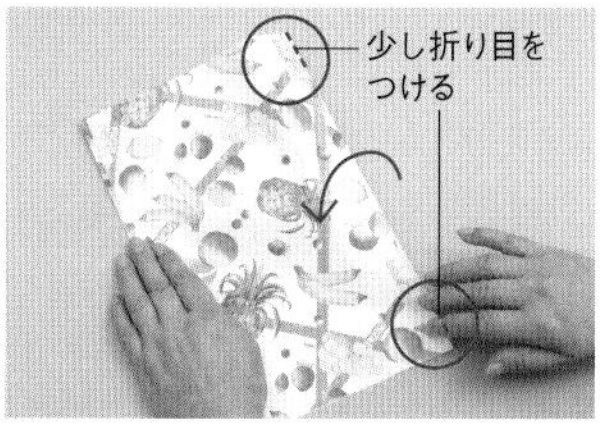

2

横の1/2の印として、天地に少しだけ折り目をつける。

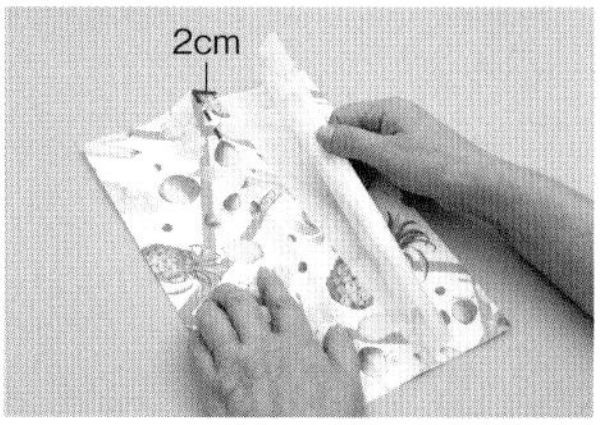

3

印が中央になるように左右を折る。左側2cmの折り込みを広げ、右側を上にして両面テープで貼り合わせる。

4

地を1cm幅に3つ折りして両面テープでとめ、完成。

マチあり袋

LEVEL ★★☆☆☆

筒状にするまでは、マチなし袋と同じプロセス。マチがある分少し手間がかかりますが、見た目は本格的に仕上がります。

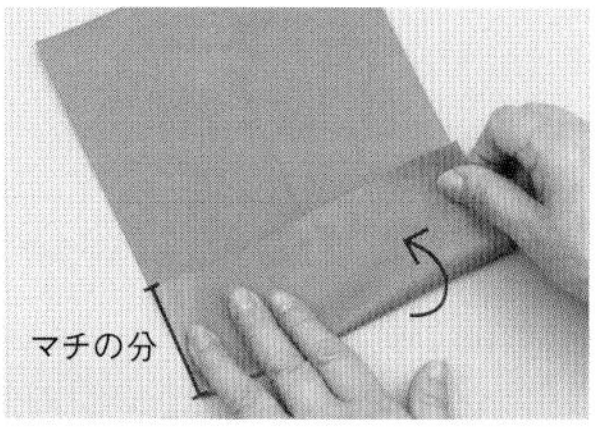

1

「マチなし袋*3*」まで同様に折る。作りたいマチの分だけ、底を折り上げる。

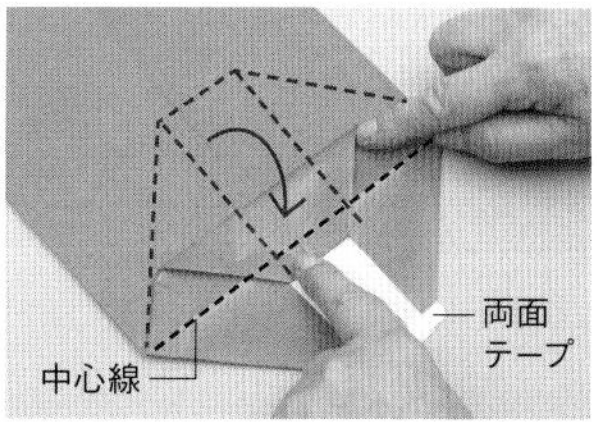

2

マチを割り広げ、奥を中心より少し下まで折り、手前に両面テープを貼る。

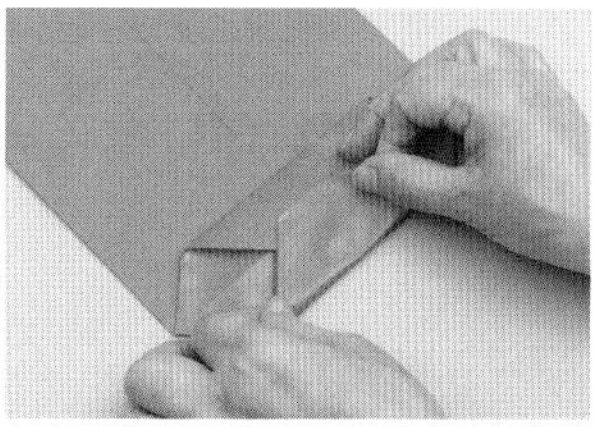

3

手前を折り上げ、両面テープで貼り合わせる。

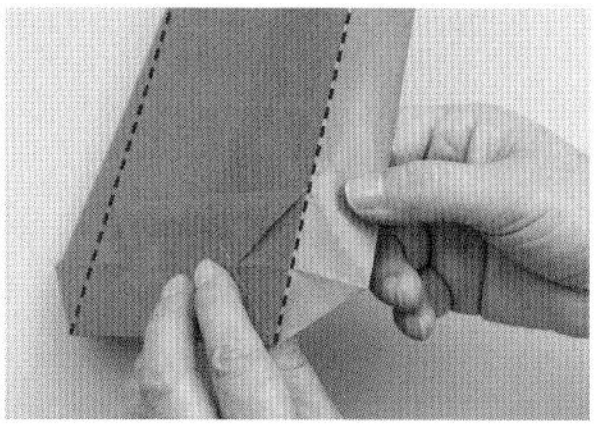

4

底のマチの角に合わせて袋の左右を折る。これが側面のマチを作る折り目となる。

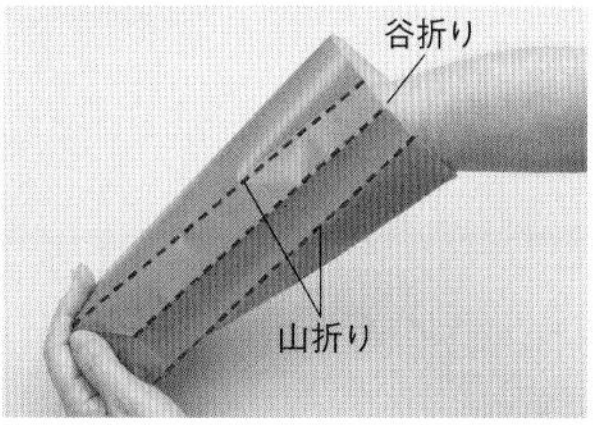

5

袋の中に手を入れ、*4*でつけた折り目を、中心は谷折り、手前と奥は山折りし、完成。

イベントラッピング Part 2

ハロウィン・クリスマス

かぼちゃに見立てたハロウィンの包みは、中にお菓子がぎっしり。
クリスマスラッピングは、もみの木を幹まで再現したのがポイントです。

b
LEVEL
★★★★☆

a
LEVEL
★☆☆☆☆

a ハロウィンラッピング

1

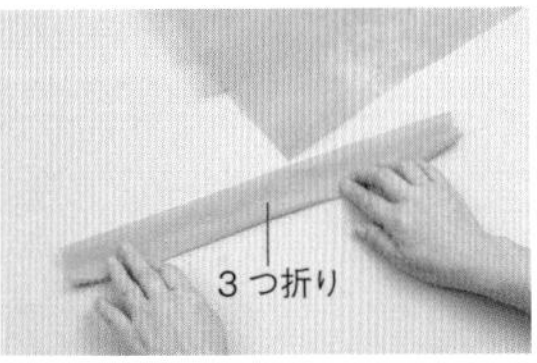

不織布をカットする。15cm × 30cm を 4 枚作り、端から 3 つ折りして、中央でねじる。

2

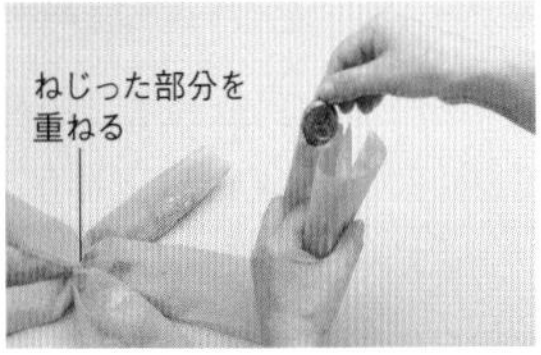

中身を入れ、ねじった部分を重ねて放射線状に並べていく。

3

最後に重ねたものから順に、上でまとめる。リボンで結びとめ、飾りをつけて、完成。

b クリスマスラッピング

1

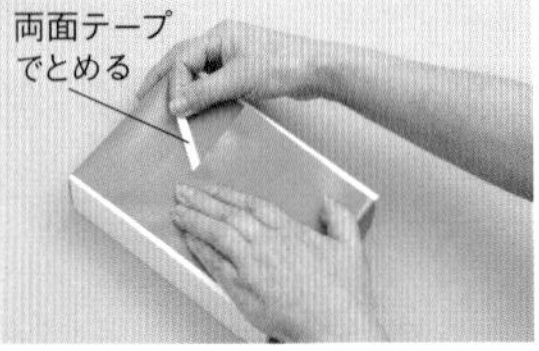

箱に緑の紙を巻きとめる。外包みの紙取りは横箱 1 周＋ 5cm、縦は合わせ包みと同じでよい。

2

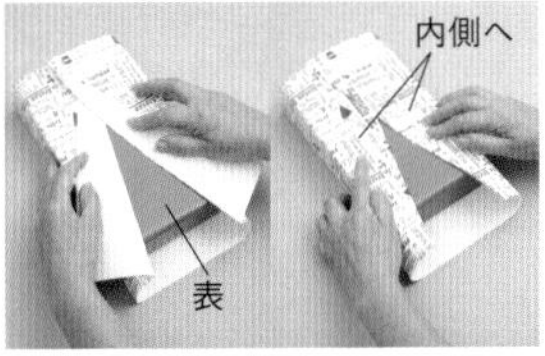

箱の表で右側を上にして紙を合わせ、もみの木の部分をななめに折り、内側へ折り返す。

3

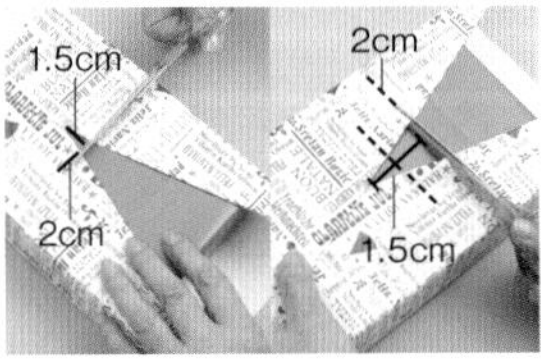

紙の上部を貼り、木の頂点から 1.5cm のところを左右 2cm 切る。さらに 1.5cm 下も同様に。

4

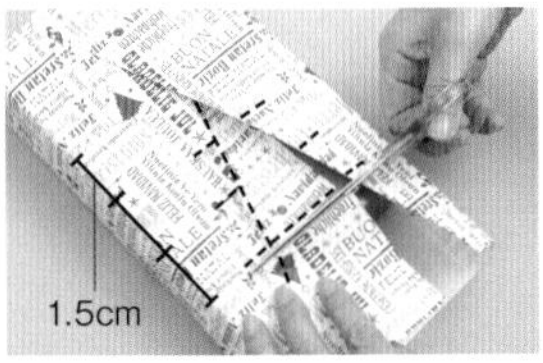

またさらに 1.5cm 下を切るときは内側に折った紙を広げる。折り戻すときに木の幹を作る。

5

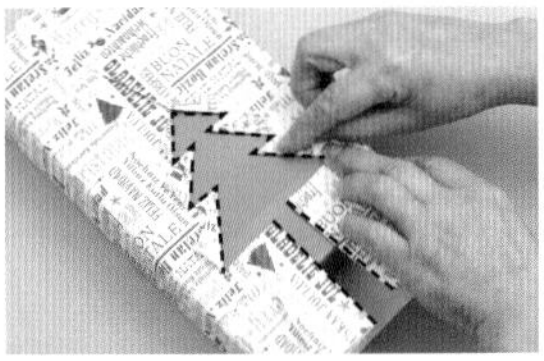

切れ込みを折り、木を作る。天地を閉じ、リボンを V 字がけし、飾りをつけて、完成。

Point

切れ込みをななめに折り上げ、もみの木の形を作る。幹は裏を両面テープでとめるとよい。

Part

07

贈答のマナー

ラッピングの心得やマナー、必要な道具、素材の種類など基本的な知識を紹介しています。キレイに仕上げるための道具の使い方、センスよく仕上げるコツ、豊富な色合わせ例もぜひ参考にしてください。

Wrapping

慶事と弔事の包み方

慶弔のしきたりを知る

日本では慶事＝「お祝いごと」と弔事＝「お悔やみごと」で、
包み方を変える文化があります。基本で紹介しているのは慶事の包み方。
弔事では、箱の置き方や紙の合わせ方が異なります。
しきたりに合った包み方をすることで、相手への気持ちがよりいっそう伝わります。

包み方を分ける意味

そもそも、なぜ慶弔で包み方を分けるのでしょう?　結婚式には正装、告別式には喪服などと同じで、うれしいことと悲しいことを見える形で区別するため、といわれています。しきたりは面倒に思いがちですが、何も決まりがないと、実はかえって迷うもの。「何を着ていけば失礼にならない?」「どう包めば気持ちが伝わる?」など迷わないように決めたのがそもそもの始まり、とされています。

弔事の包み方の注意

1. 包み方

合わせ包み、ななめ包み、たとう包みなどでシンプルに包みます。リボン、アレンジなどは施しません。特にたけのこ包みはNG。紙を折り重ねて包むので、悲しみが重なることにつながるからです。のし紙や水引きについては、「行事別贈答早見表」(→p.186) を参考にしてください。

2. 素材の色

弔事の際の箱は白に。包み紙も柄紙、光沢のあるもの、原色など（黒を含む）色味が鮮やかなものは避けます。特に気を配りたいのは通夜や一周忌など悲しみが深いときです。灰色、深緑色などくすんだ暗い色合いのもので包みましょう。七回忌以降ならば、地に文様のある紙でもよいでしょう。

合わせ包み

弔事のときの化粧折りは左端に。合わせ目も左を上にかぶせます。天地の処理は変わりません。すべて反対にと天から閉じるのは間違いです。

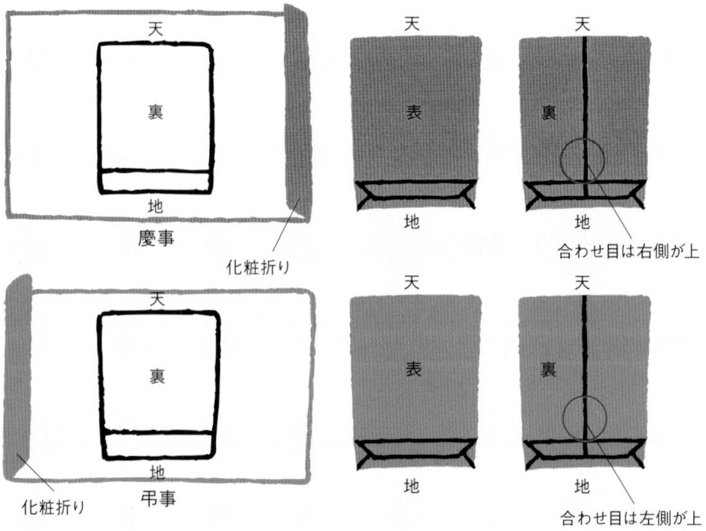

ななめ包み

弔事では包み始めの箱の置き方が異なりますが、後の手順は同じです。包み終わりは、慶事はポケットが上向き“幸せをこぼさないように”、弔事が下向き“悲しみが早く流れるように”となります。

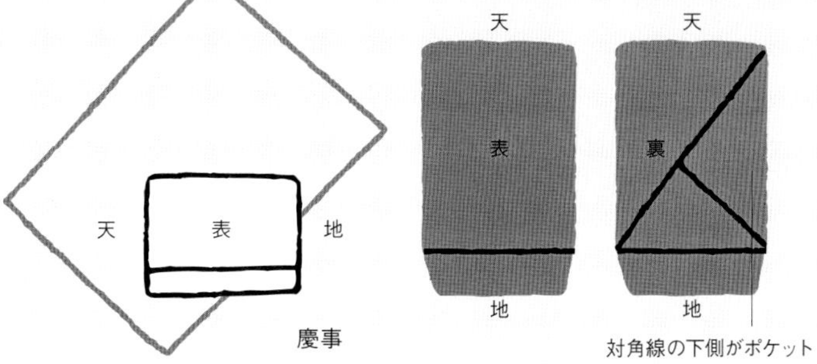

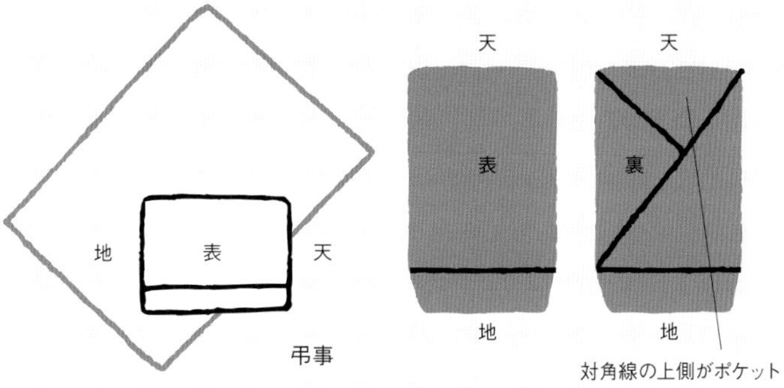

仏事用シール

弔事のシールは紙と同じ色か両面テープを使用します。仏事用シールを使う場合は、一般的な蓮の花か、故人の宗派に習ったものを。

たとう包み

弔事の際は左端を化粧折りします。かぶせ目も、左が上にくるように差し込みます。天地の処理は、天を多く、地を少なく折ります。

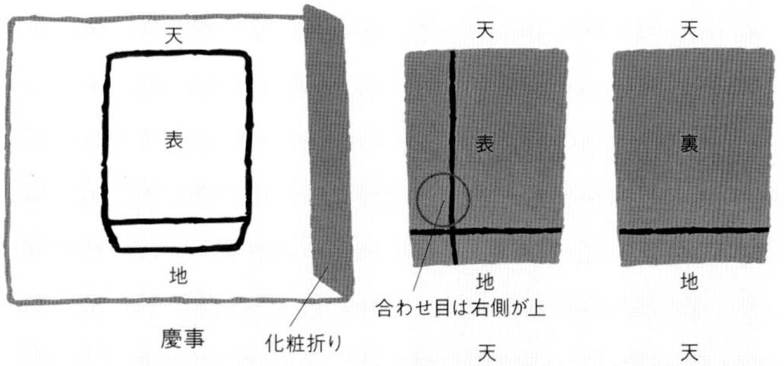

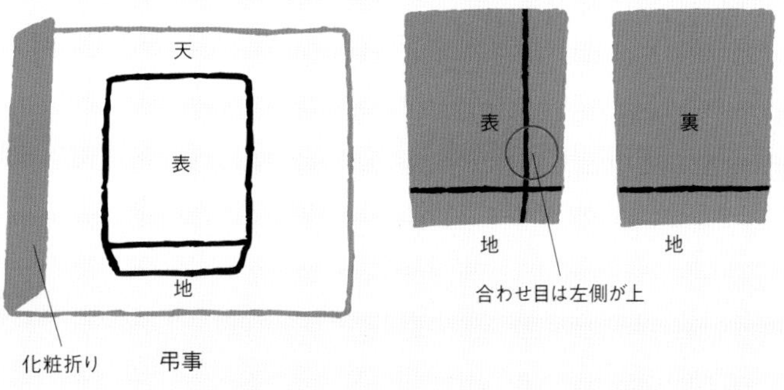

Wrapping

“のし”について

“のし”の意味と種類を知る

古くからのしきたりに由来する“のし”は、あらたまった場面で
相手を大切にする気持ちや、贈答品の目的をスムーズに伝えることができます。
奉書紙で包み、水引きを結び、のしをつける本式と、
水引きやのしが印刷された略式があります。

のしをつける？ つけない？

のしは本来、お祝いごとで品物にのし鮑（うすくのばした鮑）を添えたことが始まりです。弔事やお見舞い、生ものにはつけません。「行事別贈答早見表」（→p.186）を参考に、のしの有無を決めましょう。ただし、贈る相手が形式を重んじるタイプかどうか、自分との関係性なども考慮して臨機応変に対応しましょう。

本式と略式、どちらにする？

相手の趣向と、相手と自分との関係で決めます。目上の人でも形式的なことを負担に思うタイプなら略式でかまいません。最近は印刷された略式ののしもフォーマルな包みとして認められてきていますが、やはり本式ののしは、贈りものに重厚感と品格を与えます。略式の場合はネットの無料ダウンロードサービスを利用したり、オンラインショッピングで“のし付き”のサービスを利用してもよいでしょう。

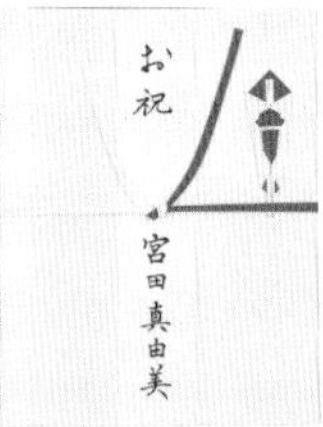

本式

略式

Q 表書きやのしは必ず必要？

A 慶事の場合は、表書き・水引き・のしがそろったものが正式ですが、表書きやのしがなくても間違いではありません。ただし、格下の包み方になるので、親しい人のみに用いましょう。お見舞いの場合はのしをつけないため、水引きと表書きだけで正式となります。

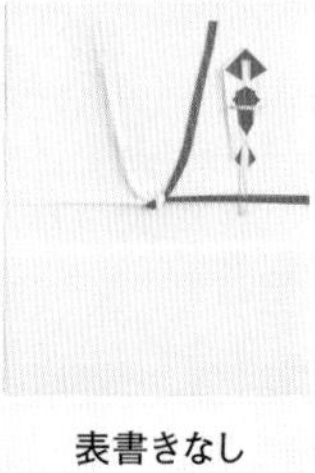
表書きなし

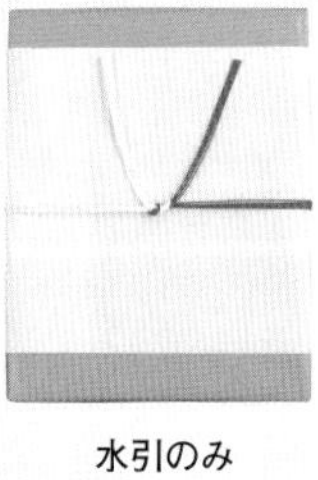
水引のみ

のしなし（お見舞い用）

Q のしにもいろいろ形がありますが？

A 右ページで紹介しているのしは、本式の一般的なもの。のしにも本式と略式があり、形により意味も変わってきます。しかし現在はそれを手作りして使い分けることはまれです。百貨店の包装サービスを利用する、市販のセットを購入する、一般的なのしをつけるなどで十分対応できます。

のし（本式）

表

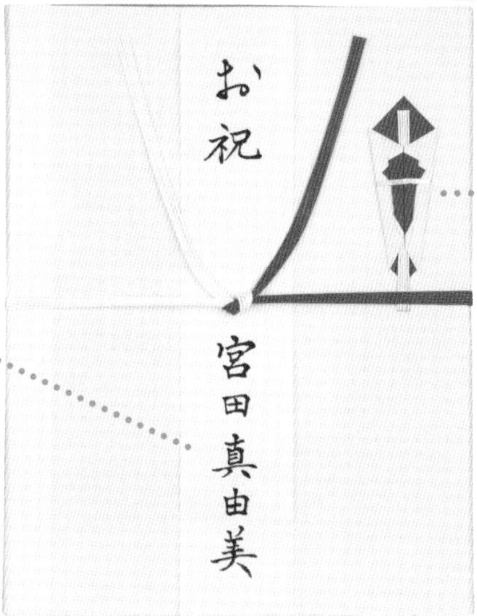

表書き

奉書紙を細く切り、贈る目的と名前を書き入れます。文具店などでは、表書き専用の紙もあります。

▶表書きの言葉とつけ方
p.170・p.186

のし

お祝いごとのみ使用し、弔事・お見舞いではつけません。ラッピング専門店、手芸専門店、文具店などで手に入ります。水引の結びにかからないようにつけます。

▶のしの有無とつけ方
p.170・p.186

奉書紙

色も模様もいろいろ出回っていますが、のしをつけるときは白を使います。縦は天地ぴったり、もしくは数cm短い程度。大きい場合は切らずに折ります。

▶奉書紙のかけ方　p.172

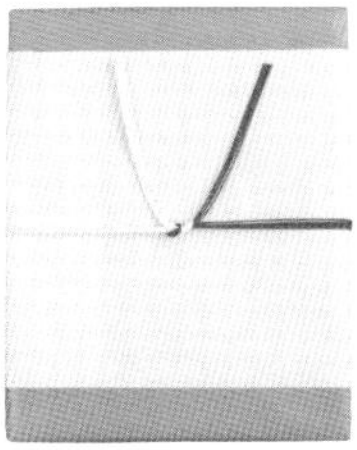

天地が数cm短い程度ならそのまま使用してOK。

裏

水引

目的に合わせて色、本数、結び方を選びます。

▶水引の種類と結び方
p.173・p.186

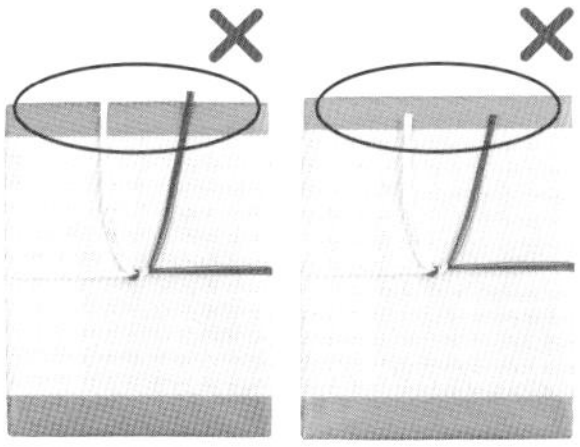

水引の先端が箱や奉書紙からはみ出すのはタブーです。

のし（略式）

のし

贈る目的に合わせて選びます。

▶のしの有無　p.186

表書き

必ず記入しましょう。全体のバランスを見るために、箱にかけてから直接のし紙に書くようにします。

▶表書きの言葉
p.170・p.186

表

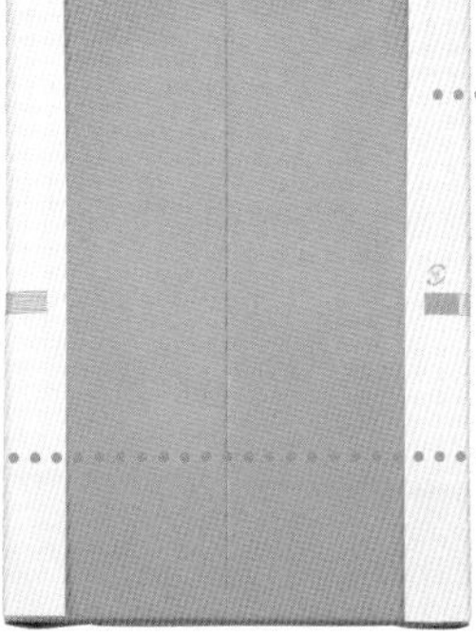

裏

のし紙

天地ぴったりのサイズが好ましいですが、数cmなら天地が短くても大丈夫。大きい場合は、切らずに折り込みます。横は箱の側面にかかればOKです。

▶のし紙のかけ方　p.172

水引

贈る目的にあった色、本数、結び方のものを選びます。

▶水引の種類と結び方
p.173・p.186

のしのつけ方

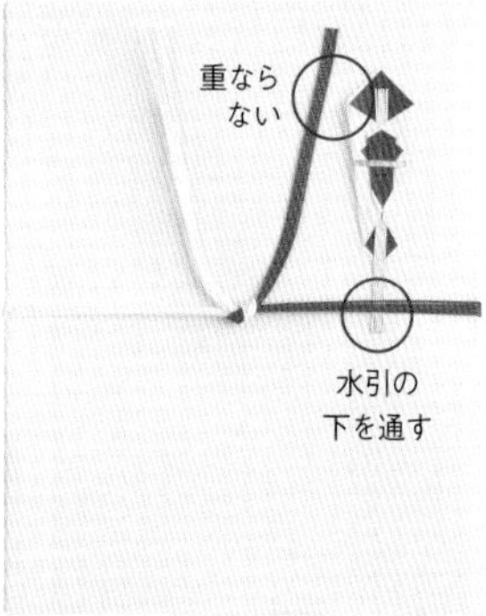

水引の結びにかからないように、両面テープで箱の右上につけます。箱にかけた水引とのしの下部の重なりは、のしが水引の下を通るようにしましょう。のしの下部が水引と重ならず、離れていてもOKです。

表書きのつけ方

奉書紙を細く切って短冊状にし、水引に差し込みます。略式とは違い、奉書紙の包みに直接書くのはタブーです。全体のバランスを見るため、包みに差し込んでから、水引にかからないように目的・名前を書き入れます。

Q 印刷されたのし紙では、水引の結びがのしにかかっているものがほとんどですが？

A たしかにその通りです。そのため、水引の結びにのしがかかっていても、あまり気にしない人が多くなりました。とはいえせっかく本式でのしをつけるのであれば、礼を尽くした形にしたいものです。以下の例を参考に、正しくのしをつけましょう。

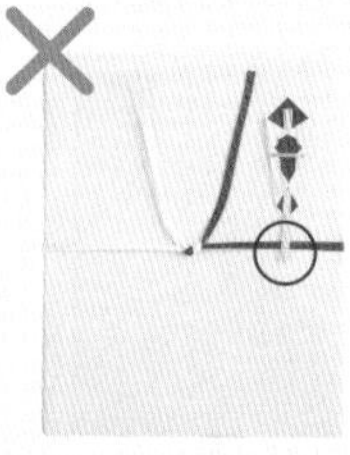

箱にかけた水引の上を、のしの下部が渡ってはいけません。

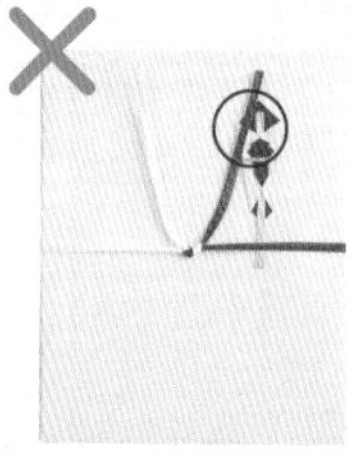

水引の結びにのしがかかっていてはいけません。

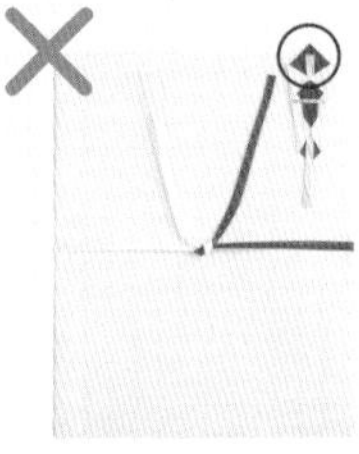

箱からのしがはみ出しているのはもちろんNGです。

のしを下につけすぎて、袋の部分が水引にかかってはいけません。

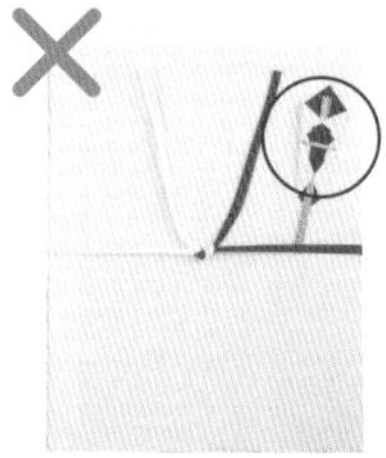

のしがまっすぐではなく、傾いていてはいけません。

Q 表書きをボールペンで書いている人がいましたが……。

A 表書きは毛筆か筆ペンで書くのが礼儀。万年筆、マジックペンも避けましょう。

Q 表書きにひらがなを使うのは格下になりますか？

A 漢字でもひらがなでも格は同じです。ひらがなは日本固有の文字。そのやわらかな印象が好まれ、最近は表書きでもよく見られるようになりました。

Q 表書きに「粗品」や「寸志」はあまり見かけなくなりましたが、使うと間違いになりますか？

A 間違いにはなりません。以前は福引きやゴルフの景品、ちょっとした贈り物によく使われていました。時代とともに、自分をへりくだって表現することがだんだんと減り、これらの表書きも見かけなくなったのだと思われます。特にこだわりがなければ、「心ばかり」とするのがよいでしょう。

短冊のしのつけ方

格下になるので結婚や葬儀ではNGですが、サイズの合ったのし紙がみつからないときは短冊のしを選んでもOK。慶弔どちらの場合も、箱の右上に短冊のしの天をテープでとめます。地がひらひらするのが気になるときは、地もとめてもよいでしょう。短冊のしをさらにサイズ変更したい場合は、下記Q&Aを参照。

Point 基本は両面テープでとめます。セロハンテープを使う場合は、表から見えないよう、輪にして貼りましょう。

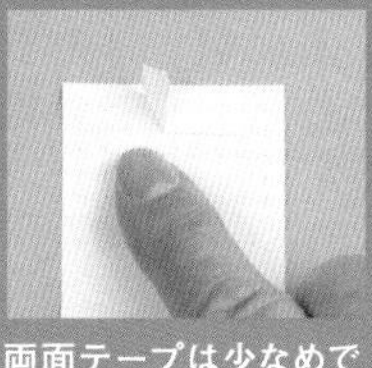

両面テープは少なめでOK。はみ出すほどぴったりと貼る必要はない。

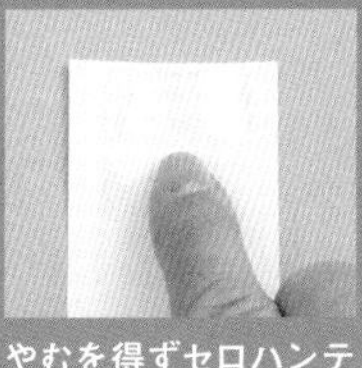

やむを得ずセロハンテープを使う場合は、輪にして使う。

Q のしが長いときは、切ってもよい？

A 奉書紙の天地やのし紙は絶対に切ってはいけません。「縁を切る」ことにつながるからです。箱に合ったサイズのものを探すか、折って使います。折る場合は、慶事は地を、弔事は天を折ります。それでもまだ長いときは、天地両方を折り、慶事では地をやや多めに、弔事では天をやや多めに折るとよいでしょう。

短冊のしの例

慶事
地のみ、または地を多く折る。

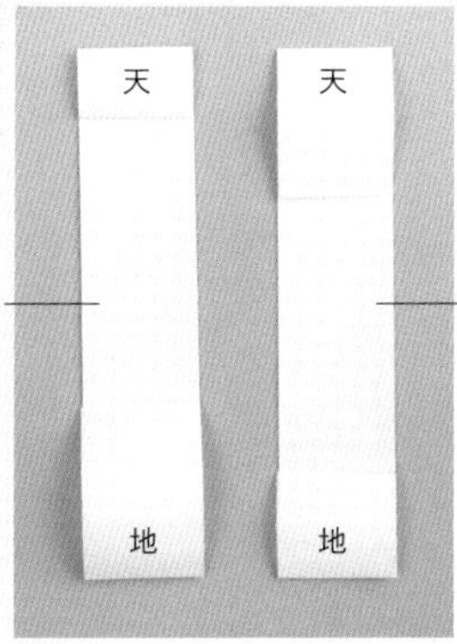

弔事
天のみ、または天を多く折る。

Q 弔事やお見舞いのときは、なぜのしをつけないの？

A もともとのしは、お祝いの品を献上するときに薄くのばした鮑などを添えたことに由来します。なので、お祝い以外のときにはつけません。

Q 内のしと外のしはどちらが格上？

A 内のしの方が丁寧、といわれています。内のしは、直接箱にのしをかけて、包装紙で包みます。本来のしも贈りもののひとつですから、のしまで含めた全体を包んで贈る、という意味になるのです。とはいえ、「結婚」「出産」「葬儀」など、多くの贈りものをもらうときは、送り主と目的が一目でわかる外のしが好まれます。

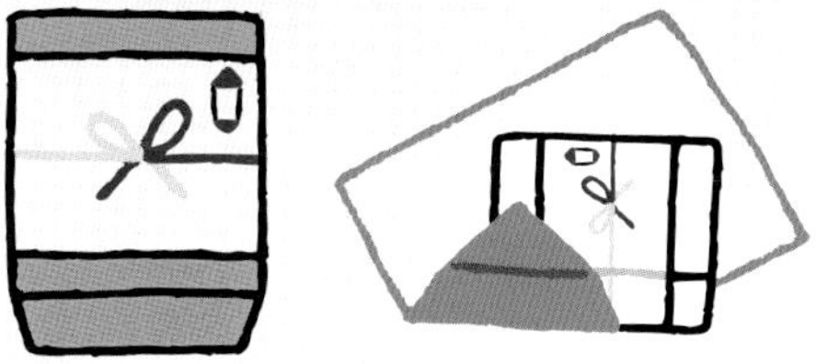

Q 植物や傘立てなどは、どのようにのしをつけたらいいの？

A 箱に入れたり全体を包んだりして、包みの外にのしをつけます。植物の場合は、お祝いのタグを差す方法も。いずれも品物を購入した店で相談してみるとよいでしょう。

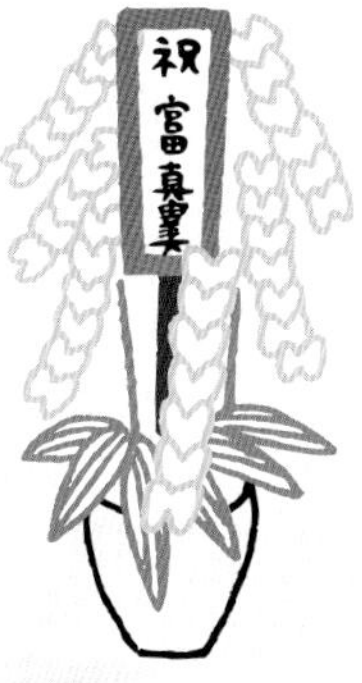

のし（本式）奉書紙のかけ方

1

奉書紙を箱の左端に合わせ、1周＋5cmのところで切る。縦は天地ぴったりか、数cm足りない程度。大きいときは切らずに折る（→ p.171 Q&A）。

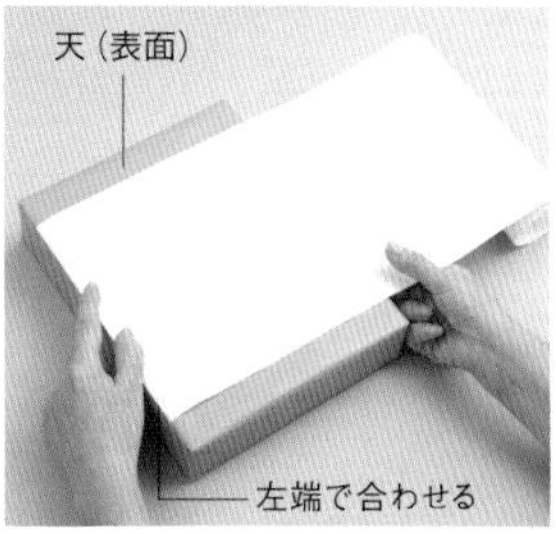

2

紙取りした奉書紙を、改めて箱の左端に合わせる。

3

箱を1周させる。

4

1周した左側をかぶせ、右が上になるようにかぶせなおす。テープではとめず、水引をかける（→ p.173 水引のかけ方）。

のし（略式）のし紙のかけ方

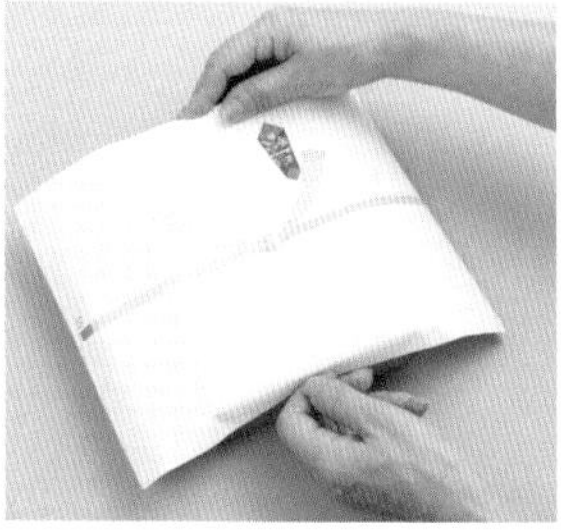

1

のし紙を箱に合わせる。縦は天地ぴったりか、数cm足りない程度。横は箱の表をおおえればOK。

2

天地が大きい場合は、切らずに折る（→ p.171 Q&A）。

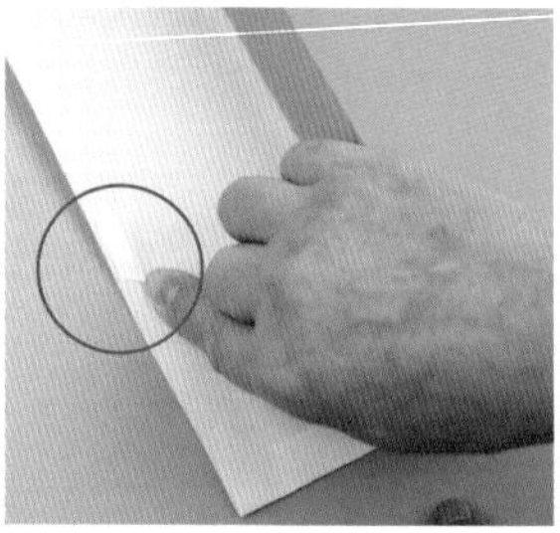

3

のし紙の左右の端に両面テープを貼る。中心に少量でよい。

4

箱の表にのし紙をかけ、左右の端を両面テープでとめ、完成。

Point
箱の裏で左右を重ねるときは右側を上にする。

Q 紙が小さいとき、大きいときは？

A サイズの合う紙に変更しますが、天地が数cm短いのはOK。横の長さは、略式は箱の側面にかかるなら大丈夫です。天地が大きい場合は切らずに、地もしくは天を折ります（→p.171 Q&A）。

Q 弔事のときはかけ方が変わりますか？

A 変わります。箱の右端に紙を合わせてかけ始め、かけ終わりで左が上になるようにかぶせます。略式の場合も、箱の裏で左側を上にかぶせます。天地が大きいときは天を折ります（→p.171 Q&A）。

Wrapping

“水引き”について

色使いや数のしきたりを知る

水引で結ばれた贈りものには、凛としたたたずまいがあります。
贈る側も贈られる側も、背筋がぴんと伸びるような気持ちになる、
日本独特の文化です。印刷された略式のものや、市販品も多く見られますが、
大切な人への贈り物に、自ら水引を結ぶのもいいものではないでしょうか。

結び方の基本と種類

2色の水引は、結んだときに向かって右側に濃い色がくるのがしきたりです。結び方は目的に応じて選びます。何度あってもよいことには「蝶結び」、一度きりがよいものには「結びきり」や「あわじ結び」。「梅結び」など結びのアレンジは、弔事や改まった慶事ではNG。カジュアルなシーンでの飾りとして使いましょう。

蝶結び

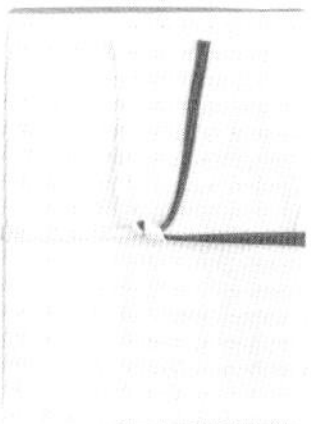
結びきり

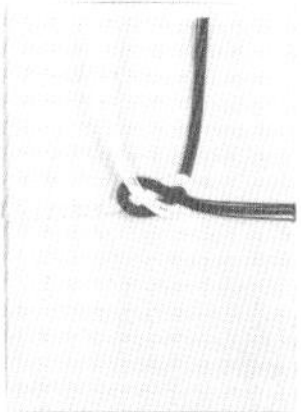
あわじ結び

梅結び

色や本数について

2色が中心でつながった水引は、紅白・金銀・金赤が慶事向け。弔事では黒白・黄白・双銀などを使います。目的とその土地の慣習によって選びましょう。本数は5本が基本。おめでたいとされる奇数の3本、7本もアレンジで使われます。婚礼だけは特別で、5の倍数（新郎新婦2人分）として10本の水引を結びます。

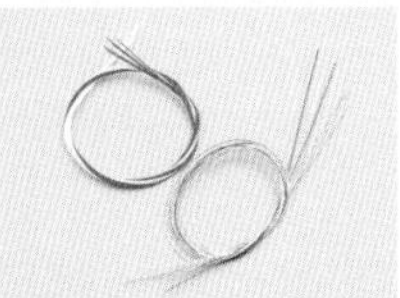

水引のかけ方

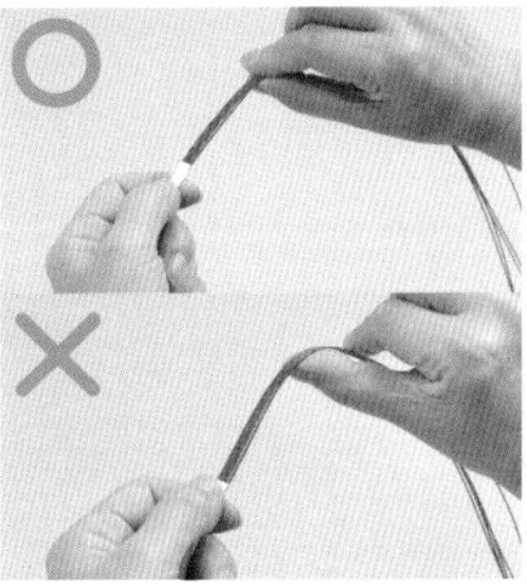

1

あつかいやすくするため、人さし指と親指の腹でしごいてやわらかくする。折り曲げるとクセがつくのでNG。

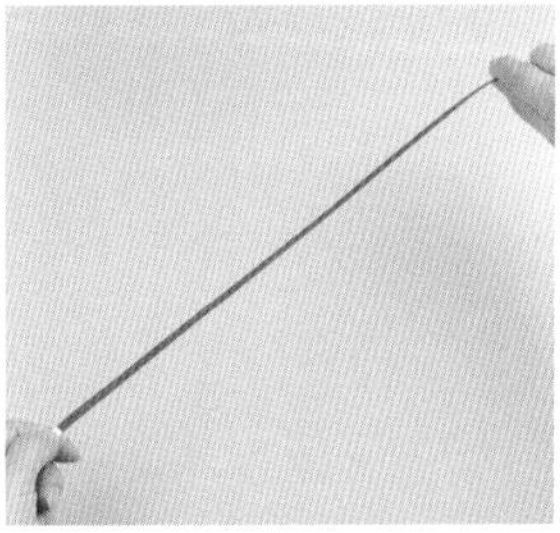

2

しごくのは全体の2/3程度まで。最後までしごくと水引の先が乱れやすくなってしまう。

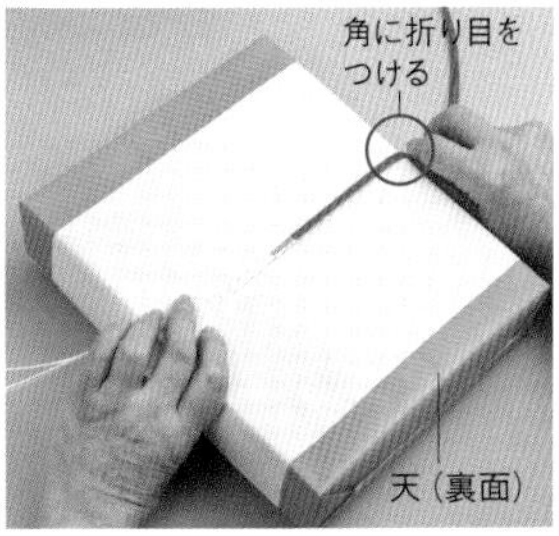

3

箱の裏中央に水引の中心を合わせる。右が紅、左が白になるようにし、箱の角でしっかりと折り目をつけておく。

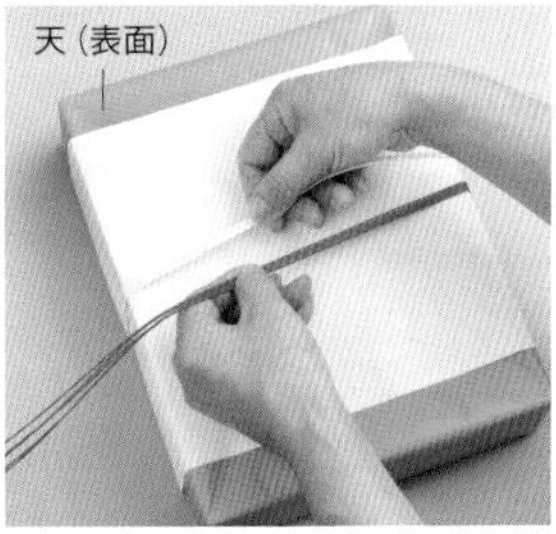

4

そのまま水引を箱の表まで回しかける。ここから結び始める（→結び方はp.174～p.177）。

結びきり

LEVEL ★★★☆☆

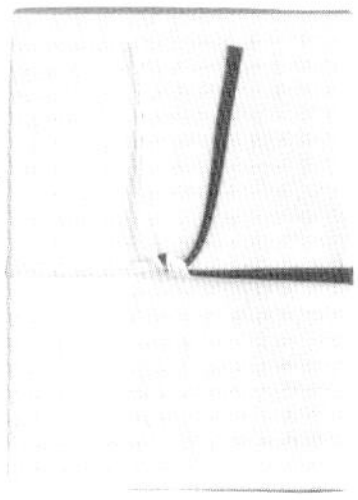

結び目がほどきにくいことから、婚礼、快気祝い、弔事（水引の色は黒白など）といった、一度きりがよい慶弔時に用いられます。ここでは順手結び（正式な結び方）を紹介します。

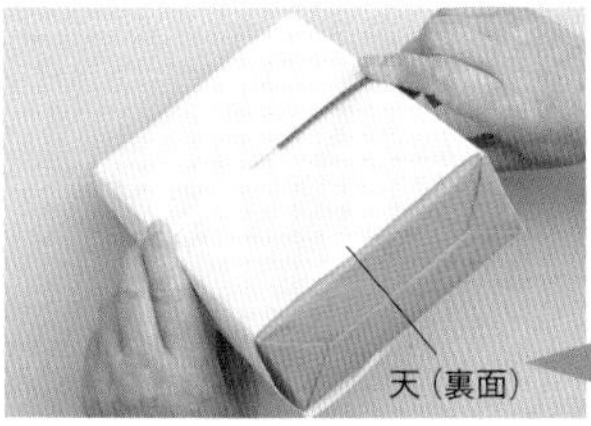

1

箱の裏中央に水引の中心を合わせる。

Point
右が紅、左が白になるようにする。

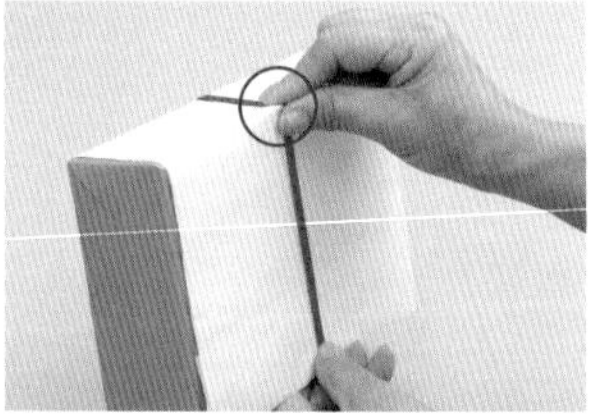

2

箱の角でしっかりと水引に折り目をつける。

3

そのまま箱の表まで水引をかける。

Point
このとき、白が地側になるようにする。

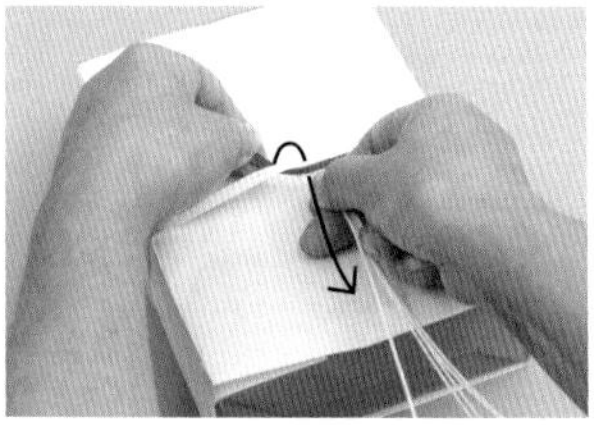

4

水引が交差したところをおさえて、白を紅の上からかけて下へ引き出す。左人差し指で押し出すようにするとよい。

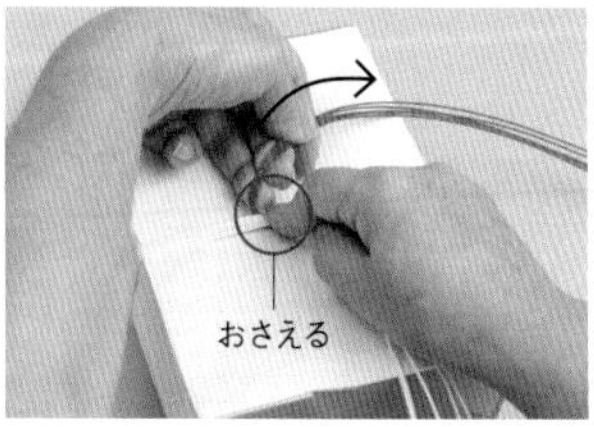

5

結び目をおさえながら、紅を右へ倒す。

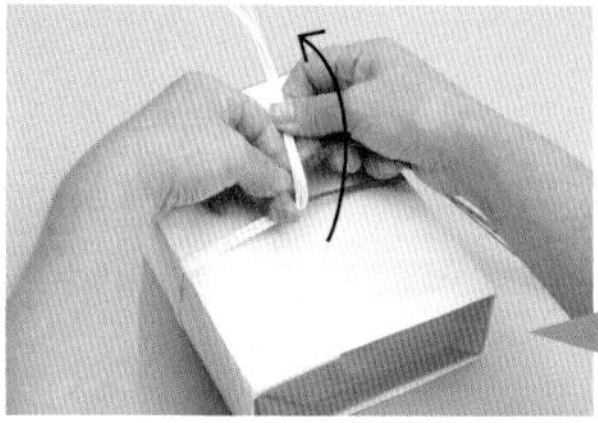

6

倒した紅の上に白を回しかける。

Point
白5本の水引がきちんと並ぶよう整えておく。

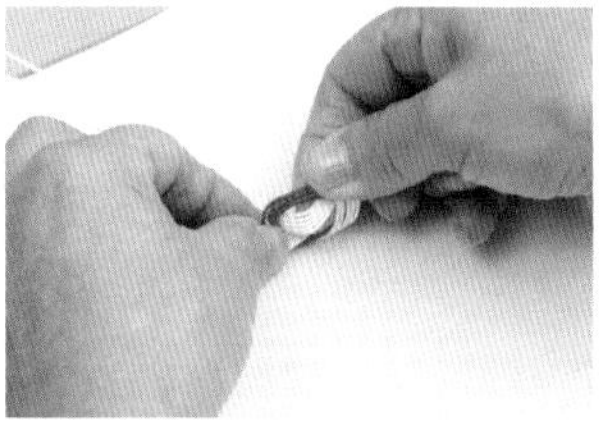

7

白を紅の下から引き出す。右人差し指で押し出すようにするとよい。

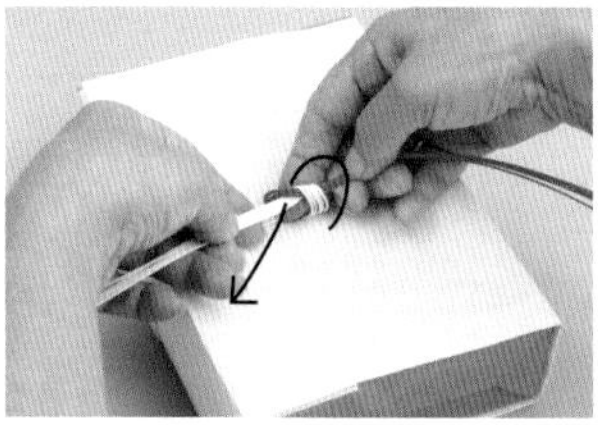

8

水引がゆるまないよう、指でおさえながら、白を完全に引き出す。

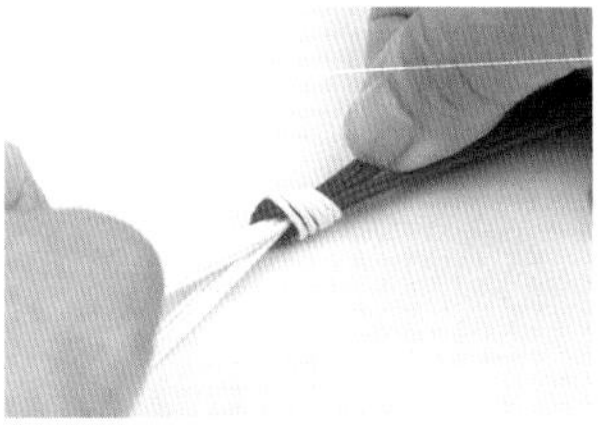

9

結び目を引きしめる。このとき、結び目の白が5本そろって並んでいること。

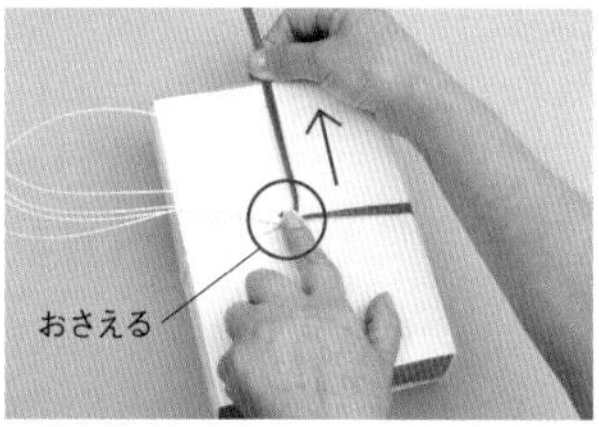

10

紅を先に上に引き上げる。結び目をおさえながらするとよい。

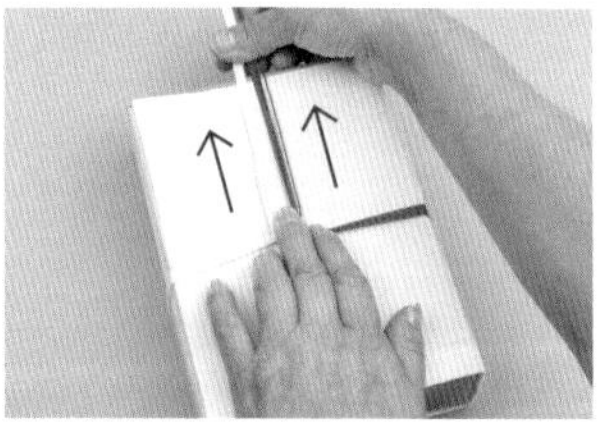

11

結び目をおさえながら白も合わせて上に引き上げ、先端を切り、完成。

Memo

水引の先は、箱や奉書紙からはみ出さないようにする。

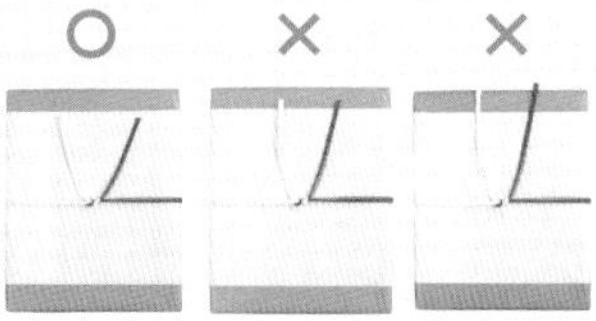

蝶結び

LEVEL ★★★☆☆

何度でも結びなおせることから、何度あってもうれしい、婚礼以外の慶事で用いられます。「両輪《もろわな》結び」「花結び」とも呼ばれます。

1

箱の裏中央に水引の中心を合わせる。

Point
右が紅、左が白になるようにする。

2

箱の角でしっかりと水引に折り目をつける。

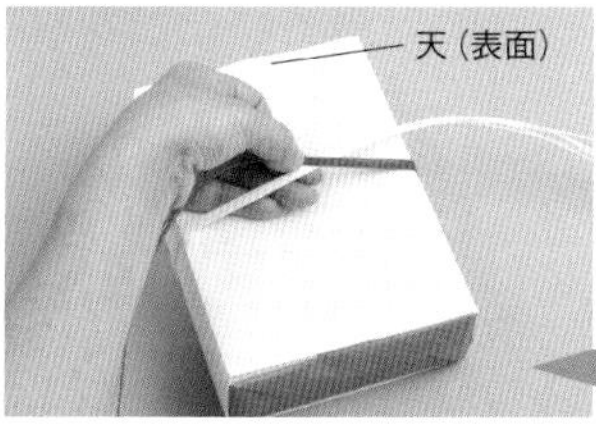

3

そのまま箱の表まで水引をかける。

Point
このとき、白が天側になるようにする。

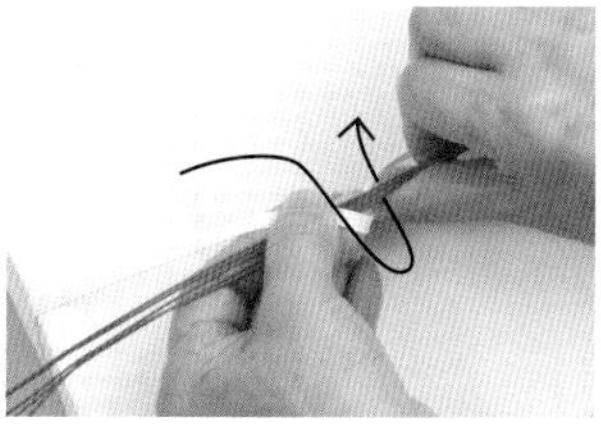

4

水引が交差したところをおさえて、白を紅の上から下へかけて上に引き出す。親指で押し出すようにするとよい。

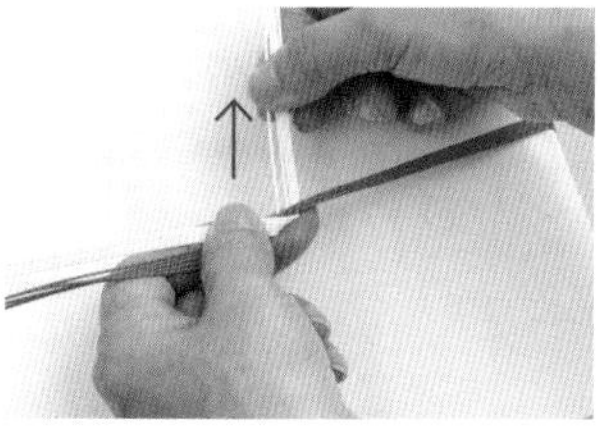

5

指で結び目をおさえながら、白を上に引き出して引きしめる。

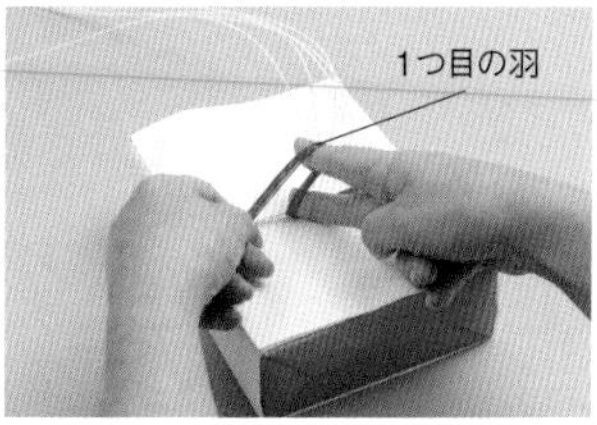

6

蝶結びをする。右手人さし指に紅をかけて1つ目の羽を作る。このとき紅5本がキレイに並んでいるようにする。

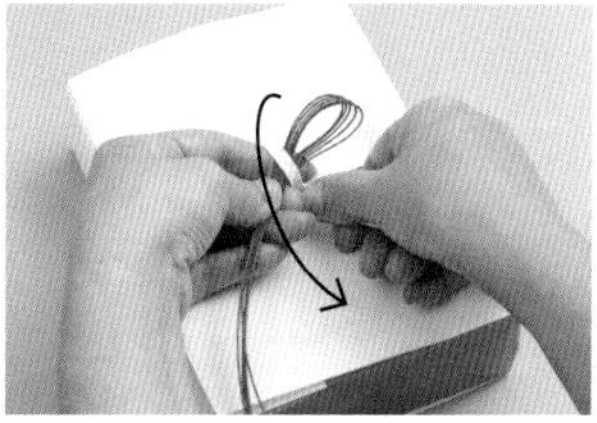

7

左手で紅の羽をおさえ、白を紅の上からかける。

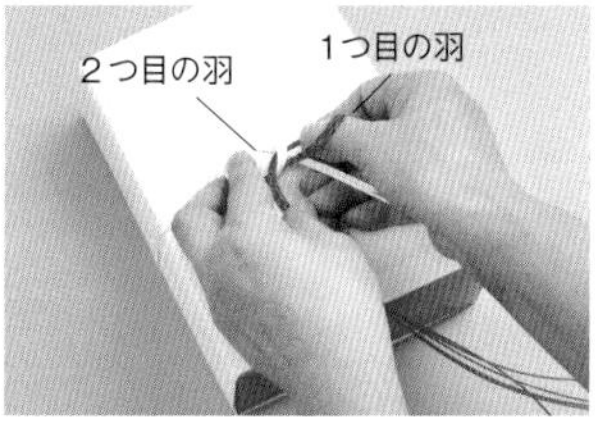

8

紅の羽の後ろから白を通しながら2つ目の羽を作る。

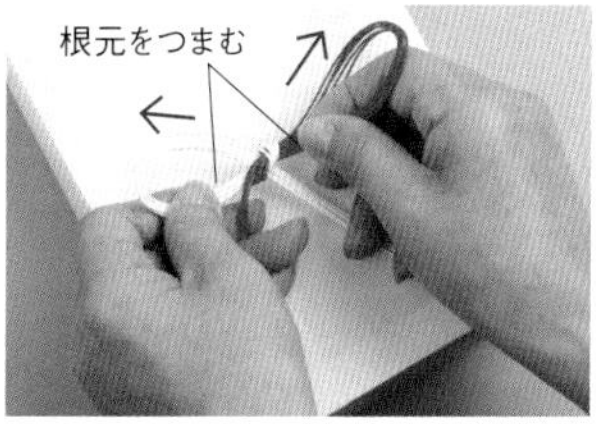

9

羽の根元の手前側を持ち、しっかりと引きしめる。

10

脚をおさえながら、紅白の羽に親指を通し、上にしっかりと引き上げる。全体を整えて、水引の先を切り、完成。

あわじ結び

LEVEL ★★★★☆

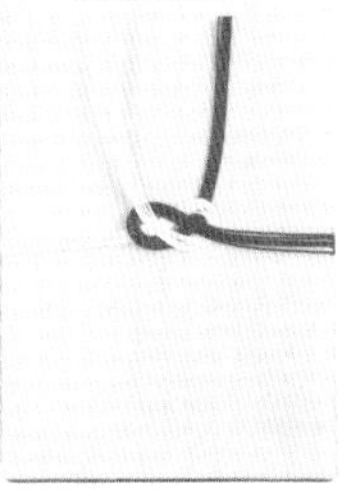

結びきりのひとつで、一度きりがよい慶弔時に用いられます（弔事の水引の色は黒白など）。からみ合った結び目が、両端を引くとさらに強く結ばれることから、「末永いお付き合いを」という意味もあります。

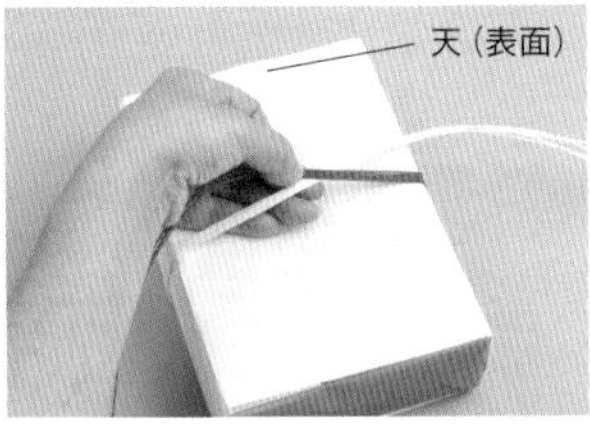

1

水引を箱にかける（→p.173 水引のかけ方）。箱の表で白が天側になるようにする。

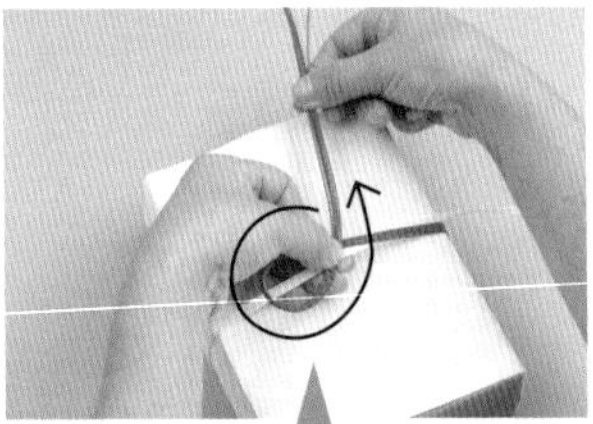

2

紅白交差したところを指でおさえながら、紅を手前から奥へぐるりと回し、輪にする。

Point

紅は白の下を通さず、上に重ねる。

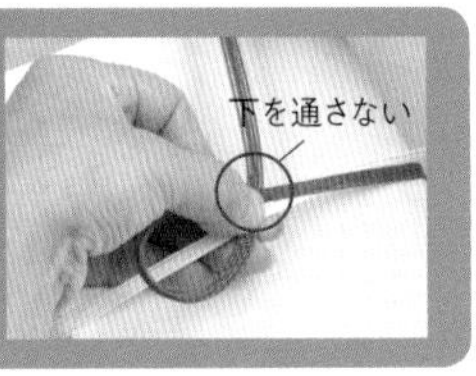

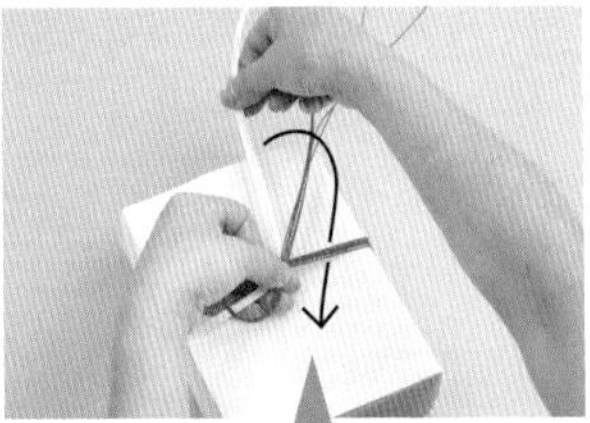

3

白を5本そろえ、紅の上からかけて、箱にかかった紅の下を通す。

Point

白の先端をそろえて通す。

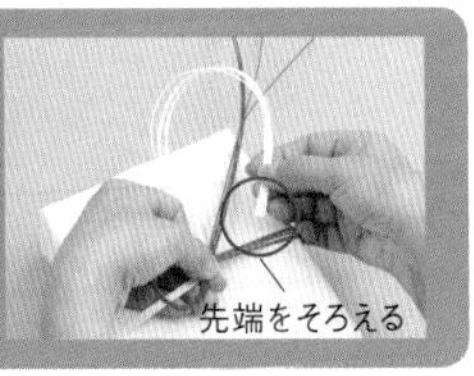

4

さらに紅の輪の上、箱にかかった白の下、紅の輪の上と通して引き出す。

Point

水引をしならせると通しやすい。

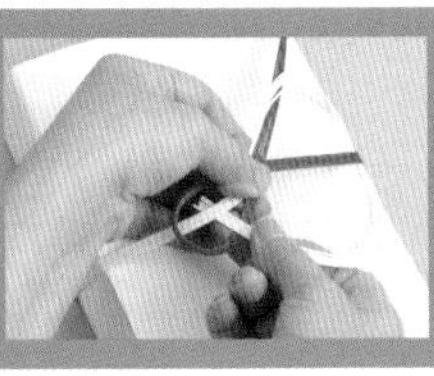

5

引き出した状態。

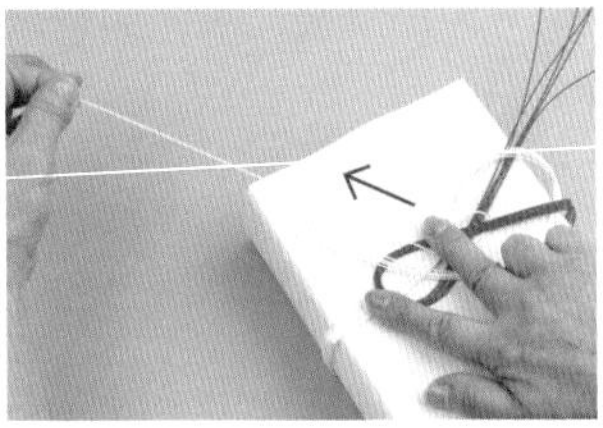

6

結び目を箱に置いて右手でおさえ、1本ずつ水引を引きしめていく。まず白の内側1本を上に引き上げる。

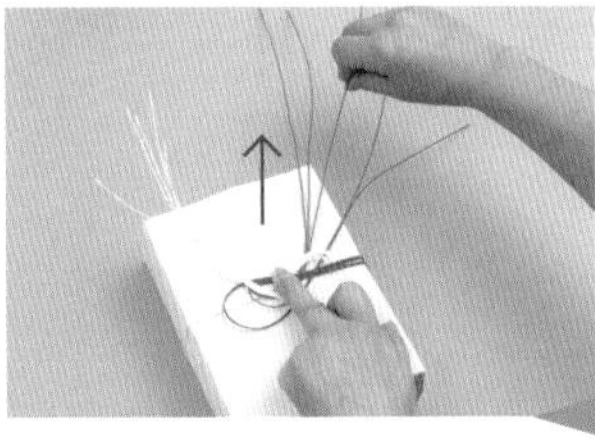

7

残り4本も内側から順に引き上げる。紅も同様。

Point

まとめて引き上げるとキレイに仕上がらない。

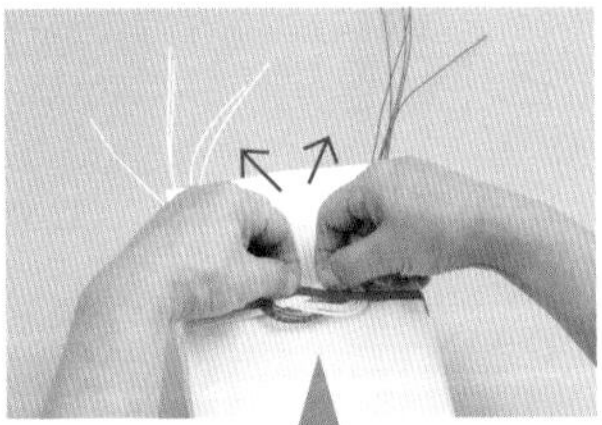

8

結び目の上の部分を持ち、左右に引きしめる。*6*～*8*を繰り返して形を整え、水引の先端を切り、完成。

Point

結び目の上の部分を5本まとめてつまんで左右に引きしめる。

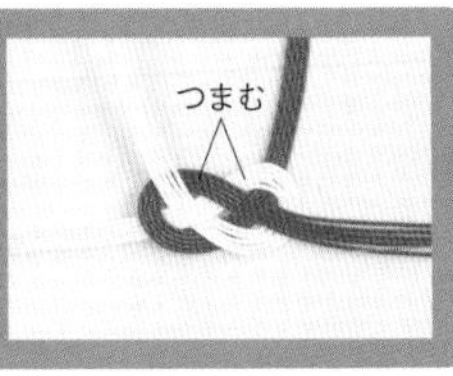

梅結び

LEVEL ★★★★☆

アレンジになるので、特に決まりはありません。ここでは紅4本、白1本の水引を組み合わせて結びの部分だけを先に作り、別の水引で箱にかける方法を紹介します。

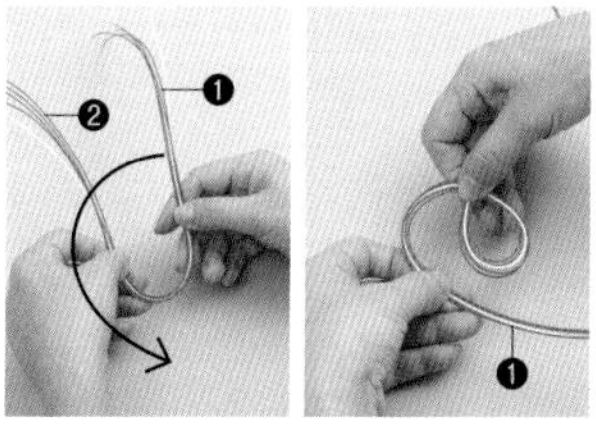

1

60cmの水引を5本用意する。中央を持ち、❶が上になるように重ねて輪を作る。

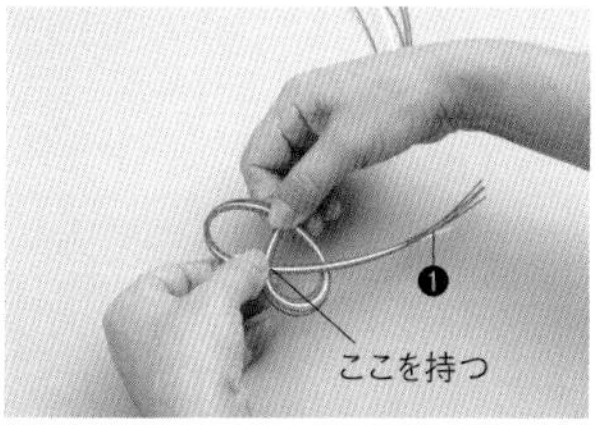

2

❶でもうひとつ輪を作り、上に重ねる。2つの輪を重ねて左手で持つ。

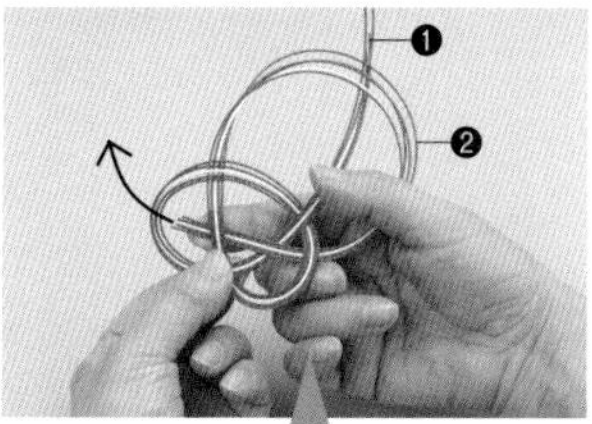

3

右手を離し、❷の水引の先をそろえて、写真のように手前から下、上、下、上と交互に通す。

Point

水引の先をそろえるときは、写真のように手に押しあてるとよい。

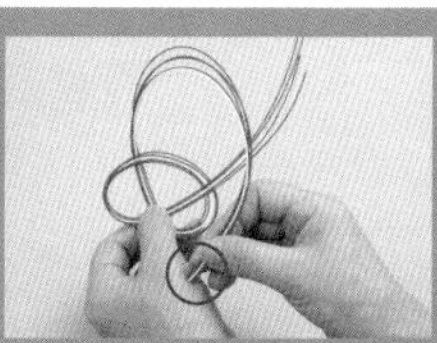

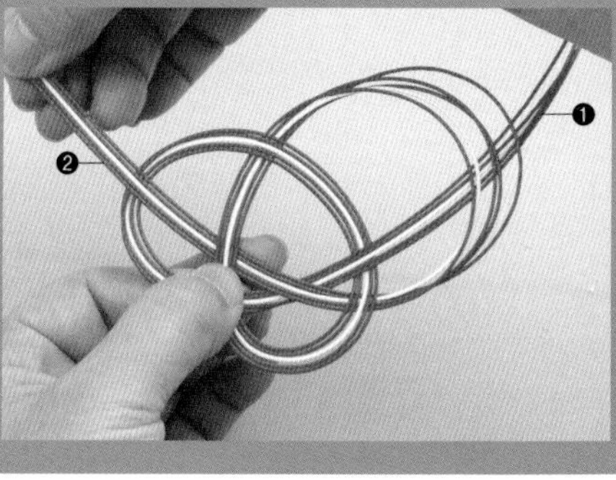

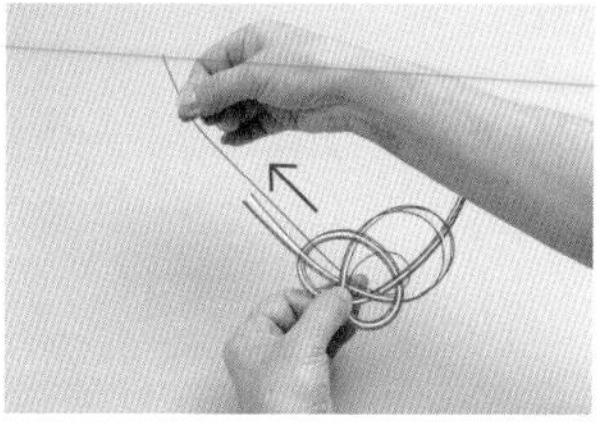

4

内側から1本ずつ、水引を引きしめていく。反対側も同じ。

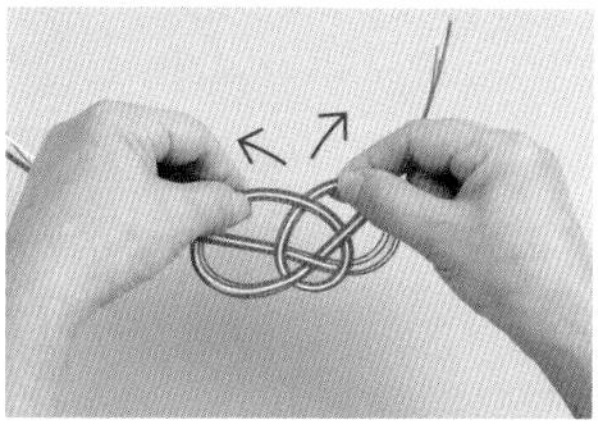

5

結び目の上の部分を持ち、左右に引きしめる。4～5を繰り返し、形を整える。

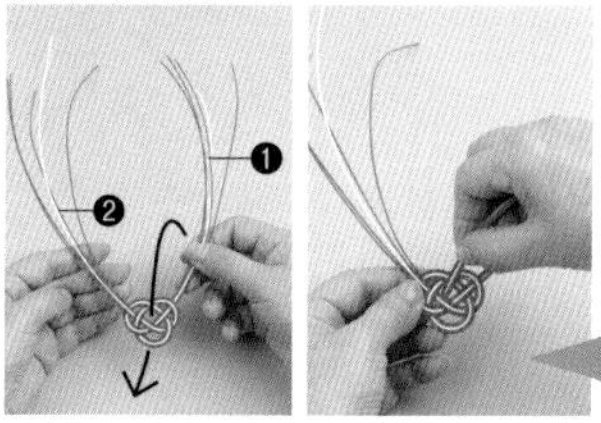

6

❶の水引を結び目の中心に通す。

Point

輪に通したら、1本ずつ引き出す。

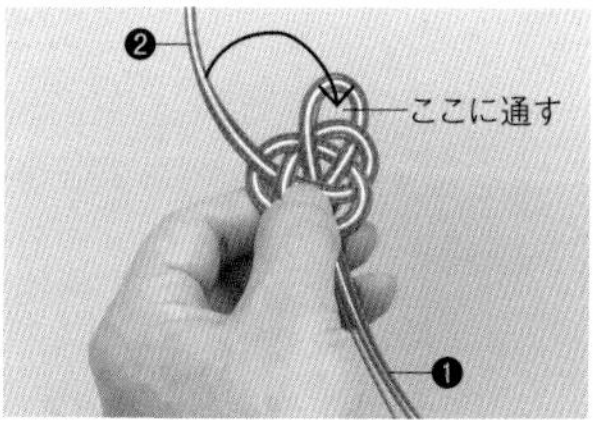

7

❷の水引は6で作った輪に通す。同じように1本ずつ引き出す。

8

ワイヤーで根元をとめ、不要な水引を短く切る。

9

別の水引を梅結びに通して箱にかける。結びきり（→ p.174）と同じように結び、先をごく短く切り、完成。

Point

箱にかける水引の本数に決まりはないが、3本が梅結びには通しやすい。

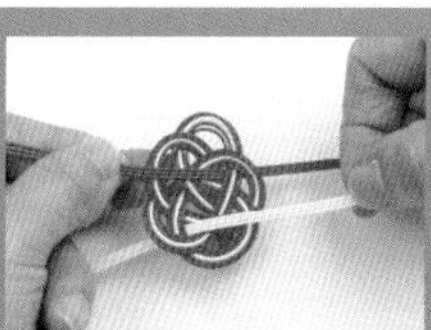

Wrapping

“金封”について

お金はマナーを大切にしたい贈りものです

どんなときでもお金はありがたい贈りものですが、
現金を贈る、というときは、改まった場面が多いものです。
失礼のないよう、マナーとしきたりをきちんと守って贈りましょう。

お金を包む心づかい

日本古来より、お金は大切に包んで贈答されました。どんな場面であっても、現金をそのまま渡すのはマナー違反。ちょっとした心付けなども、ポチ袋に入れて渡すようにしましょう。ただし、ラッピングと同じように、包む金額と、外包みのバランスを合わせるようにします。

慶弔の包み方の違い

包み方を変えるのは、喜びごとと悲しみごとをしっかりと分けるため。中包み、ふくさなどの包み方も異なります。ポチ袋などカジュアルな金封は、包み方や折り方に決まりはありませんが、弔事以外の紙の合わせ目は、右側を上にかぶせる、と覚えておくと、迷ったときに便利です。

金額について

水引と同じように、慶事では奇数が好まれますが、「9（苦）」は避けた方が無難です。偶数は割れるため、「切れる、割れる、離れる」といった意味につながり、基本的に慶事では選びません。やむを得ず2万円を包む場合は、1万円札1枚と5000円札2枚など、紙幣を割れない数で用意する配慮を。また、お札は慶弔どちらも新札を用意し、弔事の場合は少し折り目をつけるとよいでしょう。

Q ふくさはどんなものがおすすめですか？

A 好みのものでかまいませんが、紫のふくさは慶事、弔事どちらも使えて便利です。長財布ほどのサイズの、2つ折りになっているおしゃれなものも増えています。ふくさは、相手にとって大切な節目のお金を包むもの。気に入ったものを備えておけば、心をこめて贈ることができるでしょう。

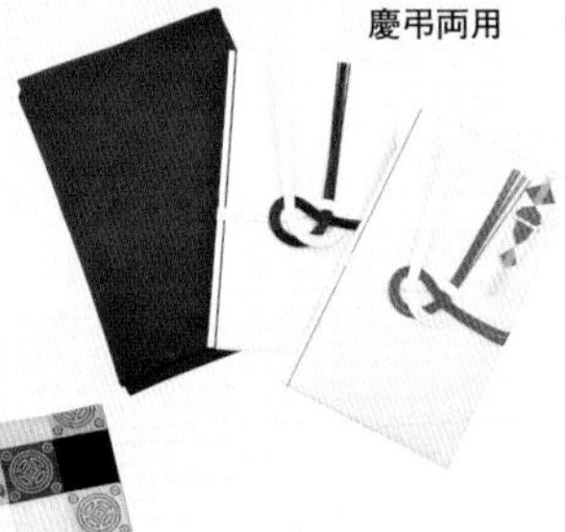

紫のふくさは
慶弔両用

2つ折りの
弔事用ふくさ

慶事の中包み

LEVEL ★☆☆☆☆

左上があくように包みます。白または色付きの奉書紙、半紙を用います。

表　裏

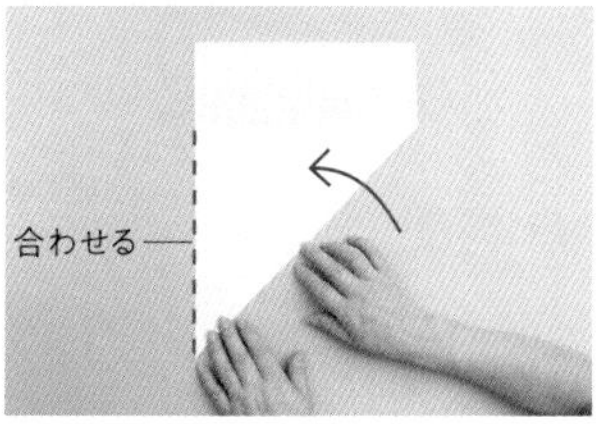

1

奉書紙または半紙を裏面を上に（半紙の場合はつるつるの面が表）縦長に置く。左端に合わせて三角に折る。

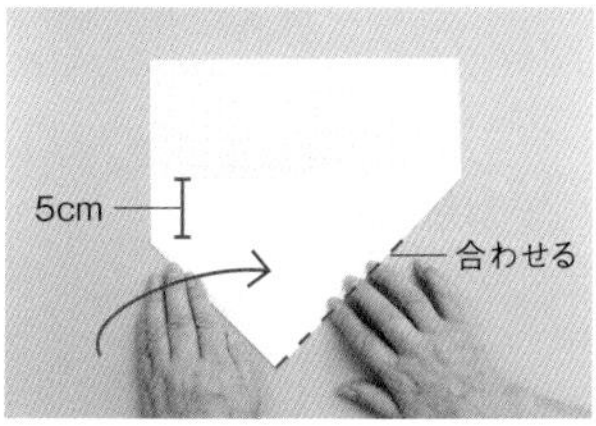

2

左下の角を右端に合わせ、もう一度三角に折る。このとき、最初の三角の辺から5cmほど離す。

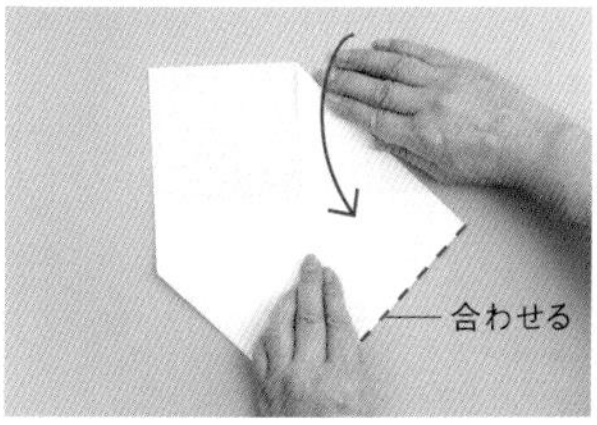

3

紙幣が入る程度の大きさに、右上の角を三角の辺に合わせて折る。

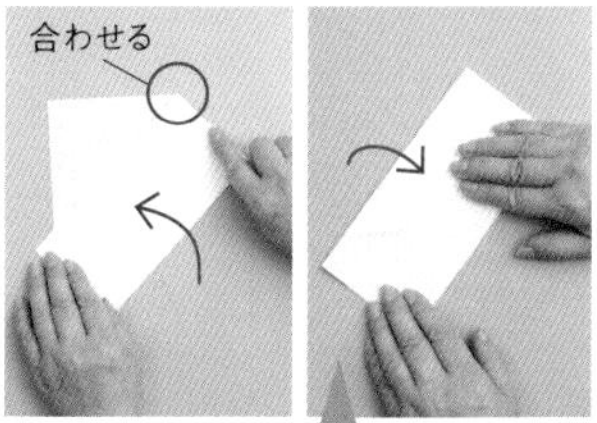

4

角に合わせて右側を四角く折りあげ、奥の紙をかぶせ、完成。

Point　紙幣を入れるときは、表が上になるように。向きはどちらでもOK。

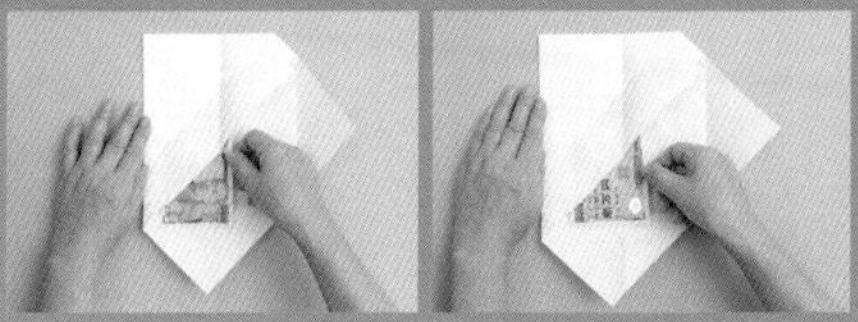

弔事の中包み

LEVEL ★☆☆☆☆

左上と左下、両方があくように包みます。奉書紙、半紙は必ず白を使います。

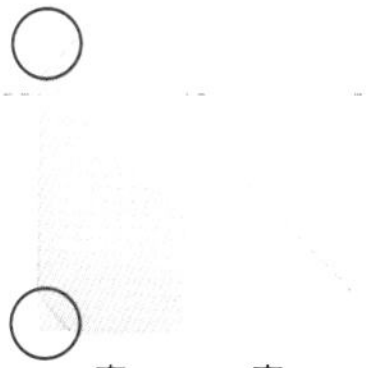

表　裏

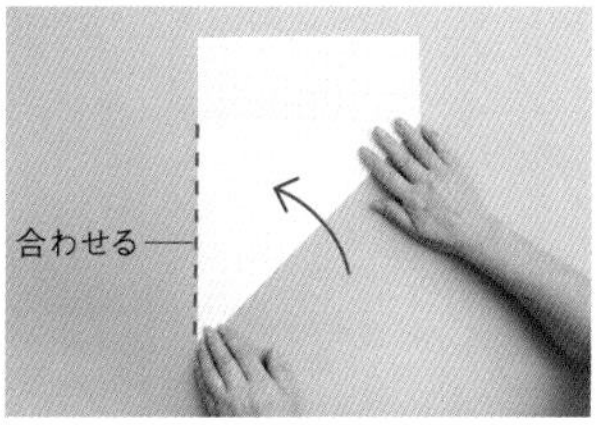

1

奉書紙または半紙を裏面を上に（半紙の場合はつるつるの面が表）縦長に置く。左端に合わせて三角に折る。

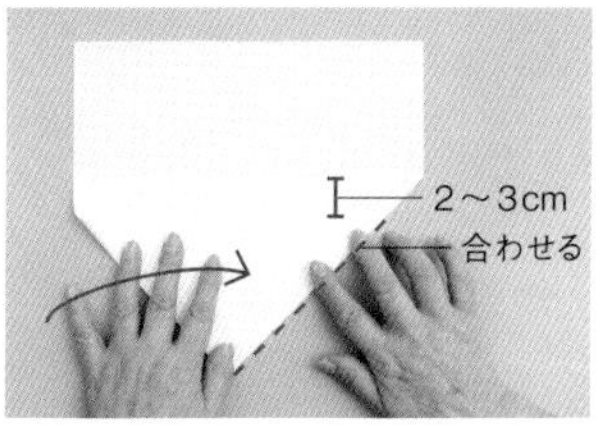

2

左下の角を右端に合わせ、もう一度三角に折る。このとき、最初の三角の辺から2〜3cm離す。

3

紙幣が入る程度の大きさに、右上の角を三角の辺に合わせて折る。

4

角から少しはみ出すよう右側を四角く折りあげ、奥の紙をかぶせ、完成。

Point　紙幣を入れるときは、裏が上になるように。向きはどちらでもOK。

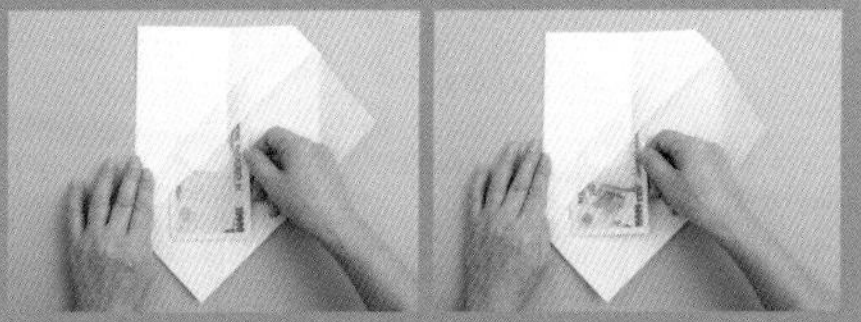

慶事の外包み

LEVEL ★☆☆☆☆

水引は紅白。目的によりのしをつけます。包みの裏は「福がたまる」よう、地側を上にかぶせます。

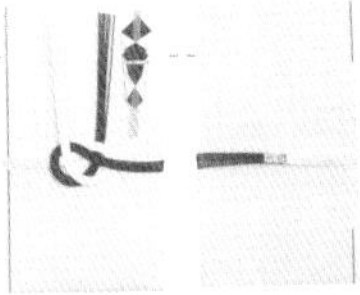

表　裏

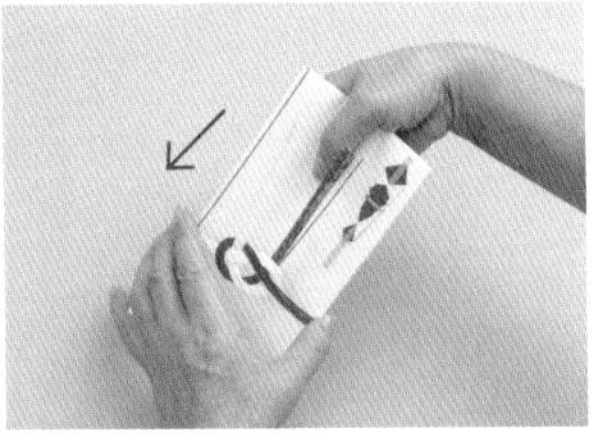

1

包みを手でたわませて、水引を引き抜く。

2

外包みを広げ、表面が上になるように、中包みを中央に置く。

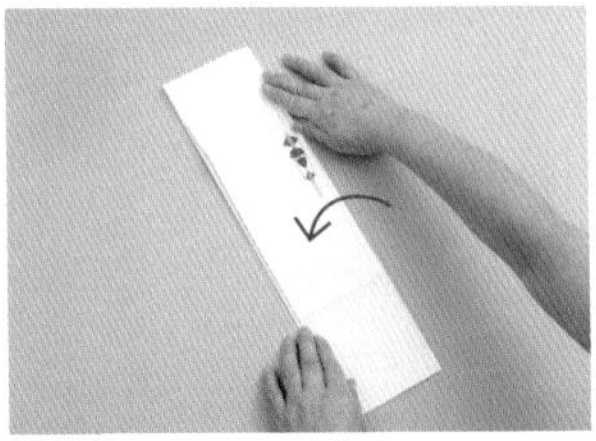

3

左側、右側の順に外包みをかぶせる。

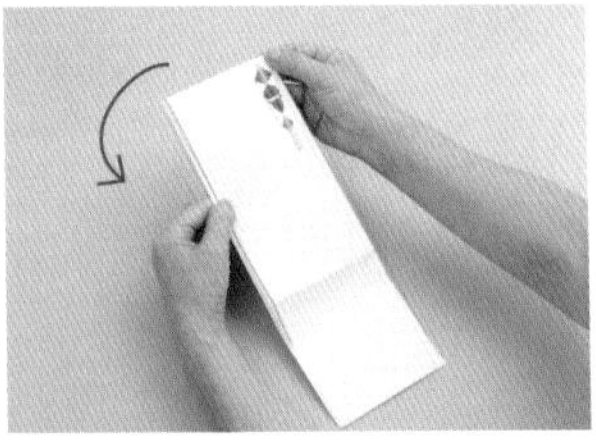

4

先に天を閉じる。続いて地側を閉じてかぶせる。

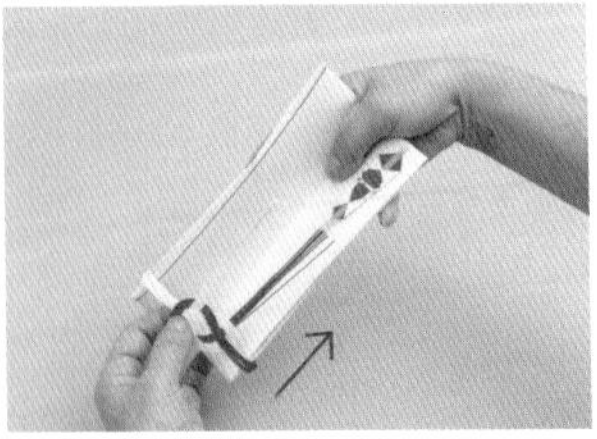

5

地から水引をかけ、完成。

弔事の外包み

LEVEL ★☆☆☆☆

水引は黒白。のしはつけません。包みの裏は「悲しみが流れる」よう、天側を上にかぶせます。

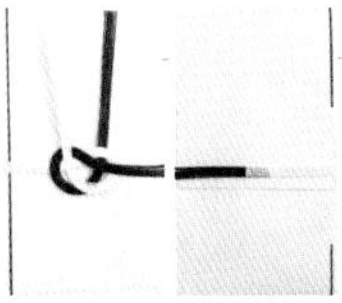

表　裏

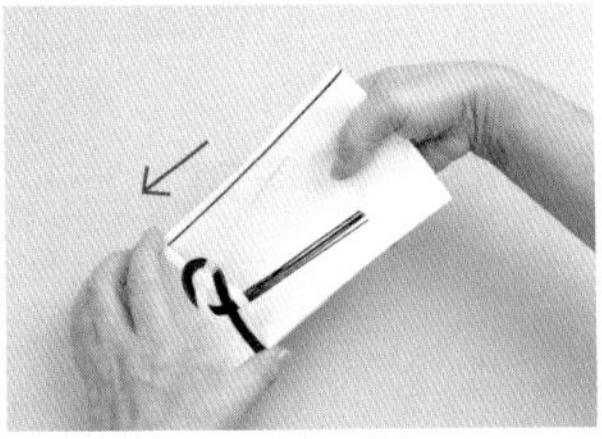

1

包みを手でたわませて、水引を引き抜く。

2

外包みを広げ、表面が上になるように、中包みを中央に置く。

3

左側、右側の順に外包みをかぶせる。

4

先に地を閉じ、続いて天側を閉じてかぶせる。

Point

天地のかぶせ方は、慶事と逆になる。

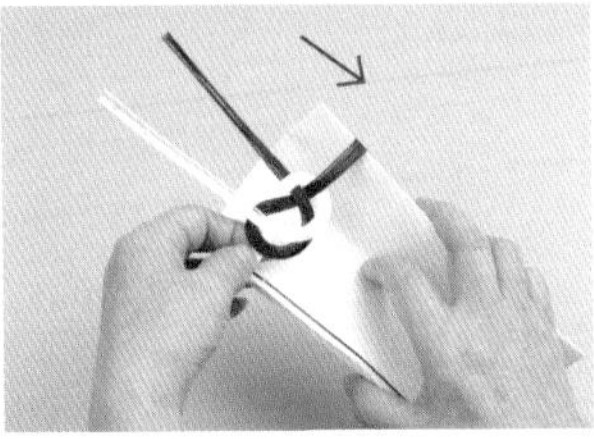

5

天から水引をかけ、完成。

慶事のふくさ包み

LEVEL ★☆☆☆☆

家紋付きの場合は左側にくるように包みます。明るい色、もしくは紫色のふくさを用います。

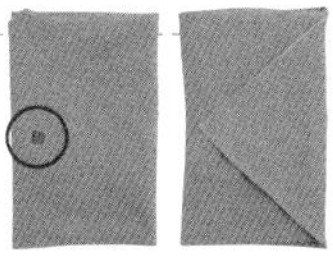

表　裏

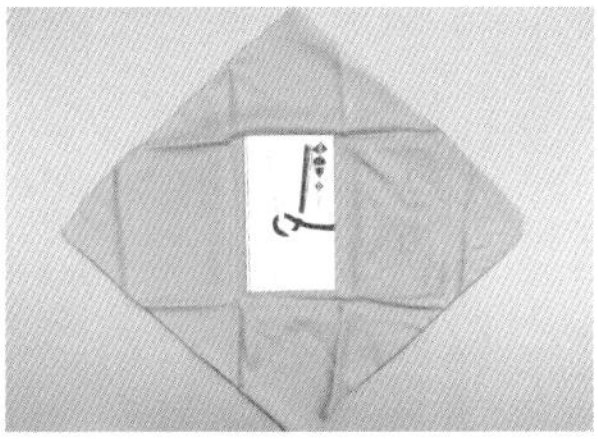

1

ふくさの中央に、表面が上になるよう外包みを置く。

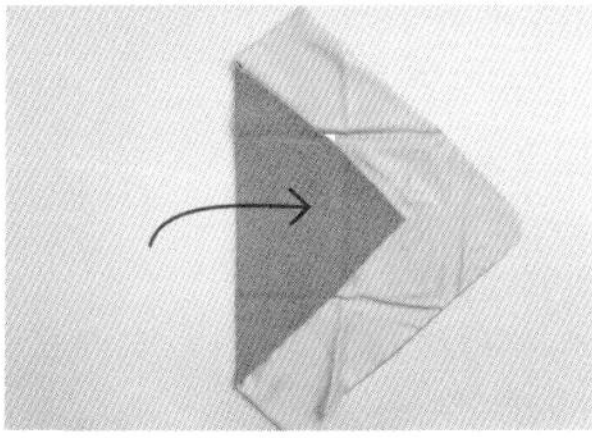

2

左側をかぶせる。

3

天側をかぶせる。

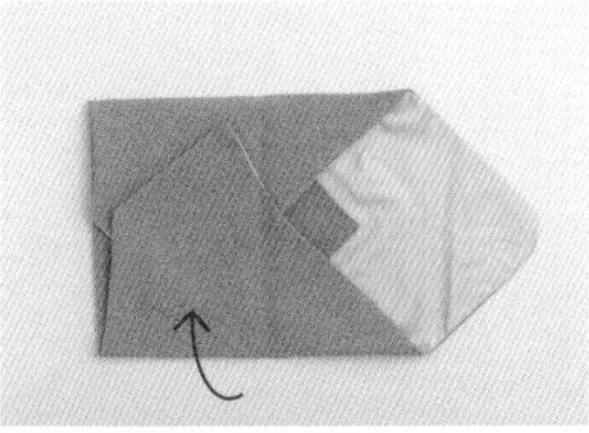

4

地側をかぶせる。

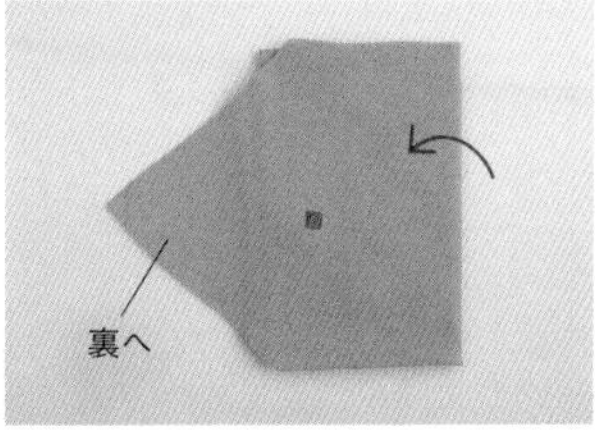

5

右側をかぶせ、残った角を裏へ折り込み、完成。

弔事のふくさ包み

LEVEL ★☆☆☆☆

家紋付きの場合は右側にくるように包みます。暗い色、もしくは紫色のふくさを用います。

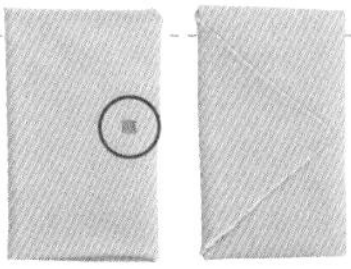

表　裏

1

ふくさの中央に、表面が上になるよう外包みを置く。

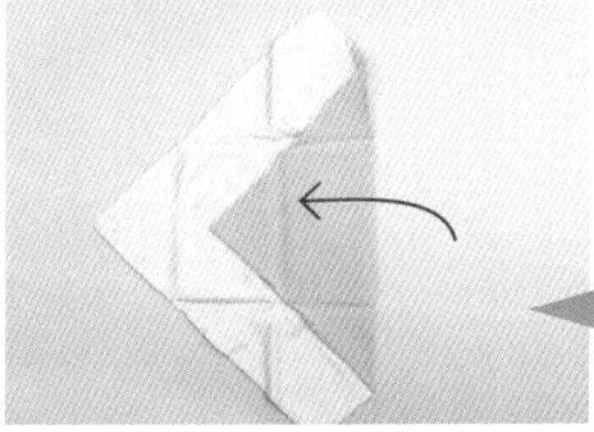

2

右側をかぶせる。

Point
左右のかぶせ方は、慶事と逆になる。

3

地側をかぶせる。

Point
天地のかぶせ方も、慶事と逆になる。

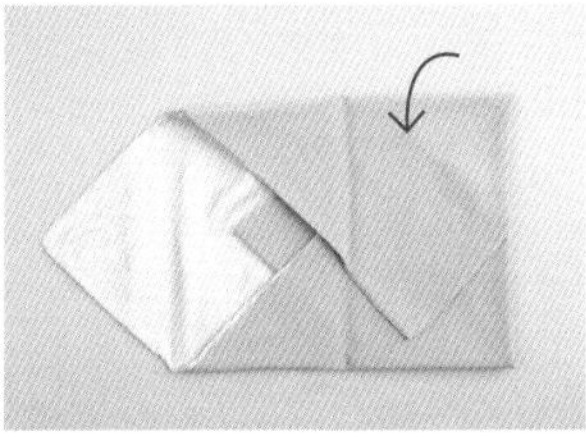

4

天側をかぶせる。

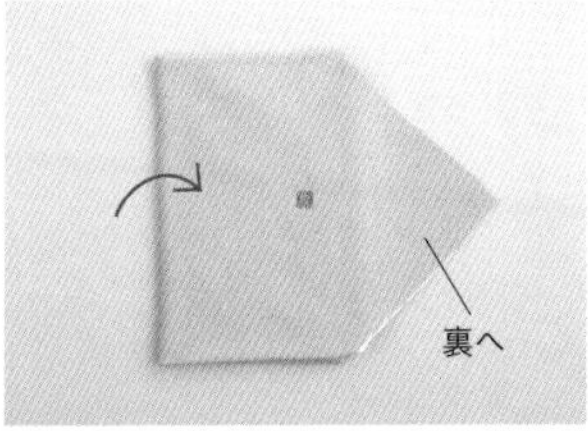

5

左側をかぶせ、残った角を裏へ折り込み完成。

表書きの書き方
外包み

毛筆か筆ペンで、
水引にかからないように表書きをします。
短冊を用意して書き、
水引に差し入れてもよいでしょう。

基本

上中央に目的を、下中央にやや小さい字で姓名を書きます。

夫婦

夫の姓名を下中央に、妻の名をその左に書きます。

会社名を入れる

姓名の右上にやや小さい字で会社名を書きます。

宛名を入れる

左上に、相手の姓名を「○○様」と書きます。

連名（3名以内）

右側から地位、年齢の高い順（ない場合は50音順）に書きます。全体を中央にそろえても、地位の高い人を中央にそろえてもOK。注意したいのは、宛名を入れる場合。通常とは逆に、左側から地位、年齢の高い順に書きます。

連名（4名以上）

代表者の姓名の左下に「外一同」とやや小さな字で書きます。間違えて「他一同」と書かないように注意。全員の姓名は、別紙にまとめます。

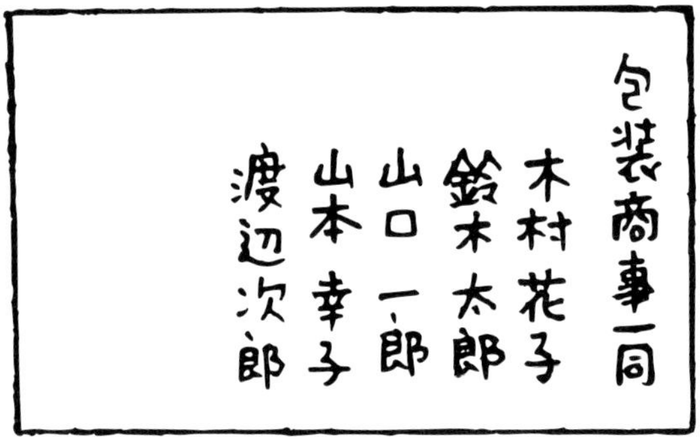

連名別紙

4名以上の連名の場合、全員の姓名を奉書紙や半紙などにまとめます。右に「○○一同」、続けて地位、年齢の高い順（ない場合は50音順）に姓名を書きましょう。連絡先は不要です。3つ折りにし、中包みの上に置いて、外包みで包みます。

表書きの書き方
中包み

金額を旧字体で、
住所を郵便番号から書き入れます。
金額の後に「也」は必要ありません。

慶事

表中央に旧字体で金額を、裏左下に住所と姓名を書きます。相手の手間を省くため、必ず郵便番号も併記しましょう。

表

裏

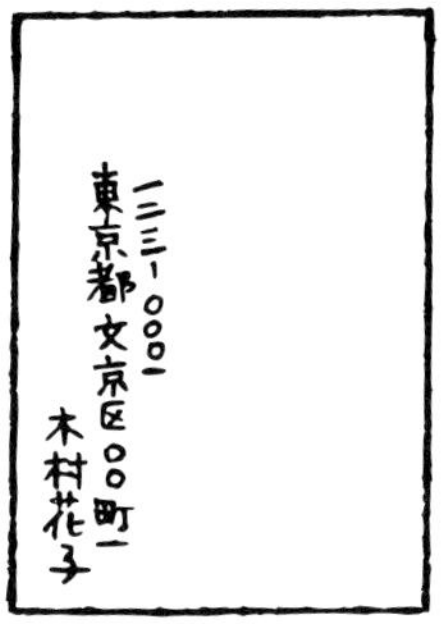

旧字体一覧

一	壱	八	八
二	弐	十	拾
三	参	百	佰
五	伍	千	阡
六	六	万	萬
七	七	円	圓

弔事

慶事と同じ書き方をする場合もありますが、金額も連絡先も裏面に書くと、相手がよりスムーズに香典返しの作業ができます。

表

裏

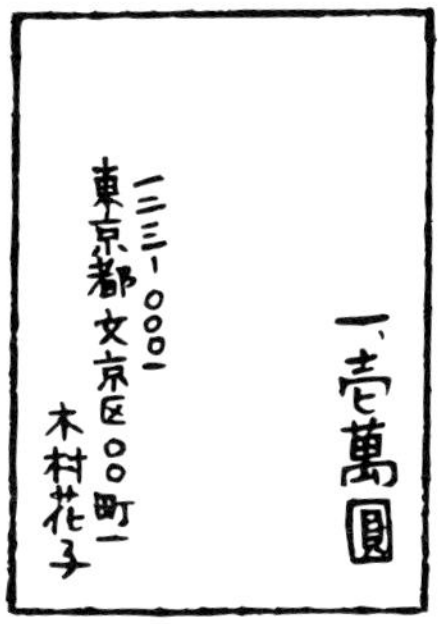

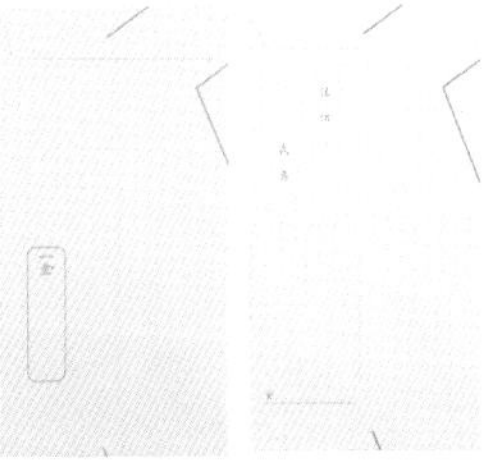

市販の中袋がある場合は、その記入欄にならって書き入れます。袋の口はのり付けなしでOK。

Q 表書きに4文字は避けるべき？

A 4文字＝「死文字」を連想させるので避けたほうがよいでしょう。「祝御結婚」なら「御結婚御祝」「お祝」など4文字にならないよう言い換えます。

Q 会社名を書くのは、仕事関係の方に贈るとき？

A 基本的にはそうですが、弔事の場合は別。故人のご家族と面識がない場合は、素性を明確にするためにも会社名を入れるとよいでしょう。

Q 連名別紙は印刷してもよいでしょうか？

A 名前だけとはいえ、連名別紙は寄せ書きと同じ。できれば一人一人、直筆で姓名を書いてもらいましょう。その人の手書きの文字を見るだけでも、贈られた側に心が伝わります。

Q 故人の宗派がわからないときの表書きは？

A すべての宗教、宗派に使える「御霊前」とするのがよいでしょう。宗派がわかるときは、下の表を参考に。故人のご家族に宗派を確認するのは、迷惑になるので避けて。昔は弔事の表書きは薄墨で、とされましたが、現在はさほど気にしなくともかまいません。

仏式
「御霊前」※四十九日を過ぎたら「御仏前」
神式
「御霊前」「玉串料」「御榊《おさかき》料」
キリスト教式
「御霊前」「御花料」※カトリックのみ「御ミサ料」も可

手作りの簡単ポチ袋

LEVEL ★☆☆☆☆

お年玉や心付け、借りていたお金を返すときなどに、手作りのポチ袋で包んでみては？　紙幣を３つ折りにして包むので、小さな余り紙でも作れます。

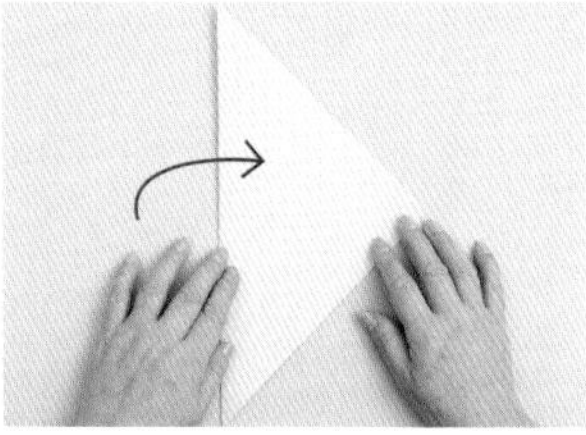

1

リバーシブル紙を正方形に切る。内側にしたい面を上にひし形に置き、左側をかぶせて三角に折る。

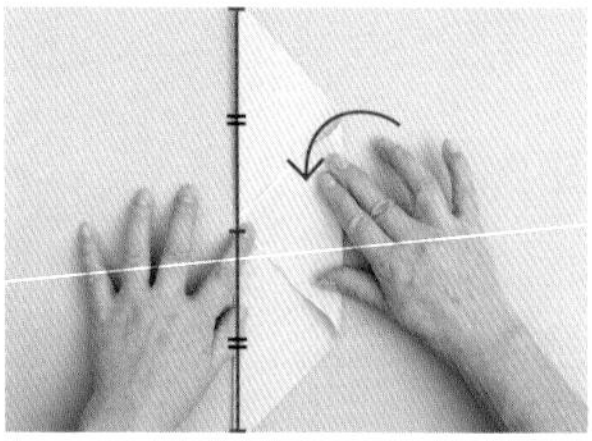

2

右の角を左端 1/2 に合わせて小さな三角を折る。

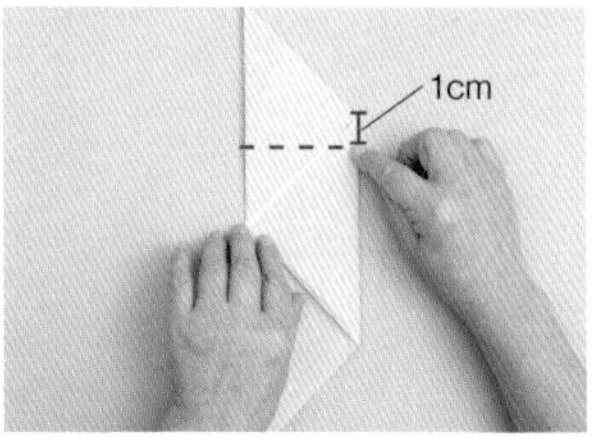

3

右上の角から 1cm のところをマークする。

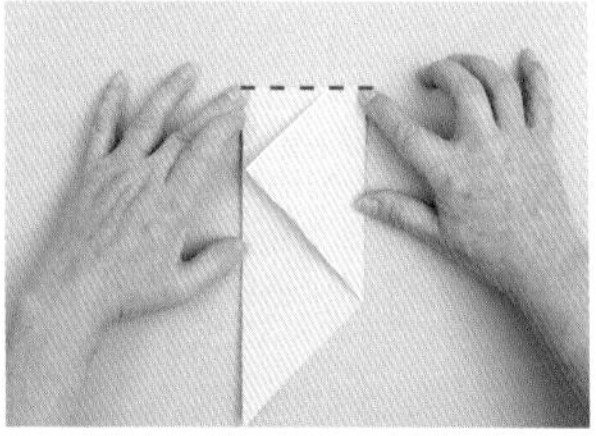

4

マークした線で裏へ折り返す。左右がはみ出ないように注意。

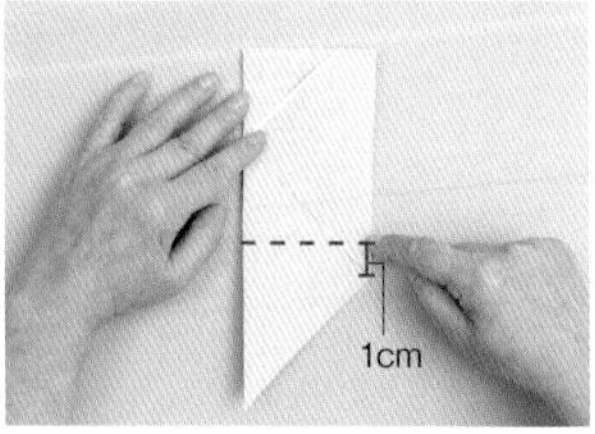

5

今度は右下角から1cm のところをマークする。

6

同じように裏へ折り返す。

7

ポチ袋を裏返す。

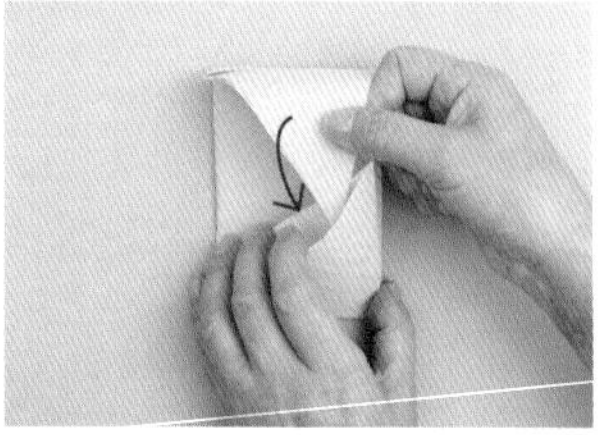

8

天から地へ、三角の部分を差し込む。

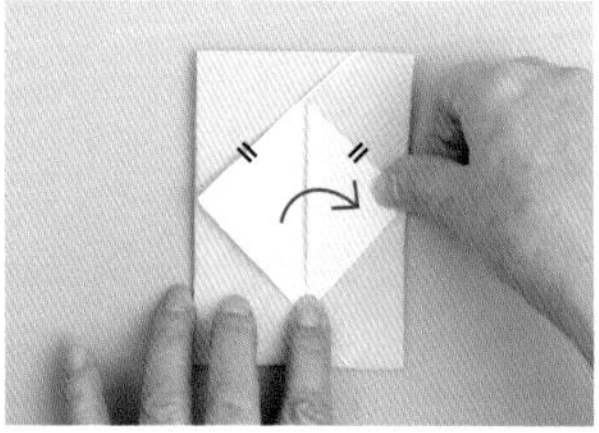

9

表に返し、ひだを中央で右側に折り、完成。

Memo

リバーシブル紙がなければ、千代紙や包装紙を貼り合わせて両面紙にしても OK。ひだをのし風に折り返し、細く切った残り紙を両面テープでのしに貼り付ければ、より風情のあるポチ袋に。袋はあまり大きくない方が、可愛らしく仕上がります。

手作りのご祝儀袋

LEVEL ★☆☆☆☆

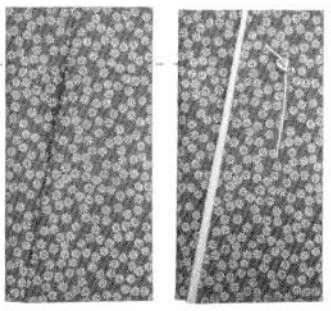

贈る相手と親しければ、ご祝儀袋を手作りするのも素敵です。結婚式の2次会の会費を渡すときに使っても喜ばれるでしょう。

1

縦は中包みの長さ＋5cm、横は中包みの長さの3倍＋1cmの紙を用意する。中包みの表を上にして、紙の中央に置く。

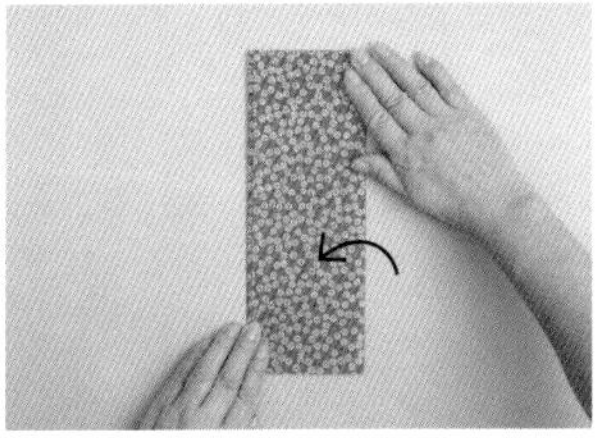

2

左側、右側の順にかぶせる。多少すき間があってもOK。

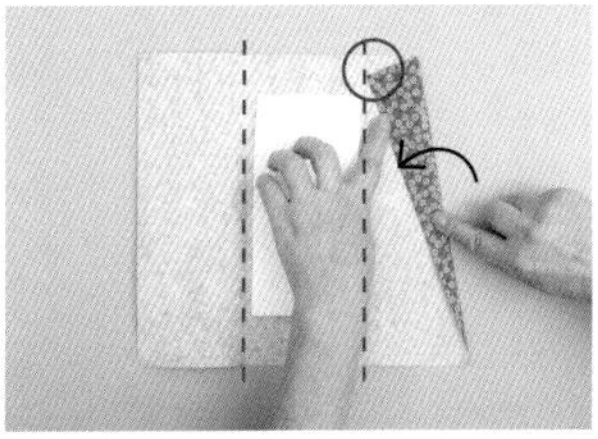

3

一度紙を広げる。中包みの右端に合わせて、右側をななめに折る。

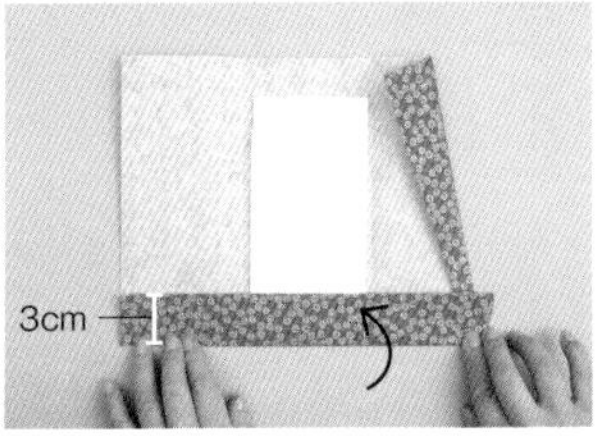

4

地を3cmほど折りあげる。

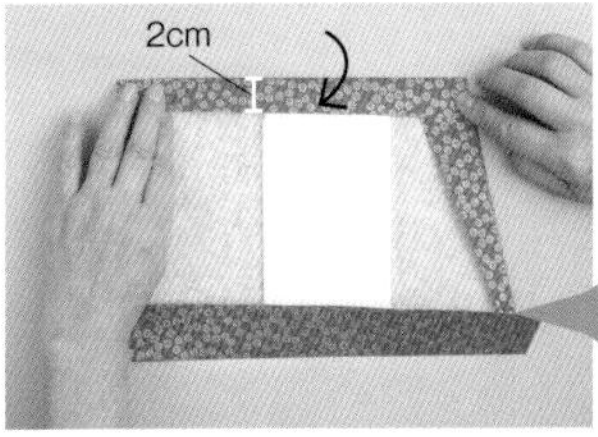

5

天を2cmほど折る。

Point
慶事では、天を少なく折る。

6

左下の角を内側に三角に折る。左上の角も同様に。

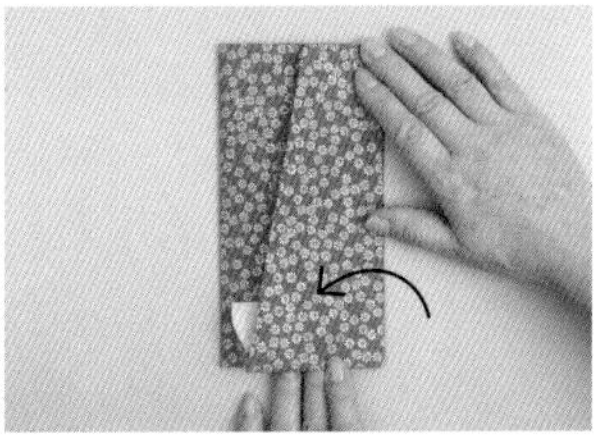

7

左側、右側の順に閉じる。

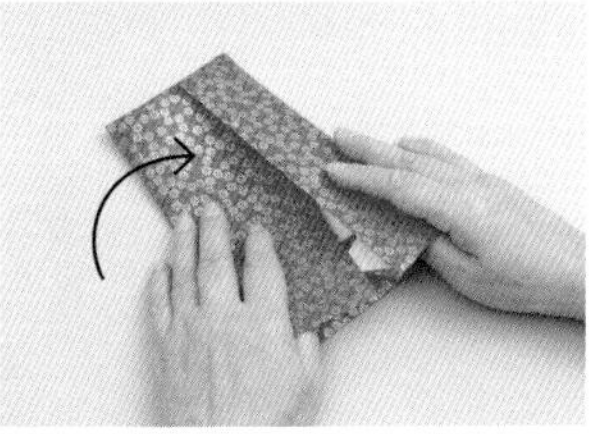

8

右側が上になるように左側を差し込んで、完成。

Memo

袋のななめの部分に帯をパッチワークし、水引を結んだ簡単なのしをつければ、さらに目を惹くご祝儀袋に。

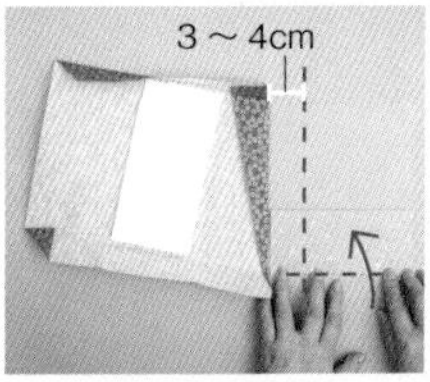

1

パッチワークしたい紙をポチ袋のななめの部分に合わせて縦の長さをとる。横の長さは3～4cmに切って帯にする。

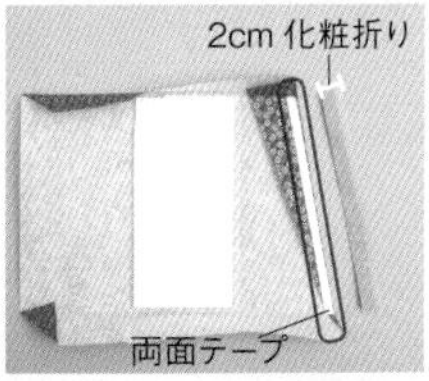

2

切った帯を2cmほど化粧折りする。ポチ袋のななめの部分に両面テープを貼っておく。

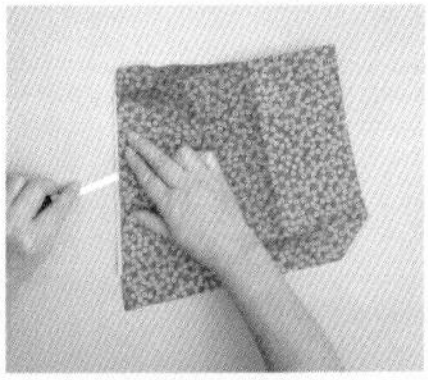

3

化粧折りした面を上に帯を置き、上からポチ袋をかぶせて両面テープで貼り合わせる。紅白1本ずつの水引をひとつ結びして両面テープで右上につけ、完成。

行事別 贈答早見表

行事にまつわる贈答は、贈るタイミングが大切です。また、手を加えなければいけないもの、かさばるもの、傷みやすいものは避けるのが原則。しかし贈る相手が望めば、タブーとされているものでも大丈夫。心が通じることが第一です。

表の見方

- 贈るタイミング
- 金額の目安
- 品物の例
- のしの有無
- 水引きの結び方
- 表書き
- お返しの有無

Advice　贈答のアドバイス

お祝いと記念日

お祝いの贈答は、形に残るものを贈ることで、記念品としての意味をなします。最近は個人の好みや実用性が重視され、品選びも一苦労。しかし相手がその品を見たときに記念日を思い出し、心が温かくなるような贈りものが理想といえるでしょう。

【結婚祝い】

- 式に出席する場合は結婚式までに相手の自宅に持参、または式当日受付で渡す。式に出席しない場合は自宅に持参または配送する。
- 一般的に友人、同僚は2～3万円、親類は3～5万円。品物を贈る場合は5000～1万円程度。
- 現金、食器、調理器具、時計など。
- 必要。
- 金銀、紅白。結びきり、あわじ結び。
- 「寿」「御祝」。
- 引出物を渡す。渡せなかった人には、ご祝儀の半額相当の品を送る。

Advice » ご祝儀は慶事用のふくさで持参。

【引出物】

- 挙式や披露宴当日に渡す。
- 引出物は3000～5000円、引菓子は1000～3000円。
- 食器、フォトフレーム、調理器具、お菓子、紅茶、かつおぶしなど。
- 必要。
- 紅白。結びきり、あわじ結び。
- 「寿」。下に両家の姓を書く（右が新郎、左が新婦の旧姓）。
- なし。

Advice » 式場で一括せず、自分で手配する場合は引出物用に包んでもらうか、上記のように自分で包むこと。

【挙式・披露宴のお礼】

- 媒酌人には式当日手渡すか、後日送る。受付など手伝いをしてくれた人には当日ポチ袋などで手渡す。
- 一般的に媒酌人へは10～20万円、手伝いの人には3000～5000円。
- 関係者自宅に後日訪問する場合は5000円ほどの菓子折りを持参。
- 必要。
- 紅白。結びきり、あわじ結び。
- 「寿」「御礼」。下に両家の姓（右が新郎、左が新婦の旧姓）。
- お礼状を。

Advice » 媒酌人、主賓、遠方の人には御車代として1～2万円渡すこともある。

【出産祝い】

- 産後1週間～3週間以内に送る。
- 一般的に友人は5000～1万円、親類は1～2万円。
- 現金、ベビー服、肌着、ベビー用食器、おもちゃ、オムツケーキ、ベビーカー、抱っこひもなど。
- 必要。
- 紅白。蝶結び。
- 「ご出産御祝」「出産お祝い」。
- ご祝儀の半額相当の品を産後1か月くらいに。表書きを「内祝」「出産内祝」、下に子どもの名前（姓はなくてよい）としたのしを付け、紅白の水引を蝶結びする。

Memo

贈り物のタブー part 1

日本では古くから、4（死）、9（苦）、は嫌われ、欧米では7、9、13が禁物とされてきました。最近は日本でも、13は避ける傾向があります。贈る品物の数を選ぶときには注意しましょう。品物のタブーとしては、結婚祝いの場合、ガラス製品（壊れやすい）、刃物(切れる・裂く)、白いハンカチ(別離)、淡い色のもの（色がさめる）など。当たり前の配慮ですが、新郎新婦のライバル会社の製品は贈らないようにしましょう。

【初節句】

- 生後初めての節句（女の子は3月3日、男の子は5月5日）の1か月前までに。
- 1～5万円。祖父母以外の親類のみ。
- 祖父母から女児はひな人形、男児はこいのぼりやかぶとなど。
- 必要。
- 紅白。蝶結び。
- 「初節句御祝」「祝御初節句」。
- 表書きを「御礼」「内祝」、下に子どもの名前（姓は不要）としたお礼状を送る。

Advice » 飾るスペースにより品を選ぶので相手と相談するのがベター。

【初誕生日】

- 生後初めての誕生日までに。
- 1～3万円。基本的に親類のみ。
- 現金、ベビー服、おもちゃ、一升餅など。
- どちらでもよい。
- 紅白。蝶結び。
- 「初誕生御祝」「祝初御誕生」。
- お礼の電話をするか、お礼状を。

Advice » 品物を贈るのもよいが、お祝いの席をもうけて、共に成長を祝うとよい思い出になる。

【七五三】

- 女児は満3歳と7歳、男児は満5歳になる11月15日の前後までに。
- 5000～2万円。基本的に親類のみ。
- 現金、晴着など。
- 必要。
- 紅白。蝶結び。
- 「御祝」「七五三御祝」。
- 表書きを「内祝」「御礼」、下に子どもの名前（姓は不要）としお礼状を送る。

Advice » 晴着を贈る場合は1か月前までに。相手の準備もあるので早めに連絡を。

【入園・入学】

- 入園、入学が決まったときに。
- 相手との関係により3000～3万円。
- 現金、図書券、文具券、腕時計、財布、文具、ランドセル、勉強机など。
- 必要。
- 紅白。蝶結び。
- 「御祝」「入園お祝い」「御祝い入学」。
- お礼の電話をするか、お礼状を。

中学生以上は本人から連絡をすること。

Advice » オーダーメイドランドセルなどは半年前にしめ切ってしまうこともあるので注意。

【成人式】

- 満20歳になる年の1月第2月曜日までに。
- 一般的に知人は3000～1万円、親類は1～3万円。
- 現金、腕時計、アクセサリー、晴着など。
- 必要。
- 紅白。蝶結び。
- 「成人式お祝い」「祝御成人式」。
- 本人からお礼の電話をするか、お礼状を。

Advice » 晴着を贈る場合は本人の好みもあるので、事前に相談を。

【就職】

- 卒業式から入社式までの間に。
- 5000～2万円。基本的に親類のみ。
- 現金、商品券、腕時計、ネクタイ、バッグ、名刺入れ、手帳、印鑑など。
- 必要。
- 紅白。蝶結び。
- 「ご就職御祝」「就職お祝い」。
- 本人からお礼の電話をするか、お礼状を。初任給でお礼の品を贈るときは表書きを「御礼」とする。

Advice » 現金もよいが、社会人として気が引きしまるような、記念の品を贈るとよい。

【長寿】

- 誕生日または敬老の日に。持参できる場合は年始でも。
- 年齢や場合にもよるが、お祝いの席に持参するときは1～3万円。
- 現金、商品券、食事券、還暦祝いの赤い品、衣類、パジャマなど。
- つけた方がよい。
- 金銀、紅白。蝶結び。
- 「寿」「御祝」、「祝還暦」60歳、「祝古希」70歳、「祝喜寿」77歳、「祝米寿」88歳、「祝白寿」99歳など。
- 基本的に不要。席に招いた場合は表書き「内祝」「寿」として記念品を渡すとよい。

【開店・開業】

- 開店当日か前日に。パーティーがあるときは持参する。
- 一般的に、友人知人は5000～1万円。親類は1～3万円。
- 現金、花、観葉植物、かけ時計など。
- 必要。
- 紅白。蝶結び。
- 「御祝」「開店お祝い」。
- 表書きを「開店記念」「開業記念」とし、店名や社名を入れたタオルなどの記念品を贈る。

Advice » ラッピングをするときは、縁起をかついだ華やかな包みにするとよい。

Memo

贈り物のタブー part 2

目下から目上に贈ってはいけないものとして、時計や文具（勤労・勤勉を促す）、履き物（相手を踏みつける）、現金などがあります。長寿や定年退職のお祝い、敬老の日などの際は注意しましょう。ただし、開店・開業・災害は物入りのときなので現金を贈ってもよいとされています。また、財布は秋（空き）に贈らず、春（張る）に贈り、ご縁があるようにと5円玉を入れておくと心づかいが感じられます。

【新築・引越】

- 新居に招かれたときに持参する。
- 一般的に友人知人は5000～1万円。親類は1万円程度。
- 商品券、観葉植物、置き時計、家電、調理器具、キッチングッズなど。
- 必要。
- 紅白。蝶結び。
- 表「御祝」「新築お祝い」。
- 新居に招いたときのもてなしでOK。

Advice »» 観葉植物はそのまま飾っておけるよう、のしをつけるだけではなく、鉢にラッピングをほどこすとよい。

【栄転・昇進】

- 辞令が出てから、もしくは連絡を受けてから1週間以内に。
- 職場の場合はお祝いの品を人数で割る。個人的ならば5000～1万円。
- 商品券、花束、アルコール、趣味に関するものなど。
- つけた方がよい。
- 紅白。蝶結び。
- 表「御祝」「栄転お祝い」「昇進お祝い」。
- 個人的に贈られた場合はお礼状を。職場の場合は栄転のときのみ、現地の特産品などを職場に送る。

Advice »» のしをつけるかどうかは、相手の年齢や状況に応じて決めるとよい。

【定年退職】

- 退職日に。
- 職場はお祝い品を人数で割る。親類は1～3万円、知人は1万円程度。
- 商品券や趣味に関するもの、家族の場合は旅行など。
- 必要。
- 紅白。蝶結び。
- 表「御礼」「感謝」。
- 落ち着いたらお礼状を。

Advice »» 品物をラッピングするときは、年齢を考えた渋い色調ではなく、新たな門出を祝う意味で明るくゴージャスに包むとよい。

お悔やみ

お悔やみの贈答は、特にマナーやしきたりを重視。見るたびに悲しい出来事を思い出さないよう、基本的に形の残らないものを贈ります。品物を贈る場合は、タオルや繊維製品など、温かく包んでくれるような印象のものがよいでしょう。

【香典】

- 通夜、告別式に持参。
- 一般的に知人3000～5000円、友人5000～1万円、親類1～3万円、両親へ送る場合は10万円程度。
- 現金。親しい間柄のときは花輪、線香、ろうそく、お菓子、生け花など供物や供花も合わせるとよい。
- なし。
- 黒白、双銀。結びきり、あわじ結び。
- 表「御霊前」がすべての宗教、宗派で共通。供物には「御供物」。
- 香典返しをする。

Advice »» 不祝儀袋は故人の宗派に合わせて弔事のふくさで持参する。

【香典返し】

- 一般的に四十九日が過ぎた頃（宗教や地域にもよる）。
- 香典の半額程度。
- お茶、珈琲、海苔、お菓子、タオルなどの実用品や消えもの。
- なし。
- 黒白。結びきり、あわじ結び。
- 表「志」。下に施主の姓名。
- なし。お礼の電話はタブー。

Advice »» 品物は、弔事の包み方にする（→p.166）。

【法要出席者】

- 法要当日。
- 5000～1万円。
- 線香、ろうそく、お菓子などの供物、供花。故人と親しかった場合のみでよい。
- なし。
- 黒白。結びきり、あわじ結び。宗教や地域にもよるので注意。
- 表 仏式は「御仏前」。一般的には「御供」（供物も同様）。
- 返礼品を参列者へ。

Advice »» 不祝儀袋は弔事用のふくさで持参。品物は、弔事の包み方にする（→p.166）。

【法要施主】

- 法要当日。
- 参列者への返礼品3000円程度。その他、僧侶への「お布施」3～5万円、「御車代」5000～1万円、「御膳料」5000円。
- お茶、海苔、タオルなど実用品や消えもの。
- なし。
- 黒白。結びきり、あわじ結び。宗教や地域にもよるので注意。
- 表「志」「粗供養」。
- なし。

Advice »» 品物は、弔事の包み方にする（→p.166）。

Memo

贈り物のタブー part 3

弔事において電報を打ったり、親密な間柄だった人へお悔やみ状を送ったりするときは、繰り返しを連想させる言葉を使ってはいけません。「重ね重ね」「再び」「また」「なお」「返す返す」「再三」「繰り返す」など、悲しみが繰り返される意味につながるからです。また、慶弔時の席では「死」「苦」「無」を連想させる言葉は使わない方がいいとされ、塩は「なみの花」、しょう油は「むらさき」、梨は「ありの実」と呼ばれます。

年中行事

行事にちなんで品物をやりとりし、コミュニケーションのきっかけとするのは、奥ゆかしい日本人の知恵かもしれません。めんどうに感じることもあるかもれませんが、日頃の感謝の気持ちを伝えるよい機会だととらえましょう。

【お中元】

- 7月初旬〜15日頃(関西は8月15日頃まで)。
- 3000〜5000円。上司や特にお世話になった人には5000〜1万円。
- お酒、お菓子、調味料、特産品、果物など日用品や嗜好品。
- 必要。
- 紅白。蝶結び。
- 「御中元」。
- お礼の電話をするか、お礼状を。

Advice »» 送り状は品物が届くまでに着くようにする。電話やメールでもOK。

【お歳暮】

- 12月初旬〜25日頃。
- 3000〜5000円。上司や特にお世話になった人には5000〜1万円。
- お酒、お菓子、調味料、特産品、果物など日用品や嗜好品。
- 必要。
- 紅白。蝶結び。
- 「御歳暮」。
- お礼の電話をするか、お礼状を。

Advice »» 冷凍の海産物などお正月用の食材を贈ってもよろこばれる。送り状は品物が届くまでに着くように。電話やメールでもOK。

【お年賀】

- 元旦と午前中は避け、1月7日までに。
- 2000〜5000円。玄関先だけですます場合は1000〜2000円。
- お酒、お菓子、海苔、石けん、タオルなど。
- つけると丁寧。
- 紅白。蝶結び。
- 「御年賀」。
- お礼の電話をするか、お礼状を。

Advice »» 一般的にはのしをつけ水引をかけるが、のしをつけずにリボンでラッピングしてもかまわない。

【お年玉】

- 年の始めに親族などで集まったときに。
- 3000〜1万円程度。年齢や家族構成による。
- 現金、図書券、文具券など。
- つけると丁寧。
- 紅白。蝶結び。ポチ袋の場合はなし。
- 「御年賀」「御年玉」「おとし玉」。
- 本人からお礼の言葉を。

Advice »» 手作りのポチ袋(→p.184)に包んで贈るのもよい。

【お彼岸】

- 春分・秋分の日の前後1週間、お盆(地域によっては8月15日前後)。
- 家族は2000〜3000円、僧侶へのお布施5000〜1万円。
- 生花、線香、お菓子、果物などの供物、供花。
- なし。
- 黒白。結びきり。地域にもよるので注意。
- 「御仏前」「御供」。僧侶へは「御布施」。
- 基本的に不要。

Advice »» 仏式の行事。供養としてお墓参りをする。

【誕生日】

- 誕生日当日に贈る。お祝いの席がある場合はそのときに。
- 友人知人3000〜5000円、親類5000〜2万円。
- 商品券、旅行券、花束、お菓子、衣類、アクセサリー、ファッション小物、お酒、趣味のものなど。
- つけると丁寧。
- 紅白。蝶結び。
- 「御祝」「お誕生日おめでとうございます」。
- お礼の電話をするか、お礼状を。お祝いの席をもうけるときは、500〜1000円程度のお菓子など、手土産を用意する。

【結婚記念日】

- 結婚記念日当日。お祝いの席がある場合はそのとき。
- 年齢や状況による。金婚式や銀婚式など、お祝いの席に招かれた場合は1〜3万円。
- 商品券、旅行券、衣類、アクセサリー、食器、花器、寝具など。
- つけると丁寧。
- 金銀、紅白。蝶結び。
- 「御祝」「金婚式お祝い」「金婚式おめでとうございます」。
- お礼の電話をするか、お礼状を。お祝いの席をもうける場合は、「内祝」と表書きしてグラスや風呂敷などを渡す。

Q すべての行事で贈答し合うのが正しいのでしょうか?

A すべての行事でとなると、既婚者は両家のご両親に対してだけでも年20回以上贈り物をする必要があります。ご両親が高齢、お子さんがいる場合はさらに増えます。家族の価値観に合わせて行うのがよいと思われますが、「母の日」「父の日」など周囲がもらっているときにもらえないのはさみしいものです。そのあたりも配慮して。

【 母の日 】

- 5月の第2日曜日までに。
- 3000～5000円。基本的に家族のみ。
- 花束、お菓子、衣類、趣味のものなど。食事会を開くなどもよい。
- つけると丁寧。
- 紅白。蝶結び。
- 「お母さんありがとう」「感謝」。
- お礼の言葉を。

Advice »» 赤いカーネーションを贈るのが一般的だが、毎年のことなので相手の好みの花を贈ってもよい。ラッピングにカーネーションのオーナメントをあしらうなどで演出しても。

【 父の日 】

- 6月の第3日曜日までに。
- 3000～5000円。基本的に家族のみ。
- 花束、お菓子、衣類、趣味のものなど。食事会を開くなどもよい。
- つけると丁寧。
- 紅白。蝶結び。
- 「お父さんありがとう」「感謝」。
- お礼の言葉を。

Advice »» ラッピングのときは黄色いバラのオーナメントをあしらったり、黄色いリボンを結んだりするとよい。

【 敬老の日 】

- 9月の第3月曜日までに。
- 5000～1万円。基本的に家族のみ。
- 商品券、旅行券、花束、衣類、パジャマ、寝具類、趣味のもの、食事会など。
- つけると丁寧。
- 紅白。蝶結び。
- 「御祝」「祝長寿」。
- お礼の電話をするか、お礼状を。

Advice »» 渋くまとめようとせず、相手の好みに合わせたり、気持ちが明るくなるような柄や、おめでたい柄で包むとよい。

【 発表会 】

- 発表会当日に。上演前はたてこんでいるので、上演後に渡すとよい。
- 一般的に1000～2000円程度。
- 花束、お菓子など。
- 必要。
- 紅白。蝶結び。
- 「御祝」。
- お礼の電話をするか、お礼状を。

Advice »» 金額は上記が一般的だが、お稽古ごとにより、高額のご祝儀を渡すのが通例なことも。事前に周りに確認するとよい。

お見舞い

相手の状況がわからないことも多く、気づかいが求められる贈答です。相手やその家族の立場に立って、タイミングや贈る品を考えましょう。訪ねるときは、派手な服装や香水は禁物。同情の言葉や、押しつけがましい励ましも避けましょう。

【 病気見舞い 】

- 病状が落ち着いた頃、退院前に。
- 友人や同僚は5000円、親類は5000～1万円。
- 現金、テレビカード、テレホンカード、パジャマ、タオル、本、花、果物、お菓子など。
- なし。
- 紅白。結びきり。または白無地封筒で。
- 「御見舞」「御伺」。
- 快気祝いを贈る。

Advice »» 最近はレンタルパジャマを使用し、花を飾るのは禁止、という病院もある。本人ではなく病院に、事前確認を。

【 災害見舞い 】

- 知らせを受けたらできるだけ早く。
- 友人知人は5000～1万円、親類はできるだけ多く。
- 現金、水、缶詰、衣類、寝具、石けんなどの日用品。
- なし。
- なし。白無地封筒に。
- 「御見舞」「災害お見舞い」。
- 落ち着いたらお礼状を。

Advice »» 事前に必要なものを聞いて贈る方がよい。ラッピングは不要。

【 快気祝い 】

- 退院後1～2か月以内に。
- 病気見舞いの半額または1/3相当の品。
- お菓子、かつおぶし、お酒、石けん、洗剤など食品や消耗品。
- なし。
- 紅白。結びきり。なくてもよい。
- 「快気祝」「快気内祝い」「退院祝」「お見舞お礼」。
- お礼の電話をするか、お礼状を。

Advice »» あまり華美にならないように、明るい色調のラッピングを心がけるとよい。

Memo

贈り物のタブー part 4

病気見舞いの際は、鉢植え（根付く＝寝付く）は贈らないのがルールです。血を連想させるような真っ赤な花、弔事に用いられる菊などもタブー。災害見舞いでは、すぐに役立たないもの、日持ちしないものは避け、相手が必要なものを確認するとよいでしょう。場面を問わず避けた方がよいものとしては、シクラメン（死、苦）、椿（首がぽろりと落ちる）、くし（苦死）、鏡（割れる）などがあります。

お付き合い

お付き合いにおける贈答は、決まりにとらわれず、真心を大切にしたいものです。相手とのつながりを大事にしたい、福をおすそわけしたい、ありがとうの気持ちを形で表したい、そう思ったときが贈りものにふさわしいタイミングです。

【引越あいさつ】

- 引越当日。
- 500円程度の品。
- タオルやふきん、お菓子、洗剤など。
- つけると丁寧。
- 紅白。蝶結び。
- 表「御挨拶」。下に姓を書く。
- その場でお礼の言葉を。

Advice »» あまり趣味を選ばない、シンプルで清潔感のある品を贈る。もとの住まいのご近所にも、事前に引越を伝える配慮を。

【手土産】

- 自宅に招待されたときに持参。
- 友人知人は2000～3000円、上司やお世話になった人へは3000～5000円。
- お菓子、花束、特産品、お酒など。相手の好みに合わせる。
- つけると丁寧。
- 紅白。蝶結び。通常の手土産では不要。
- 表「心ばかり」「松の葉（細く長くお付き合いしたいという意味）」。
- お礼の言葉ともてなしを。

Advice »» のしや水引は、目上の人や改まった場面のみ。通常の手土産は、季節感や遊び心を生かしたラッピングを。

【心付け】

- 挙式や葬儀などの当日。始まる前でも終わってからでもよい。
- 3000円程度。
- 現金。目上の人へはお茶、お菓子、お酒などの品物を。
- なし。
- なし。
- 表「御礼」。弔事の場合は「志」。白い無地の封筒、またはポチ袋に入れる。
- お礼の言葉を。

Advice »» 慶事や引越などの心付けは、手作りのポチ袋（→p.184）で渡すと気持ちが伝わる。

【おすそわけ】

- 実家や友人知人からたくさんいただきものがあったとき、手作りの食品をたくさん作ったときなど。
- なし。
- 上記同様。
- なし。
- なし。
- 表 なし。
- お礼の言葉を。

Advice »» 紙袋に入れてただ渡すだけではなく、ひと手間かけたラッピングを。ただしやりすぎは禁物。購入したものではないので、さりげなくセンスよく、がポイント。

Q 贈りものをするときに「つまらないものですが……」と言うのは間違い？

A 間違いではありませんが、最近ではあまり使われません。「評判の○○を」「いただいて私も気に入ったので」など、品物のよさを素直に表現する方が印象もよく、自分も気持ちよく贈ることができるでしょう。目上の人や改まった場面であれば、「お口に合うかわかりませんが」と謙虚な一言も添えて。

Memo 相手の自宅を訪問するときのマナー

1. 訪問の時間帯

まず、事前に相手先の都合をたしかめます。深夜早朝や食事の時間帯はもちろん避け、約束の時間通りに訪問しましょう。「自宅を訪問するときは少し遅れて」といわれますが、10分以上の遅刻はNG。遅れる場合は、相手のもてなしの準備もあるので早めに連絡を入れるのがエチケットです。

2. 贈答品のあつかい

正式にはふろしきに包んで持参しますが、品を購入したお店の紙袋や、無地の袋などに入れても失礼ではありません。手渡す際は、ふろしきを外して軽くたたみ、贈答品の下に添えます。両手は胸の高さに持ち上げ、相手に贈答品の正面を向けます。紙袋の場合も、たたんで贈答品の下に添え、同様に。ふろしきや紙袋は持ち帰りましょう。

3. 立ち居ふるまい

靴をぬぐときは正面を向き、靴をそろえるときは体をななめにします。贈答品を渡すのは、部屋に通されて改めて正式にあいさつをするときに。生ものや冷凍品など傷みやすいものは、一言添えて玄関先でもOKです。通された部屋では下座につき、和室の場合は相手からすすめられるまで座布団のわきに座るのがマナーです。

著者紹介

宮田真由美

みやたまゆみ

ラッピング教室「赤いくつ」主宰。ギフト・ラッピングコーディネーター講師、ペーパークイリングインストラクター、ビジネスマナーインストラクター、嵯峨流師範、表千家師範。大阪・堺市生まれ、小学校教師の経歴をもつ。ラッピングコンテストで経済産業大臣賞など数々の賞を受賞。NHK教育テレビ「まる得マガジン・ラッピング講座16回」出演。現在は国内外で企業や個人向けにラッピング指導をするかたわら、雑誌やテレビなどで活躍。真心を大切にする丁寧な指導が幅広い年齢層に人気。著書に「シンプルラッピング・エコラッピング」(NHK出版)、「ラッピングのきほん事典」(西東社)などがある。

□ ラッピング教室「赤いくつ」

神奈川県横浜市鶴見区上末吉4-5-20
TEL 045-581-3434　FAX 045-581-3493
URL　http://www.wrapping.jp

講習日程や時間を事前相談で決め、個人〜数名のグループまで受講できる完全フリースタイル。アットホームで丁寧なレッスンに定評がある。

資材協力

□ east side tokyo (イーストサイド トーキョー)

〒111-0051 東京都台東区蔵前 1-5-7
TEL　03-5833-6541
URL　http://eastsidetokyo.jp

□ シモジマ 浅草橋5号館

〒111-0053 東京都台東区浅草橋1-30-10
TEL　03-3863-5501
URL　http://www.shimojima.co.jp/

□ サントリーワインインターナショナル株式会社

〒135-8631　東京都港区台場2-3-3
TEL　0120-139-380 (フリーダイヤル)
URL　http://www.suntory.co.jp/wine/ (サントリーワインスクエア)

本書は2014年4月に小社より刊行した『イチバン親切なラッピングの教科書』の新装版です。装丁と一部内容の表記を変えました。

新装版 イチバン親切な ラッピングの教科書

2020年11月25日　初版発行
2022年4月25日　第2刷発行

著者　宮田真由美
発行者　富永靖弘
印刷所　公和印刷株式会社

発行所　東京都台東区台東2丁目24　株式会社 新星出版社
〒110-0016　☎03(3831)0743

ISBN978-4-405-07327-2